仰韶时代彩陶的

朱雪菲／著

考古学研究

文物出版社

**图书在版编目（CIP）数据**

仰韶时代彩陶的考古学研究／朱雪菲著．—北京：文物出版社，
2017.11（2018.12 重印）

（考古新视野）

ISBN 978 – 7 – 5010 – 5253 – 0

Ⅰ．①仰…　Ⅱ．①朱…　Ⅲ．①仰韶文化 – 彩陶 – 研究 – 中国
Ⅳ．①K876.34

中国版本图书馆 CIP 数据核字（2017）第 239115 号

# 仰韶时代彩陶的考古学研究

著　　者：朱雪菲

责任编辑：张朔婷
责任校对：孙　蕾
责任印制：张　丽

出版发行：文物出版社
社　　址：北京市东直门内北小街 2 号楼
邮　　编：100007
网　　址：http://www.wenwu.com
邮　　箱：web@wenwu.com
经　　销：新华书店
印　　刷：北京京都六环印刷厂
开　　本：710mm×1000mm　1/16
印　　张：23.75
版　　次：2017 年 11 月第 1 版
印　　次：2018 年 12 月第 2 次印刷
书　　号：ISBN 978 – 7 – 5010 – 5253 – 0
定　　价：96.00 元

# 内容提要

史前彩陶是中国近代考古学起步时期的核心议题，是蔚为大观的史前考古遗存中，最为重要的组成部分之一。就目前的考古发现而言，史前彩陶遗存在华北、西北、华东、华中等地区均有广泛分布，涉及多种考古学文化。本文以"仰韶时代"限定研究范畴，主要是基于这一时空范围内的彩陶遗存分布相对集中、资料发表充分、所属考古学文化间关系密切，具有相对独立的整体性。

以往的彩陶研究，多以艺术的视角专注于彩陶图案，通过形式分析与图像学的研究方法，体现彩陶的美学研究价值，在探索图案演变规律和阐释图案意义方面取得了一定的成果。然而，彩陶的考古学研究价值，却未能充分体现。尤其是缺乏了考古层位学的运用，以往研究所得彩陶图案的演变序列，没有可靠的相对年代顺序的支持。鉴于此，本文采用层位学与类型学相结合的考古学方法研究彩陶遗存，重在体现其考古学研究价值。大体包含三方面内容：第一，最大限度地综合彩陶图案种类，建立彩陶的层级分类体系和图案描述系统；第二，以层位关系为基础，探索彩陶的发展演变序列；第三，通过不同层级彩陶图案的形式比较，反映与考古学文化谱系相关的各类问题。

# 作者简介

朱雪菲，江苏无锡籍。先后就读于南京师范大学强化培养学院、中山大学人类学系。师从许永杰老师，主要研究方向为新石器时代考古。2015 年博士毕业。2016 年 5 月正式入职南京博物院考古研究所。2017 年 7 月入职浙江省文物考古研究所。发表论文有《西阴文化的解体与仰韶晚期遗存的生成》《民和阳山墓地随葬彩陶图案分析》《大河村遗址秦王寨文化彩陶再研究》《下海石墓地彩陶图案分类研究》。

# 专家推荐意见（一）

仰韶时期彩陶是中国史前考古学研究的重要课题之一，以往多是个案研究，缺乏系统研究。朱雪菲的论文首先将相关考古学文化彩陶图案统一命名分类，建立彩陶图案的分类体系和描述系统，由此表明彩陶系统本身是强有力的，因为通过它可以把意义符号化；反映出作者对彩陶艺术的理解和诸相关考古学文化的整体把握。

该文除了考古类型学方法外，更多地采用了考古层位学的方法。文中坚持以层位关系证实彩陶演变序列的原则，在标本和遗迹单位的选择与运用上，经过了再三斟酌，使论证言之有据，言之有理，改变了以往彩陶研究倚重形式类型的作法。

该文在彩陶视角下提出的考古学文化谱系关系，是最大的亮点和创新点，也是对苏秉琦《关于仰韶文化研究的若干问题》重要学述思想的诠释和发挥。

笔在"彩陶"，意在"仰韶"，建立体系，厘清谱系，构成全文的突出特点。

2016 年 8 月 12 日

# 专家推荐意见（二）

　　彩陶是中国史前考古学文化最为重要的内容。1921年，瑞典地质学家安特生发掘河南渑池仰韶村之后所发表的《中华远古之文化》《中国史前史研究》可视为中国史前彩陶研究之滥觞。随着新中国考古学的发展以及中国考古学黄金时代的到来，仰韶文化以及同时期诸多重要遗址的发掘，极大地丰富了仰韶时代彩陶遗存的资料。然而，面对层出不穷的彩陶遗存和极其丰富的考古资料，学术界对彩陶的研究仍更多偏重彩陶纹样、图案、装饰等基于美术史方面的研究，而少有考古学方面的深入研究。朱雪菲女士《仰韶时代彩陶的考古学研究》是继李水城先生《半山马厂彩陶研究》之后又一部关于中国史前彩陶考古学研究著作，用考古学方法系统填补了仰韶时代彩陶的学术空白，读之有耳目一新之感。

　　著作的最大亮点是将考古层位学、类型学以及考古学比较研究的方法运用到彩陶研究中，梳理、分析浩如烟海的考古材料，最终得以从彩陶这一独特视角，观察仰韶时代中国北方考古学文化谱系与格局以及仰韶时代多元一体的彩陶文化。

　　作者根据彩色种类、具体图案、施彩部位、彩陶器类和器物形态五重分类标准，创立了图案类彩陶第一、第二分类层次。在第二分类层次下，根据主体图案、构图框架、风格类型、图案单体、图案元素划分了第一、第二、第三共三个层次的分类描述体系。纯熟运用考古类型学方法构建起彩陶的分类体系，是彩陶研究方法的创新。

　　通观全篇，结构合理，布局谨严；思路清晰，层次分明；论证有据，逻辑严密；行文流畅，语言精炼；所附图表，规范工整，是一部不可多得的优秀博士论文。

　　鉴于上述理由，特此推荐！

林留根

2016 年 8 月 17 日

# 彩陶研究自有后来人

## ——为朱雪菲《仰韶时代彩陶的考古学研究》序

许永杰

　　1993 年春，我的导师张忠培先生把陈雍、朱延平、乔梁和我，召集到山东兖州西吴寺国家文物局考古领队训练班基地。事因是香港三联书店邀请张忠培写一本关于中国彩陶的书，先生把我等喊来，共商写作事宜。经过几天的研讨，形成一个写作提纲。此事未及动笔，便不知因何而搁浅了。20 年后，朱雪菲随我读博士，她讲喜欢史前艺术，于是便确定了以史前彩陶为博士学习的研究方向，同时把先生带我们拟就的《史前彩陶》写作提纲传给了她，希望她能完成这一写作。为朱雪菲《仰韶时代彩陶的考古学研究》一书写序，我想起革命现代京剧《红灯记》原来的名字——《革命自有后来人》，于是有了这篇序的名字。

　　彩陶的研究与中国考古学的出现同步。1921 年，农商部矿政顾问瑞典地质学家安特生发掘渑池仰韶村，并命名了中国第一个考古学文化——仰韶文化。因仰韶文化以彩色陶器为文化特征，就有了一个别名——"彩陶文化"，彩陶也就成了起步阶段的中国考古学研究的一个主要内容。仰韶文化的彩陶是本土起源，还是西方传来的？彩陶文化和黑陶文化孰早孰晚？纠结于这样的问题，中国考古人为之奋斗了几十年。彩陶文化早于黑陶文化，由 20 世纪 30 年代梁思永在安阳后冈和夏鼐在宁定阳洼湾获得的层位上的证据而得到证实。彩陶是中国本土起源的，则是经历了以张忠培发现老官台文化为先导的前仰韶时期的考古遗存的认识，以苏秉琦区系类型理论为指导的陕晋豫等地区新石器时代考古学文化编年与序列的建立，以严文明为代表的中国境内彩陶遗存东早西晚格局的阐述才得以确认。

彩陶的研究与中国考古学的成长同行。20 世纪 50 年代中后期，西安半坡遗址和陕县庙底沟遗址的发掘，使人们认识到含有彩陶的文化遗存内涵的复杂性和彩陶图案的多样性。继半坡和庙底沟两类型提出后，杨建芳总结出西阴类型、三里桥类型、秦王寨类型、后岗类型、半坡类型，马家窑类型、半山类型和马厂类型，代表了那一时期学界对彩陶遗存复杂面貌的认识。那一时期，学者们对于彩陶图案的演变注入了极大的热情。发掘者石兴邦对于半坡类型鱼纹由具象到抽象演变的表述；研究者苏秉琦对于庙底沟类型鸟纹由具象到抽象演变的表述，花卉纹由蔷薇科和菊科两类母题的划分，以及两类花卉纹演变序列的排定，至今仍为大多学者奉为圭臬。彩陶是史前艺术的顶峰之作，艺术角度的研究是彩陶研究的一个重要方面。这一研究肇始于 20 世纪 50 年代后期。马承源的研究涵盖了彩陶的选料、制坯、施彩、烧窑，图案的母题、内容、装饰风格，器具的用途等诸多方面。至 20 世纪 80 年代末，张朋川的研究可谓集彩陶艺术研究之大成。张氏作为艺术出身的学者，其对史前彩陶的研究却是秉承苏秉琦区系类型理论操作的。20 世纪，王仁湘的研究也具代表性，王氏作为考古出身的学者，其对彩陶的研究却尽显了他对艺术的高度关注。以彩色图案装饰陶器，绝不仅是为了器物的装饰美，图案的背后一定蕴含有深层的意义，社会学角度的研究也是彩陶研究的一个重要方面。这一研究起始于 20 世纪 50 年代对半坡彩陶盆上的鱼纹和人面纹含义的解释，繁盛于 20 世纪 70 年代之后对大墩子彩陶盆八角星纹、伊川缸鹳鱼石斧、半坡葫芦瓶鱼鸟相争、马家窑彩陶盆舞蹈人纹、洪山庙瓮棺生殖纹样等意象的阐释。在这类研究中，陈雍有对临潼姜寨聚落鱼纹和人面纹的研究，我有对永昌鸳鸯池墓地几何图案的研究，我们的研究都是基于对彩陶图案具有标识人群意义的理解，通过图案组合关系的分析、图案群组在墓地中分布位置的归纳，来探讨墓地的人群组织结构的研究。朱雪菲也有对兰州下海石墓地、民和阳山墓地彩陶图案分类和人群结构探讨的研究。

21 世纪彩陶的研究该如何进行？原本喜欢史前艺术的朱雪菲，在其书中全然没有对彩陶纹样的艺术角度分析，也没有对彩陶图案含义的社会学探究，而只是基于考古层位学、考古类型学对仰韶时代诸含有彩陶的考古遗存的研究，平静地皈依于纯考古学的研究。她的学术理念是：在没有明确层位关系作为支撑的情况下，排定一类图案的演变序列，会导致主观认识的假设逻辑替代客观存在的真实逻辑；在没有解决不同文化间的早晚、共时、谱系关系时，作出文化间的彩陶艺术的传承、影响、吸纳，其认识和结论是脆弱的。至于史前时期的彩陶图案所蕴含的社会意义的解读，由于是靠民族学的知识和今人的观念实现的，其可信程度不及历史时期考古学靠同时文献记载的解读。

朱雪菲的彩陶研究深受师公张忠培的影响。华县泉护村西阴文化遗存的分期认识是建立在考古层位学和考古类型学研究基础之上的，体现了三期遗存中彩陶器形以及花卉纹和鸟纹图案的特征与变化，准确地反映了西阴文化彩陶器形和图案的演变规律。张忠培执笔的泉护村发掘报告出版于 21 世纪初，初稿完成于 20 世纪 70 年代，关于西阴文化分期的认识则是在整理材料和编写报告的漫长过程中形成的。泉护村西阴文化分期的认识，对于学界认识西阴文化彩陶的影响是巨大的，这在同代人的相关研究文章中有所体现。朱雪菲对于郑州大河村秦王寨文化彩陶的研究就是这种研究的典型个案。首先梳理出七组层位关系，逐一对比同组不同单位同类彩陶器的器形和纹饰，梳理出代表五个发展阶段的五组彩陶器，归纳出五组彩陶的特征和风格，总结出演变规律，探讨彩陶的起源和流向。朱雪菲对彩陶研究的另一个特点是把彩陶还原于所属考古学文化中，以彩陶的视角研究考古学文化。孤立地研究一种纹样、一个图案、一件器物，那是从传统金石学传承下来的以传世文物为研究对象的文物学研究。与传世文物不同，考古发掘所获遗物是有出土情境的，遗物与遗物、遗物与遗迹、遗迹与遗迹、遗迹与遗址之间存在广泛的联系，近代考古学的研究就是建立在广泛联系基础上的情境研究。用张忠培的话讲就是：考古学的研究是要把遗物还原到单位，把单位还原到遗址，把遗址还原到文化。朱雪菲把彩陶与所属考古学文化研究结合在一起的研究，贯穿于该书每一具体的章节当中；而从彩陶的认识升华到考古学文化的认识，主要体现在其《总论》中。副标题既为《彩陶视角下的考古学文化谱系》，表明了《总论》中对仰韶时代考古学文化谱系的认识是以彩陶的发生与流变为基础的。通过她对谱系的梳理，仰韶时代的考古学文化格局，由早到晚呈现出不同的面貌。在仰韶时代早期前段，黄河流域存在东西两个彩陶体系，西部是半坡文化及其前身的枣园文化和下王岗仰韶第一期遗存，东部是后冈一期文化与红山文化、双墩文化，呈现的是东西对峙的格局；仰韶时代早期后段，西部崛起的西阴文化取代了半坡文化，也蚕食了东部的后冈一期文化，达到了天下一统；仰韶时代晚期，由于西阴文化的解体，各地含有彩陶的考古学文化纷纷崛起，其产生虽都与西阴文化有着或多或少的关系，但是彼此面貌差异明显，是一个群雄割据的时代。

彩陶研究要走的路还很长。朱雪菲通过建立在考古层位学和考古类型学研究基础上得出的认识和结论，再度夯实了中国史前彩陶研究的基础。在彩陶研究的路上，她已迈出了稳健的第一步，以此为出发点，向着彩陶的艺术研究和彩陶的社会研究方向前行，沿途还会有好多好多的美景。中国史前彩陶研究的事业是由李济、梁思永那一代中国考古事业的先驱开创的，经夏鼐、苏秉琦等，传承以杨建芳、张忠培、严文明等新中国考古事业的中坚，再继以陈雍等我辈，如今已传承到朱雪菲等 21 世纪的一代。中国的考古学将继续下去，中国史前彩陶研究的事业也将继续下去，代代相传的彩陶研究的火炬，也必将永远闪耀在彩陶研究之路上！

附注：本序中涉及到的诸位前辈未能一一尊呼，是为行文方便；涉猎的研究成果未能一一注明，是因在朱雪菲的书中有过多次征引。

目　录

插
图
目
录

# 第一章 绪论

## 第一节 "仰韶时代"的内涵

当下，中国考古学学科体系中，"仰韶时代"[①] 这一概念运用广泛，基本取代了过去"仰韶文化"的提法。这与 20 世纪 80 年代初"龙山时代"[②] 的提出，学术意义相似。这种转变发生的背后，是史前考古学文化谱系研究的不断深入，在对构建更为完善的区系类型框架提出更高要求。

早年，"仰韶文化"被用来特指渭河盆地及陕晋豫交界地区，由半坡类型、庙底沟类型、西王村类型所构成的文化序列。并且，根据遗存中红陶为主并包含一定量彩陶的这一文化内核，史家、后冈、下王岗、大河村、大司空等典型遗址所代表的遗存，也被视作仰韶文化的地方类型。随着考古发现的日益丰富，仰韶文化的分布范围扩展至整个华北地区，各地方类型的典型遗存特征愈加鲜明。由于不同地方类型间存在差异之大，超出了同一种考古学文化可以概括的遗存范畴，实有必要命名不同的考古学文化来加以区分。而这些与原仰韶文化诸地方类型对应的仰韶时代诸文化，通过文化谱系的密切关联，使得华北地区在一个连续的时间段内——以红陶为主并包含彩陶的这一文化内核相对固定。因此，"仰韶时代"实际具有时、空、文化三重意义。

---

① 张忠培：《仰韶时代——史前社会的繁荣与向文明时代的转变》，《故宫博物院院刊》1996 年第 1 期。
② 严文明：《龙山文化和龙山时代》，《文物》1981 年第 6 期。

## 一 "仰韶时代"的时间意义

"时代"本身就是表示时间的概念。本文的"仰韶时代",是取其大致处在"公元前第五千纪前期后段至公元前第三千纪前期后段"① 的绝对年代意义,作为本文所研究彩陶遗存的时代区间。

关于"仰韶时代"发展阶段的划分,目前学界有两种主流观点。一种是"早、中、晚"三个阶段的划分方法,是当今学界最为常见的划分方法;另一种是"早、晚"两个阶段的划分方法,见于苏秉琦主编,并由张忠培和严文明撰稿的《中国通史》第二卷《远古时代》②。其实,两种划分方法并没有本质的不同,仅在是否需要以半坡文化与庙底沟文化的关系来区分早、中两个阶段的问题上有所分歧。然而,使用"早、晚"阶段二分法,将半坡文化与庙底沟文化划入仰韶时代早段的学者,恰是持有庙底沟文化整体上晚于半坡文化这一观点的代表。因此,"早、晚"阶段二分法,更多地体现出半坡文化与庙底沟文化的时代共性,而避免了将两者的相对年代关系绝对化,对"仰韶时代"考古学文化的谱系研究更加有益。因此,本文采用"早、晚"二分的"仰韶时代"发展阶段划分方法。

## 二 "仰韶时代"的文化意义

由于"仰韶时代"是文化概念的提升,在文化意义上有特指的文化群。按照"早、晚"二分法,仰韶时代早期与晚期分别包含多种考古学文化,文化种类大多可参照以往学界对仰韶文化各地方类型的认识。其中,仰韶时代早期包含三种考古学文化:半坡文化、庙底沟文化和后冈一期文化。仰韶时代晚期,参照许永杰《黄土高原仰韶晚期遗存的谱系》③ 一书所做归纳,有秦王寨文化、大司空文化、庙子沟文

---

① 张忠培:《仰韶时代——史前社会的繁荣与向文明时代的转变》。
② 苏秉琦主编《远古时代》,白寿彝总主编《中国通史》(第二卷),上海:上海人民出版社,1994 年。
③ 许永杰:《黄土高原仰韶晚期遗存的谱系》,北京:科学出版社,2007 年。

化、海生不浪文化、马家窑文化①、义井文化、泉护文化②等。

## 三　"仰韶时代"的空间意义

仰韶时代诸考古学文化的分布范围，即为仰韶时代所涉及的空间范围，自然地理上相当于中国华北③（如图1.1），是一个从早到晚相对固定的地理区间。

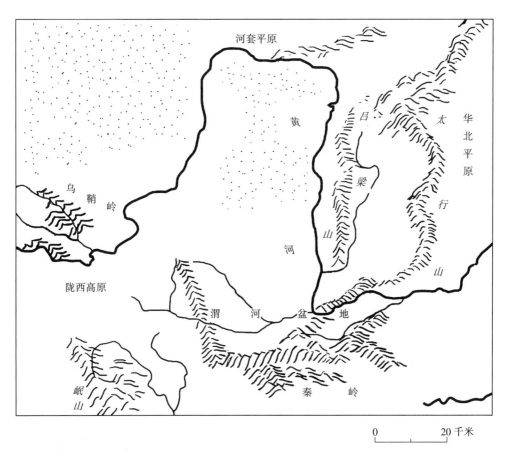

图1.1　"仰韶时代"的自然地理范围示意图

① 本文的"马家窑文化"特指"马家窑类型"—"半山类型"—"马厂类型"这一序列中的"马家窑类型"。至于"半山类型"与"马厂类型"，即如今"半山·马厂文化"的彩陶遗存，不纳入研究范畴，主要基于其遗存的主体部分已进入龙山时代。
② "泉护文化"的概念参照许永杰所著《黄土高原仰韶晚期遗存的谱系》。
③ 任美锷：《中国自然地理纲要》（修订第三版），北京：商务印书馆，1999年。

仰韶时代早期，综合庙底沟文化与后冈一期文化的分布范围，可得其四至：东至豫中、西至青东、北至河套、南至江汉平原北缘。进入仰韶时代晚期，这一范围基本得以维持。①

# 第二节　研究对象

## 一　"仰韶时代"考古学文化的彩陶遗存

仰韶时代绝大多数的考古学文化包含有极具特色的彩陶遗存，正因为如此，彩陶的种类也是标志考古学文化属性的重要依据。具体到不同考古学文化中，彩陶的产生与发展情况各不相同。譬如：一些考古学文化中，所发现的彩陶遗存贯穿文化发展全程，而另一些考古学文化中，彩陶则在某一个阶段突然出现或突然终结；一些彩陶遗存特征鲜明、文化属性明确，也有一些彩陶文化属性模棱两可，介于毗邻的考古学文化之间，甚至有一些彩陶遗存特征突出，却没有明确的文化归属。因此，本文以"仰韶时代"的彩陶遗存为研究对象，包含具体种类如下：

仰韶时代早期——半坡文化、庙底沟文化、后冈一期文化的彩陶遗存。

仰韶时代晚期——秦王寨文化、大司空文化、庙子沟·海生不浪文化、马家窑文化、宗日文化、义井文化、雪山一期文化、泉护文化、雕龙碑类的彩陶遗存。

## 二　关于"彩陶"与"彩绘陶"

考古学意义上的彩陶，是着色陶器中的一种，特指在烧制前绘彩的陶器，称

① 依照上文的定义，本文中使用的"仰韶时代"这个概念，是一个"区域性"时间概念，与业内许多专家持有的"大仰韶"概念有所区别。所谓"大仰韶"是指将"仰韶时代"当做纯粹的时间概念，将黄河下游、长江流域等区域内，与仰韶文化同时期的考古学文化一并包括进来。相应地，本文所持的"仰韶时代"就可称为"小仰韶"，更注重仰韶诸文化相对独立的整体性。因此，尽管存在"大仰韶"和"小仰韶"概念的差别，在讨论具体考古学文化间关系之时，并不受其中差异的影响。特此说明。

"烧前彩"或直接称"彩陶"。相应地,"烧后彩"或称"彩绘陶",即为烧制完成后再绘彩的陶器。在史前的着色陶器工艺中,"彩陶"与"彩绘陶"均已出现。由于施彩工艺的不同,两者在创作目的、器类功能、实用价值、艺术效果等方面,均有一定的差异,本不应混为一谈。

仰韶时代流行的着色陶器以"彩陶"为主,但在大司空文化中,也出现了有限的"彩绘陶"标本。而根据发掘报告描述,除明确指出为"彩绘陶"者外,仅凭文意难以区分其他的"彩陶"与"彩绘陶"标本。因此,在已公布的资料中,仰韶时代的"彩绘陶"标本可谓极少。仰韶时代同期"彩绘陶"的流行,主要出现于鲁南苏北地区的大汶口文化中,而仰韶时代文化腹地"彩绘陶"的兴起,更是进入龙山时代后出现的新风尚。目前的研究资料,还难以支持研究大司空文化零星的彩绘陶标本与大汶口文化或龙山时代彩绘陶的关系问题,也不足以作为仰韶时代完全独立于"彩陶"的另一类施彩工艺来看待。因此,在本文中,这两类施彩工艺并没有区分的必要。

## 三　关于"图案类彩陶"与"陶衣类彩陶"

陶器的类别与组合,是新石器时代考古学文化属性判定的重要标志之一。通常,考古学中陶器的分类,基本遵循由陶质至功能、再至器形的层级体系,而彩陶则在陶器的分类体系外,单独成一门类。这主要是由于彩陶图案的文化指征意义,与非彩类标型器意义相当,即使在脱离了器形的残片上,也能体现较强的文化属性。由此可见,具有文化指征意义的彩陶图案,是彩陶研究中的第一要素。譬如,半坡文化的"人面鱼纹"、庙底沟文化的"花卉纹"、后冈一期文化的"斜线纹"、马家窑文化的"同心圆纹"等,种类之多,不胜枚举。文中将这类彩陶统称为"图案类彩陶",是本文研究的主要内容。

此外,仰韶时代的大量考古学文化中,流行彩色陶衣的使用,除用作具体图案的底色外,也有单以陶衣装饰器表者。目前的资料中,陶衣的描述尚不成规范,导致了难以讨论陶衣的施用情况。另一类与陶衣情况相似者,为钵、碗类器口沿所施的红彩或黑彩宽带,施用较为普遍,如半坡文化、庙底沟文化、后冈一期文化等,均大量可见。这类宽带纹的流行，可能始于"红顶"这种烧成效果，但两者是否具有必然的传承关系，尚缺乏证据。本文将这类宽带纹视作口沿处施加一周陶衣的装饰方法，与单施陶衣的彩陶统称为"陶衣类彩陶"。由于其文化属性指征意义较弱，不纳入本文的研究范畴。

## 第三节　彩陶的考古学研究回顾

仰韶时代的彩陶遗存，占据中国境内史前彩陶的极大部分，伴随着近一个世纪的发现史，在史前彩陶的研究历程中占有重要地位。本文通过以下五个时间阶段回顾研究历程，主要针对彩陶遗存的发现与考古学研究。

第一阶段：1921～1930 年。

1921 年瑞典地质学家安特生在河南渑池仰韶村进行的发掘，是中国近代考古学的开端，也是中国史前彩陶发现与研究历程的开端。根据陈星灿《中国史前考古学史研究》[①] 中的考证，安特生第一次发现与石器共存的彩色陶片的时间，是 1921 年 4 月 18 日，即其第二次进入仰韶村之时。当时的安特生尚未接触过安诺与特里波列的彩陶，对仰韶村的彩陶和石器共存的现象疑惑不解，促成了当年岁末仰韶村遗址的一次影响深远的考古发掘。由此可见，彩陶对于仰韶时代的考古学研究，甚至整个中国考古学都是意义非凡的。

紧接着 1921 年 4 月的发现，同年 6 月，安特生在辽宁锦西沙锅屯洞穴遗址中又一次发现了彩陶，并在发掘仰韶村之前，率先发掘了沙锅屯洞穴。在发掘仰韶村同时及之后，他陆续调查了不召寨、秦王寨、池沟寨等若干周边遗址，联合这些遗址的遗存内涵，命名了中国考古学史上的第一个考古学文化——仰韶文化。

经历了 1921 年这一时间节点，彩陶从未知变为已知，对安特生个人的学术兴趣起到极强的推动作用。从 1923 年春天开始，他一路西行至甘青地区，采集

---

① 陈星灿：《中国史前考古学史研究（1895～1949）》，北京：社会科学文献出版社，2007 年。

并收购了大量的精美彩陶，又使得甘青地区的史前遗存从默默无闻变为学界焦点。

在安特生之后，外国学者的考古活动中涉及有彩陶遗存的，当数日本学者滨田耕作等人在东北地区进行的考古工作。其中，重要活动有 1927 年发掘大连貔子窝遗址、旅顺大台山遗址，1929 年出版报告《貔子窝——南满洲碧流河畔的史前时代遗址》①。

国人发现彩陶遗存的考古活动，当以 1926 年初李济、袁复礼在山西汾河流域的考古调查为始②。当年 3 月 5 日，在浮山县发现了包含仰韶彩陶片的交头河遗址，22 日发现了夏县西阴村，并于同年 10 ~ 12 月，由李济主持了西阴村的考古发掘。历史语言研究所，在 1929 年 11 月 21 日，小屯第三次发掘中发现了殷墟唯一的一件彩陶残片③。

这一阶段是中国史前考古学也是中国近代考古学的诞生阶段，在获取彩陶资料的工作方法上与下一阶段有显著差别。1930 年以前，考古发掘均采用按深度计分地层的方法。这是安特生从地质学中直接移植过来的方法，适用于发掘旧石器时代遗址，却不利于在新石器时代遗址中区分文化层和辨认各种遗迹单位间复杂的层位关系。另外，这一时期安特生采集与收购得到的彩陶标本，也无法还原原生的出土情况了。

安特生所获的彩陶大部分运往了瑞典，得以直接研究第一手资料的都是外国学者。1930 年前出版的最为重要的著作有四种：安特生著《中华远古之文化》④、《奉天锦西沙锅屯的洞穴层》⑤ 与《甘肃考古记》⑥；阿尔纳著《河南石器时代之着色陶器》⑦。以上著作的共同点在于，集资料发表与研究于一体，研究性强于资料性。资

---

① （日）东亚考古学会：《貔子窝——南满洲碧流河畔的史前时代遗址》，《东方考古学丛刊》（第一册），1929 年。

② 李济著，李光谟译：《山西南部汾河流域考古调查》，《考古》1983 年第 8 期。

③ 李济：《李济文集·卷三》，彩图插页 6，上海：上海人民出版社，2006 年。

④ 安特生著，袁复礼译：《中华远古之文化》，《地质汇报第五号》，农商部地质调查所印行，1923 年。

⑤ 安特生著，袁复礼译：《奉天锦西沙锅屯的洞穴层》，《中国古生物志丁种第一号第一册》，1923 年。

⑥ 安特生著，乐森玙译：《甘肃考古记》，《地质专报甲种第五号》，农商部地质调查所印行，1925 年。

⑦ 阿尔纳著，乐森玙译：《河南石器时代之着色陶器》，《中国古生物志丁种第一号第二册》，1925 年。

料的发表量小，仅用以配合研究之需要。

　　观其资料价值，以《中华远古之文化》为例。书中图版九至十四，除仰韶村的发现以外，有个别为他调查秦王寨、池沟寨等地时所得。除了缺少层位这一缺陷，其他与彩陶片有关的信息十分翔实，包括图版比例、陶质陶色、器物形态、花纹色彩、制作技术甚至烧成情况。这些要素不仅对于彩陶研究十分重要，而且更是考古类型学的重要内容。遗憾的是，这些彩陶标本仅仅是安特生在河南收获的冰山一角。

　　观其学术价值，则可以概括为寓于"西来说"专题下的彩陶图案比较与图案分类研究之始。《中华远古之文化》与《甘肃考古记》可以看作安特生于河南境内及甘青地区这两次考古工作的报告与初步研究。其中，《中华远古之文化》图版十三为仰韶、安诺与特里波列的彩陶比较图，比较依据单纯是彩陶的图案与颜色。由于绝大多数的彩陶标本为残片，这种图案比较仅仅是局部图案之间的比较，且从图版十三的标本排列看来，显然有意突出中外标本间的共性（如图1.2）。《河南石器时代之着色陶器》具有《中华远古之文化》姊妹篇的性质，发表了部分河南地区的彩陶片资料，并较安特生更为深入地比较了仰韶彩陶与印度、安诺、苏萨、特里波列等地的遗存，其结论为"要之，安特生博士所发现，不啻消除东西文化之独立。而确定之李希霍芬氏中华民族西来之旧说也"。这些外国学者的彩陶研究焦点，即为"仰韶文化西来说"，与拉克伯里、李希霍芬等人的"旧西来说"之间，最显著的差别在于有了彩陶这一实物"证据"。在今天来看，尽管"西来说"早已被证伪，但却是中国彩陶被发现以来的第一个研究专题，是真正意义上彩陶研究史的开端。

　　沙锅屯发现的彩陶遗存最少，在《奉天锦西沙锅屯的洞穴层》中被称为"黑花细陶器"，第一层中有三片，第二层中的若干损毁严重，不堪绘图。其图版十二为这三件彩陶残片（图版十二：5-7）与仰韶村遗址彩陶片（图版十二：1-4）的比较图（如图1.3），这与《中华远古之文化》图版十三性质相同，均为不同地点的彩陶标本比较。对此，安特生的结论是"骤观之，极相似，唯奉天器皿太碎，不易详细比较耳"。由安特生将此地彩陶标本归入仰韶文化范畴的认识来看，"红底黑花"的共性，是他判断中国境内彩陶遗存属于仰韶文化的标准。

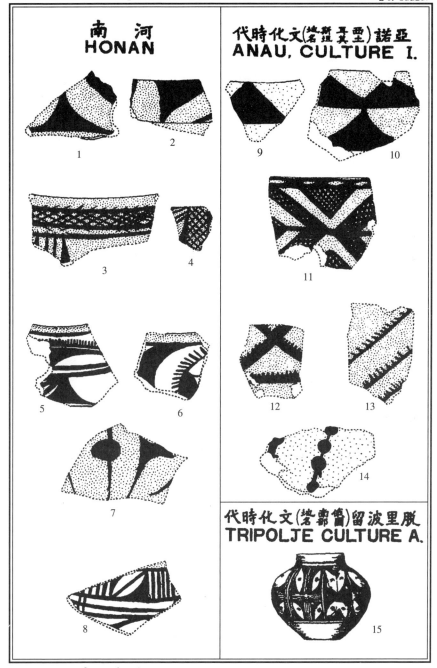

图 1.2 《中华远古之文化》图版十三

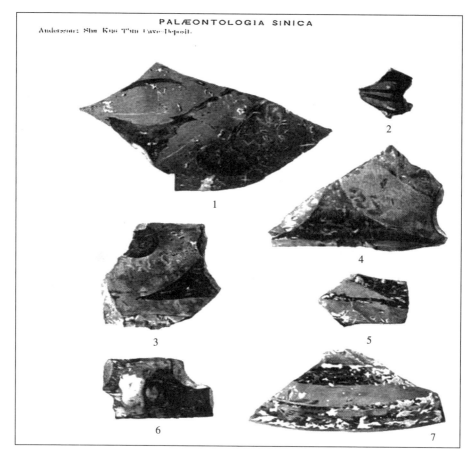

图1.3　《奉天锦西沙锅屯的洞穴层》图版十二

　　《甘肃考古记》的重要成果之一是安特生的"甘肃仰韶文化六期说"，由早到晚依次为"齐家期、仰韶期、马厂期、辛店期、寺洼期、沙井期"。原书图版中发表的彩陶器有"齐家、仰韶、马厂、辛店"四期者，除了他在年代序列上的错误外，对于彩陶器面貌的辨认规律几乎沿用至今。其中，图版一第三图是安特生不确定属于"仰韶期"或"马厂期"者，其文化归属在现在看来，恰为不在其六期之列的"马家窑文化"（如图1.4）。这说明了面对甘青地区大量繁复的图案，安特生仍然具有较高的分类水平。另外，他还认为"仰韶期"的住地彩陶与河南出土者关系极为密切。按目前的认识，仰韶村等遗址中包含了一部分属于仰韶时代晚期的彩陶，与马家窑文化彩陶的相对年代基本一致，且两地的彩陶对庙底沟文化的彩陶传统均有所继承。安特生凭借当年不成体系的、脱离了年代支持的发现，便已觉察到两者之间存在的微妙关系，表现出对图案的卓越感知能力，对于当下进行马家窑文化彩陶研究仍具有一定的启发意义。

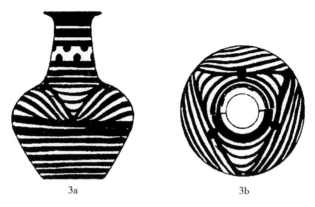

图 1.4 　《甘肃考古记》图版一第三图

　　李济发掘西阴村所得之彩陶与安特生在仰韶村获得者类似，均是残破碎片。除《西阴村史前的遗存》[①] 中少量发表外，主要交由海外求学中途回国的梁思永整理，以发掘最深的第四方内出土陶片为基础发表了《山西西阴村史前遗址的新石器时代的陶器》[②] 单行本。此两种文献同样属于研究性强于资料性，其发表资料以配合说明的做法与安特生等人无实质区别，与现在的考古报告编写规则有本质差异。然而，其科研意义以及对于后继考古学人的示范作用仍不言而喻。李济在《西阴村史前的遗存》中阐明了他"小小的怀抱"，即是要"把这问题的各方面，面面都作一个专题的研究"，而这问题指的就是安特生发现的这种新石器时代晚期的文化之来源以及与历史时期的中国文化之关系。他反对的是那种"贯穿一切无味的发挥"。而他所谓的"各方面"之一，即指彩陶片与无彩陶片之间的关系，不仅道出了安特生等人存在的缺陷，又成了国人在之后较长时期内，研究彩陶的指导思想——"应该把它（彩陶）当作全体陶业的一部分看"。李济文中介绍西阴村彩陶标本只有极其简单的一小节内容。在对图案的观察中，他注意到了"最要紧的个形"和"个形的集合"，并以西阴村的名称命名了一种当时刚刚见到新纹饰，即"西阴纹"。

---

[①] 李济：《西阴村史前的遗存》（1927 年），《李济文集·卷二》，上海：上海人民出版社，2006 年。

[②] 梁思永：《山西西阴村史前遗址的新石器时代的陶器》（1930 年），《梁思永考古论文集》，北京：科学出版社，1959 年。

　　至梁思永完成《山西西阴村史前遗址的新石器时代的陶器》时，"个形的集合"已被归纳为"点—线—半月形"纹、"月桂叶形"纹、"堆垒三角形"纹、"铁十字形"纹、"链状图案"等十二种典型的组合图案，同一种组合图案的形状有不同变化。梁思永的彩陶研究是西阴村史前陶器研究的一个部分。他给予了彩陶片、无彩陶片、非彩类纹饰等同样的重视，无形中降低了彩陶遗存"一枝独秀"的地位。与安特生相比，梁思永的研究思路无疑更为科学。正如李济所坚持的"发挥贯串现在是耗时无益的工作"，他与梁思永的彩陶研究及时地悬崖勒马，没有再"东拉西扯"地继续下去。在对"西来说"的怀疑中，做好了科学严谨、"步步为营"的准备。

　　至于殷墟出土的唯一的彩陶片，原先随李济《小屯与仰韶》刊于 1930 年《安阳发掘报告》第 2 期上，后又载于《李济文集·卷三》，即为本文所直接引用者（如图1.5）。此彩陶片在李济《民国十八年发掘殷墟之经过》① 与《安阳最近发掘报告及六次工作之总估计》② 中都有提及，具体描述见于《小屯与仰韶》③ "陶片外凸，大约为盂口之一部，红色胎，上部外敷白衣，彩施白衣上，一端黑色格子纹界以三直线，中线红，两边线黑；一端为三套圈之一弧，内外黑，中红……"（如图1.5）。并引阿尔纳《河南石器时代之着色陶器》作为参考，判定其应属于一种与殷墟出土的陶器完全不同风尚的仰韶式的器物。当时，仰韶文化自身的来龙去脉不可知，却奇迹般地撞上了年代相对明朗的殷商文化，这使得仰韶文化在中原大地上找到了年代基点。《小屯与仰韶》发表了彩陶片出土时的位置照片，说明其出土时周围均为刻字骨版。这在今天看来已具有了一些情境的意味。由于当时并无层位观念，李济认为它是"殷商时代的古董"而非"殷墟的外货"，则完全是依靠逻辑推理来论证仰韶远早于殷商，只是无从再究其年代差值。退一步讲，仰韶与殷墟比年代，总是比拿外国的史前文化标尺，例如安诺的绝对年代标尺来衡量彩陶的年代位置要合理些。

　　在这一阶段，"西来说"为核心的彩陶研究，开中国彩陶研究之先河。反省其研究方法，主要失误有三：一，脱离层位学的发掘方法，降低了所得材料的科学性；

① 李济：《民国十八年发掘殷墟之经过》（1930 年），《李济文集·卷二》，上海：上海人民出版社，2006 年。

② 李济：《安阳最近发掘报告及六次工作之总估计》（1933 年），《李济文集·卷二》，上海：上海人民出版社，2006 年。

③ 李济：《小屯与仰韶》（1930 年），《李济文集·卷二》，上海：上海人民出版社，2006 年。

图1.5  《李济文集·卷三》彩图插页6

二，对传播论的过分依赖，忽略了考虑多地起源的可能；三，年代标尺的缺失，令比较的标准失之笼统。

第二阶段：1931～1953年。

这一阶段的起点，是1931年由梁思永主持的安阳后冈遗址的发掘。后冈"三叠层"的发现，标志着中国考古层位学水平的飞跃，于仰韶文化的研究有重要意义。至1945年，夏鼐发现齐家期墓葬填土中的仰韶期彩陶片，为解决齐家文化与仰韶文化的相对年代关系提供了地层上的实质性证据，也是中国考古层位学发展的标志性事件。自此，中国的田野考古在逐渐形成的地层学方法指导下步入正轨，使得此后的彩陶研究开始关注出土层位。然而，这一时期的中国烽烟四起，在战火中求存的中国考古学举步维艰。除了战前一些较小规模的发掘外，直至新中国成立，考古调查都是最为主要的田野工作。因此，尽管彩陶的发现地点日益增多，大规模的发掘仍然难以实现，彩陶标本的积累几乎空白。新中国成立后，经历了机构筹备、人才培养的准备期，终于由西北文物清理队，于1953年春发现了内涵丰富的西安半坡遗址，迎来中国考古学史，也是史前彩陶研究史上的一大盛事。因此，本文将这一阶段的下限定于1953年，半坡遗址正式发掘之前。

于这一时期面世的彩陶资料，多为上一个阶段安特生的考古活动所获。如，1934年出版的巴尔姆格伦著《半山与马厂之随葬彩陶》，1945年出版安特生著《朱家寨遗址》，1946年出版安特生、比林·阿尔提合著《甘肃齐家坪与罗汉堂》，1947年出版的安特生著《河南的史前遗址》等。此外，安特生的重要论著还有1934年出版的《黄土的儿女》及1943年出版的《中国史前史研究》。

关于安特生所获彩陶的去向，根据陈星灿先生的研究[①]，运往瑞典进行初步研究

---

① 陈星灿：《安特生当年发掘的文物是如何运出中国的》，《中国文物报》2007年6月8日第7版。

后，曾于 1927～1936 年间，分七次将其中的部分运回中国。遗憾的是，这一时期动荡的时局造成了珍贵文物流离失所，以致下落不明。1950 年的《文物参考资料》中，有一篇题为《"国立"南京博物院依靠群众搜集到大批彩陶》的报道①叙述了下面这一事件：

> 华东人民革大第八大队的董思勇同学，于其住处发现了写有英文文字的彩陶残片，经南京博物院初步鉴定，为辛店期彩陶。后由南京博物院派人前往调查，得到六箱大小不同的成百件彩陶，并有完整器若干，根据编号的笔迹推测为安特生的采集品。现在被当地居民随意处置。

笔者特将此事询问过南京博物院有关工作人员，并未得到明确答复。后无意中由张朋川前辈告知，在他写作《中国彩陶图谱》期间，摹画过这批彩陶中的一部分器物，并在《图谱》中刊出。相信随着第一次可移动文物普查的竣工，南京博物院藏安特生收购彩陶器，将得到系统的整理。

日本学者在中国北方、东北及台湾的考古工作频繁，并且陆续在长山列岛、赤峰、大同云冈、临汾盆地、澎湖列岛良文港等地发现彩陶遗存。其中，最重要者为滨田耕作 1935 年对赤峰红山后遗址的发掘，并于 1938 年出版了《赤峰红山后》，其中包涵彩陶遗存的第一期文化，成为后世认识红山文化的契机。

中国考古学者的工作可大致再分为三个小阶段：战前，史语所的殷墟考古；战争期间，西北史地考察团、西北科学考察团及裴文中的西北地区考古；战后，雁北文物勘察团的考古调查、中国科学院考古所领导的考古调查等。

第一，战前阶段，由于傅斯年"夷夏东西说"理论的影响、后冈三叠层的确立、齐家墓葬中仰韶文化彩陶片的发现，以彩陶为特征的仰韶文化与以黑陶为特征的龙山文化，两者的关系问题成为中国考古学界探讨的热点问题。而专题性的彩陶研究，在力度、深度与影响广度上，远不及"安特生时代"。

梁思永《小屯、龙山与仰韶》，刘燿（尹达）《龙山文化与仰韶文化之分析》②等，涉及的仰韶文化与龙山文化关系探讨，无意中将彩陶遗存的年代标尺从甘肃地

---

① 《"国立"南京博物院依靠群众搜集到大批彩陶》，《文物参考资料》1950 年第 1 ～ 6 期。
② 刘燿：《龙山文化与仰韶文化之分析》，《田野考古报告》（第二册），台北：商务印书馆，1947 年。

区以及中亚、欧洲转向中原腹地。但就后冈遗址出土的彩陶而言，与仰韶村出土的彩陶遗存相比，由于缺乏直接的层位关系，两者的相对年代早晚仍无从判断。梁思永因后冈发现的彩陶花纹单纯，认为后冈之彩陶应置于河南仰韶期彩陶的年代之前。并且，梁思永也仍在安特生"西来说"的影响下，认为彩陶从黄河上游往东有过几个时期的发展过程。其中，达到后冈的那一期遗存较早，而到达河南的那一期遗存较晚。

徐中舒在《再论小屯与仰韶》① 一文中，持有"西来说"的观点，把青铜时代辛店期的彩陶当作仰韶文化的典型标本，观察辛店彩陶侧视鸟兽纹与殷周甲骨文、金文中侧视鸟兽形象的差别，试图证明仰韶与小屯的关系。他认为殷周的侧视鸟多为一足，兽多为二足，而辛店彩陶图案的侧视鸟为二足，兽为四足，并以此作为两者间的差别之一，进而认为仰韶文化不会是小屯文化的前身，而是一种西方的文化。虽然他的这一命题立意本身存在较大的失误，但文中比较鸟兽形象的方法，是一种将彩陶图案与古文字作跨类型的图像比较研究方法。这在今天看来，依旧很新颖。

第二，战争期间，西北地区的考古调查成果陆续有：《齐家期墓葬的新发现及其年代的改订》②《甘肃调查报告》《甘肃考古》《甘肃史前文化与中国文化的关系》《中国西北甘肃走廊和青海地区的考古调查》③ （1948 年）《临洮寺洼山发掘记》④《兰州附近的史前遗存》⑤ 等发表。裴文中的调查情况还可参考《甘肃史前考古报告》⑥。

由于这一阶段的工作主要在西北，学者们不仅复查了安特生当年调查的地点，并新发现了大量包含彩陶的史前文化遗址。随着资料量的逐步积累，安特生的甘肃"仰韶期"被识别为区别于河南仰韶文化的马家窑式住地与半山式墓葬，且这种住地与墓葬使用彩陶的区分逐渐被打破。夏鼐、裴文中所撰报告中，虽然整体上沿用安

---

① 徐中舒：《再论小屯与仰韶》，《安阳发掘报告》（三），北平：京华印书局，1931 年。

② 夏鼐：《齐家期墓葬的新发现及其年代的改订》，《考古学报》1948 年第 3 期。

③ 裴文中：《中国西北甘肃走廊和青海地区的考古调查》，《裴文中史前考古学论文集》，北京：文物出版社，1987 年。

④ 夏鼐：《临洮寺洼山发掘记》，《田野考古报告》（第四册），台北：商务印书馆，1949 年。

⑤ 夏鼐、吴良才：《兰州附近的史前遗存》，《考古学报》1951 年第 5 期。

⑥ 裴文中：《甘肃史前考古报告》，《裴文中史前考古学论文集》，北京：文物出版社，1987 年。

特生"××期"的命名,但也逐渐杂用"××期""××式""××文化"的提法,提出了"齐家文化""马家窑文化""沙井文化"等名称,宣告各期嬗递之规律的瓦解。

困于没有正式的考古发掘,以层位学为指导的田野考古,除了夏鼐修订齐家墓葬年代一案之外,并无其他建树可与之相匹。见诸发表的调查报告中,提供的彩陶图片也很有限,专门的彩陶研究也还没有成形。1948年,裴文中《中国之彩陶文化》① 一文:给"彩陶文化"正名,区别其与仰韶文化之内涵;将"彩陶文化"分区,区别不同地域间彩陶面貌的差异;并提出了关于彩陶研究最重要的三个问题,即"彩陶的绝对年代""彩陶文化与中国文化的关系"以及"彩陶文化的起源"。诚然,这些问题并没有超出1921年以来学者们讨论的关于彩陶的普遍话题,但也已从时空两方面加深了对彩陶资料的把握,并提出了彩陶是否单一起源的问题。尽管文中没有直接表述,但在讨论"边陲区域之彩陶文化"部分时,大抵是抱有认为边陲地区的彩陶是由彩陶繁荣之中心向外传布所致的观点。

第三,战后阶段,外国学者的考古活动宣告完结,中国的学术机构陆续成立,学者的活动范围迅速向全国各地扩展。1950年,中央文化部文物局组织,由裴文中任团长的雁北文物勘察团② 开展了新中国成立后第一次大规模的文物调查,在山西发现含有彩陶的史前遗址③。中国科学院考古研究所河南省调查发掘团,于1951年在河南广武试掘了点军台、青台遗址④,同年又在河南渑池重新试掘了仰韶村并调查了周边的其他遗址⑤,1953年于陕县、灵宝境内开展调查⑥;陕西省调查发掘团于1951年春在沣河东西两岸调查并清理了一些史前遗址⑦,1953年秋继续于丰镐一带⑧及西

① 裴文中:《中国之彩陶文化》,《历史与考古》(第一号),1946年。

② 郑振铎:《雁北文物勘察团报告序》,《文物参考资料》1951年第3期。

③ 裴文中:《雁北三处史前遗址之调查》(1951),《裴文中史前考古学论文集》,北京:文物出版社,1987年。

④ 夏鼐:《河南成皋广武区考古纪略》,《科学通报》(第二卷第7期),1951年。

⑤ 夏鼐:《河南渑池的史前遗址》,《科学通报》(第二卷第9期),1951年。

⑥ 安志敏:《河南陕县灵宝考古调查记》,《科学通报》1954年第7期。

⑦ 考古研究所陕西省调查发掘团通讯组:《1951年春季陕西考古调查工作简报》,《科学通报》(第二卷第9期),1951年。

⑧ 石兴邦:《丰镐一带考古调查简报》,《考古》1955年第1期。

安附近开展调查。由华东文化部领导的华东文物工作队，于 1951 年在淮安境内调查，发现了淮河流域第一处含有彩陶的史前遗址——青莲岗遗址①。虽然，新中国成立后的考古界空前活跃，但以上工作相比 1931 年以来的考古调查工作，只是量的积累，而并无质的飞跃。调查报告中刊出的可用的彩陶标本量，尚无法催生出彩陶研究的新起点。

总结这一整个阶段的考古工作："西来说"观点的影响与战争年代格外高涨的民族自尊心的驱使，史前考古工作的重心从彩陶研究转入了对仰韶文化与龙山文化关系的研究上。尹达回到考古所接替梁思永的工作后，正式发表了认为"仰韶早于龙山，至少在河南北部甚至河南西部大体上是可以肯定"② 的意见，而由于尚困惑于仰韶村"混合文化"这一安特生遗留之问题，提出了建立新石器时代分期标准的要求。因此，在这一阶段并没有真正意义上的专题性彩陶研究。

第三阶段：1954～1966 年、1972～1980 年。

正如前辈学者们迫切期待的那样——要以大规模的发掘来进一步了解仰韶村的史前文化。1954 年秋，由石兴邦主持的西安半坡遗址的发掘，随即成了中国考古学史上又一个具有里程碑意义的重要节点。而将这一阶段的下限设于 1980 年，主要是考虑到 1966～1972 年间，动荡的时局对考古学界造成的打击。这一负面影响，随着恢复高考后第一届大学生的毕业分配而得到缓解，即 1981 年后，各大高校的考古学专业毕业生，陆续向各地的考古机构输出，壮大了各地的考古队伍，迎来考古发现的"黄金年代"。

这一阶段，刊载彩陶资料的重要发掘报告有《庙底沟与三里桥》③《西安半坡》④《沣西发掘报告》⑤《京山屈家岭》⑥《大汶口——新石器时代墓葬发掘报告》⑦。其

---

① 华东文物工作队：《淮安县青莲岗新石器时代遗址调查报告》，《考古学报》1955 年第 1 期。
② 尹达：《论中国新石器时代的分期问题》，《考古学报》1955 年第 1 期。
③ 中国科学院考古研究所：《庙底沟与三里桥》，北京：科学出版社，1959 年。
④ 中国科学院考古研究所：《陕西省西安半坡博物馆》，《西安半坡》，北京：文物出版社，1963 年。
⑤ 中国科学院考古研究所：《沣西发掘报告》，北京：文物出版社，1963 年。
⑥ 中国科学院考古研究所：《京山屈家岭》，北京：科学出版社，1965 年。
⑦ 山东省文物管理处、济南市博物馆：《大汶口——新石器时代墓葬发掘报告》，北京：文物出版社，1974 年。

中，以《庙底沟与三里桥》《西安半坡》两批彩陶遗存最为引人瞩目。由此，彩陶研究走上了寓于"半坡与庙底沟文化'之争'"的研究之路。

随着考古类型学的逐渐成熟，彩陶器形与纹饰之演变规律的讨论成为热点：如严文明的《从王湾看仰韶村》（1963）①、《西阴村史前遗存分析》（1963）②、《论庙底沟仰韶文化的分期》③、《半坡仰韶文化的分期与类型问题》（1965）④ 等一系列文章；杨建芳的《庙底沟仰韶遗址彩陶纹饰的分析》⑤《略论仰韶文化和马家窑文化的分期》⑥；苏秉琦的《关于仰韶文化的若干问题》⑦，等等。且《西安半坡》与《华县泉护村》（当时已成稿）报告中半坡文化鱼纹、庙底沟文化花纹与鸟纹的演变序列也已在学界达成共识。然而，值得注意的是，此时由考古学者们建立的纹饰演变序列，属于纯粹的类型学分析。由于无法找到明确的层位学证据，这些纹饰的演变序列关系，只是带有主观成分的逻辑关系。同时，针对图案分析还有另一种方法，即杨建芳的《庙底沟仰韶遗址彩陶纹饰的分析》一文，从彩陶花纹母题之间的组合关系出发的图案解析。这种组合关系建立在器物的共存关系上，具有一定程度的实证性。但在使用报告所发表的资料时，忽略了"不共存"关系的相对性，导致结论的可信程度降低。

20 世纪 70 年代末，张忠培、严文明合写的《三里桥仰韶遗存的文化性质与年代》⑧、张忠培《试论东庄村与西王村遗存的文化性质》⑨、严文明《论半坡类型和庙底沟类型》⑩ 等重要文章发表，由半坡类型发展出庙底沟类型的谱系关系，一度成为铁案。因此，半坡文化的彩陶图案也随之被认为与庙底沟文化的彩陶图案存在发展演变关系。

---

① 严文明：《从王湾看仰韶村》（1963），《仰韶文化研究》，北京：文物出版社，1989 年。

② 严文明：《西阴村史前遗存分析》（1963），《仰韶文化研究》，北京：文物出版社，1989 年。

③ 严文明：《论庙底沟仰韶文化的分期》，《考古学报》1965 年第 2 期。

④ 严文明：《半坡仰韶文化的分期与类型问题》（1965），《仰韶文化研究》，北京：文物出版社，1989 年。

⑤ 杨建芳：《庙底沟仰韶遗址彩陶纹饰的分析》，《考古》1961 年第 5 期。

⑥ 杨建芳：《略论仰韶文化和马家窑文化的分期》，《考古学报》1962 年第 1 期。

⑦ 苏秉琦：《关于仰韶文化的若干问题》，《考古学报》1965 年第 1 期。

⑧ 张忠培、严文明：《三里桥仰韶遗存的文化性质与年代》，《考古》1964 年第 6 期。

⑨ 张忠培：《试论东庄村与西王村遗存的文化性质》，《考古》1979 年第 1 期。

⑩ 严文明：《论半坡类型和庙底沟类型》，《考古与文物》1980 年第 1 期。

　　半坡、庙底沟遗址的重大发现，使这一阶段的学科重心发生倾斜。而对于甘青地区彩陶的研究力度有所回落，大致也围绕着甘肃彩陶与中原彩陶的关系展开①。尽管石兴邦的《有关马家窑文化的一些问题》② 与严文明的《甘肃彩陶的源流》③，对马家窑文化与庙底沟文化的关系认定并不完全一致，但在图案的相似性方面并不存在异议。

　　这一阶段，在寓于"半坡与庙底沟文化'之争'"的彩陶研究主线之外，专题性的彩陶研究逐步展开。1955 年，中国科学院考古研究所绘图室编的《彩陶》④ 小薄册，是第一本彩陶图册，其中收录者主要为"仰韶文化系统"的彩陶。实际上，其中绝大多数的彩陶标本是此前于西北地区采集者。正如安志敏执笔的文字部分仍称辛店与仰韶文化"显然有继承关系"所表明，本阶段初期，学人对彩陶体系的把握，仍处于安特生的框架之下。同年，任上海博物馆保管部组长的马承源发表了《彩陶》一书的书评，对彩陶的关心更多是从艺术形象的角度出发，其中，有些意见值得深思⑤，比如：图册上所发彩陶图案的红黑色彩难辨、器形走样、缺少俯视图等。彩陶的器形与纹饰本身就是彩陶最重要的外在，图册的质量会直接影响读者对美感的认同。尽管考古线图出版的惯例上，彩陶器红、黑、白等色的表现手法约定俗成，但毕竟无法替代彩照的直观效果。缺乏俯视图的意见也很重要。因为俯视图不仅仅能体现审美效果，也是彩陶所包含的一种可供学人深入研究的关键信息，可惜直到今天，对彩陶俯视图的重视程度还都远远不够。

　　1957 年，马承源著《仰韶文化的彩陶》⑥ 出版，是第一部介绍中国彩陶的综述类著作，标志着彩陶研究开始"专门化"。与纯粹从考古学文化角度出发的彩陶研究不同，此书可以看作是艺术考古范畴的彩陶研究。书虽简要，却很精炼，几乎涵盖了与彩陶有关的各方面问题。关于彩陶的制作，从选土、制坯、施彩、烧窑四个方面介绍，其中施彩部分又涉及了彩料、画笔、构图、"色衬"等；关于彩陶的用途，

①　甘肃省博物馆/北京大学历史系考古专业连城考古发掘队：《从马家窑类型驳瓦西里耶夫的"中国文化西来说"》，《文物》1976 年第 3 期。

②　石兴邦：《有关马家窑文化的一些问题》，《考古》1962 年第 6 期。

③　严文明：《甘肃彩陶的源流》，《文物》1978 年第 10 期。

④　中国科学院考古研究所绘图室：《彩陶》，北京：朝花美术出版社，1955 年。

⑤　马承源：《评"彩陶"一书》，《考古》1955 年第 10 期。

⑥　马承源：《仰韶文化的彩陶》，上海：上海人民出版社，1957 年。

从盛器、饮食器、生产工具、装饰品等方面都加以分析；关于彩陶的图案，从图案的由来、内容、装饰风格等方面都有讨论；关于河南、甘肃等地的各类型彩陶均按器形与纹饰两方面分别介绍。图版发表不多，但采用了多角度的视图，反映俯视的彩纹效果，甚至局部的制作痕迹。时至今日，彩陶的专题研究虽从上述各个方面深入展开，但却很难有所突破。其他从分析图案入手的论著还有《简述古代陶瓷图案》①《试论我国黄河流域、长江流域和华南地区新石器时代的装饰图案》②《漫谈新石器时代彩陶图案花纹带装饰部位》③ 等。

虽然这一时期彩陶考古发现与研究重心仍以黄河中上游为主，但其他各地出土的彩陶也开始受到重视，如大汶口、刘林、屈家岭、桂花树、梅堰、崧石山、义井、白泥窑子、昌都卡若等。至七十年代末，区域性的彩陶图册也开始陆续出版，有《江苏彩陶》④《甘肃彩陶》⑤《青海彩陶》⑥ 等。《江苏彩陶》的出版，主要以邳县刘林、大墩子墓地、青浦崧泽等遗址的彩陶资料为依托；《甘肃彩陶》的出版，主要以秦安大地湾、兰州市王保保城、青岗岔、永昌鸳鸯池等遗址出土彩陶为依托；《青海彩陶》的出版，主要以乐都柳湾墓地、民和阳山墓地、大通上孙家寨等遗址出土彩陶为依托。

图册的出版是为了便于鉴赏，注重体现审美感受。因此，图版与照片的质量相对于这一时期的考古报告而言高出许多。并且，图册的编写比较通俗，科普性强，受众广，吸引了考古业外人士的目光。由于彩陶图案内涵丰富，耐人寻味，挑战着学人的想象力和好奇心。从这一阶段开始，图像阐释类的论文崭露头角。针对半坡文化人面鱼纹⑦、马家窑文化舞蹈纹盆⑧、彩塑结合的人像彩陶壶⑨等，探索远古人

① 龙宗鑫：《简述古代陶瓷图案》，《文物》1959 年第 6 期。
② 吴山：《试论我国黄河流域、长江流域和华南地区新石器时代的装饰图案》，《文物》1975 年第 5 期。
③ 谷闻：《漫谈新石器时代彩陶图案花纹带装饰部位》，《文物》1977 年第 7 期。
④ 南京博物院：《江苏彩陶》，北京：文物出版社，1978 年。
⑤ 甘肃省博物馆：《甘肃彩陶》，北京：文物出版社，1979 年。
⑥ 青海省文物考古队：《青海彩陶》，北京：文物出版社，1980 年。
⑦ 老武：《关于西安半坡人面形彩陶花纹形象的商榷》，《考古》1956 年第 6 期；石兴邦：《"关于西安半坡人面形彩陶花纹形象的商榷"读后》，《考古》1956 年第 6 期。
⑧ 金维诺：《舞蹈纹盆与原始舞乐》，《文物》1978 年第 3 期。
⑨ 李仰松：《柳湾出土人像彩陶壶新解》，《文物》1978 年第 4 期；张朋川：《甘肃出土的几件仰韶文化人像陶塑》，《文物》1979 年第 11 期。

类之精神世界，逐渐成为彩陶研究中永不过时的热闹话题。

第四阶段：1981 年～世纪之交。

本阶段之始，1981 年苏秉琦《关于考古学文化的区系类型问题》[①] 一文的发表，奠定了中国考古学的区系类型理论基础。彩陶遗存得以在各自区系中相对准确的定位。同时，八十年代初的考古学，进入了考古学史上最蓬勃旺盛的发展时期：考古队伍不断壮大，大批的青年学者逐渐成长为中坚力量；学术阵地不断开辟，一系列专业刊物陆续创刊；新考古学思想方法的引入，引发国内传统考古学的争论与反思。

在资料不断丰富、重大发现层出不穷的近二十年间，综述类的彩陶论文与专著大量涌现。彩陶分布中心地区的重要成果，有《河南史前彩陶》[②]《黄河彩陶》[③]《大河村新石器时代的彩陶艺术》[④]《再谈大河村新石器时代的彩陶艺术》[⑤]《半山与马厂彩陶研究》[⑥]《马家窑文化的彩陶艺术》[⑦]《青海彩陶纹饰》[⑧] 等，边缘地区的重要成果，有《略论新疆的彩陶》[⑨]《海岱地区史前彩陶与彩绘陶初论》[⑩] 等。由于摆脱了考古学文化一盘散沙的局面，区系类型框架中，各区域的彩陶面貌愈加清晰。

综述类彩陶专著最重要的成果，是集彩陶研究之大成的《中国彩陶图谱》[⑪]。作者张朋川，兼有工艺美术专业背景与长期的田野考古工作实践。因此，《中国彩陶图谱》能将考古、艺术、科普三大特点合理融合。其中，最为突出的贡献有两点："图谱"汇编与彩陶艺术研究。自 20 世纪 60 年代末，张朋川于西北地区做了十多年的史

---

① 苏秉琦、殷玮璋：《关于考古学文化的区系类型问题》，《文物》1981 年第 5 期。

② 河南省文物考古研究所：《河南史前彩陶》，郑州：河南美术出版社，1996 年。

③ 程征、钱志强：《黄河彩陶》，台北：南天书局有限公司，1994 年。

④ 廖永民：《大河村新石器时代的彩陶艺术》，《中原文物》1984 年第 4 期。

⑤ 廖华：《再谈大河村新石器时代的彩陶艺术》，《中原文物》（特刊）1986 年。

⑥ 李水城：《半山与马厂彩陶研究》，北京：北京大学出版社，1998 年。

⑦ 李纪贤：《马家窑文化的彩陶艺术》，北京：人民美术出版社，1982 年。

⑧ 刘溥：《青海彩陶纹饰》，西宁：青海人民出版社，1989 年。

⑨ 陈戈：《略论新疆的彩陶》，《新疆社会科学》1982 年第 2 期。

⑩ 李宗山：《海岱地区史前彩陶与彩绘陶初论》，《考古学报》1996 年第 3 期。

⑪ 张朋川：《中国彩陶图谱》，北京：文物出版社，1990 年。

前与历史时期遗址的考古发掘，接触了大量的甘肃彩陶第一手材料，因此，《图谱》的研究基础主要是甘肃彩陶，并立足西北放眼全国。他对 1985 年前全国各地的出土彩陶做了系统搜集，并将 2009 件各博物馆或文物工作站收藏的彩陶器编成图谱，亲手绘制了大部分的图样，每一器均配有解说。既称"图谱"，与一般线图之意义不同。"图谱"采用的是接近线图的轮廓，还原器物的底色并加以彩色纹饰，以接近"艺术的真实"①。彩陶器表红色、橙红、橙黄、棕色、灰色的区别以及红彩、黑彩、白彩的施法都能一目了然，这是考古线图所无法表现的。在器物解说中，作者注明了出土地点、出土时间、遗迹单位、器物描述、器物尺寸以及收藏单位。因此，"图谱"之信息也非一般图册所能涵盖。最后，书中还附加了与彩陶相关的文献目录索引、相关遗址的 $^{14}$C 测年简表、重要遗址简介及分区描绘的彩陶遗址分布图，可谓关怀备至，给考古学或艺术史方面的进一步研究提供了便利。《图谱》出版至今的近三十年间，资料的累积速度大大增加了续写图谱的难度。因此，倘若称"未有能超越《图谱》之贡献的彩陶研究专著"，并不是夸大其词。此外，《图谱·研究篇》的"彩陶艺术的研究"部分，也是迄今为止最翔实、最系统的彩陶工艺美术研究。无论考古学界内外，在造型艺术领域寻找新视角的努力，都无法摆脱其影响。其中，讨论几种主要彩陶花纹的发展和演变，在苏秉琦、石兴邦等人研究成果的基础上，利用自己的专业特长，发展出十六种花纹的演变序列，是考古学人在讨论彩陶花纹源流时必不可少的参考资料。

　　另外，此阶段出现了真正考古学意义上的彩陶研究，代表作为李水城的《半山与马厂彩陶研究》。虽然，半山与马厂文化的彩陶遗存已超过本文的研究范畴，但由于该论著在方法论角度对于本文的彩陶研究具有重要的启发意义，有必要特别指出。李水城的彩陶研究，是从考古学文化谱系角度出发，以彩陶为研究对象的考古学文化基础研究，旨在通过彩陶遗存考察半山与马厂类型的源流与流变，论证中国史前文化的西渐过程。其中，处理单一文化类型的彩陶器物时，具体方法如下：第一，在彩陶器形和图案两方面，均建立有统一的分类标准，避免了各发掘报告中繁杂称谓的干扰；第二，彩陶阶段性变化的得出，基于典型遗址中可用的层位关系，以及

---

① 苏秉琦：《中国彩陶图谱·序》，《中国彩陶图谱》，北京：文物出版社，1990 年。

典型器图案与器物型式的对应关系。因此，该论著堪称第一部"考古学意义上的彩陶研究著作"。①

本阶段的另一大热点，是对图像象征意义的阐释，以临汝地区的一系列发现最为热门，如"鹳鱼石斧"彩陶缸、洪山庙彩陶合葬瓮棺等。此外，大河村出土的"天文图像"，马家窑文化的"舞蹈纹""蛙纹"也还是津津乐道的话题。严文明《鹳鱼石斧图跋》② 所做的图像解读，可以代表目前学界对这一幅图像的主流认识。阐释的依据是伊川缸的葬具性质、墓主人性质、伊川缸在仰韶文化中的相对年代位置、伊川缸的分布范围以及图案中鸟、鱼、石斧的象征意味。加上当时流行的"图腾"观念，严文明将鸟和鱼解释为两个不同的氏族，将石斧解释为两者相争的象征，将鸟衔鱼的画面内容解释为以鸟为图腾的氏族取得胜利。后经赵春青《从鱼鸟相战到鱼鸟相融——仰韶文化鱼鸟彩陶图试析》③ 一文的阐发，鱼氏族代表着半坡文化，鸟氏族代表着庙底沟文化，结合陆续出土的四件绘鱼鸟于一器的彩陶瓶，展开了一段鱼鸟氏族逐鹿中原的生动传说。继"图腾说"之后，生殖崇拜④观点也为不少学人用以进行图像阐释。加之史前遗物中时有陶祖或石祖的出现，使得"生殖崇拜"观点有据可循。主要论著有袁广阔《洪山庙一号墓男性生殖器图像试析》⑤《试析姜寨出土的一幅彩陶图案——兼谈半坡类型鱼纹消失的原因》⑥ 等。何星亮的《半坡鱼纹是图腾标志，还是女阴象征》⑦，在"图腾说"与"生殖崇拜"之间讨论孰是孰非，足以证明这两个观点都有大量的追随者。其实，无论是"图腾说"还是"生殖崇拜"，在用来阐释彩陶图案的象征意义上，并无本质区别。两者之间有一个重要的共同点，即只能用于对直观的具象图案的阐释，或者用来解释那些看起来能让人联想到具体事物的图像。对于彩陶界大量的抽象纹样、几何纹样来说，这两种观点几无

① 水涛：《中国彩陶研究的一部力作——评〈半山与马厂彩陶研究〉》，《考古》2000 年第 5 期。

② 严文明：《鹳鱼石斧图跋》，《文物》1981 年第 12 期。

③ 赵春青：《从鱼鸟相战到鱼鸟相融——仰韶文化鱼鸟彩陶图试析》，《中原文物》2000 年第 2 期。

④ 赵国华：《生殖崇拜文化论》，北京：中国社会科学出版社，1990 年。

⑤ 袁广阔：《洪山庙一号墓男性生殖器图像试析》，《文物》1995 年第 4 期。

⑥ 袁广阔：《试析姜寨出土的一幅彩陶图案——兼谈半坡类型鱼纹消失的原因》，《中原文物》1995 年第 2 期。

⑦ 何星亮：《半坡鱼纹是图腾标志，还是女阴象征》，《中原文物》1996 年第 3 期。

用武之地。

与综述性研究中出现考古学方法的彩陶研究情况相似，彩陶图案的阐释研究中，许永杰的《永昌鸳鸯池墓地彩陶图案的分类研究》（下文简称《鸳鸯池》）① 与陈雍的《姜寨聚落再检讨》②，令人耳目一新。两文均摆脱了主观臆测成分浓重的图像阐释方法，以传统的考古类型学为基础、以"透物见人"为目的，进行阐释方法的尝试。《鸳鸯池》中，通过器形与图案的组合关系划分出器物群，再以墓葬中随葬彩陶器的组合关系，引申出器物群之间的组合关系，进而通过对这些组合关系的讨论，论证图案具有人群标识的意义。其论证过程具有一般的图案阐释所不具备的理性，虽有人为设定的前提，但逻辑严密，立论充分，不失为一种行之有效的考古学阐释方法。然而，由于该研究方法对于材料的要求比较苛刻，至今未有同类研究可以相互参照。《姜寨聚落再检讨》与之方法最为相似。陈雍认为姜寨二期墓地与姜寨一期墓地实际上是共时的，因此，将二期墓地与一期聚落的遗存综合研究，着重考虑了蛙纹、白头鱼纹和黑头鱼纹在聚落中的出土位置，最终得到以这几种图像所标识的人群在聚落中的结构组织情况。

彩陶图案的阐释，到目前为止，仍是见仁见智，没有一锤定音的结论。无论是考古学角度的理性分析，还是图像角度的主观推测，都是与这一时期考古学研究对于复原史前社会意识形态的要求相适应的。

第五阶段：世纪之交至今。

第四、第五阶段的分界，只能使用"世纪之交"这一比较模糊的时间概念来表示，主要是由于自考古学区系类型理论建立以来，彩陶研究领域没有出现能与以上三个节点媲美的里程碑事件。甚至，从 20 世纪末至 21 世纪初的十数年间，彩陶研究似乎淡出了学术界的核心舞台。虽说不再是学术热点，却并不表示彩陶再无研究的空间。走过近一个世纪的发现之旅，彩陶研究似乎又回到了起点。

事实上，彩陶的起点是仰韶文化，在今天看来，依然是仰韶时代最突出的文化体现。并且，"彩陶文化"与"仰韶文化"的命名曾一度混淆，"彩陶"无疑可以看作仰韶时代的代言。仰韶时代的彩陶又以庙底沟文化最为突出，且庙底沟文化的遗

①　许永杰：《永昌鸳鸯池墓地彩陶图案的分类研究》，《文物》1992 年第 11 期。

②　陈雍：《姜寨聚落再检讨》，《华夏考古》1996 年第 4 期。

存恰恰是仰韶村遗址中最丰富的遗存。这一时期的彩陶研究重心又回到了庙底沟文化上。这样一个奇妙的巧合，令 2013 年 6 月在河南三门峡召开的"彩陶中国——纪念庙底沟遗址发现 60 周年暨中国首届史前彩陶学术研讨会"，增添了继往开来的意义。

最近几年，仰韶时代彩陶研究领域有突出贡献者当数王仁湘。王仁湘的彩陶研究从 20 世纪 80 年代中期持续至今，难能可贵。他的中心论题正是"庙底沟文化的彩陶遗存"。80 年代末，从《论我国新石器时代彩绘花瓣纹图案》① 开始，王仁湘便对庙底沟文化的"花卉纹"格外关心。21 世纪初，《关于史前中国一个认知体系的猜想》② 与《中国史前彩陶地纹辨识》③ 两篇，形成了他通过对"阴阳彩纹"的双向关注，进而解析彩陶图像的研究角度。2007 年至 2011 年间，他又密集地发表了一系列以"庙底沟文化彩陶"为中心并探索其来龙去脉的论文：如《庙底沟文化在江南的踪影》④《庙底沟文化鱼纹彩陶论（上）》⑤《庙底沟文化鱼纹彩陶论（下）》⑥《庙底沟文化彩陶向南方两湖地区的传播》⑦《庙底沟文化彩陶向西南的传播》⑧。最近，他的上述研究成果集结于《史前中国的艺术浪潮——庙底沟文化彩陶研究》⑨（简称《浪潮》）这一鸿篇巨著中。王仁湘的彩陶研究风格，引述其原文，就是"与考古界同行稍有不同，没有受到传统考古学方法的过多约束"。他的彩陶研究体系建立在"半坡文化发展成庙底沟文化"这一考古学文化谱系的认识下，用以反复证明这一体系的论据便是各类图像的演变关系。从彩陶的艺术特征方面看，他与张朋川的角度总体一致，依然是《仰韶文化的彩陶》一书的纵深发展。

余西云《西阴文化：中国文明的滥觞》⑩ 是对"庙底沟文化"进行综合性研究

① 王仁湘：《论我国新石器时代彩绘花瓣纹图案》，《考古与文物》1989 年第 1 期。
② 王仁湘：《关于史前中国一个认知体系的猜想》，《华夏考古》1999 年第 4 期。
③ 王仁湘：《中国史前彩陶地纹辨识》，《中国史前考古论集》，科学出版社，2003 年。
④ 王仁湘：《庙底沟文化在江南的踪影》，《中国文物报》2007 年 10 月 25 日第 7 版。
⑤ 王仁湘：《庙底沟文化鱼纹彩陶论（上）》，《四川文物》2009 年第 2 期。
⑥ 王仁湘：《庙底沟文化鱼纹彩陶论（下）》，《四川文物》2009 年第 3 期。
⑦ 王仁湘：《庙底沟文化彩陶向南方两湖地区的传播》，《江汉考古》2009 年第 2 期。
⑧ 王仁湘：《庙底沟文化彩陶向西南的传播》，《四川文物》2011 年第 1 期。
⑨ 王仁湘：《史前中国的艺术浪潮——庙底沟文化彩陶研究》，北京：文物出版社，2011 年。
⑩ 余西云：《西阴文化：中国文明的滥觞》，北京：科学出版社，2006 年。

的考古学专著。第二章第二节"彩陶图案分析"部分，也是从"阳纹"和"阴纹"两个角度解读彩陶图案，对图像元素（他称之为"绘画语符"）中鸟、花、蛙的形象认定与考古学界形成的传统认识有很大的差别。他的主旨在于指出彩陶图案的中心主题是生殖，并上升到中国古代哲学角度的阴阳观念上，尝试探求原始的精神世界。这种方法是在"生殖崇拜"观点的启发下，延续了上一个阶段围绕"生殖崇拜"进行图像阐释的研究方法。

此外，考古业内，如冯时的《中国天文考古学》[1]，陆思贤、李迪的《天文考古通论》[2]，王克林的《〈山海经〉与仰韶文化》[3] 中，都含有从各自的专业眼光看待彩陶图案之意蕴的论述。考古业外，文化学者们对彩陶的热情更为高涨，尤其是具有文学、文艺学、美学、艺术学、艺术史学等背景的学者，如林少雄主编的"中国彩陶文化解密丛书"[4]，蒋书庆著《彩陶艺术简史》[5]，李学武著《中国原始彩陶》[6]，程金城著《中国彩陶艺术论》[7] 等。

以考古学为本位的彩陶研究，围绕着一个解读庙底沟文化彩陶图案所无法避免的学术"公案"，即半坡文化与庙底沟文化的关系问题。20 世纪 90 年代中期，随着临潼零口村、翼城枣园、垣曲东关等遗址的发掘，一批兼具半坡文化与庙底沟文化初期形态的遗存浮出地表，使得半坡文化与庙底沟文化的关系问题渐渐回温。从彩陶角度进行探讨的研究实例，有张宏彦的《从仰韶文化鱼纹的时空演变看庙底沟类型彩陶的来源》[8]，重申了半坡文化鱼纹发展出庙底沟文化花纹的认识，捍卫了主流学界对两者传承关系的判断。

---

[1]    冯时：《中国天文考古学》，北京：中国社会科学出版社，2007 年。

[2]    陆思贤、李迪：《天文考古通论》，北京：紫禁城出版社，2000 年。

[3]    王克林：《〈山海经〉与仰韶文化》，太原：山西人民出版社，2011 年。

[4]    户晓辉：《地母之歌——中国彩陶与岩画的生死母题》，上海：上海文化出版社，2001 年；蒋书庆：《破译天书——远古彩陶花纹揭秘》，上海：上海文化出版社，2001 年；林少雄：《人文晨曦——中国彩陶的文化读解》，上海：上海文化出版社，2001 年；程金城：《远古神韵——中国彩陶艺术论纲》，上海：上海文化出版社，2001 年。

[5]    蒋书庆：《彩陶艺术简史》，上海：上海人民美术出版社，2007 年。

[6]    李学武：《中国原始彩陶》，南昌：江西美术出版社，2007 年。

[7]    程金城：《中国彩陶艺术论》，兰州：甘肃人民美术出版社，2008 年。

[8]    张宏彦：《从仰韶文化鱼纹的时空演变看庙底沟类彩陶的来源》，《考古与文物》2012 年第 5 期。

　　由于彩陶标本数量的激增，彩陶图册的出版应接不暇，图版质量也较此前大有进步。如《新疆彩陶》①《彩陶》②《南京博物院珍藏系列——彩陶》③《甘肃彩陶》④《临夏彩陶》⑤《雕龙碑史前彩陶》⑥《远古之花——甘肃省博物馆彩陶精品》⑦《华夏之花——庙底沟彩陶选粹》⑧，等等。最新出版的《华夏之花——庙底沟彩陶选粹》，首次在发表器物图版时注明了遗迹单位，更有利于图册上的彩陶标本用于考古学研究。

# 第四节　方法论

　　纵观彩陶的研究历程，随着中国史前考古学各阶段学科重心的转移，彩陶研究从学科的中心议题逐渐转变为单一器类的专门化研究。

　　如今，大量的史前彩陶遗存，在考古学区系类型框架中均有相对明确的文化属性与年代定位，专门化的彩陶研究也取得了丰富的成果。其中，集资料综述、标本归纳、图案分析于一体的综述性研究，如《仰韶文化的彩陶》《中国彩陶图谱》《史前中国的艺术浪潮——庙底沟文化彩陶研究》等，主要采用形式分析与图像学的研究方法，专注于彩陶遗存的工艺技术特点与艺术传承，而《半山与马厂彩陶研究》则标志着考古学方法研究彩陶遗存的开端。阐释性研究中，《鹳鱼石斧图跋》《西阴文化：中国文明的滥觞》等为代表的图像学方法，试图解读彩陶蕴藏的精神内涵，而《永昌鸳鸯池墓地彩陶图案的分类研究》《姜寨聚落再检讨》为代表的考古学方

---

① 新疆文物考古研究所：《新疆彩陶》，北京：文物出版社，1998 年。

② 陈克伦：《彩陶》，上海：上海人民美术出版社，1998 年。

③ 南京博物院：《南京博物院珍藏系列——彩陶》，上海：上海古籍出版社，1999 年。

④ 张力华：《甘肃彩陶》，重庆：重庆出版社，2002 年。

⑤ 临夏回族自治州人民政府秘书处、临夏回族自治州文化出版局：《临夏彩陶》，兰州：甘肃人民美术出版社，2005 年。

⑥ 湖北省襄樊市炎黄文化研究会、北京画中画文化艺术交流中心编，王仁湘、王杰主编：《雕龙碑史前彩陶》，北京：文物出版社，2006 年。

⑦ 贺春旎：《远古之花——甘肃省博物馆彩陶精品》，北京：文物出版社，2013 年。

⑧ 河南省文物考古研究院：《华夏之花——庙底沟彩陶选粹》，上海：上海古籍出版社，2013 年。

法，则试图解释人群组织结构。

总的来说，以往的彩陶研究，以"艺术"的研究方法为主，基本脱离出土彩陶的具体遗迹单位，且主要依赖于现有的考古学文化早晚关系。尤其是在综述性研究中：彩陶图案的演变序列、彩陶艺术的发展传承，均缺乏层位关系的支持，导致了主观上成立的逻辑顺序替代了可能存在的更为客观的演变关系；现有的谱系框架中，考古学文化间大量的相互关系尚未得以真正落实，导致了对彩陶艺术的发展、传播、传承等问题的讨论流于空泛。在阐释性研究中，《鸳鸯池》等少量个案已经开始采用具有实证意义的考古学方法，通过彩陶的共存关系研究社会组织，却鉴于考古发掘资料发表状况普遍不理想，而缺乏个案实践。但更多的阐释性研究，是以解读图案背后蕴含的精神意义为目的的，所得结论难以确证。针对上述研究现状，本文的彩陶研究由分析具体材料入手，采用层位学与类型学相结合的考古学方法，探讨实证性问题，以回避缺乏实证的逻辑推理。

然而，本文研究的彩陶遗存是"图案类彩陶"，这就决定了研究方法的核心仍是图案的形式分析。但本文进行图案形式分析的目的，在于拓宽考古学文化基础研究的思路，与以往的彩陶研究相比，研究角度有别。因此，在综合了考古学方法的情况下，彩陶器形涉及的演变序列、彩陶标本涉及的层位关系、彩陶的器物组合变化等，均是研究中需要综合考虑的因素。并且，文中插图的制作，选用线图为标本原图，而非进行艺术处理或想象模拟后的图案，除反映标本的图案种类外兼顾彩陶器类与器形，也是考古学研究方法的体现。因此，本文的彩陶研究没有割裂图案与载体的关系，与单纯的彩陶图案研究有本质的不同。

## 一　以层位学为基础的彩陶资料整理

层位学是考古学最重要的研究方法之一。彩陶研究中引入考古层位学，目的在于将对彩陶发展演变的讨论纳入考古学文化分期体系之中，使得彩陶的发展演变规律得到实证，不再停留于直观的逻辑顺序。

目前，层位学得以运用于彩陶研究领域中的个案尚少，主要是由彩陶标本发表状况不甚理想所致。如图1.6所示的各种情况中，仅有出土单位明确的发掘品，具有探讨层位关系的可能；仅有出土器物组合完整的遗迹单位，具有探讨彩陶器共存关系的可能。并且，具体到出土单位明确的发掘品中，涉及具有可比彩陶标本的层位关系较少，一定程度上阻碍了彩陶发展规律的研究。

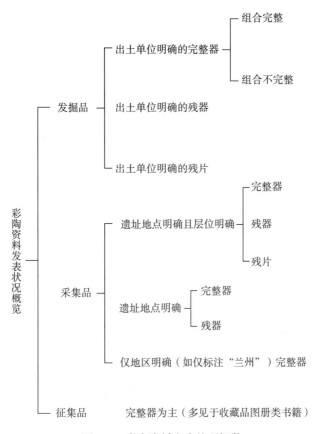

图 1.6　彩陶资料发表状况概览

　　然而，以层位学为基础的仰韶时代考古学文化分期研究现已基本成熟。因此，通过彩陶标本出土单位的期别归属，可细化对彩陶相对年代的认识。

　　本文中，各考古学文化的分期研究，主要参考前人的研究成果，并加以选择性运用，具体情况举例如下。

　　第一，前人的分期方案有层位实证，可以直接体现彩陶遗存的发展演变，则本文直接采用，如庙底沟文化、后冈一期文化；

　　第二，前人的分期方案有层位实证，但考古学文化中彩陶面貌变化不明显，则本文不做分期讨论，如大司空文化、庙子沟·海生不浪文化；

第三，前人的分期方案有层位实证，但由于考古学文化的彩陶遗存丰富、典型遗址较多，分期方案不适用于直接判定具体彩陶标本期别归属的情况，则本文另以典型遗址进行层位学分析，如半坡文化、秦王寨文化、马家窑文化等。

## 二　彩陶类型学

类型学是本文分析彩陶遗存的主要研究方法，针对图案类彩陶，建立适当的分类体系是必要的研究前提。而对彩陶进行类型学梳理，首先需要明确彩陶的分类层次。彩陶从最为基本的器形与图案两个方面，可衍生出彩色种类、具体图案、施彩部位、彩陶器类、器物形态五重分类标准。其中，纷繁复杂的具体图案，为其他四类标准所包含。因此，彩陶图案与其他四类标准并不属于同一分类层次。

### （一）图案类彩陶的第一分类层次

彩色种类是各考古学文化彩陶遗存较为统一的特征，如半坡文化、庙底沟文化流行黑色单彩，后冈一期文化流行黑色或红色单彩，大司空文化流行红色单彩，秦王寨文化流行白衣黑红复彩等。本文以"彩系"作为总领各文化彩陶遗存的首要标准。施彩部位中最重要的区分是器表与内壁。器表彩施用器类广泛，常见的施彩部位有颈部、肩部、腹部，以腹部施彩者为众。内彩的施用受器形制约，以广口浅腹的盆、钵类最为适用，常见部位有周壁与器底之分，且不同的考古学文化，内彩的使用与否具有选择性。如庙底沟文化流行大量的彩陶盆、钵，几乎不见内彩；而马家窑文化的大量彩陶盆、钵，则罕见不施内彩者。因此，内彩的使用与否，也是各文化彩陶遗存的总体特征之一。施彩器类属于各考古学文化器物群的一部分，具体器形因文化而异。

因此，彩色种类、器表彩或内彩的选择倾向、施彩器群及彩陶器形，属于图案类彩陶的第一分类层次，标识着不同考古学文化彩陶的总体特征。

### （二）图案类彩陶的第二分类层次

建立在图案分类基础上的彩陶图案描述体系，属于图案类彩陶的第二分类层次，是本文彩陶类型学的研究重点。彩陶图案的复杂程度，客观上决定了分类标准的多种可能，而基于研究者主观经验的图案描述，往往不在统一的分类标准下，导致图案类比难以进行，或类比的双方不在同一比较层级上。

由此，以便尽可能广泛地纳入图案种类，本文选择图案主辅、构图框架、风格类型、图案单体、图案元素五种具有层级关系的分类标准，构建彩陶图案的层级描述体系。

第一层级为主体图案的识别。

由于大量彩陶器于不同部位施彩，各部位图案难以统一描述。而其中最显著的施彩部位所饰图案，往往具有画幅最大，图案效果最突出的特点，可视作该器的主体图案。绝大多数器类的主体图案即为腹部图案。本文以主体图案为主要描述对象，在不加特别说明的情况下，讨论图案均为主体图案。

第二层级为构图框架和风格类型。

构图框架，是描述图案在施彩部位被如何布局。由于彩陶图案多环绕器身分布，"行"为最常见的绘彩区域。仰韶时代的彩陶图案以单行构图为多，另有双行或多行构图者。同时，一些图案的行内，有特意不绘彩的留白地带，使行内图案具有分栏的效果。

风格类型，是描述彩陶图案给人的直观印象。如直线线条构成的图案，通常给人"干练、硬朗"的感受，回旋往复的曲线图案则极富动感，而写实的动物形象可直接传达其意义。据此，本文将彩陶图案的风格类型区分为：突出装饰效果的 A 型"几何风格"和具有表意作用的 B 型"图像风格"。两型风格均可再细分为各类亚型（如表 1.1）。

A 型"几何风格"依据造型线条的不同，可分为 Aa 型"直线风格"、Ab 型"弧线风格"和 Ac 型"圆点风格"。Aa 型风格依据主要图案元素的种类，可细分为 Aa1 型"线纹风格"、Aa2 型"直边三角风格"、Aa3 型"四边形风格"；Ab 型风格依据主要图案元素的种类，可细分为 Ab1 型"线纹风格"、Ab2 型"小半圆弧风格"、Ab3 型"组合弧线风格"、Ab4 型"弧边三角风格"。

B 型"图像风格"依据图案整体形象，可分为不可名状的 Ba 型"符号风格"和象生状物 Bb 型"象形风格"。虽然 Ba 型"符号风格"也可能具有的状物意义，但在无法判别的情况下，只能与明显象生状物的 Bb 型加以区别。

### 表1.1　彩陶图案风格分型表

| 分型 | A 型"几何风格" | | | B 型"图像风格" | |
|---|---|---|---|---|---|
| 亚型 | Aa 型<br>"直线风格" | Ab 型<br>"弧线风格" | Ac 型<br>"圆点风格" | Ba 型<br>"符号风格" | Bb 型<br>"象形风格" |
| 次级亚型 | Aa1 型<br>"线纹风格" | Ab1 型<br>"线纹风格" | | | |
| | Aa2 型<br>"直边三角风格" | Ab2 型<br>"小半圆弧风格" | | | |
| | Aa3 型<br>"四边形风格" | Ab3 型<br>"组合弧线风格" | | | |
| | | Ab4 型<br>"孤边三角风格" | | | |

第三层级为图案单体与图案元素。

图案单体，是指大量连续图案中的一个图案单元或完整的单独图案。图案元素，是指构成图案单体的各个部分。由于彩陶残器与残片的大量存在，可见图案往往是完整图案的局部，甚至是图案单体的局部元素，本文特此将图案单体与元素的层级并列。此外，除了连续图案和单独图案，亦有不成规律的图案元素直接构成的图案。

综上，图案类彩陶的分类体系如图 1.7 所示。

## 三　比较研究

### （一）第一层次彩陶总体特征的比较研究

目前，各考古学文化彩陶遗存的主体面貌基本明朗，但由于受谱系传承、文化

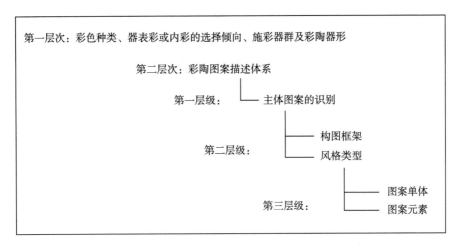

图 1.7　图案类彩陶的分类体系

交往等因素的影响，或受资料发表状况的局限，仍有部分彩陶标本文化属性不明，甚至归属有误。因此，综合彩陶标本在各层次、各层级分类标准下体现的特征，有助于其文化属性的判定。

**（二）第二层次第二层级"风格类型"的比较研究**

风格类型的详细划分，目的是增强第三层级不同种类图案间的关联。不同考古学文化对于彩陶图案的风格类型具有一定的选择倾向。因此，不同的风格类型，在某种程度上具有标识考古学文化的意义。在具有谱系关系的考古学文化中，彩陶图案的风格类型更容易传承，而不同谱系的考古学文化中，风格类型更容易相互影响。因此，比较考古学文化彩陶图案的风格类型，判断其渊源与流变，有助于考古学文化谱系关系的梳理。

**（三）第二层次第三层级"图案单体或图案元素"的比较研究**

器物类型学中，"型、式"的划分是针对同种器物而言的。因此，彩陶分类体系中具有划分"型、式"意义者，是同一文化内第三层级的"图案单体或图案元素"。但由于分型需要以图案种类相同为前提，分式需要以层位关系或年代关系为依托，并非所有的"图案单体或图案元素"都具备分型分式的可能。

**（四）第二层次第三层级"图案单体或图案元素"的跨文化比较研究**

跨文化的图案比较研究，可以反映文化间图案的传承发展与传播影响。传承发展是历时性的，在具有谱系关系的考古学文化间，彩陶艺术的传承与发展，需借助包含雷同元素或单体的不同种类图案的比较研究；传播影响是共时性的，在具有交往关系的考古学文化间，需借助同种图案的比较研究，尤其是程式化程度较高的同种图案，是求证文化共时的重要线索。

当然，无论是考古学文化的谱系关系，抑或年代对应关系，也可以从绝对年代方面进行论证。但从宏观上看，史前考古学文化的绝对年代是与现有的考古学文化谱系框架相匹配的；而从微观上看，本文用作研究对象的具体遗迹单位与具体标本，往往并不伴随共存的测年标本。因此，本文不讨论考古学文化的绝对年代，特此说明。

# 第二章 仰韶时代早期的彩陶遗存

## 第一节 半坡文化的彩陶遗存

### 一 考古学文化基础研究

#### （一）文化分布

半坡文化的分布以渭河盆地为核心，并广及汉江上游谷地、南阳盆地西端、六盘山西麓、河套地区及运城盆地（如图 2.1）。关中及陕南集中分布有宝鸡北首岭[①]、西安半坡[②]、临潼姜寨[③]、渭南史家[④]、华县元君庙[⑤]、华阴横阵[⑥]、西乡何家湾[⑦]、南郑龙岗寺[⑧]等大量典型遗址。西、北、东三面边缘地区分布有秦安大地

① 中国社会科学院考古研究所：《宝鸡北首岭》，北京：文物出版社，1983 年。

② 中国科学院考古研究所、陕西省西安半坡博物馆：《西安半坡——原始氏族公社聚落遗址》，北京：文物出版社，1963 年。

③ 半坡博物馆、陕西省考古研究所、临潼县博物馆：《姜寨——新石器时代遗址发掘报告》，北京：文物出版社，1988 年。

④ 西安半坡博物馆、渭南县文化馆：《陕西渭南史家新石器时代遗址》，《考古》1978 年第 1 期。

⑤ 北京大学历史系考古教研室：《元君庙仰韶墓地》，北京：文物出版社，1983 年。

⑥ 中国社会科学院考古研究所陕西工作队：《陕西华阴横阵遗址发掘报告》，《考古学集刊》（4），北京：中国社会科学出版社，1984 年。

⑦ 陕西省考古研究所汉水考古队：《陕西西乡何家湾新石器时代遗址首次发掘》，《考古与文物》1981 年第 4 期；陕西省考古研究所、陕西省安康水电站库区考古队：《陕南考古报告集》，西安：三秦出版社，1994 年。

⑧ 陕西省考古研究所：《龙岗寺——新石器时代遗址发掘报告》，北京：文物出版社，1990 年。

湾①、凉城王墓山坡下②、淅川下王岗③、芮城东庄村④等重要遗址。

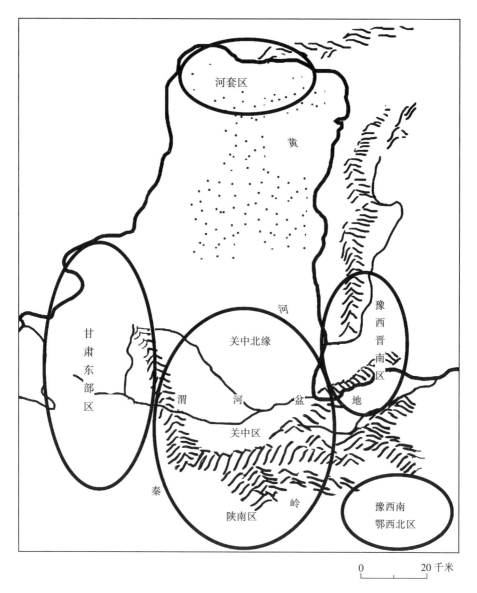

图2.1 半坡文化分布范围示意图

① 甘肃省文物考古研究所：《秦安大地湾——新石器时代遗址发掘报告》，北京：文物出版社，2006年。

② 内蒙古文物考古研究所/北京大学中国考古学研究中心"聚落演变与早期文明"课题组：《岱海考古（三）——仰韶文化遗址发掘报告集》，北京：科学出版社，2003年。

③ 河南省文物研究所、长江流域规划办公室考古队河南分队：《淅川下王岗》，北京：文物出版社，1989年。

④ 中国科学院考古研究所山西工作队：《山西芮城东庄村和西王村遗址的发掘》，《考古学报》1973年第1期。

### （二）文化分期——以瓶壶类器物为标尺

关于半坡文化的分期，可参照赵宾福《半坡文化研究》① 与孙祖初《半坡文化再研究》② 两文的系统性研究工作。两文均以典型遗址的分期为主，形成半坡文化的发展框架，分别提出"三期八段"和"六期"的分期方案。其主要差别在于对北首岭报告内所分"早期遗存"与"中期遗存"中，一部分以平底双耳瓶为代表的遗存的认识。"三期八段说"中以这批遗存作为半坡文化第一期，而"六期说"则将其单独命名为"北首岭文化"③，作为介于前仰韶时代与仰韶时代之间的过渡文化。此外，尽管两文对分期尺度的掌握亦不尽相同，但对半坡文化器物群发展演变趋势的认识基本一致。其中，尤以杯形口尖底瓶的形态演变具有标尺意义，另外，葫芦瓶、蒜头壶两种水器的形态演变具有辅助分期的作用。本文中将统称其为"瓶壶类"。

根据上述两种分期方案，北首岭、龙岗寺、元君庙、姜寨等典型遗址期别的联合，可覆盖半坡文化的完整序列，但其中具体期别的对应关系仍需进一步综合。

1. 宝鸡北首岭

孙祖初在半坡文化"六期说"中排除的"北首岭文化"，主要是指北首岭Ⅳ区墓葬为主的一部分遗存，包括部分原报告定于早期及中期的墓葬。然而，从北首岭遗址整体布局看来，Ⅰ区与Ⅴ区是一北一南两片门道相对的房址，应为一完整聚落的居住区局部，中间Ⅱ、Ⅲ、Ⅳ区有路土堆积，具有聚落中心广场的意义，而Ⅳ区与Ⅵ区均为墓地，就其位置而言，可以区别为"广场内墓地"和"居住区外墓地"④。因此，Ⅳ区的墓葬应为北首岭半坡文化聚落的一部分，如果其相对年代在整个聚落中处于较早的阶段是可以理解的，但是，若将其单独定为另一个考古学文化，则证据不足。

北首岭遗址各发掘区内地层堆积并不统一，报告将半坡文化的地层分为上、中、下三大层（报告内称为早、中、晚三期）。但各大层包括哪些具体地层则因区而异。居住区的发掘除了个别探方外，在清理完晚期房址后，并未向下发掘。Ⅳ区墓葬多

---

① 赵宾福：《半坡文化研究》，《华夏考古》1992 年第 2 期。

② 孙祖初：《半坡文化再研究》，《考古学报》1998 年第 4 期。

③ 孙祖初：《中原地区新石器时代中期向晚期的过渡》，《华夏考古》1997 年第 4 期。

④ 陈雍：《北首岭新石器时代遗存再检讨》，《华夏考古》1990 年第 3 期。

为中期层下开口，但仅有个别给出具体的开口层位。Ⅵ区墓葬开口层位均不明。因此，部分居址可能较Ⅳ区墓葬稍晚，两区墓葬间没有可以关联的层位。参考上述层位特点，本文以发表有线图的瓶壶类水器为分期标尺，重新考察北首岭遗址半坡文化遗存的分期方案。

北首岭遗址中原报告定为中期的墓葬1978M13，出土双腹耳壶1978M13：4，应为瓶壶类器物的最早形态，为直口、细颈、鼓腹、双耳、平底。整体形态介于双耳尖底瓶、蒜头细颈壶之间。同类标本见于龙岗寺遗址前仰韶时代墓葬中，则1978M13应进入老官台文化的年代范畴，而1978M13：4很有可能是半坡文化中双耳尖底瓶的祖型。

北首岭遗址中与1978M13：4形态最为接近的双耳瓶，多于Ⅳ区⑤层下出土，如1977M6甲：7，仍保留小平底的形态，但其瓶口已呈矮杯形口状，与杯形口尖底瓶在逻辑上具有直接的演变关系。暂时称其为"1977M6组"。北首岭Ⅵ区M187：1、M419：2尖底出实足尖，与1977M6甲：7的形态间有较大的缺环。暂时称其为"M187组"。至于M172：3制作粗糙的枣核形尖底形态，可能具有"明器"性质，与日常用器无法直接类比，暂时称其为"M172组"。按照杯形口双耳瓶瓶底由小平底向尖底发展的逻辑顺序，尖底拉长且出实足应置于尖底形态之后，则"1977M6组"早于"M187组"，中间存在缺环。

Ⅳ区墓葬内所见杯形口双耳瓶均属于"1977M6组"，同区墓葬随葬的细颈壶口均为"蒜头状"，如1977M12：5，且该区不见葫芦瓶；Ⅵ区内发表尖底瓶两件均属于"M187组"，同区墓葬随葬的细颈壶口部除"蒜头状"外，新出现了盖杯形状，如M201：1，且该区部分墓葬以葫芦瓶随葬。另外，从异形壶的口部也可印证两区的差异，如Ⅳ区⑤层下的1977M5：1为矮杯形口，与1977M6甲：7相似，而Ⅵ区M98：3为小侈口，与M419：2相似。结合墓区的分布情况，Ⅳ、Ⅵ两墓区的使用应存在相对年代上的差距。

本文据此认为，北首岭半坡文化墓地，至少存在分别与"1977M6组""M187组"相当的前后两期遗存。与"1977M6组"相当者，主要是以小平底杯形口双耳瓶、蒜头细颈壶随葬的墓，多见于Ⅳ区；与"M187组"相当者，主要是以出实足尖的杯形口双耳瓶、盖杯形口细颈壶或葫芦瓶随葬的墓，多见于Ⅵ区。由于M172为Ⅵ区墓，则

"M172 组"与"M187 组"年代相当的可能较大。北首岭遗址区中发表器物线图的遗迹
单位较少。其中，少数单位开口于中期地层以下，如 1977H3、F40 等。1977H3 出土
大口小平底缸与 1977M17：1 相似，相当于"1977M6 组"；F40 出土深腹圜底钵与
M45：1 形态相似，相当于"M187 组"。多数单位为晚期地层下开口，如 F23、F15
等，应与"M187 组"相当。遗物多为晚期地层内出土，除个别具有较易辨认的相当
于"1977M6 组"的形态外，应多相当于"M187 组"（分组情况参见图 2.2）。

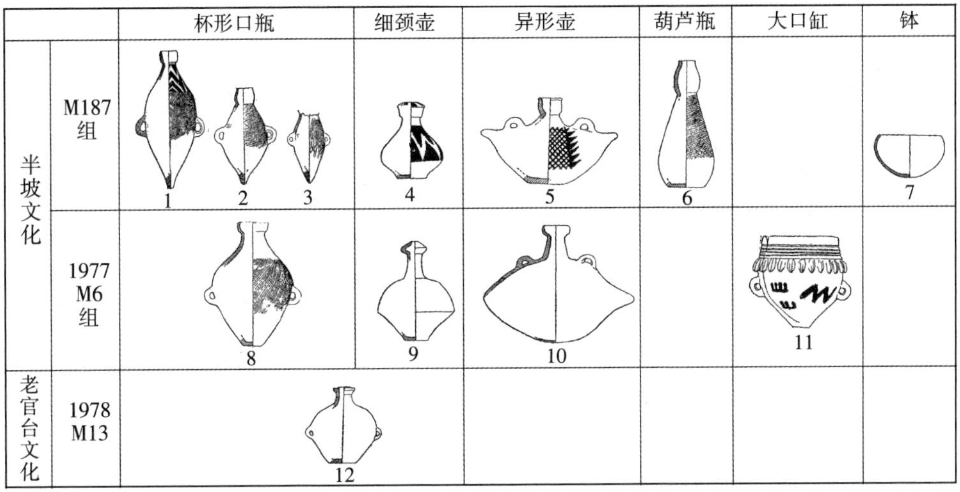

图 2.2　宝鸡北首岭遗址分组示意图

1. M187：1　2. M419：2　3. M172：3　4. M201：1　5. M98：3　6. M353：1　7. M45：1　8. 1977M6 甲: 7
9. 1977M12：5　10. 1977M5：1　11. 1977M17：1　12. 1978 M13：4

## 2. 南郑龙岗寺

龙岗寺遗址仰韶时代遗存主体属于半坡文化。根据遗迹现象及其分布，可分为
墓地与围绕墓地西北面的灰坑。从出土遗物看来，龙岗寺的半坡文化持续了较长的
发展时期，有分期的可能。但根据报告介绍，半坡文化灰坑多为③层下开口，发表
线图的遗迹单位没有可用以分期的层位关系；墓地中除部分墓葬上可见有③层叠压
外，基本无文化堆积，墓葬分上下六层叠压，由于没有明确的开口层位，只可以参
考报告所述的叠压关系进行分析。

发表随葬器物线图的墓葬主要"位于"① ⑥层至③层，器物组合与北首岭墓地相

① "位于"是报告内描述墓葬出土层位的表述方法。

似，其中亦包含双耳尖底瓶、蒜头壶和葫芦瓶三个水器系统。参照北首岭墓地反映出的杯形口双耳瓶演变规律，龙岗寺第⑥层墓葬尖底瓶年代跨度较大。M140、M305、M363、M424 等墓葬，出土双耳小平底瓶如 M424：6、M305：3、M363：6等，与北首岭"1977M6 组"同类器物形态相似，为龙岗寺墓地形态最早者，暂时称其为"M424 组"。此类瓶均有平底明显、杯形口浅的特征，从整体形态来看，有鼓肩宽体的 A 型和溜肩窄体的 B 型之分。其中，M424：6 的形态与前仰韶时代的双腹耳壶 M406：4 最为接近，相对年代可能偏早。③层墓葬仅 M400 发表有尖底瓶标本 M400：2，底部出实足尖，相当于北首岭"M187 组"，暂时称其为"M400 组"。大量杯形口双耳瓶见于⑤、⑥层墓葬内，如 M235：2、M118：2 等，两层内的形态有所交叉：两层均有瓶底呈尖底的尖底瓶，以及截去尖底、保留小平底的钝底尖底瓶；两层均有溜肩窄体尖底瓶，以及鼓肩宽体尖底瓶，且具有不同程度的鼓肩形态。暂时称其为"M235 组"。

根据报告中的叠压关系，"M424 组""M235 组""M400 组"分别相当于报告内划分的龙岗寺墓地早、中、晚三期，各组内涵与报告分期基本相符。从龙岗寺"M400 组"墓葬的随葬器物组合可知，随葬葫芦瓶、带盖蒜头壶的墓葬始于这一时期，但尚没有证据显示其有向更晚阶段发展的趋势。

参照墓地的分组，龙岗寺灰坑部分根据典型器物形态，亦可分别于三组墓葬相当：H72、H163、T29③：1 等相当于"M424 组"；H55、H13、T25③：11、T6③：2等相当于"M235 组"；H153、T32③：2、T15③：3、T25③：2 等相当于"M400 组"（分组情况参见图 2.3）。

3. 华县元君庙

元君庙遗址的半坡文化遗存可分为墓地与居址两部分，其间有间隔地带，墓地与居址的文化堆积无法对应。元君庙报告的分期即为墓地分期。其中，面貌相似的主体墓群分为三期。另外，M438、M423 两座出土具有"明器"性质尖底瓶的墓，以及 M460、M461 两座以葫芦瓶代替尖底瓶的墓定为第四期。

相对于半坡文化"三期八段说"和"六期说"的分期方案，元君庙报告所划分的第一至三期遗存，并没有很长的时间跨度。赵宾福在"三期八段说"中，将元君庙墓地的杯形口尖底瓶分为并行发展的鼓肩 A 型与溜肩 B 型，并参照横阵墓地的分

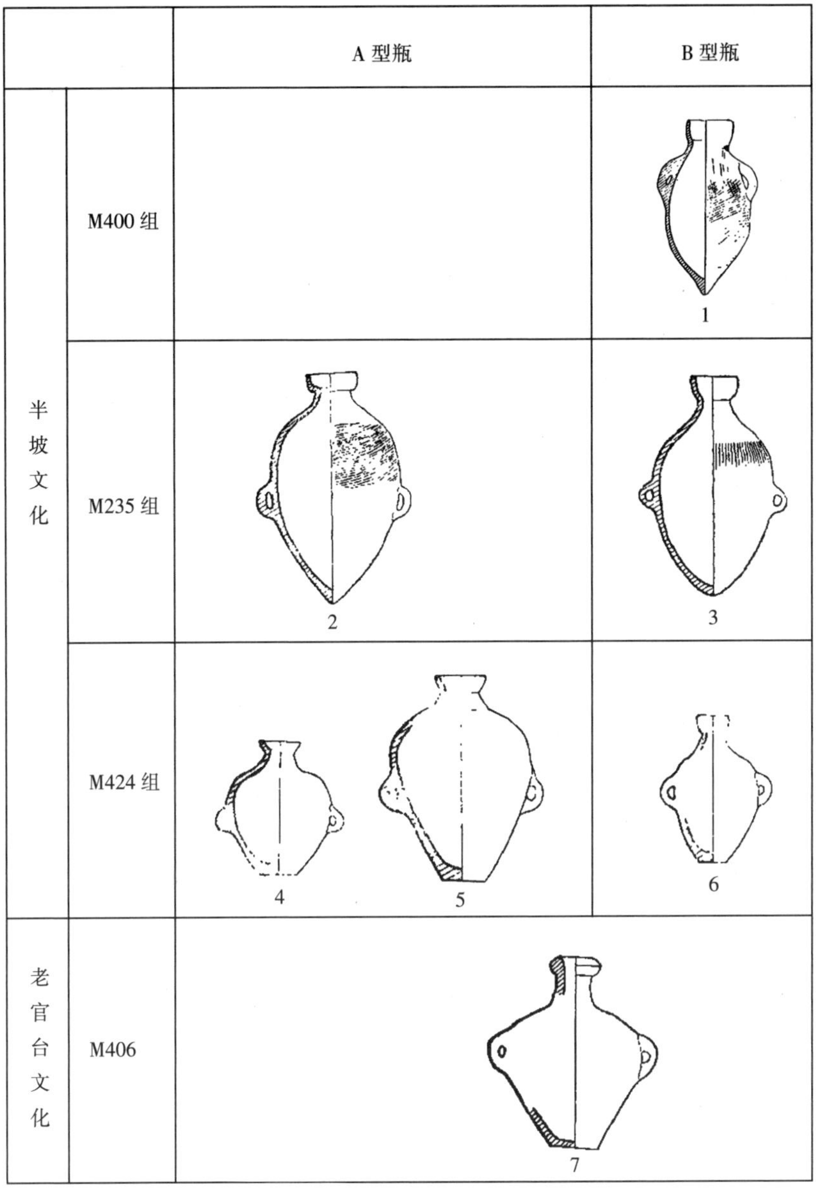

| | | A 型瓶 | B 型瓶 |
|---|---|---|---|
| 半坡文化 | M400 组 | | 1 |
| | M235 组 | 2 | 3 |
| | M424 组 | 4　5 | 6 |
| 老官台文化 | M406 | 7 | |

图 2.3　南郑龙岗寺遗址分组示意图

1. M400：2　2. M118：2　3. M235：2　4. M424：6　5. M305：3　6. M363：6　7. M406：4

期①后，将元君庙第三期尖底瓶又分为甲乙两段。乙段尖底瓶出实足尖，如 M466：3。赵宾福将此段遗存纳入"三期八段说"的第三期中，而将元君庙第一、二期及三期

---

① 严文明：《横阵墓地试析》，《仰韶文化研究》，北京：文物出版社，1989 年。

甲段纳入"三期八段说"的第二期。孙祖初在"六期说"的方案中，也有类似的认识，即将元君庙的第一至三期合并为"六期"中的第二期。

参照上文对北首岭、龙岗寺遗址的分组，元君庙报告内第一至三期遗存可重新划分为两组。第一组包括原第一、二期及赵宾福所分的第三期甲段，相当于龙岗寺"M235组"；第二组包括赵宾福所分的第三期乙段，相当于北首岭"M187组"及龙岗寺"M400组"。

关于元君庙报告的第四期遗存，在具体的层位关系中，M438、M423分别打破第一期墓M453、M432，只能说明M438、M423不早于第一期；M460打破第二期墓M469，只能说明M460不早于第二期。由于M423∶3尖底瓶口部与M460∶1葫芦瓶口部接近，可以看作受葫芦瓶影响的产物，且两者均呈现出粗糙的"明器"性质，则原本划为第四期的四座墓葬，年代相当的可能性较大。因此，元君庙报告的第四期遗存与北首岭遗址中"M172组"大致相当。

由于，北首岭遗址中"M172组"与"M187组"相当，而元君庙遗址中，原第四期的墓葬，不早于原第二期。因此，元君庙原第四期的墓葬可纳入本文所分的第二组（分组情况参见图2.4）。

4. 临潼姜寨

姜寨遗址发掘报告所分的第一、第二期（下文称"原一期""原二期"）遗存属于半坡文化。原一期遗存指姜寨聚落和聚落围沟外墓地，原二期遗存指聚落中部的墓葬和零星房址、灰坑。两期遗存的相对年代关系，参照陈雍[1]、孙祖初的分期建议，并非绝对的早晚关系。本文赞同这种认识。缘由之一，姜寨遗址区域内文化堆积情况复杂，没有统一的地层，也没有各探方层位关系的对照，各遗迹单位的开口层位大多无法检索，无法证明原二期在层位上晚于原一期遗存；缘由之二，参照北首岭、龙岗寺的分期，原一期与原二期的典型器物分别具有较大的期别跨度，均有再分期的可能，并具有相互有重叠的期别。

原一期遗存中的杯形口尖底瓶亦可分为鼓肩A型，如M42∶2、M185∶7，与溜肩B型，如F46∶11、M151∶3，与本文所分元君庙第一组的尖底瓶形态相似，暂且

---

① 陈雍：《姜寨聚落再检讨》，《华夏考古》1996年第4期。

| | A 型瓶 | B 型瓶 | "明器化"水器 | |
|---|---|---|---|---|
| 第二组 | 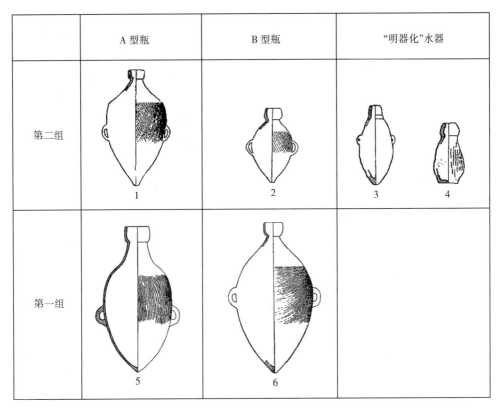 1 | 2 | 3 | 4 |
| 第一组 | 5 | 6 | | |

图 2.4　华县元君庙遗址分组示意图
1. M466：3　2. M424：3　3. M423：3　4. M460：1　5. M422：1　6. M417：4

称之为"M151 组"。出实足尖的鼓肩 A 型如 M176：4，溜肩 B 型如 M36：2，以及"明器"性质的 M275：1，则与本文所分元君庙第二组的尖底瓶形态相似，暂且称之为"M176 组"。

原二期遗存以墓地为主，墓葬间叠压打破关系复杂，但发表线图者较少。

M205→M247、M257 这组关系中，M205 出土双耳葫芦瓶和无耳葫芦瓶，其中，M205：7 葫芦瓶的长口形态未见于上述遗址的葫芦瓶中，暂且称之为"M205 组"。M247、M257 各出一件杯形口尖底瓶。M257：12 相当于"M151 组"，类似者另有 M84：33。M247：4 尖底已出实心尖，相当于"M176 组"。类似的层位关系另见 M76→M82、M238→M134 等，其中层位较晚的遗迹单位内出土"M205 组"的长口葫芦瓶，如 M76：1，层位较早的遗迹单位内出土"M176 组"的具有"明器"性质的实足尖尖底瓶，如 M82：9。

M299、M311→M339，M254→M238，M218→M217 等层位关系均为出葫芦

瓶墓葬间的叠压打破关系，由于每组关系中仅有一件标本，只能参照墓葬登记表内记载出土葫芦瓶的式别，大致得出葫芦瓶口部越长相对年代越晚的发展趋势。

由此，姜寨原二期遗存可分为三组，"M151 组"相当于元君庙第一组，"M176 组"相当于元君庙第二组，"M205 组"则晚于整个元君庙墓地。对比原一期遗存中尖底瓶形态，以姜寨原二期墓地所划分的三组遗存，可代表整个姜寨遗址半坡文化的情况（分组情况参见图 2.5）。

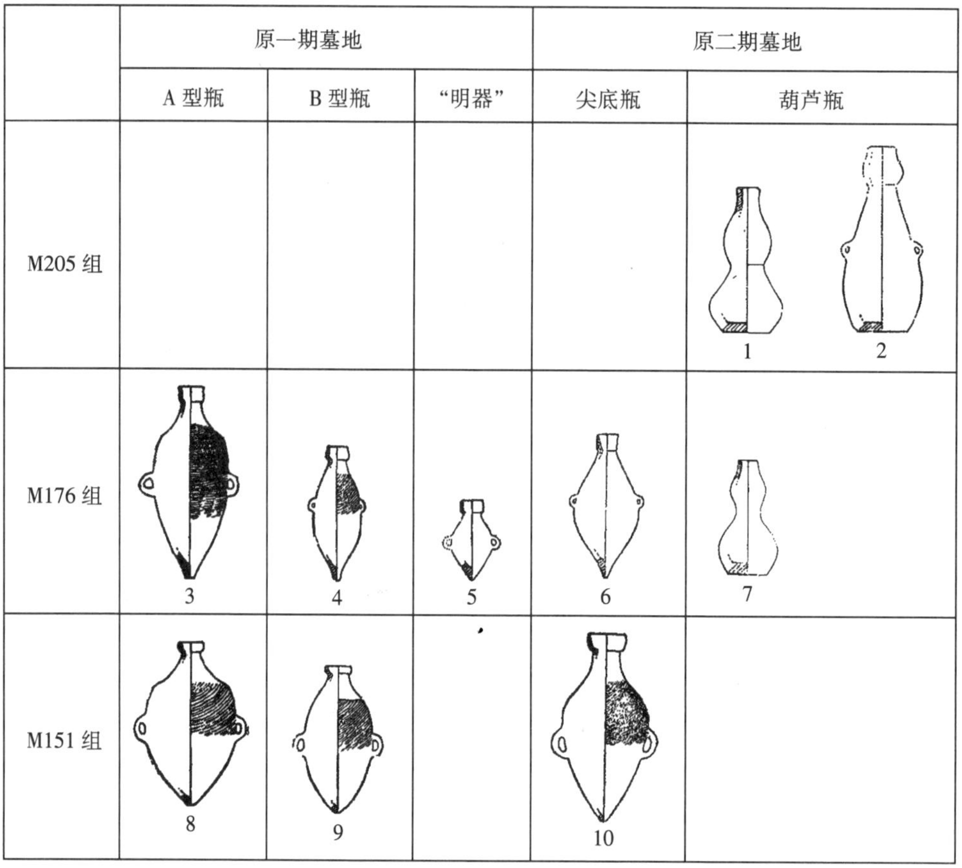

| | 原一期墓地 | | | 原二期墓地 | |
|---|---|---|---|---|---|
| | A 型瓶 | B 型瓶 | "明器" | 尖底瓶 | 葫芦瓶 |
| M205 组 | | | | 1 | 2 |
| M176 组 | 3 | 4 | 5 | 6 | 7 |
| M151 组 | 8 | 9 | | 10 | |

图 2.5　临潼姜寨遗址分组示意图

1. M205：7　2. M205：5　3. M176：4　4. M36：2　5. M275：1　6. M247：4　7. M238：6　8. M185：7
9. M151：3　10. M257：12

结合北首岭、龙岗寺、元君庙、姜寨四遗址以瓶壶类器物为指征的分组，可将半坡文化分为四期。四遗址间各组对应关系如表 2.1。

**表 2.1　北首岭、龙岗寺、元君庙、姜寨遗址各组遗存对应关系**

|  | 北首岭 | 龙岗寺 | 元君庙 | 姜寨 |
|---|---|---|---|---|
| 半坡文化第四期 |  |  |  | M205 组 |
| 半坡文化第三期 | M187 组 | M400 组 | 第二组 | M176 组 |
| 半坡文化第二期 |  | M235 组 | 第一组 | M151 组 |
| 半坡文化第一期 | 1977M6 组 | M424 组 |  |  |

### （三）关于"史家类型"

以杯形口双耳瓶为标识的遗存，可称为"典型半坡文化"，其发展序列经历了半坡文化第一至三期；以葫芦瓶为标识的遗存，即通常称为"半坡文化·史家类型"，其发展序列经历了半坡文化第三、四期。

目前，所谓的"史家类型"仅发现墓地，而无相应的以葫芦瓶为日常水器的居址。在西至秦安王家阴洼[1]、东至渭南史家的广大区域内，半坡文化第三期时，常见"史家类型"的墓葬与"典型半坡文化"遗存共生，其文化属性显然不能简单地当作"地方类型"来理解，亦不能简单地当作典型半坡文化的继承者。

本文依据目前学界的共识，将"史家类型"归为半坡文化系统。若如此，可暂时将"史家类型"理解为典型半坡文化发展至第三期时派生出的文化分支。除了继承半坡文化因素之外，还可能同时受到其他考古学文化的影响。

## 二　半坡文化彩陶综述

### （一）彩陶图案的风格类型

半坡文化彩陶属于黑彩系，以器表彩为主，兼有部分内彩。施彩器类广泛，瓶、壶、钵、盆、盂、罐、缸等器物大类中，均有施彩者。

除了陶衣式的涂绘与口沿处简单的宽带纹外，包含主要的图案风格有 A 型"几何风格"和 B 型"图像风格"。A 型包括 Aa1 型"线纹风格"和 Aa2 型

---

[1] 甘肃省博物馆大地湾发掘小组：《甘肃秦安王家阴洼仰韶文化遗址的发掘》，《考古与文物》1984 年第 2 期。

"直边三角风格"，B 型包括 Ba 型"符号风格"和象生状物的 Bb 型"象形风格"。

**（二）各期别彩陶图案分析——以北首岭、龙岗寺、元君庙、姜寨为例**

以上四处遗址出土彩陶标本，可覆盖半坡文化各种图案风格。根据半坡文化分期，各期彩陶具体图案分析如下。

1. 半坡文化第一期

第一期彩陶见于北首岭和龙岗寺遗址，两地面貌一致，北首岭遗址的可见标本稍多。典型器类有杯形口小平底双耳瓶、蒜头细颈壶、大口小平底缸、盂、罐等，施彩部位多为最大腹径以上，尚未见内彩。图案种类较少，风格较统一，可见 Aa 型"直线风格"、Ba 型"符号风格"，如图 2.6。

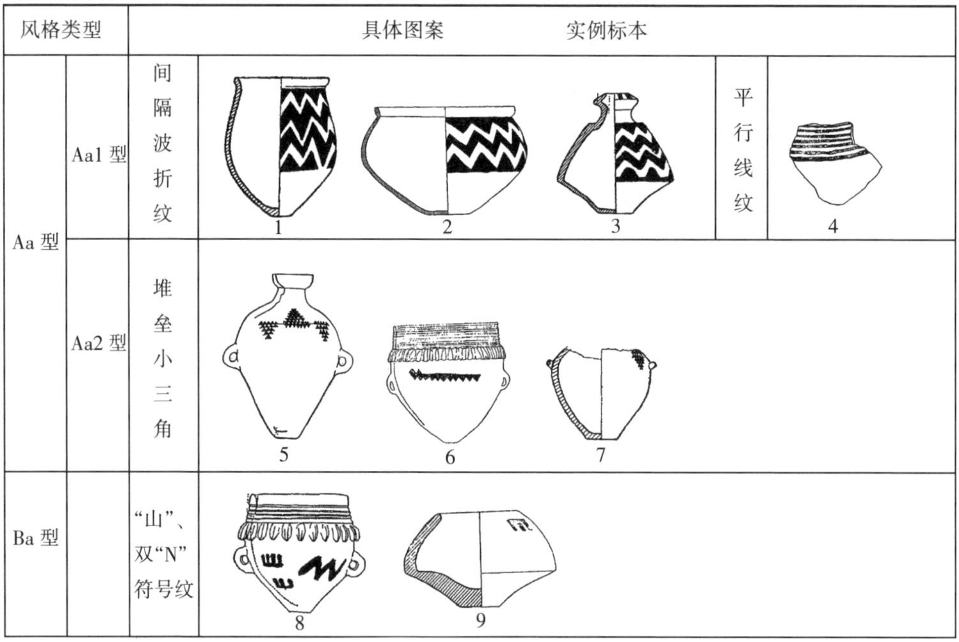

| 风格类型 | | | 具体图案 | 实例标本 | | |
|---|---|---|---|---|---|---|

图 2.6　半坡文化第一期彩陶概况

1. 龙岗寺 M424：1　2. 1977M20：8　3. 1978M7：6　4. 1977H4　5. 1978M4：6　6. 1977H3　7. H72：36
8. 1977M17：1　9. T155②：4（1、7 为龙岗寺出土　其余为北首岭出土）

Aa 型中 Aa1 型"线纹风格"和 Aa2 型"直边三角风格"均以出现。可见图案有间隔波折纹、平行线纹、堆垒小三角纹。

间隔波折纹：如北首岭 1977M3：5①、1977M20：8、1978M7：6，龙岗寺 M424：1、H163：1、H163：2。均为宽带波折纹，根据不同种类器物绘图部位的长度，于画面上下两端施实彩的错缝三角，中部以实彩绘出一至四周不等的宽带波折，形成较实彩波折多一周的底纹波折，也有仅绘错缝三角者，形成一周底纹波折。实彩与底纹的波折基本等宽，由于上下两端实彩错缝三角的存在，画面整体对底纹波折的烘托作用更强。

平行线纹：仅见北首岭 1977H4 内器物残片上所绘多道平行线，具体图案不详。

堆垒小三角纹：如北首岭 1977H3 出土者、1978M4：6，龙岗寺 H72：36。以正置或倒置的小三角形排列成行，或再按照一定规律排列。

Ba 型中，可见符号纹。如北首岭 1977M17：1、T155②：4 器表可见正倒"山"字形，双"N"形等符号纹，不呈现规律性的排列。

2. 半坡文化第二期

第二期彩陶见于龙岗寺、元君庙、姜寨遗址，除元君庙仅有个别标本外，另两遗址中可见标本较多。典型器类新增鼓腹圜底钵、折沿弧腹平底盆。其中，彩陶盆内彩开始流行。图案种类稍多，风格类型与第一期相似，并新增 Bb 型"象形风格"，如图 2.7。

Aa 型风格继续发展。其中 Aa1 型"线纹风格"图案除延续间隔波折纹外，新增细斜线纹、网格纹、"箭头形"底纹。Aa2 型"直边三角风格"图案中已不见单独的堆垒小三角纹，多见与细斜线纹组合或呈二方连续，仍保持"堆垒状"的组合方式，同时凸显错缝三角的效果。

间隔波折纹：表现形式多样化，第一，实彩波折加宽，如龙岗寺 M386：7、M121：3；第二，有明确突出实彩波折的做法，对比龙岗寺彩陶盂 M273 内出土者与 M297：4，前者突出底纹波折，后者则未加饰错缝三角，使得实彩波折更为明显，又如龙岗寺 M374：5 仅绘一道实彩波折，无疑是表现实彩图案本身。

---

① 关于文中引用彩陶标本的说明：一，本文所做彩陶类型学研究中，插图的目的在于配合文字进行说明，并非用以鉴赏，因此，插图内彩陶标本多为资料原图；二，由于文中所举标本较多，限于文章篇幅与插图布局，仅以典型器类中的典型实例说明具体图案为目的进行配图，其余标本可据本文脚注，参阅原发掘报告或简报；三，插图均位于相关文字附近以便阅读，除个别情况外，单个标本不附插图号。

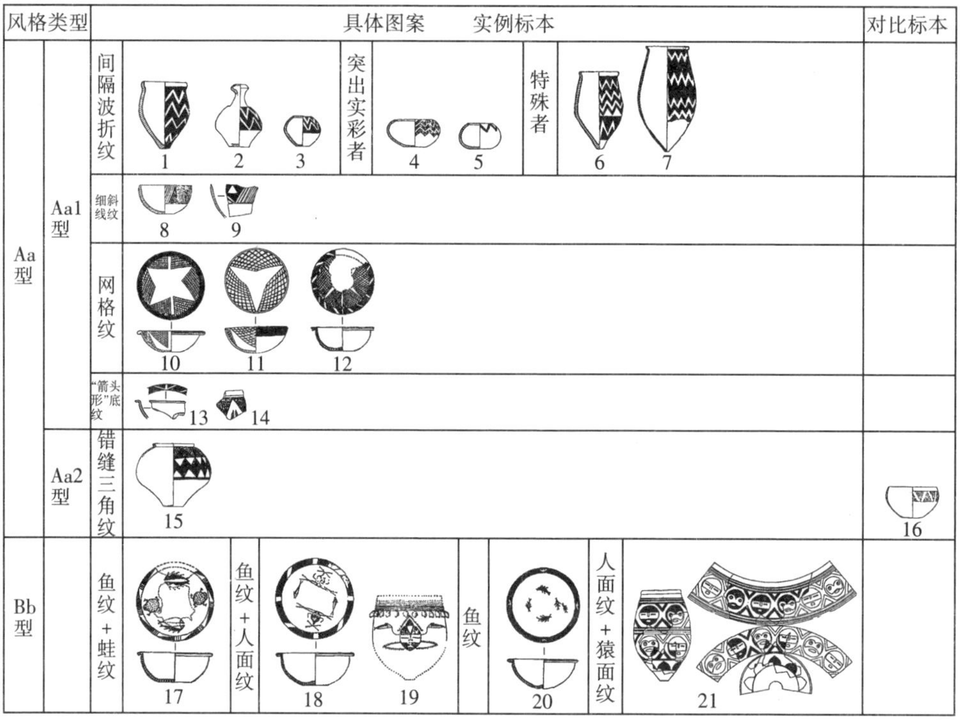

图 2.7　半坡文化第二期彩陶概况

1. M386：7　2. M121：3　3. M273　4. M297：4　5. M374：5　6. M273：3　7. ZHM257：16　8. M75：8
9. T6③：2　10. M395：1　11. M324：4　12. F17：1　13. H13：13　14. 77T1：3　15. M420：13　16. M413：5
17. W63：1　18. W162：1　19. ZHH493：32　20. M159：2　21. H23：1（7、12、17－20 为姜寨出土
14 为北首岭出土　　15、16 为元君庙出土　　其余为龙岗寺出土）

另外，龙岗寺 M273：3，姜寨 ZHM257：16 较特殊，整体规则而富有变化。龙岗寺 M273：3 图案由原为正数的第四道实彩波折变为一周向下的三角，为明显地分为上下两部分，上部的波折纹呈现出由突出底纹向突出实彩渐变的效果，下部由于错缝三角的存在，突出一周底纹波折。由于 M273：3 仅为个例，这种绘制图案的方法可能具有即兴的色彩，或者并非有意为之，可能为一种"补救图案"的手段：在画工绘制图案时，原本画面上下两端应该错缝的两行三角，可能由于失误而绘成对顶的形式，使得第四道波折则无从落笔，因此，将其改绘成向下的三角以保证图案的规范。姜寨 ZHM257：16 所绘图案有实彩三角、实彩菱形格及实彩波折纹，形成底纹均呈波折状，分割整体图案可得三组上下错缝的三角纹，相互叠压，最底部的一组中增加一道实彩波折。

细斜线纹：如龙岗寺 M75：8、T6③：2，由细线组反向倾斜组成，间隔处填入实彩恰为错缝的直边三角纹。T6③：2 的间隔处中心，留有与实彩三角相反的底纹三角，使得间隔处呈现"堆垒状"效果。

网格纹：如龙岗寺 M395：1、M324：4，姜寨 F17：1。沿着口沿向盆底绘一周数量不等的三角网格纹内彩，俯视图案有强烈的纵深感。

"箭头形"底纹：多见于盆沿面，其"箭头"形状图案性强，故特此指出，如龙岗寺 H13：13，此类折沿弧腹盆形态与网格纹内彩盆相似，应大致同期。

错缝三角纹：除上述龙岗寺 M75：8 外，另有元君庙 M420：13 彩陶罐。M420：13 图案结合了三角形的拼接、错缝与堆垒，分上下两行。上行涂彩图案为一周正置三角形，空白的倒三角形处填以锥刺纹；下行涂彩图案似两周上下对边的正三角形，同时形成上下不完全错缝的底纹三角。错缝三角的装饰方式在元君庙同期的锥刺纹中亦有表现，如 M413：5。但 M420：13 中锥刺纹与绘彩有意识地结合，则十分罕见。

Ba 型中不见符号纹，新增有 Bb 型"象形风格"，如鱼纹、蛙纹、人面纹、猿面纹。尤以寥寥几笔勾勒的细小鱼纹为多。此类图案多见于姜寨遗址，如 W63：1、W156：1、W162：1、M159：2 等为彩陶盆，图案皆为内彩，此类彩陶盆器形接近上述网纹盆，应大致同期。ZHH493：32 为大口尖底缸，所饰图案与 W156：1、W162：1 内彩相似，亦应为同期。另有龙岗寺 H23：1 大口尖底缸，所饰图案特殊。

鱼纹、蛙纹组合：如姜寨 W63：1。内壁饰有两两相对的内彩鱼纹和蛙纹。鱼纹为腹部相对的"双鱼"；蛙纹较具体，头与四肢明确，蛙身布满圆形斑点。

鱼纹、人面纹组合：如姜寨 W156：1、W162：1、ZHH493：32。彩陶盆内壁同种图案两两相对，尖底缸可见图案上，两尾小鱼与人面顶部"帽形"尖角下沿伸出的曲线相连。

鱼纹：如姜寨 M159：2。鱼体简单，似有符号性质。构图颇具匠心，描绘了四尾鱼首尾接续，回旋追逐，另有一尾正企图汇入鱼群的场景。

人面纹、猿面纹组合：如龙岗寺 H23：1。从残存图像看，画面几乎布满器身，共分三层，以平行线隔开。上两行各绘有两种动物面部形象，一种长方形眼眶闭眼的形象似"人面"，另一种蝶形眼眶圆睁眼的形象似猿猴类"桃形脸"，姑且称之为

"猿面纹"以示区别①。推测这两种面型在行内与行间均为间隔排列，一行六个。下行图案为花边装饰性图案，呈"仰莲"状。

第二期彩陶亦见于北首岭遗址中。如 F40∶9、T133②标本，为 Aa1 型"线纹风格"细斜线纹与 Aa2 型"直边三角风格"图案的结合；M188∶2 沿面图案、1977T1∶3 器表图案，为 Aa1 型"箭头状"底纹；M243∶1 为 Bb 型"象形风格"鱼纹内彩盆；T129②出土彩陶标本所饰图案为鱼纹与人面纹的组合。由此可见，北首岭遗址中包含半坡文化第二期遗存，其Ⅵ区墓地当于半坡文化第二期时即已开始使用，并沿用至第三期。

3. 半坡文化第三期

第三期彩陶见于北首岭、龙岗寺、姜寨遗址。典型器类新增直唇折腹圜底盆、盖杯形口细颈壶、葫芦瓶。图案延续第二期的风格，并在具体图案上大量创新，如图 2.8。

Aa1 型"线纹风格"不见新的图案种类，但其中具体图案，如间隔波折纹、细斜线纹、网格纹、平行线纹等均出现新的表现形态。

间隔波折纹：流行程度降低，如龙岗寺 H153∶2、M190∶2，北首岭 M187∶1。多为沿用的第二期典型器物，实彩波折纹明显加宽，底纹波折变细。北首岭 M187∶1 间隔波折纹装饰于杯形口尖底瓶肩颈部，与腹部线纹装饰一器。细线波折纹可能并非此期始见，但由于盖杯形口细颈壶为此期典型器，龙岗寺 M215∶5 应属于此期标本。

细斜线纹：如龙岗寺 M228∶1。反向倾斜的细线组有交叠，呈"席纹"状，留有填实彩的三角形间隔极小。

网格纹：如北首岭 M98∶3。器形较特殊，为杯形口尖底瓶的"船形"变体，器腹正面饰近方形网状，侧有斜刺状的边饰。

平行线纹：如龙岗寺 M265∶1、M304∶2。所饰图案分别为横置与竖置的方框，内填平行线纹，似直棂窗的窗框。

---

① 文中的"猿面纹"在以往的发掘报告中与"人面纹"称谓统一。由于此类图案除龙岗寺遗址外，在何家湾遗址中亦有发现，是一类具有固定表现手法的象形图案。因此，本文将其单独命名以示与"人面纹"图案的区别，而并不表示其象征意义就是猿猴。

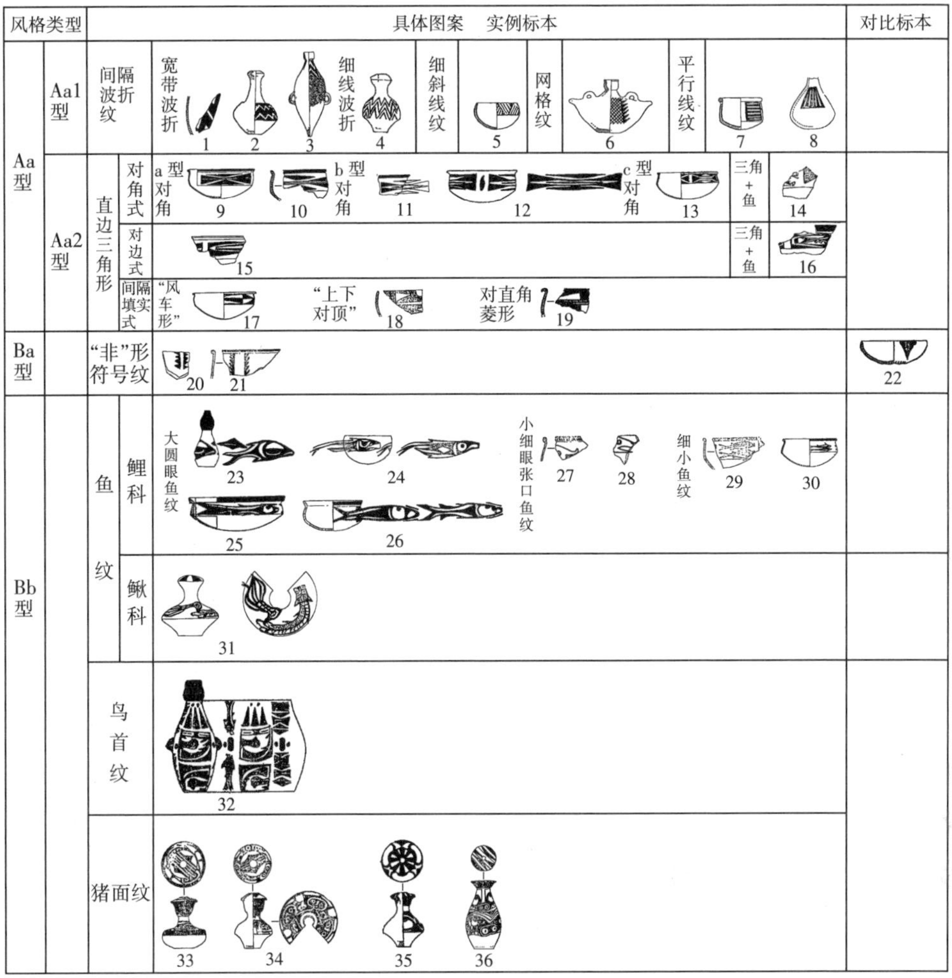

| 风格类型 | | | 具体图案　实例标本 | | | | | | | | | 对比标本 |
|---|---|---|---|---|---|---|---|---|---|---|---|---|
| Aa型 | Aa1型 | 间隔波折纹 | 宽带波折 1 2 3 | 细线波折 4 | 细斜线纹 5 | 网格纹 6 | 平行线纹 7 | 8 | | | | |
| | Aa2型 | 直边三角形 | 对角式 | a型对角 9 10 | b型对角 11 12 | c型对角 13 | 三角+鱼 14 | 三角+鱼 16 | | | | |
| | | | 对边式 15 | | | | | | | | | |
| | | | 间隔填实式 | "风车形" 17 | "上下对顶" 18 | 对直角菱形 19 | | | | | | |
| Ba型 | | "非"形符号纹 | 20 21 | | | | | | | | | 22 |
| Bb型 | 鱼纹 | 鲤科 | 大圆眼鱼纹 23 | 24 | | 小细眼张口鱼纹 27 28 | 细小鱼纹 29 30 | | | | | |
| | | | 25 26 | | | | | | | | | |
| | | 鳅科 | 31 | | | | | | | | | |
| | 鸟首纹 | | 32 | | | | | | | | | |
| | 猪面纹 | | 33 34 35 36 | | | | | | | | | |

图 2.8　半坡文化第三期彩陶概况

1. H153：2　2. M190：2　3. M187：1　4. M215：5　5. M228：1　6. M98：3　7. M265：1　8. M304：2
9. 78H1　10. F88：12　11. T149②　12. M337：5　13. T106③　14. T276④：36　15. 77T3③　16. T86③
17. F15：2　18. F47：8　19. T222③：9　20. T3②　21. H195：4　22. W143：1　23. M238：4　24. ZHT8⑤：2
25. M169：1　26. M178：2　27. T73②：2　28. F32：2　29. T75①：1　30. T113②　31. M52：1
32. ZHH467：1　33. M315：2　34. M262：1　35. ZHM122：3　36. ZHM312：1　（1、2、4、5、7、8、
26、33、34 为龙岗寺出土　3、6、9、11、13、15 – 17、20、25、30、31 为北首岭出土　10、12、14、
18、19、21 – 24、27 – 29、32、35、36 为姜寨出土）

Aa2 型 "直边三角风格" 中流行图案与此前有别，主要有 "对角式" 直边三角纹、"对边式" 直边三角纹、"间隔填实式" 直边三角纹。前两者为各自独立的单体图案组成二方连续，后者的组合方式较多。

"对角式" 直边三角纹：此类图案较普遍，单体内的三角形均有向心的角，具体表现方式有多种。a 型如北首岭 1978H1，姜寨 F88：12、H234：2。b 型如北首岭 T149②、姜寨 M337：5，图案中部多一梭形。c 型如北首岭 T106③，上下对顶的钝角三角似乎将钝角向上翻折。龙岗寺 M97：5、H153：4，可能仅为两个单体图案的间隔部分。姜寨 T276④：36 残见此类图案的局部，与一鱼纹口部共饰一器，可以旁证此类鱼纹与此类直边三角图案为同一时代风格的产物。

"对边式"直边三角纹：如北首岭 1977T3③、T86③。单体图案为四个对边的直角三角形，中间留出空白底纹饰有其他图案。后者中部所饰图案应为同期流行的鱼纹局部，可以旁证此类鱼纹与此类直边三角图案为同一时代风格的产物。

"间隔填实式"直边三角纹：如北首岭 F15：2，姜寨 F47：8、T222③：9 等。北首岭 F15：2 可视作"风车形"填实的直边三角二方连续而成；姜寨 F47：8 残存图案为两组"上下对顶"填实的直边三角形；姜寨 T222③：9 为一对直角填实的菱形。

B 型"图像风格"中 Ba 型"符号风格"的图案较少，Bb 型"象形风格"以鱼纹为主，新增"鸟首"形象与一种近似"猪面"的形象。

Ba 型"符号风格"，较典型者为"非"字形图案，如北首岭 T3②、姜寨 H195：4。姜寨 W143：1 饰一倒三角纹，中部有一"非"字形刻符。刻符与绘符形态相近，可能具有类似的意义。

Bb 型中的鱼纹是半坡文化彩陶中表现力最强图案，可能由于鱼的种类不同，或绘图技法的不同，或表达意义的不同而决定了鱼纹形象的不同。与二期中细小鱼纹相比，此期鱼纹新增大量具体生动的形象。从鱼体形态上分，大量侧扁的鱼纹大致表现了"鲤科"的鱼类特征，鱼鳍形态较全，靠近头部两侧的应象征胸鳍，靠近尾部的应象征背鳍和腹鳍。个别躯体呈圆筒形的鱼纹大致表现了"鳅科"的鱼类特征。本文据此将鱼纹分为"鲤科"与"鳅科"。前者可细分为大圆眼鱼纹、小细眼张口鱼纹、细小鱼纹。

"鲤科"大圆眼鱼纹：施用器形有直唇盆、葫芦瓶、钵，如北首岭 M169：1，龙岗寺 M178：2，姜寨 M238：4、ZHT8⑤：2。此类鱼纹主要以不对称的弧线造型，使得鱼的形象富有动感。头部形象失真，以鱼眼覆盖鱼鳃部位。

"鲤科"小细眼张口鱼纹：如姜寨 T73②：2、F32：2。残见鱼头部，形象较逼真。

"鲤科"细小鱼纹：形象与第二期者没有明显区别，多见于直唇盆，如北首岭 T113②、姜寨 T75①：1，为双体联合的形象。

"鳅科"鱼纹：如北首岭蒜头细颈壶 M52：1，蒜头壶上腹部所绘图案为"鸟啄鱼尾"，具有较强的叙事性。鱼头部较方，似有两角，鱼体顺壶体弧度弯曲，一半鱼腹已向外翻出，似为挣扎状。

Bb 型图案中"鸟首"形象见于姜寨双耳葫芦瓶 ZHH467：1。图案满布器身，腹部可见方向相对的一对鸟首，左右耳侧图案不同，左侧展开图为上下相对的"鲤科"小细眼张口鱼纹，右侧展开图为上下两个简化的"对角式"直边三角图案。这种鱼纹与直边三角共饰一器的做法，可能与姜寨 T276④：36 等意义相当，表现出小细眼张口鱼纹和"对角式"直边三角图案因意义相同，而存在置换关系。

Bb 型图案中似"猪面"者如龙岗寺 M315：2、M262：1，姜寨 ZHM122：3、ZHM312：1。龙岗寺标本均为盖杯形口细颈壶，盖面图案相同，为两个相对的小三角中部夹有一组直线。两者腹上部图案相似：M315：2 在三等分的位置各饰一个"猪鼻"形的图案，每个"猪鼻"形图案和其上方蒜头壶颈部的一对形似眼睛的圆点，组成一个"猪面"，器身则有三个"猪面"，相邻"猪面"共用一目；M262：1 器身仅有两个"猪面"，位于对称的位置。姜寨 ZHM122：3 为盖杯形口细颈壶，盖面图案为辐射状条纹，腹径最大处一周省略了"猪鼻孔"形状的图案。姜寨 ZHM312：1 的形态应受葫芦瓶影响，介于蒜头壶和葫芦瓶之间，由于体长而描绘了两层"猪面纹"。

4. 半坡文化第四期

第四期彩陶主要见于姜寨遗址，施彩器类见葫芦瓶、大口罐，图案风格属于 Bb 型"象形风格"。可能由于标本较少，未见更多的风格类型。此期图案普遍在"象形风格"的基础上呈现几何化、抽象化的趋势，主要以鱼纹、鸟纹的变形为主，如图 2.9。

抽象化变形鱼纹：ZHM76：8 大口罐的鱼纹形象表现得相当晦涩。主体图案分为两部分，似两条的鱼纹变形，首与首相连、尾与尾相连，展开图中左侧鱼纹尾部向腹部蜷曲，右侧鱼纹尾部向后。ZHM168：3、ZHT11⑤：60、ZHT14⑤：15、ZHT25⑤：4 等葫芦瓶所饰鱼纹形象虽不完全相同，但统一化程度高，在鱼纹表现中最为夸张。图案以 ZHT11⑤：60 为例，比较第三期 M238：4 可知，ZHT11⑤：60

| 风格类型 | | 具体图案　　实例标本 | | |
|---|---|---|---|---|
| Bb 型 | 抽象化变形鱼纹 | 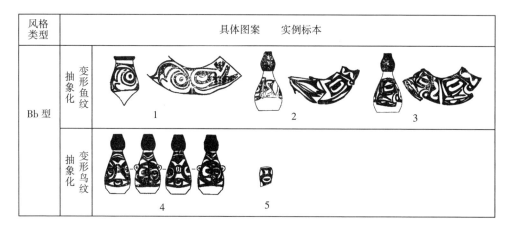 | | |
| | 抽象化变形鸟纹 | | | |

图 2.9　半坡文化第四期彩陶概况

1. ZHM76：8　2. ZHT11⑤：60　3. ZHM168：3　4. ZHM76：10　5. F17

（1－4 为姜寨出土　5 为北首岭出土）

中"目形"图案应与 M238：4 中鱼纹头部图案相当。以此为基点推测，ZHT11⑤：60 "目形"右侧的"W 形"图案，可能即为鱼嘴，"目形"左侧图案可能即为鱼身及鱼尾。因此，ZHT11⑤：60 所饰图案应为一尾鱼的形象，并应由 ZHM238：4 中的大圆眼鱼纹发展而来。在 ZHM168：3、ZHT14⑤：15、ZHT25⑤：4 中，出现有两个鱼头图案，鱼身部分已省略。

抽象化变形鸟纹：ZHM76：10 的主体图案绘于双耳之间，两侧腹部各有一个圆形区域，圆形外框为左右两半中心对称，中部绘有左右不同的两个图案，左侧为两个对合的半圆形似"鸟卵"，右侧的"鸟首形"与第三期 ZHH467：1 的鸟首相似，但更趋简化。

北首岭遗址 F17 内出土彩陶残片与姜寨 ZHM76：10 双耳之间的局部图案相似，应为第四期标本，则北首岭遗址中亦含有极少量的半坡文化第四期遗存。

**（三）其他遗址彩陶图案分析**

根据半坡文化的分布情况、遗存面貌差异程度，可将上述四处遗址所在的关中及陕南地区视作半坡文化核心区，其余所及之处视作边缘区。根据遗址的集中情况，核心地区可进一步分为关中区、陕南区及关中北缘，边缘地区可进一步分为甘肃东部区、河套区、豫西晋南区和豫西南鄂西北区。

结合文化分期以及各期彩陶图案分析，核心区内其他遗址及边缘地区遗址中，所包含的半坡文化相应期别彩陶图案分述如下。

1. 核心地区彩陶图案分析

（1）关中区

1）西安半坡

半坡遗址内出土瓶壶类的器物形态中，截尖的杯形口双耳瓶、蒜头细颈壶属于半坡文化第二期，出实足尖的杯形口双耳瓶、敛口葫芦瓶、盖杯形口细颈壶属于半坡文化第三期。据此，半坡遗址至少包含半坡文化第二、三期遗存，恰与严文明在《半坡仰韶文化的分期与类型问题》一文的《半坡分期续记》中，将半坡遗址半坡文化遗存分为早晚两期的方案吻合。

半坡遗址内半坡文化彩陶风格包含 Aa1 型"线纹风格"、Aa2 型"直边三角风格"、Ba 型"符号风格"和 Bb 型"象形风格"，除个别残片外，具体图案种类多未超出半坡文化第二、三期范畴，如图 2.10。

①半坡一期。

Aa1 型"线纹风格"包含图案多为此期常见的间隔波折纹、细斜线纹、网格纹、"箭头形"底纹。具体图案表现形式与前述半坡文化第二期一致。

Aa2 型"直边三角风格"标本较少，可见"堆垒状"三角纹与细斜线纹的组合。

Bb 型"象形风格"图案新增渔网纹、鹿纹。标本多为折沿弧腹盆，沿面图案均见"箭头形"底纹，与前述半坡文化第二期一致。

渔网纹、人面纹组合：如 P4666，同类图案两两相对。所谓渔网纹，即为两个菱形网格，四角各饰一小三角形，似为网坠，由于该网格图案置换了同类内彩图案中人面纹之间的鱼纹，其表达意义或与鱼有关，故称之为"渔网纹"。

鱼纹、人面鱼纹组合：如 W18：1，同类图案两两相对。其中人面顶部"帽状"尖角下沿处自带细小鱼纹两尾，人面纹之间的鱼纹亦为寥寥数笔，整体呈三角形，以网格表现鱼身，鱼眼点睛，滑稽生动的神态呈现的恰到好处。

鹿纹：如 P4692，四个首尾接续的简笔动物形态，一般认为属鹿类。与同期细小鱼纹的造型手法相似。

②半坡二期。

Aa1 型"线纹风格"图案中，间隔波折纹、细斜线纹等常见图案的表现方式呈现多样化，"箭头形"底纹用以作为主体图案装饰器腹，新增折线绞索纹。

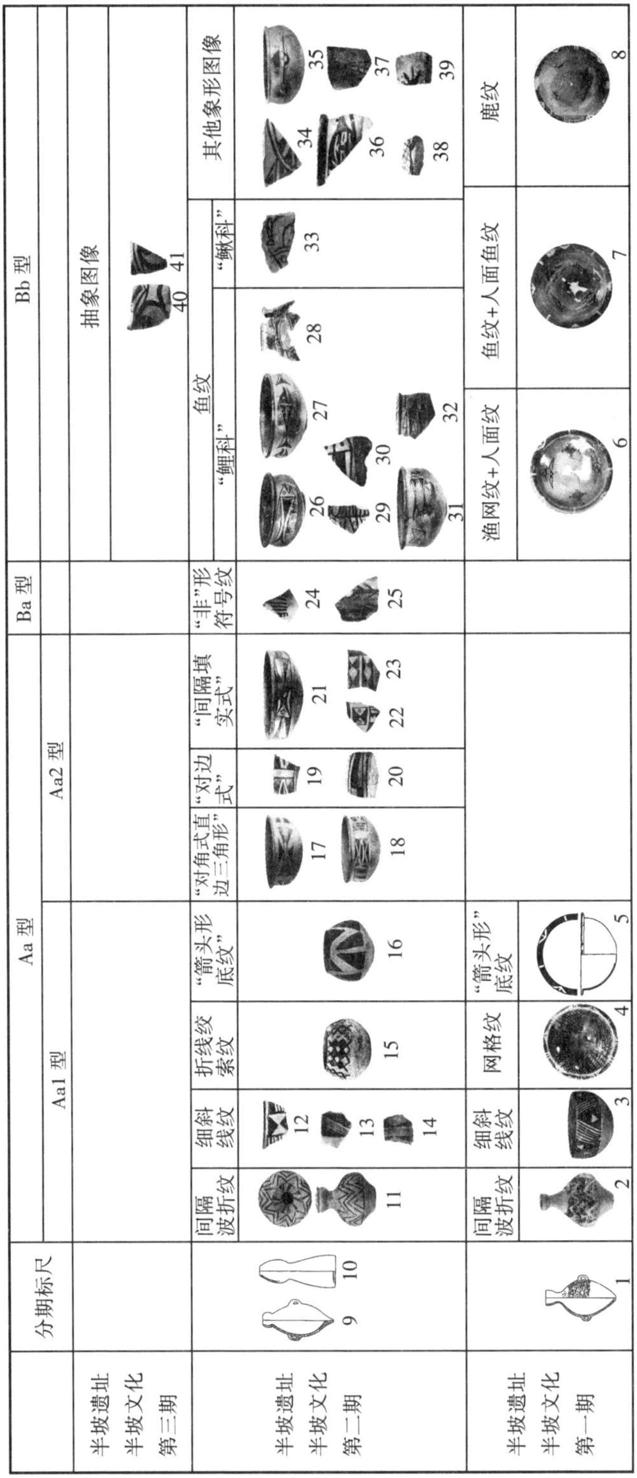

图 2.10　半坡遗址半坡文化各期彩陶风格类型与图案举例

1. P4734　2. M27：4　3. M108：7　4. W2：2　5. 原图一二七：11　6. P4666　7. W18：1　8. P4692　9. P1025　10. P4673　11. P1130　12. P4376　13. P4398
14. P4363　15. M48：6　16. P2：70　17. P1155　18. P1161　19. T103：3　20. P4391　21. P1162　22. P4397　23. P4389　24. P4365　25. P4651　26. P4665　27. P4741
28. P4808　29. P4438　30. P4460　31. P4740　32. P4525　33. P4532　34. P4472　35. P1002　36. P4422　37. P4380　38. P4530　39. P4486　40. P4445　41. P4416

间隔波折纹：如盖杯形口细颈壶 P1130，所饰图案为细线波折带。

细斜线纹：多与填实的直边三角组合，出现新的组合方式，如 P4376、P4398、P4363。P4376 图案中，细斜线纹为一宽幅长方形单体图案内的对角线组；P4398 图案中，细斜线纹为一窄幅长方形单体图案内的对角线组；P4363 图案中，细斜线纹呈"水"字形线纹组与三角形组合。

"箭头形"底纹：如盂形器 P2：70，由于该盂形器口腹径之比较小，器形与葫芦瓶口部形态接近，因而视为半坡第二期流行的器形。

折线绞索纹：如盂形器 M48：6，器形与 P2：70 接近。单体图案由两条波折线对合而成，单体间相互组合，可见部分有三个单体联合而成，对合部分填实彩，两侧为单独的单体，对合部分不填彩。整体图案效果与马家窑文化舞蹈纹盆中交叉拉手的人物形象神似。

Aa2 型"直边三角风格"包含图案为此期常见的"对角式"直边三角纹、"对边式"直边三角纹、"间隔填实式"直边三角纹。

"对角式"直边三角纹：多为 a 型与 b 型。如 P1161、P1160 为 a 型，P1155 为 b 型。其他如 P1157、P4405 等，图案较潦草，与典型的"对角式"图案在形式上有明显的相似，但无法判断其中是否存在演进关系。另外，饰有 a 型"对角式"直边三角纹的 M45：8，体侧残存的部分图案，为"风车形"间隔填实的直边三角纹单体。

"对边式"直边三角纹：多为残片，仅见残存图案，如 T103：3、P4391 等。在四个对边的直角三角形中部菱形区域内，多为对角间隔填实黑彩的三角形组成的菱形图案。

"间隔填实式"直边三角纹：除与上述两种直边三角纹组合外，另有上下对顶填实的直边三角形，如 P4389、P4397。后者在左右留白的三角形中填入鱼眼纹，与同期流行的"鲤科"鱼纹的鱼眼相似。P1162 图案应为"风车形"间隔填实直边三角纹的二方连续，部分区间被替换为填入鱼眼三角形留白。

Ba 型"符号风格"图案仅见个别"非"字形标本，如 P4365、P4651，后者更接近穗状，与姜寨刻纹标本类似。

Bb 型"象形风格"图案以鱼纹为主，兼有人面纹，可能存在鸟纹、蛙纹、"爪"形纹、植物纹等。鱼纹可进一步分为"鲤科"与"鳅科"，前者还可细分为小细眼张口鱼纹、细小鱼纹、几何化鱼纹。

"鲤科"小细眼张口鱼纹：此类鱼纹形象均较具体，主要以对称的直线或弧线造型，鱼体显得僵硬，不具有大圆眼鱼纹那般的动感。如 P4665 为底纹鱼头，实彩鱼身，有向上尖起的吻部，并露出鱼牙。P4741 为实彩鱼头，间彩鱼身，有微向上翘的吻部，无鱼牙。这两种具象鱼纹多见鱼头或鱼身局部的残片，推测应多为首尾衔接、环绕器身的装饰。P4808 为一罕见标本，是两两相背的四个鱼头相连的图案，鱼头部位显然经过细致刻画。

"鲤科"细小鱼纹：多见双体或三体鱼纹，如 P4438、P4460。

"鲤科"几何化鱼纹：鱼纹形象直边三角化的程度高，如 P4525、P4740。P4525 中，残存图案分为左右两部分，左侧图案似一鱼身，右侧图案应绘于一正方形框中，有鱼眼纹，但与鱼头形象尚有差距。P4740 是鱼纹与直边三角纹组合的又一例标本，鱼纹为双体鱼，均张口，左侧图案与"对角式"直边三角纹轮廓相似。从鱼身形态推测，此类鱼纹应由"鲤科"小细眼张口鱼纹演化而来。

"鳅科"鱼纹：仅见 P4532 这一孤例，从残存图案推测该鱼纹具有蜷起的鱼身形象。

鱼纹、鸟纹组合：如 P4472（图 2.11），鱼头部位被一个圆圈形图案取代，与武功游凤蒜头壶图案接近，由此推测圆圈内可能绘有鸟的形象。

1              2

图 2.11   半坡 P4472 与游凤蒜头壶比较
1. 半坡 P4472   2. 游凤采集

鱼纹、人面纹组合：如 P1002，人面纹与半坡一期图案相似，但其盆形为直唇圜底，应为半坡二期标本。两尾细小鱼纹置换了人面口部两侧的尖角图案，鱼头部融入面部之中。

人面纹：仅见 P4422，残存形象较简单，眯眼，无冠饰。

蛙纹、"爪"形纹、植物纹等图案，仅由残片推测，无从确证，分别如标本 P4530、P4486、P4380。

③半坡三期

尽管从器物群中难以辨认超出半坡文化第二、三期范畴的遗存，但彩陶残片 P4445、P4416 所饰图案大有姜寨第三期葫芦瓶腹部抽象图案的风格。从其断茬处的彩绘趋势看，两件标本应可拼合，但其具体图案仍不详，只能推测为接近姜寨 ZHM76：10。因此，半坡遗址中可能存在第三期遗存，相当于半坡文化第四期。

2）西安鱼化寨[1]

鱼化寨遗址仰韶时代早期遗存包含半坡文化与庙底沟文化，其遗存主体为一半坡文化聚落址，其居址部分、土坑墓与瓮棺葬分别有简报发表。经发表的遗存多集中于第三发掘区⑫层、⑧层、⑤层、④层及③层下开口。⑧层下遗存相当于半坡文化第一期，⑤层及④层下遗存相当于半坡文化第二期，③层下遗存相当于半坡文化第三期。

鱼化寨遗址仅发表装饰有具体图案的彩陶器两件，折腹圜底彩陶盆 H82：3 和 W68：2，如图 2.12。W68 为③层下开口的瓮棺，H82 开口层位不详，对照上述各期别的图案分析，两者均属于半坡文化第三期。H82：3 所饰图案为 Bb 型风格"鲤科"小细眼张口鱼纹；W68：2 所饰图案为 Aa2 型风格"对角式"直边三角纹。

| | Aa 型 | Bb 型 |
|---|---|---|
| | Aa2 型 | |
| 半坡文化<br>第三期 |  1 | 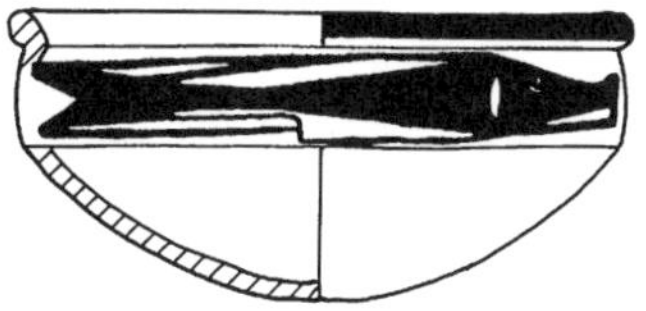 2 |

图 2.12 西安鱼化寨遗址彩陶
1. W68：2 2. H82：3

① 西安市文物保护考古研究院：《西安鱼化寨遗址发掘简报》，《考古与文物》2012 年第 5 期。

3）高陵东营①

高陵东营仰韶时代文化遗存保存状况不佳，没有原生文化层，仰韶时代灰坑多为汉代或近代地层下开口。发表遗迹有若干仰韶时代灰坑以及部分扰入龙山时代灰坑中的早期标本。

该遗址中仰韶时代最有指征性的瓶类器物不见完整者，可见口部形态为小卷沿束颈鼓腹罐形口，腰部形态有双耳，底部形态有尖底与平底。然而，鼓腹罐形口双耳尖底瓶是半坡文化系统典型器，鼓腹罐形口无耳平底瓶是庙底沟文化系统典型器，该遗址中具体形态不详，对于辨认文化因素造成局限。而从"铁轨形"口沿夹砂罐、叠唇盆、卷沿盆等器形判断，该遗址仰韶时代遗存主体应为庙底沟文化。

个别 Aa2 型的直边三角图案（H20：16）、Bb 型的部分鱼纹图案（H25：2）具有半坡文化特点，如 H25：2 的鱼纹可暂且笼统的称作"象形鱼纹"。然而，较多的图案风格在半坡文化核心地区较少见，如 Bb 型中几何化程度较高的鱼纹，Ab 型"弧线风格"中的 Ab2 型"小半圆弧风格"图案和 Ab3 型"组合弧线风格"图案，如图 2.13。

Bb 型几何化鱼纹：如 H57②：2、H60：2、H63：1，与半坡遗址内"鲤科"直边三角化的鱼纹不同，而呈现出弧线化的形状，其中圆点可能为退化的鱼头。

Ab2 型"小半圆弧风格"：如 H57①：22、H57①：21、T2710②：1 等，以小半圆弧线组成弯月、半月等形状。

Ab3 型"组合弧线风格"：如 H20：7、H23：3 等，具有庙底沟文化彩陶的特点，但与典型的庙底沟文化彩陶尚有差距。

4）蓝田泄湖

泄湖遗址发表过两次简报，其内容分别为第一、二次发掘②和全四次发掘③的介绍。从具体器物的发表情况来看，两次内容有重合的部分。两次简报描述的地层堆积情况相似，并认为泄湖遗址的新石器时代遗存从仰韶时代早期至龙山时代序列完

---

① 陕西省考古研究院、西北大学文化遗产与考古研究中心：《高陵东营——新石器时代遗址发掘报告》，北京：科学出版社，2010 年。

② 中国社会科学院考古研究所陕西六队：《陕西蓝田泄湖新石器时代遗址发掘简报》，《考古与文物》1989 年第 6 期。

③ 中国社会科学院考古研究所陕西六队：《陕西蓝田泄湖遗址》，《考古学报》1991 年第 4 期。

| 风格类型 | | 具体图案 | 实例标本 |
| --- | --- | --- | --- |
| Aa 型 | Aa2 型 | 直边三角纹 | 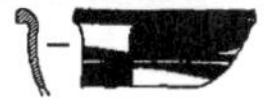 1 |
| Ab 型 | Ab2 型 | 小半圆弧图案 | 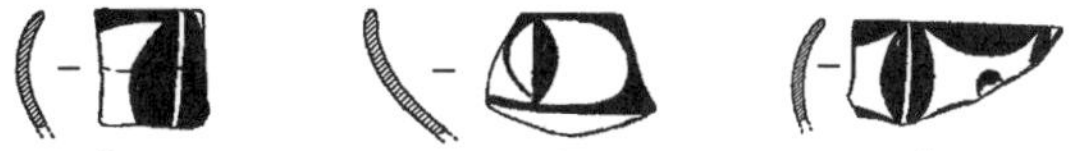 2　3　4 |
| | Ab3 型 | 组合弧线图案 | 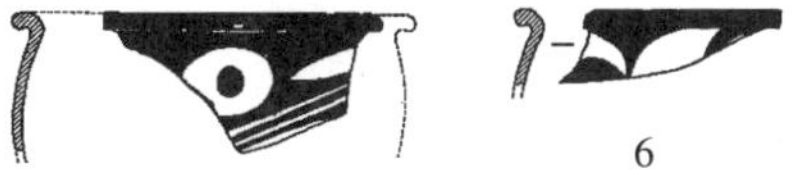 5　6 |
| Bb 型 | | 象形鱼纹 | 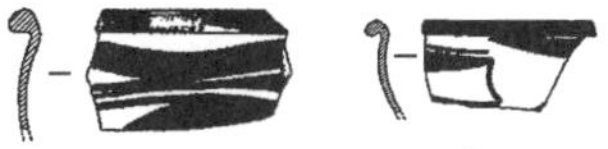 7　8 |
| | | 几何化鱼纹 | 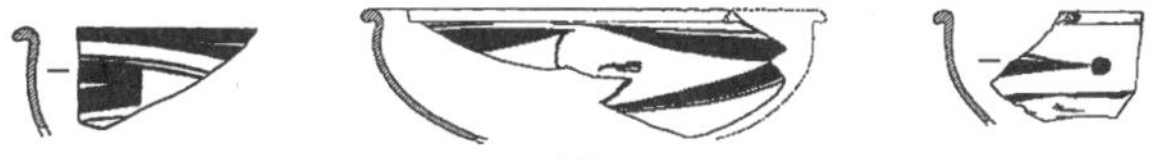 9　10　11 |

图 2.13　高陵东营遗址彩陶

1. H20∶16　2. H57①∶22　3. H57①∶21　4. T2710②∶1　5. H20∶7　6. H23∶3　7. H25∶2　8. H41∶1　9. H57②∶2　10. H60∶2　11. H63∶1

整。第一次简报的地层的④层至⑧层为客省庄二期文化至半坡文化的堆积，而第二次简报中，由于新辨识出了庙底沟二期文化的文化层，而使得仰韶时代晚期及以前的文化层向下顺延了一层。由此，两份简报中，出现了同一件器物不同编号的情况。本文所用器物以第二次编号为准。

第二次简报中，⑨层被定为半坡文化。其中，截尖杯形口尖底瓶 T2⑨∶8 相当于半坡文化第二期。共出的彩陶标本有 Bb 型几何化鱼纹 T2⑨: 9、T2⑨: 17，与高陵东营遗址同类图案相似。根据北首岭、姜寨等半坡文化典型遗址中各期彩陶图案分析，该层内彩陶标本相对年代当不早于半坡文化第三期。

⑧层被定为“史家类型”。Aa2 型“直边三角风格”图案标本 T3⑧∶5，相当于半坡文化第三期；葫芦瓶口 T5⑧∶20、T2⑧∶5 及葫芦瓶腹片 T1⑧∶8 残见图案形象，相当于半坡文化第四期。共出的其他彩陶标本有 Ab2 型“小半圆弧风格”图案 T2⑧∶6，如图 2.14。

由此可见，蓝田泄湖⑧、⑨层内包含遗存的文化属性有待重新认识。

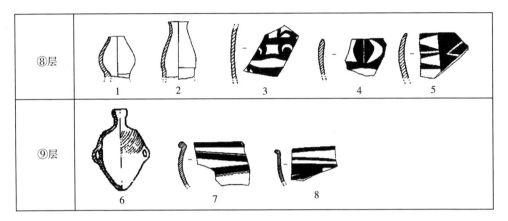

图 2.14　蓝田泄湖遗址⑧、⑨层内遗存

1. T5⑧∶20　2. T2⑧∶5　3. T1⑧∶8　4. T2⑧∶6　5. T3⑧∶5　6. T2⑨∶8　7. T2⑨∶9　8. T2⑨∶17

5）合阳吴家营①

吴家营仰韶时代遗存属于半坡文化，发现遗迹包括两条走向一致的灰沟及灰沟外墓葬、灰坑、灰沟等。遗迹均为同层下开口，且没有可用的层位关系。

从随葬器物组合看，吴家营墓葬与史家墓葬性质相似，以葫芦瓶作为其水器随葬，形态相当于半坡文化第三、第四期。至于灰沟、灰坑的相对年代，由于简报发表的遗物主要为彩陶，根据彩陶图案种类，只能粗略判定其年代当不早于半坡文化第二期。

遗址内可见彩陶图案包含 Aa1 型"线纹风格"、Aa2 型"直边三角风格"和 Bb型"象形风格"。具体图案有细斜线纹、"间隔填实式"直边三角纹、鱼纹及组合图案，亦相当于半坡文化第三、第四期，如图 2.15。

细斜线纹与直边三角组合：如 T9M5∶1，细斜线纹为"对边直角"组成长方形内的对角线组；T3HG1∶1 的展开图内局部图案，对角线组两侧为弧边三角，类似者较少。

"间隔填实式"直边三角纹：上述 T3HG1∶1 为"风车形"间隔填实的直边三角，T6HG1∶2、T3HG2∶9 为对直角填实的菱形。

鱼纹：多见彩陶盆残片，如 T3HG2∶5，应为象形鱼纹；T4（2）为细小鱼纹的

---

① 陕西省考古研究所配合基建考古队：《陕西合阳吴家营仰韶文化遗址清理简报》，《考古与文物》1990年第 6 期。

| 风格类型 | | 具体图案 | 实例标本 |
|---|---|---|---|
| Aa 型 | Aa1 型 | 细斜线纹 |  1　2 |
| | Aa2 型 | "间隔填实式"直边三角纹 |  3　4 |
| Bb 型 | | 象形鱼纹 |  5　6　7 |
| | | 几何化鱼纹 |  8　9 |
| | | 抽象图案 | 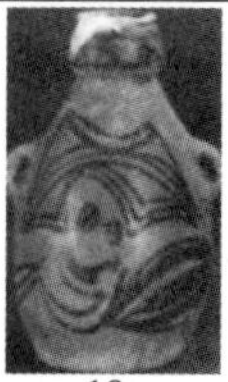 10 |

图 2.15　合阳吴家营遗址彩陶

1. T9M5∶1　2. T3HG1∶1　3. T6HG1∶2　4. T3HG2∶9　5. T3HG2∶5　6. T5H8∶2　7. T4（2）
8. T2H3∶5　9. T2H3∶4　10. T5M1∶1

并列多体鱼纹；T2H3∶5 应为几何化鱼纹的连续；T2H3∶4 则可能为几何化鱼纹和"间隔填实式"直边三角纹的组合。

此外，葫芦瓶 T5M1∶1 所饰图案最为特殊，难以名状，与遗址中彩陶图案的主流风格迥异，图案的抽象程度与半坡文化第四期葫芦瓶腹部图案接近。

6）眉县杨家村①

杨家村发现的仰韶时代文化遗存为三座被挖开的墓葬，随葬品一并归放，已无从区分。整体面貌上看，相当于半坡文化第三期。彩陶器仅见蒜头细颈壶，饰 Aa1 型"线纹风格"的细线波折纹，如图 2.16。

---

① 刘怀君、刘宝爱：《眉县杨家村发现仰韶文化遗址》，《考古与文物》1990 年第 5 期。

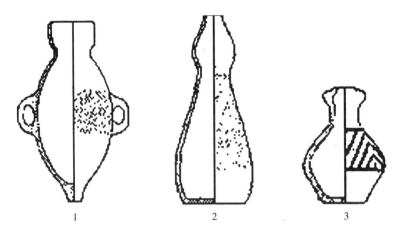

图 2.16　眉县杨家村遗址半坡文化随葬品
1、2、3. 原报告图二：12、3、2

7）华阴横阵

横阵墓地主体相当于半坡文化第二、三期，无随葬彩陶器。报告发表的彩陶残片应为地层内出土，无编号。图案包含 Aa1 型"线纹风格"、Aa2 型"直边三角风格"、Bb 型"象形风格"以及 Ab1 型"线纹风格"。具体图案包括间隔波折纹、对直角填实的菱形、象形鱼纹、连续凸弧纹等。除连续凸弧纹外，其余彩陶标本相当于半坡文化第三期，如图 2.17。

8）各地采集标本

关中地区其他地点采集的彩陶标本可见图案（如图 2.18）有：间隔波折纹，如临潼县庞崖遗址①征集（原图二：8）为实彩波折纹，似"M"形连续，另一件（原图二：9）为错缝三角空隙中填入实彩波折；细斜线纹，如高陵县灰堆坡②采集（原图二：2）为对边直角构成方形内的对角线组；"对角式"直边三角纹如灰堆坡采集（原图二：3），其他三角纹，如灰堆坡采集（原图二：1）；小细眼张口鱼纹，如长安户县地区③采集（原图三：4）；几何化鱼纹，如灰堆坡采集（原图二：4）。

① 临潼县博物馆：《陕西庞崖马陵两遗址的出土文物》，《考古》1984 年第 1 期。

② 咸阳地区咸高文物普查队：《咸阳市、高陵县古遗址调查简报》，《考古与文物》1984 年第 1 期。

③ 中国科学院考古研究所沣西发掘队：《陕西长安户县调查与试掘简报》，《考古》1962 年第 6 期。

| 风格类型 | | | 具体图案　　实例标本 |
|---|---|---|---|
| Aa 型 | Aa1 型 | 间隔波折纹 | 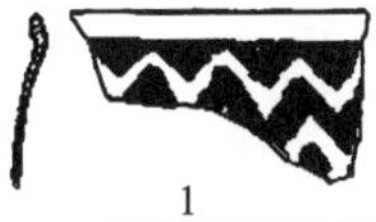 |
| | Aa2 型 | "间隔填实式"直边三角纹 | 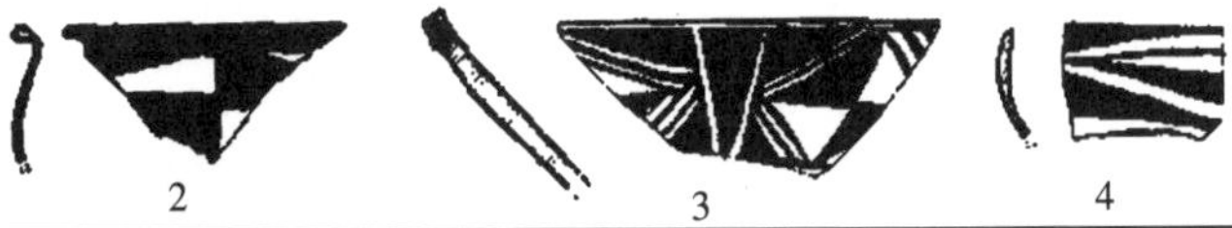 |
| Ab 型 | | 连续凸弧纹 | 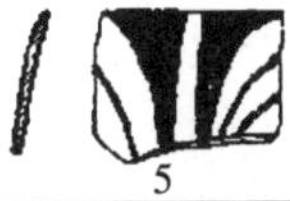 |
| Bb 型 | | 象形鱼纹 |  |

图 2.17　华阴横阵遗址地层内彩陶标本
1-7. 原报告图一二：4、2、1、9、8、12、6

（2）陕南区

1）紫阳马家营①

马家营中区④、⑤层，东区⑦、⑧层属于半坡文化层。中区⑤层出土尖底瓶底T34⑤：14 出实心尖，相当于半坡文化第三期，遗址中矮杯形口和卷沿罐形口的双耳尖底瓶共存，未发现可能属于更早阶段的器物。因此可以认为马家营半坡文化遗存相当于半坡文化第三期。

彩陶图案风格包括 Aa1 型 "线纹风格"、Aa2 型 "直边三角风格"、Bb 型 "象形风格" 以及 Ab2 型 "小半圆弧风格"，如图 2.19。

Aa1 型 "线纹风格"：仅见直棂窗形的平行线纹，如 T63⑤：2。

Aa2 型 "直边三角风格"：包括 "对边式" 直边三角形，如 T33⑤：12；对直角间隔填实的无边框菱形，如 T63④：24。

Bb 型 "象形风格"：包括大圆眼鱼纹，如 T48⑤：26；几何化的鱼纹，如 H2：1、

① 陕西省考古研究所、陕西省安康水电站库区考古队：《陕南考古报告集》，西安：三秦出版社，1994年。

| 风格类型 | | 具体图案 | 实例标本 |
|---|---|---|---|
| Aa 型 | Aa1 型 | 间隔波折纹 |  |
| | | 细斜线纹 |  |
| | Aa2 型 | 直边三角纹 | 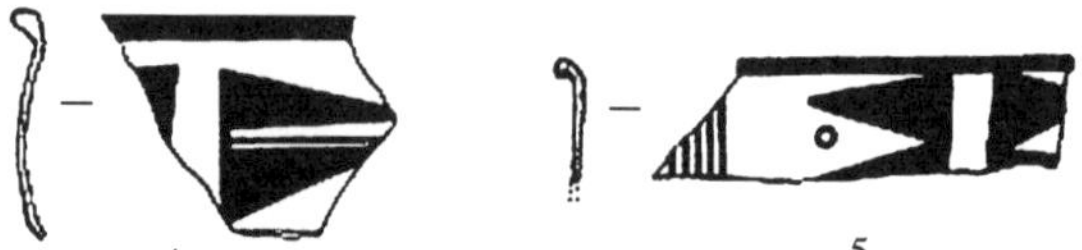 |
| Bb 型 | | 小细眼张口鱼纹 | 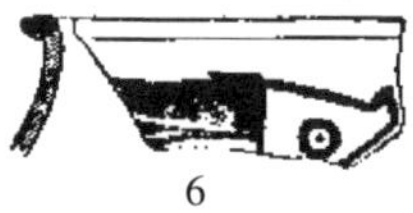 |
| | | 几何化鱼纹 | 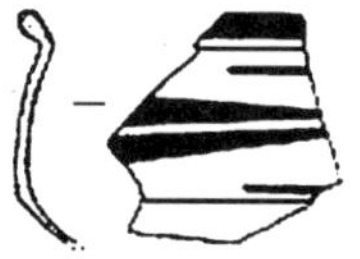 |

图 2.18　关中地区其他地点采集彩陶标本
1、2. 临潼庞崖报告原图二：9、8　3－5、7. 高陵灰堆坡报告原图二：2、3、1、4
6. 户县报告原图三：4

T33⑤：51。

Ab2 型"小半圆弧风格"：如 T5⑦：6、T48③：21。

除几何化的鱼纹与小半圆弧风格图案外，其余图案亦见于半坡文化第三期。

2）汉阴阮家坝①

阮家坝半坡文化遗存内涵与马家营接近，相当于半坡文化第三期。彩陶见于 H38、H67 两个灰坑，其层位关系未知。图案包括 Aa1 型"线纹风格"和 Bb 型"象形风格"。前者图案如 H38：4，为"人"字形细斜线纹组；后者图案如 H38：16、H67：11，应为几何化的鱼纹，如图 2.19。

① 陕西省考古研究所、陕西省安康水电站库区考古队：《陕南考古报告集》。

| 风格类型 | | 具体图案 | 实例标本 |
|---|---|---|---|
| Aa 型 | Aa1 型 | 线纹图案 | 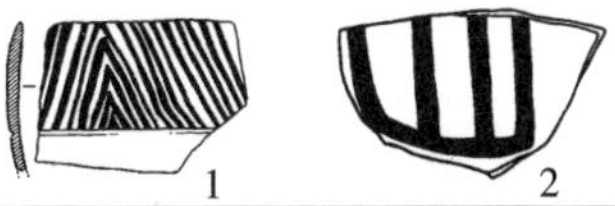 1 2 |
| | Aa2 型 | 直边三角图案 | 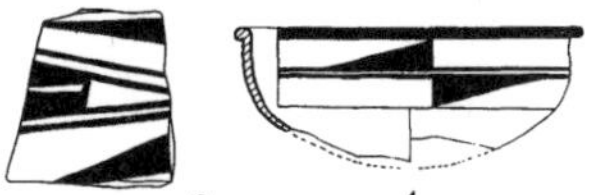 3 4 |
| Ab 型 | Ab2 型 | 小半圆弧图案 | 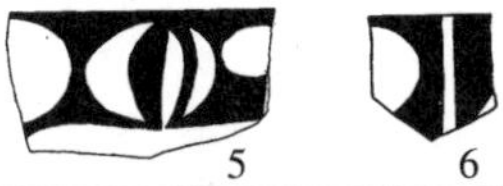 5 6 |
| Bb 型 | | 大圆眼鱼纹 | 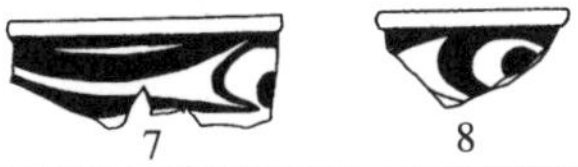 7 8 |
| | | 几何化鱼纹 | 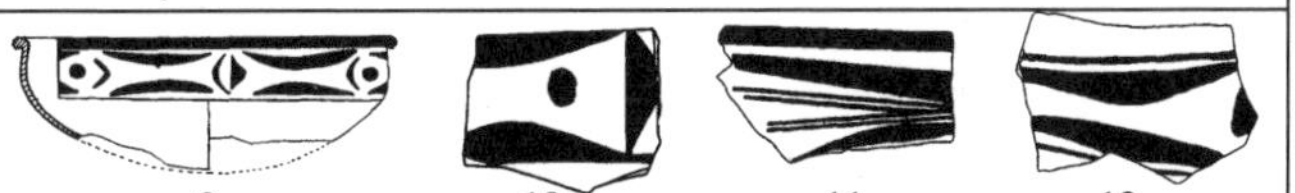 9 10 11 12 |

图 2.19　紫阳马家营、汉阴阮家坝遗址彩陶

1. H38∶4　2. T63⑤∶2　3. T33⑤∶12　4. T63④∶24　5. T48③∶21　6. T5⑦∶6　7. T48⑤∶26　8. T59④∶53　9. H2∶1　10. T33⑤∶51　11. H38∶16　12. H67∶11　（1、11、12 为阮家坝出土其余为马家营出土）

3）西乡何家湾

何家湾遗址③④两层为半坡文化堆积，报告根据遗迹间层位关系将其分为早、中、晚三期。中期遗存涉及的遗迹单位被表述为“④层内”，开口层位无法判断，因此，早、中、晚三期单位的层位关系不完全成立，有待重新审视。

由于报告内无法检索遗迹单位的开口层位，且具有叠压打破关系的灰坑、墓葬等基本无线图发表，因此，以报告的描述为准，避开中期遗存，则早期遗存为④层下开口的遗迹单位，晚期遗存为③层下开口的遗迹单位、③层内包含物及②层下开口打破③层的遗迹单位。早、晚两期的层位关系成立，可据此将何家湾半坡文化遗存分为两期。

从发表器物线图看，早期遗存中 M14∶2 曲腹罐，见于北首岭、龙岗寺半坡文化第一期遗存中。可见的杯形口尖底瓶，如原中期遗存的 M8∶1，原晚期遗存的 H105∶4、T10③出土者，溜肩平滑，底多截尖，其形态特征相当于半坡文化第二期，如图 2.20。由此，何家湾遗址半坡文化遗存至少包含半坡文化第一、第二期。

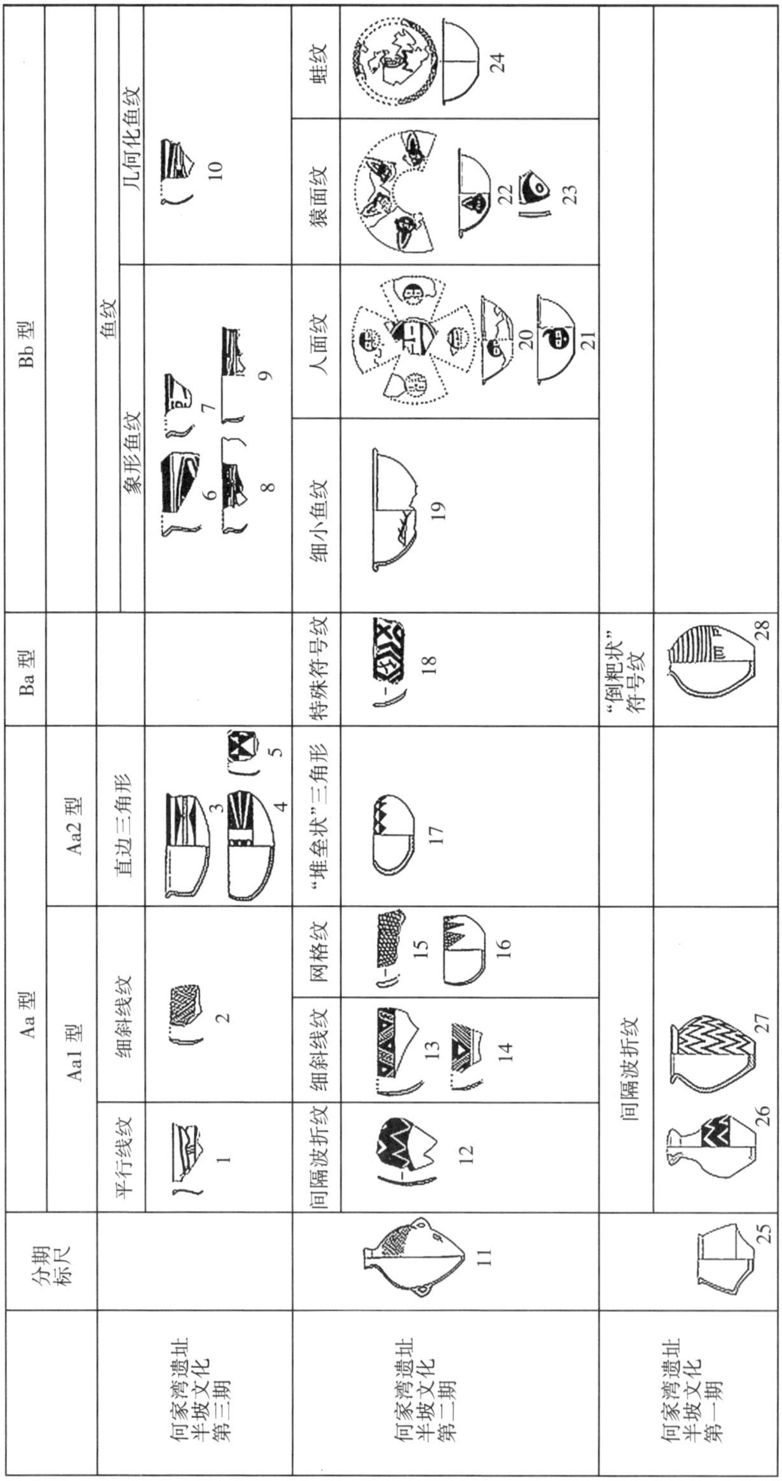

图 2.20  西乡何家湾遗址各期彩陶风格类型与图案举例

1. T46③：9  2. T33③：14  3. H24：5  4. T46③：1  5. T62③：4  6. H108：3  7. H51：3  8. T7③：10  9. H193：4  10. T28③：9  11. M8：1  12. H242：20
13. H157：1  14. T20③：11  15. H245：1  16. T14③：3  17. 采：4  18. H242：19  19. H242：18  20. H242：6  21. H242：4  22. H242：2  23. H242：15
24. H242：18  25. M14：2  26. M9：1  27. M75：6  28. M36：1

①何家湾一期

第一期的彩陶图案包括 Aa1 型"线纹风格"的间隔波折纹、平行线纹，Ba 型"符号风格"的"倒耙状"符号纹。间隔波折纹除 M9∶1 为宽带波折外，亦见 M75∶6 的细线波折线。平行线纹与"倒耙状"符号纹共饰一器，如 M36∶1。

②何家湾二期

第二期的彩陶图案包括 Aa1 型"线纹风格"、Aa2 型"直边三角风格"、Ba 型"符号风格"、Bb 型"象形风格"。

Aa1 型"线纹风格"图案有间隔波折纹、细斜线纹、网纹。间隔波折纹，如 H242∶20，实彩加宽；细斜线纹，如 H157∶1、T20③∶11 等，为反向倾斜的线纹组与 Aa2 型错缝三角的组合，三角中部有留白；网纹，如 H245∶1、T14③∶3。报告未说明 H245∶1 所饰网纹是否为内彩，但从线图看来，与钵口沿外宽直的网纹条带图案不同，网纹边缘向下倾斜，推测该标本为内彩。

Aa2 型"直边三角风格"图案除上述错缝三角外，另有"堆垒状"图案，如采∶4。

Ba 型"符号风格"图案较罕见，如 H242∶19，所绘粗线条的"《》"、"X"等形状具有符号性质，"《》"内填一细线图案，似"士"字形，又似"力"字形，甚至有简笔画跽坐人像的意味，可亦视作符号纹。

Bb 型"象形风格"图案有鱼纹、人面纹、猿面纹、蛙纹，多为折沿弧腹盆内彩。如 H242∶18 为细小鱼纹；H242∶18 为体近椭圆形的蛙纹；H242∶4、H242∶6 为圆形人面，前者顶部有一钩形饰；H242∶15、H242∶2 为猿面纹，后者顶部装饰有"帽状"尖角。

③何家湾三期

第三期彩陶图案包括 Aa1 型"线纹风格"、Aa2 型"直边三角风格"、Bb 型"象形风格"。

Aa1 型"线纹风格"如 T33③∶14，为反向斜线组成的"席纹"；如 T46③∶9 残存图案，较特殊，似没有绘直的平行线纹。

Aa2 型"直边三角风格"如 H24∶5、H117∶3 为"对角式"直边三角形；T46③∶1 为"对边式"直边三角形；T62③∶4 为间隔填实的直边三角形。

Bb 型"象形风格"仅见鱼纹残片,如 T7③:10、H108:3、H193:4、H51:3 等,应为象形鱼纹;T28③:9,应为几何化鱼纹。

与半坡文化各期型彩陶图案相比,何家湾半坡文化彩陶相当于半坡文化第一至三期。

4)洛南焦村①

洛南南洛河流域焦村遗址采集彩陶片(原图七:2)为 Aa2 型"直边三角风格"中"对边式"直边三角与对顶间隔填实的直边三角纹,另一件(原图七:4)可能为 Bb 型鱼纹的头部,如图 2.21。

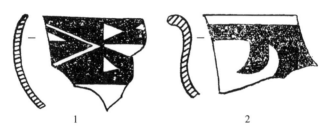

图 2.21　洛南焦村采集彩陶标本
1、2. 原图七:2、4

(3)关中北缘

1)铜川李家沟②

李家沟简报发表的大量半坡文化彩陶标本多无遗迹单位说明,总体面貌与半坡文化第三期接近。图案风格包括 Aa1 型"线纹风格"、Aa2 型"直边三角风格"、Ba 型"符号风格",Bb 型"象形风格",Ab2 型"小半圆弧风格"。出现半坡文化典型图案中罕见的 Ac 型"圆点风格",如图 2.22。

Aa1 型"线纹风格":如 W24:6 为间隔波折纹,突出实彩波折;F12:11 为一蒜头状权杖头,中部为折腹,上部四等份处各饰有一对矮"∧"形纹和一对重"∧"形纹,较高的两个"∧"形相互交错,图案效果与间隔波折纹接近,下部饰有不均匀网格纹。另有大量细斜线纹彩陶残片,与错缝三角、对边直角组合。

① 卫迪誉、王宜涛:《陕西南洛河流域古文化遗址调查简报》,《考古与文物》1981 年第 3 期。
② 西安半坡博物馆:《铜川李家沟新石器时代遗址发掘报告》,《考古与文物》1984 年第 1 期。

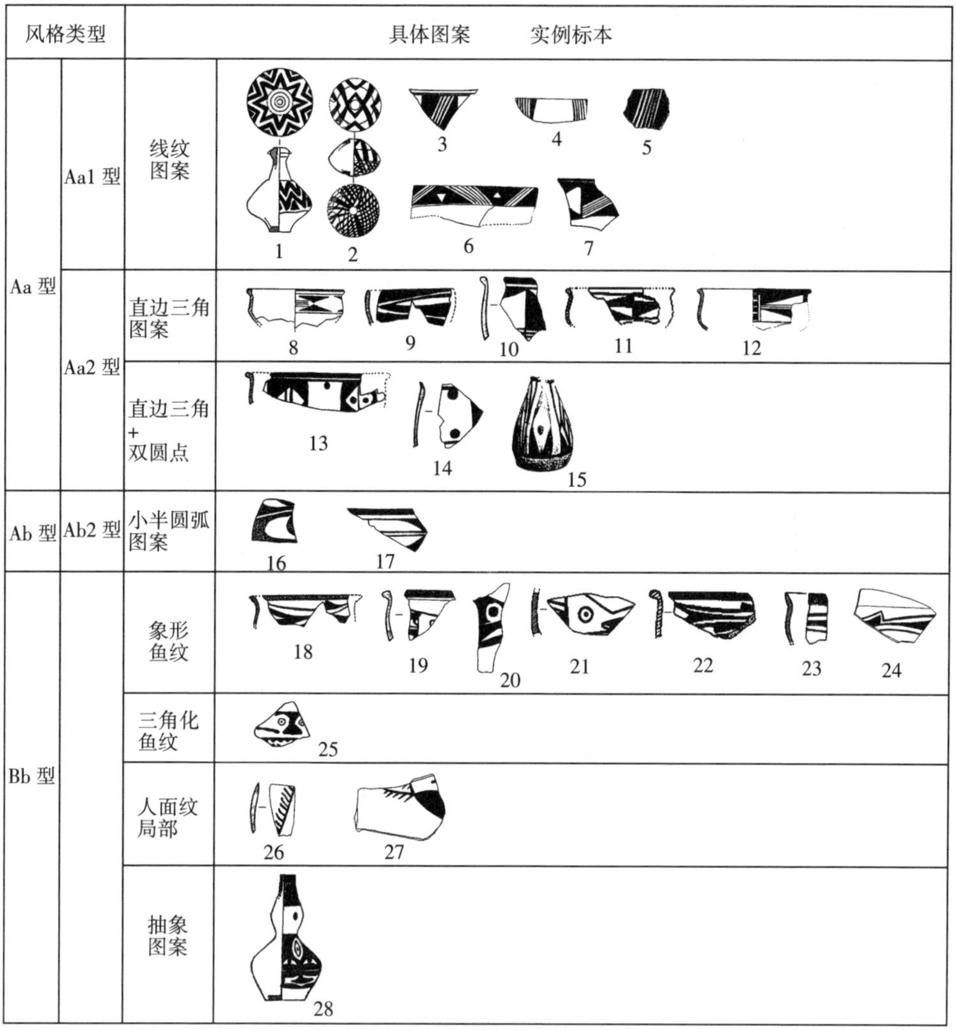

| 风格类型 | | 具体图案　　实例标本 |
|---|---|---|
| Aa 型 | Aa1 型 | 线纹图案　1、2、3、4、5、6、7 |
| | Aa2 型 | 直边三角图案　8、9、10、11、12 |
| | | 直边三角+双圆点　13、14、15 |
| Ab 型 | Ab2 型 | 小半圆弧图案　16、17 |
| Bb 型 | | 象形鱼纹　18、19、20、21、22、23、24 |
| | | 三角化鱼纹　25 |
| | | 人面纹局部　26、27 |
| | | 抽象图案　28 |

图 2.22　关中北缘半坡文化彩陶概况

李家沟出土：1. W24：6　2. F12：11　3、4、6、7、8. T14④：2　9、10、13、14、16–20、25、26
曹店采集：12　吕家崖出土：5、11、21、22、28　崔家河西村采集：15.82K1：2　23　24.82 采：19
27. 82 采：20

　　Aa2 型"直边三角风格"有"对边式"直边三角纹、"间隔填实式"直边三角纹等，部分图案与 Ac 型中的双圆点纹组合。

　　Bb 型"象形风格"有鱼纹，残存图案推测，应有小细眼张口鱼纹及直边三角化鱼纹。可能有人面纹，残见顶部"帽状"尖角的一边。

　　Ab2 型"小半圆弧风格"图案仅见个别标本。

2）铜川吕家崖

吕家崖遗址试掘简报①中的半坡文化遗存可分为两部分：一部分为开口于半坡文化层③层下的房址，出土半坡文化第三期彩陶残片；另一部分为开口层位被破坏的墓地，出土以葫芦瓶为水器随葬的墓葬。调查简报②中发表的采集器物多葫芦瓶，推测亦为墓地出土。葫芦瓶相当于姜寨遗址半坡文化第三、第四期，流行口部涂彩的做法，而图案类彩陶较少。

相当于半坡文化第三期的彩陶图案有 Aa1 型的细斜线纹，Aa2 型的对直角间隔填实的菱形，Bb 型的小细眼张口鱼纹等。

相当于半坡文化第四期彩陶仅见长口葫芦瓶，饰有 Bb 型图案，加高的口部涂黑彩，上部鼓腹处饰有圆点纹，下部鼓腹处所饰图案环绕器身四等分，单体图案抽象，似笑脸人面，如图 2.22。

3）各地调查采集品

关中北缘其他地点采集的彩陶标本可见图案有："间隔填实式"直边三角纹，如黄龙县曹店③遗址采集者；局部鱼纹，如旬邑崔家河西村④遗址采集（82 采：19）；人面鱼纹局部，如崔家河西村采集（82 采：20）。另外，崔家河西村出土壶82K1：2，可能为口部残损的葫芦瓶，推测其腹部饰有两对相似的图案，正面可见一尖角形图案内留有 Aa2 型风格的菱形底纹，中部为一圆点，两侧图案应为叠"∧"形折线，整体图案风格结合了 Aa1 型与 Aa2 型，应相当于半坡文化第三期，如图 2.22。

2. 边缘地区彩陶图案分析

（1）甘肃东部区

甘肃东部地区是仰韶时代早期考古学文化的西部重要分布区之一。经过发掘的

---

① 陕西省考古研究所、西北大学文博学院文博教研室：《陕西铜川吕家崖新石器时代遗址试掘简报》，《考古与文物》1993 年第 6 期。

② 铜川市耀州窑博物馆：《陕西铜川吕家崖新石器时代遗址调查》，《考古学集刊》（2），北京：中国社会科学出版社，1982 年。

③ 黄龙县文物管理所、陕西省考古研究所：《陕西黄龙县古遗址调查》，《考古与文物》1989 年第 1 期。

④ 咸阳地区文管会、旬邑县文化馆：《陕西旬邑崔家河遗址调查记》，《考古与文物》1984 年第 4 期。

重要遗址有秦安大地湾①、王家阴洼②，天水师赵村③、西山坪④，礼县高寺头⑤及陕西境内的陇县原子头⑥。其他大量遗址的资料多于调查报告中发表，由北向南主要分布于泾河上游⑦、葫芦河流域⑧、西汉水上游⑨及白龙江流域⑩。此区内半坡文化与庙底沟文化的遗址分布情况大致重合，关于大地湾、原子头等遗址中涉及半坡文化与庙底沟文化关系的讨论，将在后文详细展开。

　　总的来说，甘肃东部地区半坡文化遗存的相对年代，可根据出土瓶壶类器物的形态与典型彩陶图案做初步判断。该地区瓶壶类器物包括罐形口双耳尖底瓶、细颈壶和葫芦瓶。罐形口双耳尖底瓶底部多经收缩后出尖，如大地湾 F2：14、F302：1，与半坡文化第三期出实足尖的杯形口瓶外形接近；细颈壶中典型的蒜头状的口部不典型，如宁县董庄⑪ M5：2，从所饰"符号纹"特征看相当于半坡文化第一期，多见半坡文化第三期时新增的盖杯形口，如大地湾 M1：1、王家阴洼 M53：7；葫芦瓶除正宁宫家川⑫采集者（原图二：15）绘图风格相当于半坡文化第四期外，大多标本长口部分不突出，多与半坡文化第三期葫芦瓶形态接近，如大地湾 M220：1。由此观之，该地区的半坡文化遗存应与关中、陕南并行发展，以第三期遗存最为丰富。

　　甘肃东部地区的半坡文化彩陶图案，除具有 Aa1 型"线纹风格"、Aa2 型"直边

①　甘肃省文物考古研究所：《秦安大地湾——新石器时代遗址发掘报告》。

②　甘肃省博物馆大地湾发掘小组：《甘肃秦安王家阴洼仰韶文化遗址的发掘》，《考古与文物》1984 年第 2 期。

③　中国社会科学院考古研究所：《师赵村与西山坪》，北京：中国大百科全书出版社，1999 年。

④　中国社会科学院考古研究所：《师赵村与西山坪》。

⑤　甘肃省文物考古研究所：《甘肃礼县高寺头新石器时代遗址发掘报告》，《考古与文物》2012 年第 4 期。

⑥　宝鸡市考古工作队、陕西省考古研究所：《陇县原子头》，北京：文物出版社，2005 年。

⑦　李红雄：《试论泾河上游地区新石器时代文化》，《考古与文物》1988 年第 3 期。

⑧　北京大学考古系、甘肃省文物考古研究所：《甘肃省葫芦河流域考古调查》，《考古》1992 年第 11 期。

⑨　甘肃省文物考古研究所、中国国家博物馆、北京大学考古文博学院、陕西省考古研究院、西北大学文博学院：《西汉水上游考古调查报告》，北京：文物出版社，2007 年。

⑩　赵雪野、司有为：《甘肃白龙江流域古文化遗址调查简报》，《考古与文物》1993 年第 4 期。

⑪　庆阳地区博物馆：《甘肃宁县董庄新石器时代遗址试掘简报》，《史前研究》1987 年第 4 期。

⑫　庆阳地区博物馆、正宁县文化馆：《甘肃正宁县宫家川新石器时代遗址调查记》，《考古与文物》1988 年第 1 期。

三角风格"、Bb 型"象形风格"三种典型风格外,亦流行 Ab2 型"小半圆弧风格"、
Ab3 型"组合弧线风格"、Ab4 型"弧边三角风格"、Ac 型"圆点风格"。其中,"小
半圆弧风格"的彩陶图案在关中及陕南地区若干半坡文化遗址中时有发现,上文已
有提及,但在甘肃东部地区尤为流行。

由于大地湾遗址发表资料最为丰富,关于该区彩陶图案的分期,即以此为例。

1)甘肃东部区半坡文化彩陶图案分期——以大地湾遗址为例

大地湾遗址半坡文化遗存中,有意义的层位关系分区讨论如下。

①Ⅰ区

F2→F1→④→M18、F11 这组关系中(如图 2.23),F2 出土罐形口尖底瓶 F2:
14,T10④内出土饰有 Bb 型风格"鲤科"鱼纹的直唇盆 T10④:P6,均相当于半坡
文化第三期,则 F1 亦应于半坡文化第三期相当。

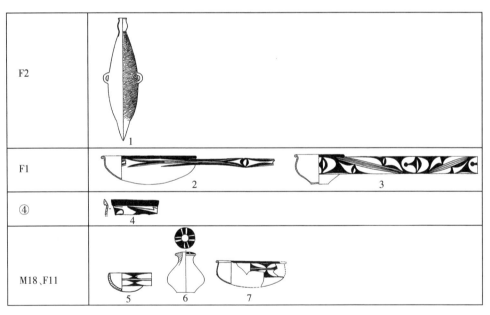

图 2.23　F2→F1→④→M18、F11 内典型器物图
1. F2:14　2. F1:2　3. F1:4　4. T10④:P6　5. M18:1　6. M18:2　7. F11:3

F1 内出土彩陶盆两件,其中 F1:2 所饰 Bb 型鱼纹出现几何化趋势,但象形程度
仍较高,鱼体中部上下对称的弧线可能为拉长的两侧胸鳍。上述遗址中,高陵东营
H25:2、H41:1,合阳吴家营 T3HG2:5 等残见的鱼纹局部应属于大地湾 F1:2 这一
鱼纹图案。由于其几何化程度尚不如高陵东营 H63:1 此类鱼纹高,则将其称为"弧

线化鱼纹"以示区别。

F1∶4 所饰图案属于 Ab3 型"组合弧线"风格图案。其中的圆点、弧边三角、穿插线等为庙底沟文化彩陶常见元素，但与庙底沟文化中常见的勾连形图案相比，尚有差距。上述遗址中，合阳吴家营 T3HG1∶1 的细斜线纹部位，似截取自 F1∶4 中的穿插线部位。

T10④∶P6 的图案残见前一鱼尾及后一鱼头，从带背鳍的鱼身及圆鼓的吻部形态推断，应与 H232∶1 的"鲤科"大圆眼鱼纹相似。根据两种鱼纹间的层位关系，可暂将 T10④∶P6 的大圆眼鱼纹定为半坡文化第三期I段，弧线化鱼纹定为第三期Ⅱ段。

M18、F11 为④层下开口。细颈壶 M18∶2 口部似盖杯形口的盖面部分，M18∶1 为 Aa2 型对顶三角纹彩陶钵，F11∶3 为 Ab4 型"花瓣纹"彩陶盆，应不晚于第三期I段。

T3 组①④→M1、F17（室内窖穴 H7）这组关系中（如图 2.24），M1、F17 为同层下开口，M1∶1 为饰有间隔波折纹的盖杯形口细颈壶，H7∶2 饰有直边三角与双圆点组合纹，均相当于半坡文化第三期。

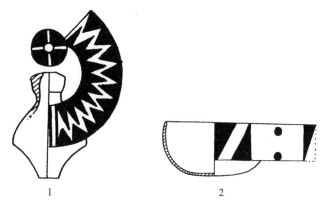

图 2.24 M1、F17、H7 内典型器物图
1. M1∶1 2. H7∶2

②Ⅲ区

M206、H227、H211、H218、H262、F233 等→T200 组④②→H235、F201、F215、F234 这组关系中（如图 2.25），H227、H211 均出土弧线化鱼纹盆，相当于半坡文化

---

① 根据大地湾报告发表遗迹单位间的层位关系，I 区内 T2、3 探方内地层可统一，称为 T3 组。

② 根据大地湾报告发表遗迹单位间的层位关系，Ⅲ区 T200、201、202、203、207、208、209、210、212、213、214、215、216、222、223 的④层可以统一，称为 T200 组④。

第三期Ⅱ段。H227 内与弧线化鱼纹共出的钵 H227：29，饰有 Aa2 型"对边式"直边三角与 Ab2 型风格"花苞形"纹的组合，其中的菱形区域内表现的应是"间隔填实式"直边三角，但绘制地明显不够规整，可视作第三期Ⅱ段的特点。H218、H262 出土 Ab2 型风格彩陶器，其中 H262：P25 中可见对合的小半圆纹，与"花苞形"纹相似。

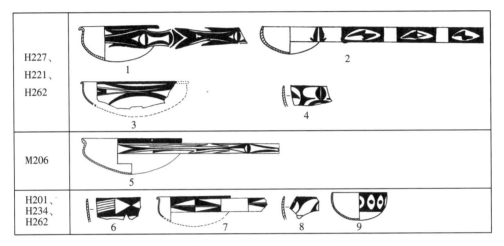

图 2.25　M206 等→H235 等涉及遗迹单位内典型器物图

1. H227：22　2. H227：29　3. H211：P168　4. H262：P25　5. M206：2　6. F201：P2　7. F234：27
8. F234：P37　9. H235：7

M206 亦出土鱼纹盆，如 M206：2，保留有大圆眼鱼纹的"背鳍"、"腹鳍"结构，但同时具有弧线化鱼纹吻部长且内凹、鱼身修长的特点，可视为出现了半坡文化第三期Ⅱ段的新因素。

T200 组④层中未见代表性标本。F201、F234 内出土 Aa2 型的"间隔填实式"直边三角纹，相当于半坡文化第三期，其中，F234：27 与 Ab2 型风格彩陶器 F234：P37 共存。F215、H235 内出土 Ab2 型风格彩陶器，多以小半圆弧相对或相背形成图案。

T200 组④→M220→M219→M222 这组关系中（如图 2.26），M220、M219、M222 出土瓶壶类器，均有口部涂彩的作风，M222：2 腹部饰有 Aa1 型风格的"辐射状线纹"。

T205④→H232 中（如图 2.26），H232 出土"鲤科"大圆眼鱼纹盆 H232：1，相当于半坡文化第三期Ⅰ段。

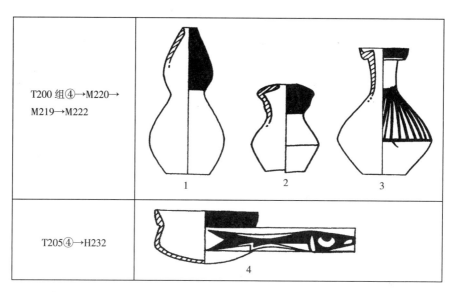

图 2.26　M220、M219、M222、H232 内典型器物图
1. M220 : 1　2. M219 : 1　3. M222 : 2　4. H232 : 1

③Ⅳ区

T332③→T300 组④→H3100、H3117、H377、F310、F333、F353、F360、F373、F383、G300 这组关系（如图 2.27），大量遗迹单位为同层下开口。由于 F310、F360 及 T332③均出土"带背、腹鳍"弧线化鱼纹盆，相当于半坡文化第三期Ⅱ段，则 T300 组④内出土 T341④ : 30 大圆眼鱼纹应视为Ⅱ段遗存内的Ⅰ段标本。

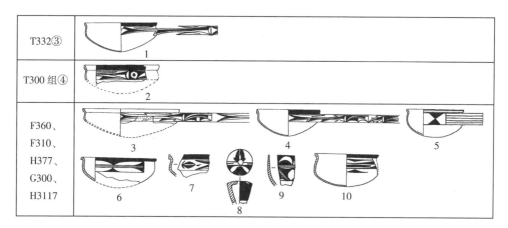

图 2.27　T332③、F3100、G300 等遗迹单位内典型器物图
1. T332③ : 14　2. T341④ : 30　3. F360 : 14　4. F310 : 1　5. F310 : 5　6. F310 : 2　7. H377 : P24
8. G300 : P14　9. G300 : 51　10. H3117 : 10

　　F310 内，与"带背、腹鳍"弧线化鱼纹盆共出的 F310：5 饰有 Aa1 与 Aa2 型风格的组合图案，F310：2 饰 Ab4 型"花瓣纹"，两者相对年代可能偏早至 I 段，或 I、II 段内均流行。

　　H377：P24 所饰鱼尾细长，具有弧线化鱼纹的特征，后接"花苞形"纹，与 H227：29 者相似。

　　G300 中细颈壶 G300：P14 的盖杯口顶部，亦饰"花苞形"纹，共出的 G300：51 所饰 Ab 型风格图案与 F1：4"组合弧线"风格相似。H3100、F373 内可见标本亦与 F1：4、G300：51 相似。

　　H3117：10 所饰图案为 Aa2 型"对角式"直边三角，与 H227：29 内直边的绘制风格相似，不甚规整，两者时代大约接近。

　　F333、F383 内出土 Ab2 型风格彩陶器，与 F215、H235 内图案相似。

　　T300 组④①→F341、F356→H379 这组关系中（如图 2.28），F341 内出土鱼纹盆 F341：P23，其鱼尾形象与弧线化鱼纹相似，后接鱼头则似大圆眼鱼纹，相对年代应偏早。

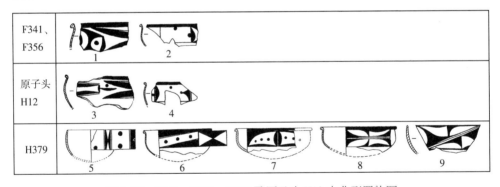

图 2.28　F341、F356、H379 及原子头 H12 内典型器物图

1. F341：P23　2. F356：P25　3. H12：5　4. H12：4　5. H379：130　6. H379：188　7. H379：148
8. H379：124　9. H379：P186

　　F356 内标本残见图案少，应为 Ab2 型与 Ac 型风格图案的组合，在原子头 H12 中，同类图案 H12：4 与弧线化鱼纹 H12：5 共存，应与半坡文化第三期 II 段相当。

---

①　根据大地湾报告发表遗迹单位间的层位关系，IV 区除 T301、T319 外，其余探方④层统一，称为 T300 组④。

H379 内出土大量彩陶标本，包含 Aa、Ab 型风格，且均有与 Ac 型多种圆点纹组合者。H379：130、H379：188 为直边三角纹中点缀圆点，与 H7：2 风格相似，H379：148 为小半圆弧与弧线纹中点缀圆点，H379：124 为 Ab4 型"花瓣纹"，H379：P186、H379：P187 则与 F1：4 的图案相似。由此，H379 应与半坡文化第三期 Ⅱ 段相当。

T301④→Y301 中（如图 2.29），Y301 内出土 Y301：P7 为"带背、腹鳍"弧线化鱼纹盆，相当于半坡文化第三期 Ⅱ 段。

图 2.29　Y301、K707、F707 内典型器物图
1. Y301：P7　2. K707：1　3. F707：15

④Ⅷ区

T705④→K707、T707④→F707 中，K707：1、F707：15 均为弧线化鱼纹盆，相当于半坡文化第三期 Ⅱ 段（如图 2.29）。

综上，大地湾遗址中的半坡文化遗存，相当于典型半坡文化第三期。若以鱼纹的几何化程度为标识，可区分为 Ⅰ、Ⅱ 两段。Ⅰ区、Ⅲ区内部分探方④层下应有少量第 Ⅰ 段遗存，Ⅰ区、Ⅲ区内部分探方③层下，Ⅳ区、Ⅷ区④层下，应以第 Ⅱ 段遗存为主。根据大地湾遗址中，大量的 Bb 型风格弧线化鱼纹、Ab2 型"小半圆弧风格"、Ab3 型"组合弧线风格"图案与半坡文化第三期遗存共生的现象，可推知，关中及陕南地区半坡文化遗址中出现的这些图案，也应为第三期时半坡文化中出现的新因素。

2）甘肃东部区半坡文化彩陶图案分析

半坡文化第一期的彩陶遗存仅有零星标本，如图 2.30，图案包括间隔波折纹、堆垒小三角纹和符号纹。正宁宫家川出土细颈壶（原图四：5），宁县董庄大口尖底缸采：1 的间隔波折纹，具有底纹波折较宽的早期特征；董庄采：1 近腹部饰有若干"山"字形符号纹；董庄 M5：2 饰有"M"形符号及"∴"形堆垒的小三角。

半坡文化第二期的彩陶遗存不见特征明显的标本。

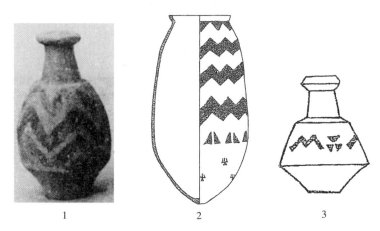

图 2.30　甘肃东部区半坡文化第一期彩陶标本
1. 宫家川报告原图四：5　2. 宁县董庄采：1　3. 宁县董庄 M5：2

半坡文化第三期的彩陶遗存遍布此区，极其丰富。可明确为第 I 段的图案有大圆眼鱼纹、辐射状线纹、间隔波折纹，如图 2.31。其中，大圆眼鱼纹除彩陶盆器表常见者外，另有瓶壶类器表者，如王家阴洼 T4④出土葫芦瓶腹部、合水孟桥细颈壶采：4 等。

其余图案按风格类型，一并归纳如下。

Aa1 型"线纹风格"的单独图案较少，多与 Aa2、Ab2、Ab3 型风格图案组合。单独图案有平行线纹，如坪洮塬采集（原图七：1）。

Aa2 型"直边三角风格"图案除典型半坡文化中常见的"对角式"、"对边式"、"间隔填实式"外，流行"对顶填实"与"对边直角"的组合图案。

"对角式"直边三角形：如大地湾 H3117：10、西山坪 T1⑥：40。

"对边式"直边三角形：如大地湾 F353：P22、高寺头采集①（原图一三：2）。

"间隔填实式"直边三角形：如王家阴洼 M13：4、宫家川采集（原图二：3）。

"对顶填实"与"对边直角"组合图案：如大地湾 T109④：12、王家阴洼 M37：8、盐官镇黑土崖采集 19：21，为典型半坡文化中常见者，"对边直角"间为对角线组；如大地湾 H379：188、原子头 F8：1 于典型半坡文化中少见，"对边直角"间为一组圆点。

---

① 中国社会科学院考古研究所甘肃工作队：《甘肃天水地区考古调查纪要》，《考古》1983 年第 12 期。

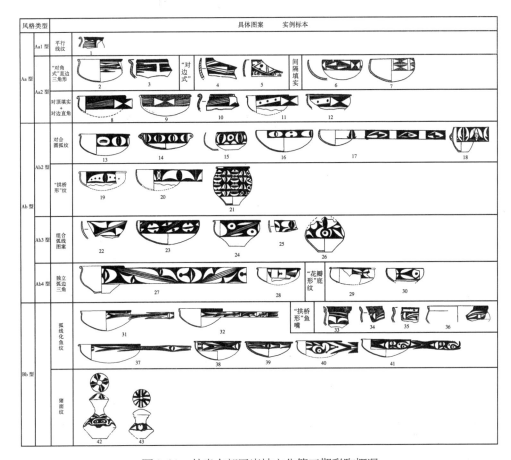

图2.31　甘肃东部区半坡文化第三期彩陶概况

2. H3117：20　3. T1⑥：40　4. F353：P22　6. M13：4　8. T109④：12　9. M37：8　11. H379：188
12. F8：1　13. H379：156　14. H100：1　15. M61：7　16. H103②：12　17. H227：29　19. T320④：26
20. H379：148　21. H84：1　22. H379：P186　23. F33：1　24. T700③：19　25. H262：P25　26. T102⑦：12
27. F1：4　28. H48：2　29. F11：3　30. F31：5　31. T332③：14　32. F310：1　37. F1：2　38. H55：1
39. H103：4　40. K707：1　41. F33：4　42. M53：7　43. M48：1　（1为坪洮塬采集　2、4、8、11、13、
17、19、20、22、24、25、27、29、31、32、37、40为大地湾出土　3为西山坪出土　5、16、26、35、
39为高寺头出土　6、9、15、42、43为王家阴洼出土　7为宫家川采集　10为黑土崖采集　12、14、
21、23、28、30、38、41为原子头出土　18为九功塬子采集　33为苗圃园采集　34为梁坡采集
36为堡子坪采集）

Ab2"小半圆弧风格"为 Ab 型风格中最常见者，表现形式多样，包括对合圆弧
纹、"拱桥形"纹、对合半圆纹等。

对合圆弧纹：如大地湾 H379：156、原子头 H100：1、王家阴洼 M61：7、高寺头
H103②：12。

"拱桥形"纹：如大地湾 T320④：26、大地湾 H379：148 为基本图案，如原子头

H84∶1 则较为复杂，画面分四行，行间"拱桥形"两两对合，每行的"拱桥形"图案间形成圆形底纹，内填圆点、横线与小半圆纹。

另有西和县宁家庄采集权杖头①，如图 2.32，上半部饰有对合圆弧纹，下半部以四个对称的"拱桥形"结构过渡，底部形成"莲瓣式"的底纹。

对合半圆纹：多不单独装饰器物，而见于对合圆弧纹形成的圆形底纹内，或"拱桥形"中部。如大地湾 H227∶29、九功塬子采集者，对合半圆纹下方有一花萼形图案，使得图案整体呈"花苞形"。姜寨遗址内，半坡文化第四期葫芦瓶 ZHM76∶10 中成"鸟卵"形的对合半圆图形，很有可能与这一风格的发展有关。

Ab3 "组合弧线风格"以多段弧线的组合，形成复杂图案，如大地湾 H379∶P186、大地湾 T700③∶19、大地湾 H262∶P25、高寺头 T102 ⑦∶12。

Ab4 "弧边三角风格"类图案较少，包括有意绘制弧边三角作为独立的图案元素，以及以实彩弧边三角构成"花瓣形"底纹。

独立弧边三角：如大地湾 F1∶4、原子头 H48∶2，其中弧边三角形状与小半圆形状十分接近。

"花瓣形"底纹：如大地湾 F11∶3、原子头 F31∶5。

Ac 型"圆点风格"图案除点缀于其他图案中的各类圆点纹外，还可见"圆形内组合纹"如原子头 F33∶1。

Bb "象形风格"有"鲤科"鱼纹、猪面纹。鱼纹包括"带背、腹鳍"的弧线化

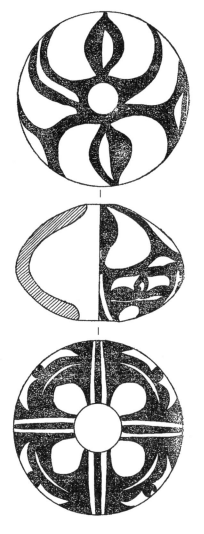

图 2.32　宁家庄权杖头

---

① 王彦俊：《甘肃西和县宁家庄发现彩陶权杖头》，《考古》1995 年第 2 期。

鱼纹和弧线化鱼纹，根据大地湾遗址中的层位关系，这两种鱼纹应由大圆眼鱼纹演化而来。

"带背、腹鳍"的弧线化鱼纹：如大地湾 T332③：14 为此类鱼纹中最接近弧线化鱼纹者；如大地湾 F310：1，鱼头部位变形，嵌入一类似"拱桥形"图案，此类鱼纹的头部标本另有苗圃园采集①（原图四：10）、梁坡采集②（原图四：9）、堡子坪采集③（原图一一：1）、高寺头采集④（图一三：8）。

弧线化鱼纹：如大地湾 F1：2、原子头 H55：1、高寺头 H103：4 为此类鱼纹中最为精简者；如大地湾 K707：1、原子头 F33：4，鱼头部位变形，嵌入一小半圆弧与类似"鸟头形"的组合图案。

此外，大地湾遗址中 T107②：3（如图 2.33）彩陶盆所饰图案，与高陵东营、蓝田泄湖、合阳吴家营遗址中一种弧线几何化的鱼纹形态一致。其中，拉长的鱼尾应象征着整个鱼身，而圆点则象征鱼头。由于 T107② 并非其原生层位，此彩陶盆的相对年代不详。从形态发展的逻辑关看，应由弧线化鱼纹发展所至。

猪面纹：如王家阴洼 M53：7、M48：1。

半坡文化第四期的彩陶遗存仅见宫家川出土葫芦瓶（如图 2.34），所饰人面纹满布器腹。

图 2.33　大地湾 T107②：3　　　　　图 2.34　宫家川葫芦瓶

① 张家川县文化局、张家川县文化馆：《甘肃张家川县原始文化遗址调查》，《考古》1991 年第 12 期。

② 张家川县文化局、张家川县文化馆：《甘肃张家川县原始文化遗址调查》。

③ 中国社会科学院考古研究所甘肃工作队：《甘肃天水地区考古调查纪要》，《考古》1983 年第 12 期。

④ 中国社会科学院考古研究所甘肃工作队：《甘肃天水地区考古调查纪要》。

（2）河套区

河套地区的半坡文化遗存，散见于前套平原及其以东地区①的庙底沟文化遗址中，未见文化属性独立的遗址或遗迹单位。其中，发表有可辨识为半坡文化风格彩陶的地点，有凉城王墓山坡下②、清水河县后城嘴③、大同马家小村④、商都县狼窝沟⑤。

半坡文化图案类彩陶包括 Aa1 型"线纹风格"、Aa2 型"直边三角风格"和 Bb 型"象形风格"，并与 Ab 型"弧线风格"的图案共存。具体图案种类较少，主要有 Aa1 型平行线纹、Aa1 型细斜线与 Aa2 型错缝三角的组合纹、Aa2 型"间隔填实式"直边三角纹、Aa2 型直边菱形底纹、Bb 型弧线化鱼纹、Ab2 型对合半圆纹、Ab4 型"花瓣形"底纹，如图2.35。

平行线纹：似半坡文化典型图案中的"直棂窗"类图案，如王墓山坡下ⅠF5：10、后城嘴 F3：03，后者更似"栅栏"状。

细斜线与错缝三角的组合纹：为河套区最为常见的半坡文化彩陶图案，如王墓山坡下ⅠF6：12、后城嘴 H3：1、马家小村 F2：1 等。

"间隔填实式"直边三角纹：如王墓山坡下ⅠF8：9 为"风车形"间隔填实、后城嘴 F3：2 为上下对顶填实与左右对顶填实的间隔组合，另有狼窝沟ⅠC：1 盆沿残片图案。

直边菱形底纹：从风格上接近半坡文化，但在具体图案中不甚典型，主要见于盆沿面，如王墓山坡下ⅠF4：16。

弧线化鱼纹：与大地湾遗址中所见鱼纹形象一致，如王墓山坡下ⅠH1：2。

对合半圆纹：如王墓山坡下ⅠF11：24，图案不甚规整。

---

① 前套地区以东的地点仅有零星遗址，如大同马家小村、商都县狼窝沟等，不再单独列区。

② 内蒙古文物考古研究所、北京大学中国考古学研究中心"聚落演变与早期文明"课题组：《岱海考古（三）——仰韶文化遗址发掘报告集》，北京：科学出版社，2003 年。

③ 内蒙古文物考古研究所：《清水河县后城嘴遗址》，《内蒙古文物考古文集》（第二辑），北京：中国大百科全书出版社，1997 年。

④ 山西省考古研究所、大同市博物馆：《山西大同马家小村新石器时代遗址》，《文物季刊》1992 年第 3 期。

⑤ 内蒙古文物考古研究所、商都县文物管理所：《内蒙古商都县两处新石器时代遗址的调查与试掘》，《北方文物》1995 年第 2 期。

| 风格类型 | | 具体图案 | 实例标本 |
|---|---|---|---|
| Aa 型 | Aa1 型 | 平行线纹 | 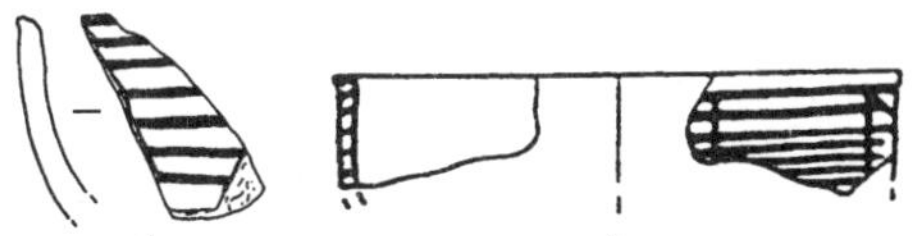 1 2 |
| | | 细斜线 + 错缝三角纹 | 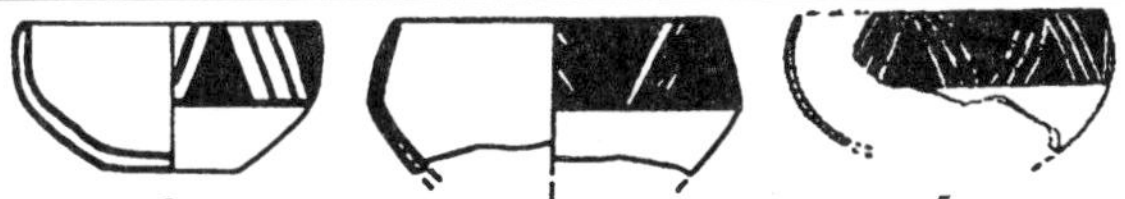 3 4 5 |
| | Aa2 型 | “间隔填实式”直边三角纹 | 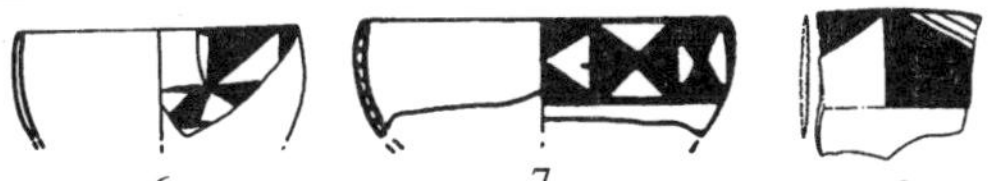 6 7 8 |
| | | 直边菱形底纹 | 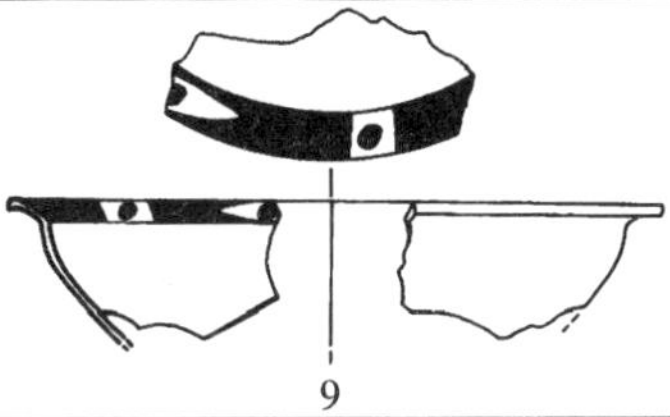 9 |
| Ab 型 | Ab2 型 | 对合半圆纹 | 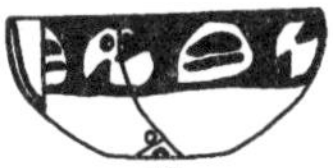 10 |
| | Ab4 型 | “花瓣形”底纹 | 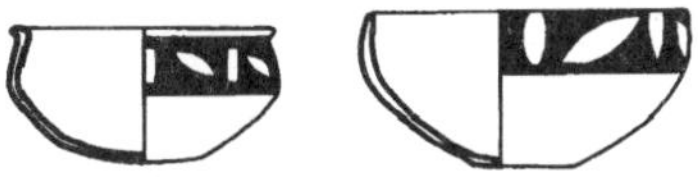 11 12 |
| Bb 型 | | 弧线化鱼纹 | 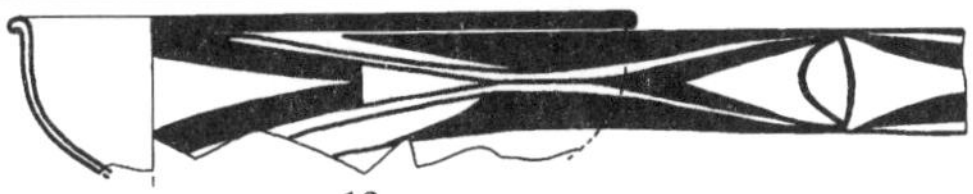 13 |

图 2. 35　河套区半坡文化彩陶概况

1. ⅠF5：10　2. F3：03　3. ⅠF6：12　4. H3：1　5. F2：1　6. ⅠF8：9　7. F3：2　8. LⅠC：1　9. ⅠF4：16　10. ⅠF11：24　11. ⅠF12：12　12. ⅠF12：13　13. ⅠH1：2

（2、4、7 为后城嘴出土　5 为马家小村出土　8 为狼窝沟采集　其余为王墓山坡下出土）

“花瓣形”底纹：如王墓山坡下ⅠF12：12、ⅠF12：13。

由于河套区可见的半坡文化彩陶图案，均非半坡文化典型图案，参照大地湾遗址中弧线化鱼纹的相对年代，可推断河套区的半坡文化彩陶属于半坡文化第三期Ⅱ段。

（3）豫西南鄂西北区

豫西南鄂西北区，以淅川下王岗遗址①仰韶时代早期遗存为代表的遗存，在传统上被称为"下王岗类型"②。从下王岗遗址的分期情况看，仰韶时代的三期遗存中，包含有不同谱系的考古学文化因素。乔梁在《汉水中游的后冈一期文化》③中指出"后冈一期文化同半坡文化及其后续文化在这一区域共生并融合"，可能正是豫西南鄂西北区仰韶时代早期遗存形成的文化背景。

该地区发表有半坡文化风格彩陶的代表性遗址有淅川下王岗、淅川沟湾④、邓州八里岗⑤、郧县大寺⑥等。其中，属于典型半坡文化 Aa 型"直线风格"与非典型的 Ab 型"弧线风格"共生的现象，与甘肃东部区、河套区的情况相似。

1）下王岗遗址仰韶二期墓地彩陶图案分析

下王岗遗址仰韶二期墓地内的随葬彩陶器，施彩器类稳定，可视为相对年代集中。图案风格主要包括 Aa2 型"直边三角风格"以及 Ab4 型"弧边三角风格"，并可见少量 Aa1 型"线纹风格"、Ac 型"圆点风格"图案点缀其间，如图 2.36。

Aa2 型"直边三角风格"图案以错缝三角纹、"间隔填实式"直边三角形和"爪形"底纹为主。

错缝三角纹：如 M668：12 为此类图案的典型，流行于半坡文化第二期，错缝三角与反向细斜线纹组合；如 M239：6，图案根据器座形状加以变化，错缝三角中顶角向下者绘于上腹部，顶角向上者绘于下腹部，上腹部的三角形与反向细斜线纹组合。

① 河南省文物研究所、长江流域规划办公室考古队河南分队：《淅川下王岗》，北京：文物出版社，1989年。

② 丁清贤：《鄂西北·豫西南仰韶文化的性质与分期》，《中原文物》1982 年第 4 期。

③ 乔梁：《汉水中游的后冈一期文化》，《庆祝张忠培先生八十岁论文集》，北京：科学出版社，2014 年。

④ 原长办考古队河南分队：《淅川下集新石器时代遗址发掘报告》，《中原文物》1989 年第 1 期；郑州大学历史学院考古系、河南省文物管理局南水北调文物保护办公室：《河南淅川县沟湾遗址仰韶文化遗址发掘简报》，《考古》2010 年第 6 期。

⑤ 北京大学考古学系、南阳地区文物研究所：《河南邓州八里岗遗址的调查与试掘》，《华夏考古》1994 年第 2 期；北京大学考古学系、南阳地区文物研究所：《河南邓州市八里岗遗址 1992 年的发掘与收获》，《考古》1997 年第 12 期；北京大学考古实习队、河南省南阳市文物研究所：《河南邓州八里岗遗址发掘简报》，《文物》1998 年第 9 期。

⑥ 中国社会科学院考古研究所：《青龙泉与大寺》，北京：科学出版社，1991 年。

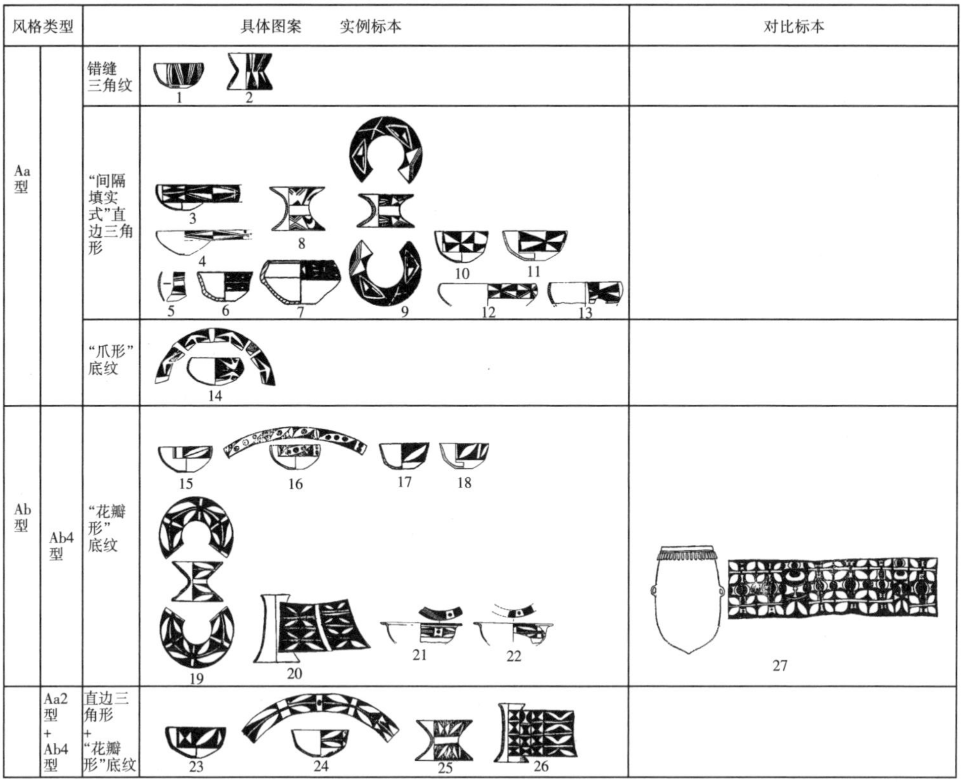

图 2.36　豫西南鄂西北区半坡文化彩陶概况

1. M668：12　2. M239：6　3. M239：7　4. M20：2　5. T4⑤：56　6. M53：16　7. M27：5　8. M326：2
9. M363：4　10. M361：1　11. T3229⑦：3　12. T8③：1　13. W6：2　14. M663：10　15. M82：6
16. M248：1　17. M100：18　18. T3229⑥：2　19. M686：2　20. M177：1　21. T7③：18　22. T10④：6
23. M10：2　24. M302：3　25. M302：1　26. M203：3　27. W277：1　（4、11、18 为沟湾出土　5、12、
21、22 为大寺出土　6、7、13、17 为八里岗出土　27 为姜寨出土　其余为下王岗出土）

"间隔填实式"直边三角形包括"上下对顶"填实、"左右对顶"填实、对直角
填实、"风车形"填实等多种填实方式，并加以组合运用。如 M239：7，"上下对顶"
填实的两个单体上下连续，右侧为一"对边式"直边三角内填入对直角填实的菱形；
如 M363：4、M326：2 等，器座上下腹部图案基本对称，根据前者的展开图可见"上
下对顶"填实的三角辅以细斜线纹，与对直角填实的菱形间隔组合；如 M361：1 为
"风车形"填实的直边三角形。

"爪形"底纹：与半坡文化中典型的 Aa1 型"箭头形"底纹相似，但并非表细线
箭头的形状，而是由两对直边三角中部留出似"鸭爪"形状的底纹。如 M663：10，
正视图可见上下相对的两个"爪形"留白，展开图为其下行图案，推测上下两行均

有四个单体。从展开图看，下行图案未经严格的四等分，右侧两个单体间有一个饰交叉线纹的小方块，可能是填补空缺之用。

Ab4 型"弧边三角风格"图案仅见"花瓣形"底纹，其表现方式分为两种。第一种，如 M82：6、M248：1，为单体的二方连续，前者底纹处绘有"叶脉"状的对角线，后者底纹处绘有 Ac 型风格的一组圆点，形成"豆荚状"的效果。第二种，如 M686：2、M177：1，为单体的翻转组合，以四个对顶的单体为一组图案，则 M686：2、M177：1 均有四组图案。M686：2 中图案分别绘于上下腹部，各有两组左右连续；M177：1 中图案左右分隔，左右两侧各有两组图案上下连续。核心地区的姜寨遗址中，可见一例 W277：1，装饰此类图案。

此外，"间隔填实式"直边三角形的"上下对顶"填实三角形，分别与"花瓣形"底纹的两种表现方式，有共饰一器者，如 M10：2、M302：1、M302：3、M203：3。

2）其他遗址彩陶图案分析

淅川沟湾、邓州八里岗、郧县大寺遗址发表资料中，均包含相当于下王岗仰韶二期墓地的彩陶器，如图 2.36。如八里岗 M27：5、M53：16 所饰图案可见"上下对顶"填实的直边三角形；沟湾 M20：2（原下集遗址①）、大寺 T4⑤：56 所饰图案为对直角填实的菱形；八里岗 W6：2、沟湾 T3229⑦：3、大寺 T8③：1 所饰图案为"风车形"填实的直边三角形；八里岗 M100：18、沟湾 T3229⑥：2 所饰图案为二方连续的"花瓣形"底纹；大寺 T7③：18、T10④：6 所饰图案为翻转组合的"花瓣形"底纹。

（4）豫西晋南区

仰韶时代早期的豫西晋南地区，属于庙底沟文化的核心分布区，而在以芮城东庄村②遗址为代表的遗存中，出土的双耳尖底瓶、Aa2 型"直边三角"风格彩陶则显然具有半坡文化典型特征。关于东庄村遗存的性质，早在 20 世纪 70 年代末，张忠培在《试论东庄村和西王村遗存的文化性质》③ 一文中指出，"东庄村遗存的文化性

① 原长办考古队河南分队：《淅川下集新石器时代遗址发掘报告》，《中原文物》1989 年第 1 期。
② 中国科学院考古研究所山西工作队：《山西芮城东庄村和西王村遗址的发掘》，《考古学报》1973 年第 1 期。
③ 张忠培：《试论东庄村和西王村遗存的文化性质》，《考古》1979 年第 1 期。

质……是半坡类型向庙底沟类型过渡的中间环节"。而随着学界对"半坡文化与庙底沟文化关系"、"庙底沟文化起源"等难点问题的不断探索，至 21 世纪初，赵春青在《山西芮城东庄村仰韶遗存再分析》[①] 一文中指出，东庄村遗存主体"可分为两期 3 段，其中一、二期区别明显，其文化性质自然不能混为一谈"，并认为"东庄类型"与庙底沟文化具有谱系关系。其中，"东庄类型"与庙底沟文化典型彩陶图案的比较研究，对于庙底沟文化彩陶的溯源有重要意义。关于以上问题，后文中将详细展开。

该地区包含与东庄村相当的彩陶遗存的地点有翼城北橄[②]，三门峡南交口[③]、南家庄[④]、灵宝地区[⑤]北阳平、阌东、永泉埠、肖家湾等。彩陶图案风格包括 Aa 型"直线风格"、Ab 型"弧线风格"、Ac 型"圆点风格"、Bb 型"象形风格"。Aa 型中以 Aa2 型"直边三角形"风格为主，Ab 型包括 Ab1 型"弧线风格"、Ab2 型"小半圆弧风格"、Ab4 型"弧边三角风格"。总体风格上，接近典型半坡文化第三期，如图 2.37。

Aa2 型"直边三角形"风格图案较多，包含与 Aa1 型细斜线纹组合的"对边直角"纹，多见"间隔填实式"直边三角形和"对边式"直边三角形。

对边直角纹：如东庄村 H104：2：017，为对边直角与细斜线纹的组合。

"间隔填实式"直边三角形：如东庄村 H109：2：016、H115：4：022，南交口 H72：2、肖家湾 LXJ：001 等为"上下对顶"填实的直边三角形，H115：4：022 于左右底纹三角内点缀密集圆点；东庄村 H104：2：16、H115：1：06，南交口 H78：4、北阳平 BYP：022 等为"对边式"直边三角形中填入对角填实的菱形，其中，H104：2：16 的菱形四边均带弧度；东庄村 H104：4：11、北橄 H25：5、南家庄 H13：2 等为"风车形"间隔填实的直边三角形。

Ab1 型"弧线风格"图案罕见，如东庄村 H104：1：01，可能为 Ab2 型"拱桥形"纹中的弧边勾勒线。

① 赵春青：《山西芮城东庄村仰韶遗存再分析》，《考古》2000 年第 3 期。

② 山西省考古研究所：《山西翼城北橄遗址发掘报告》，《文物季刊》1993 年第 4 期。

③ 河南省文物考古研究所：《三门峡南交口》，北京：科学出版社，2009 年。

④ 河南省文物考古研究所：《三门峡南交口》。

⑤ 河南省文物考古研究所、中国社会科学院考古研究所河南一队、三门峡市文物考古研究所、灵宝市文物保护管理所：《河南灵宝铸鼎塬及其周围考古调查报告》，《华夏考古》1999 年第 3 期。

| 风格类型 | | 具体图案 | 实例标本 |
|---|---|---|---|
| Aa 型 | Aa1 型 | 细斜线纹 |  |
| | Aa2 型 | "间隔填实式"直边三角形 | 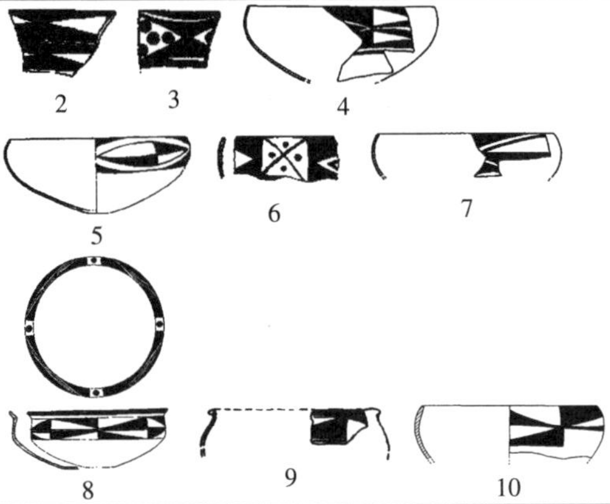 |
| Ab 型 | Ab1 型 | 弧边勾勒线 |  |
| | Ab2 型 | 小半圆弧纹 | 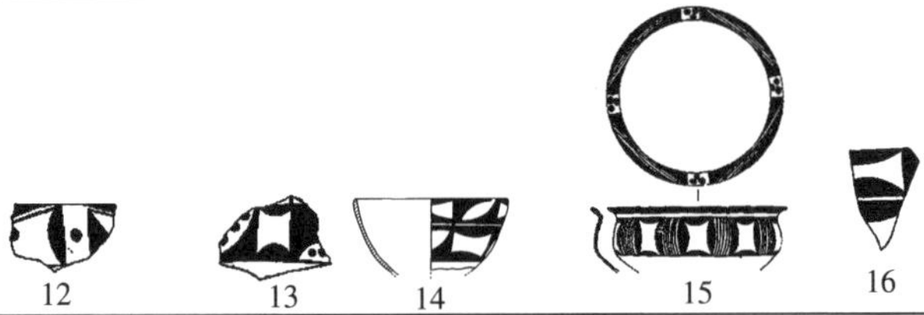 |
| | Ab4 型 | "花瓣形"底纹 |  |
| Ac 型 | | "靶心纹" | 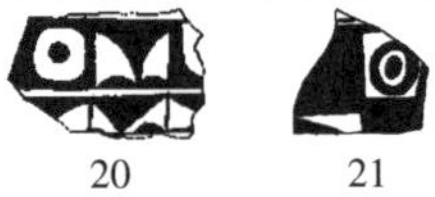 |
| Bb 型 | | "几何化"鱼纹 |  |

图 2.37　豫西晋南区半坡文化彩陶概况

1. H104：2：017　2. H109：2：016　3. H115：4：022　4. H72：2　5. H104：2：16　6. H115：1：06
7. H78：4　8. H104：4：11　9. H25：5　10. H13：2　11. H104：1：01　12. H115：1：03　13. H115：4：08
14. H14：29　15. H104：4：18　16. T32④：8　17. H109：2：012　18. H106：1：021　19. H115：4：33
20. H104：4：04　21. T33⑤：12　22. H115：2：51　23. H128：1：015　（4、7、16、21 为南交口出土
9 为北橄出土　10、14 为南家庄出土　其余为东庄村出土）

Ab2 型 "小半圆弧风格" 图案有单独小半圆、两边式小半圆和四边式小半圆。

单独小半圆：如东庄村 H115：1：03，与圆点纹组合。

两边式小半圆：如东庄村 H115：4：08、南家庄 H14：29，与 Ab4 型的"花瓣形"底纹组合。

四边式小半圆：如东庄村 H104：4：18、南交口 T32④：8。

Ab4 型"弧边三角风格"以"花瓣形"底纹为主。如东庄村 H109：2：012 为基本表现形式；东庄村 H106：1：021 于底纹中点缀圆点，形成"豆荚形"；东庄村 H115：4：08、H115：4：33 的底纹均为"豆荚形"，单体间以两边式小半圆纹间隔。

Bb 型"象形风格"仅见鱼纹，如东庄村 H115：2：51、H128：1：015，几何化特征明显。

Ac 型"圆点风格"除上述点缀于其他图案中的各类圆点纹外，还可见"靶心纹"，类似鱼纹中鱼眼的形象，有可能是鱼纹的简化形式。如东庄村 H104：4：04、南交口 T33⑤：12，分别与 Aa 型、Ab 型风格的图案组合。

## 三　小结

### （一）半坡文化彩陶发展规律

学界对于半坡文化彩陶图案演变规律的认识，始于《西安半坡》[1] 报告中的花纹演化推测图，后又经《中国彩陶图谱》[2] 加以发展。概括其大意如下：

第一，以直线造型的象形鱼纹与以弧线造型的象形鱼纹间具有演变关系；

第二，以直线造型的象形鱼纹与直边三角形间具有演变关系；

第三，以弧线造型的象形鱼纹与弧边三角形间具有演变关系；

第四，以直线造型的象形鱼纹与弧边三角形间具有演变关系。

在这一认识基础下，半坡文化彩陶图案的创作，由具象到抽象的演变规律几成定论。然而，这种演变规律在逻辑上可以成立，却得不到层位关系的印证。即使从人类思维发展的角度推测出半坡文化绘陶匠人先熟悉对具象鱼纹的描摹，从而渐渐掌握从具体形象中提取几何图形以指代具体形象的技法，也并不代表具象鱼纹与几

---

[1]　中国科学院考古研究所、陕西省西安半坡博物馆：《西安半坡——原始氏族公社聚落遗址》，北京：文物出版社，1963 年，183～185 页。

[2]　张朋川：《中国彩陶图谱》，北京：文物出版社，1990 年，153～156 页。

何图形的使用存在相对年代的差异。

恰恰相反，通过上文对半坡文化典型遗址中各期别彩陶图案的描述，用于《西安半坡》报告中花纹演化推测图的鱼纹和"直边三角风格"图案，均为半坡文化第三期产物，在半坡文化的发展过程中，属于同时代的彩陶装饰风格。

根据半坡文化的分期，彩陶风格的发展大致经历了三个阶段：第一阶段相当于半坡文化第一、二期，流行 Aa 型"直线风格"与 B 型"图像风格"；第二阶段相当于半坡文化第三期，Ab 型"弧线风格"呈现异军突起的态势；第三阶段相当于半坡文化第四期，由于施彩器类的剧变，以弧线造型的 Bb 型"象形风格"图案朝着几何化、抽象化的方向发展。

具体图案中，以鱼纹、直边三角纹的发展演变较有代表性，如图 2.38。

1. 鱼纹

第一期彩陶中尚未见鱼纹标本。第二期时，流行寥寥数笔的细小鱼纹，多为内彩，个体间的表现方式没有明显的差异，多见与人面纹的组合。第三期时，鱼纹多为表彩，细小鱼纹多以双体、三体联合的面貌出现。同时流行"鲤科"具象鱼纹，主要分为以不对称弧线造型、富有动感的大圆眼鱼纹、以对称弧线和直线造型、体态僵硬的小细眼张口鱼纹两种。两种鱼纹在第三期较晚阶段，可能均经历了几何化的进程。其中，大圆眼鱼纹的弧线化过程，在大地湾遗址中有层位关系可印证，从大圆眼的生动形象，演变为以拉长的两侧胸鳍代替鱼身各类鱼鳍的形象。而如大地湾 T107②:3 这种鱼纹，应为比弧线化鱼纹更高程度的几何化形象。小细眼张口鱼纹出现直边三角化的形态，在直边三角形图案中以保留鱼眼的形式象征鱼纹，但目前尚无层位关系印证是否与象形的鱼纹存在序列关系。第四期的鱼纹，沿用三期时"鲤科"的大圆眼鱼纹形象，并出现"似鱼非鱼"的抽象化效果，则说明第三期时大圆眼鱼纹的弧线化与第四期时出现的抽象化，应为两种不同的演化方向。

2. 直边三角纹

第一期时，间隔波折纹图案上下两段的错缝三角形有烘托底纹波折的作用，可能并非有意为之，而"堆垒三角纹"中密集排列的细小三角形，应为三角形图案元素的实践之初。第二期时，错缝三角形和"堆垒状"三角形中的三角形面积增大。

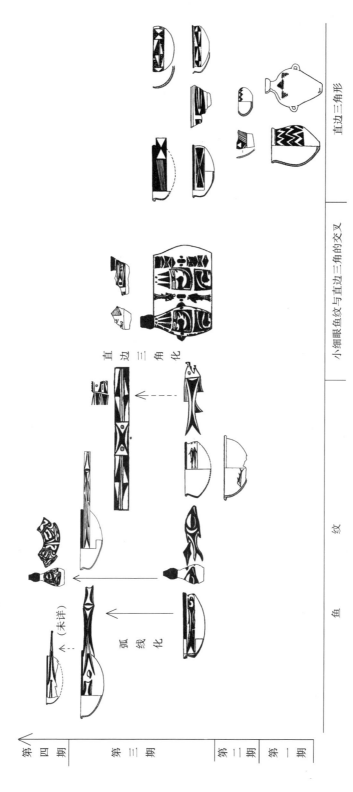

图 2.38　半坡文化鱼纹、直边三角纹的演变

"↑"表示存在可证明的演进序列　"⇡"表示推测可能存在的演进序列

第三期时，三角形的表现形式多样化，"对角式"直边三角形、"对边式"直边三角形、"间隔填实式"直边三角形、对边直角三角形等图案广泛应用，且出现与小细眼张口鱼纹共饰一器的现象，以及仅保留鱼眼的直边三角化鱼纹。第四期时，三角形突然衰落，去向不明。

对比鱼纹与直边三角纹的发展过程，可以得到以下认识：第一，三角形元素的出现早于鱼纹，表示人们对于几何图形的掌握与鱼纹图案的发展无关；第二，自半坡文化第二期始，鱼纹与直边三角纹并行发展为两种自成系列的图案；第三，半坡文化第三期时，两种图案的表现形式均呈现多样化，鱼纹中的一支"小细眼张口鱼纹"与直边三角纹发生交叉；第四，"小细眼张口鱼纹"与直边三角纹大致同时衰落，而大圆眼鱼纹则以抽象化的面貌继续发展。

由此可见，传统上认为的"由具象到抽象"的鱼纹演化规律并不普遍存在，两者之间的相关性，在不同种类的鱼纹上有不同的体现。大圆眼鱼纹的弧线化和抽象化，是两种不同的演化方向，导致了完全不同的最终形态，两者均以弧线造型，象征性地保留了鱼纹的局部，与直边三角形图案无序列关系。小细眼张口鱼纹的直边三角化与大圆眼鱼纹的弧线化相比，又是两种互不交叉的几何化趋势。通过类比大圆眼鱼纹的弧线化演进序列，小细眼张口鱼纹演变为保留鱼眼形象的直边三角化鱼纹，是有可能成立的，但无法排除小细眼张口鱼纹和纯粹由直边三角形构成的图案，在较长的时期中同时流行的可能。

**（二）彩陶视角下的半坡文化谱系相关问题**

1. 半坡文化溯源

目前，学界对于北首岭遗址中以杯形口平底瓶为代表的遗存，是否有必要从半坡文化中区分出来，作为半坡文化的直接源头，并未达成一致，但对于这批遗存上承老官台文化，下启以杯形口尖底瓶为代表的半坡文化遗存，则所见同。本文以这批遗存作为半坡文化第一期，其中缘由上文已有说明。在这一认识基础上，本文定义的"半坡文化"直接起源于前仰韶时代老官台文化的观点，可视为学界共识。然而，从彩陶的发展角度看，老官台文化流行的红彩系 Ba 型"符号风格"内彩，与半坡文化第一期彩陶间似乎仍然缺少纽带。

以翼城枣园遗址的主体遗存为代表的考古学文化，被命名为"枣园文化"①。发掘报告将其分为三期，认为其第一期遗存相当于"北首岭遗址中以杯形口平底瓶为代表的遗存"，即本文的半坡文化第一期。

然而，纵贯枣园文化一至三期的小口平底壶，在第三期时，才出现了接近半坡文化第一期的浅杯形口，如T3②：6。而第一、二期的小口平底壶口部形态，如H1：2、F1：43，与同期细颈壶趋同，接近北首岭78M13：4、龙岗寺M406：4等老官台文化的小口双腹耳壶。由此，本文认为枣园文化三期遗存，整体介于前仰韶时代与半坡文化第一期之间。

枣园文化早于半坡文化的关系，在西安鱼化寨遗址的层位关系中得以印证。鱼化寨遗址最早期遗存开口于⑫下，属于枣园文化，如H235：14小口壶。而⑧层下相当于半坡文化第一期的遗存正叠压其上。

枣园文化中小口平底壶、细颈壶已经成为两类并行发展的器形，与半坡文化杯形口瓶、细颈壶两类水器的发展情况一致，而与老官台文化中小口双腹耳壶这种瓶壶类器的统一形象有别。因此，可以认为枣园文化超出前仰韶时代范畴，进入仰韶时代早期，如图2.39所示。

枣园文化流行红褐色彩宽带纹，应继承自前仰韶时代的传统。但在第一期时，即已出现黑彩的使用，如H1：20的黑彩宽带钵，开启了仰韶时代早期黑彩系彩陶的大流行。同时，G1：30大口缸所饰图案为红褐色彩的间隔波折纹，与半坡文化第一期流行的黑彩间隔波折纹图案相同，则极有可能是半坡文化彩陶的正源，如图2.39所示。

根据上文对枣园文化和半坡文化关系的判定，曾一度被称为"零口村文化"的临潼零口村遗址②第一期遗存，文化属性其实并不单纯，包含有早晚不同的两种考古学文化，其早期相当于枣园文化，晚期相当于半坡文化第一期。其中，装饰间隔波折纹、平行线纹的黑彩系彩陶，如T13⑥a：20、T6⑥b：116，已属于半坡文化第一期。部分零口村第一期遗存上叠压有半坡文化层，发表遗物较少，从器形特征看，应包含有半坡文化第二、第三期遗存。彩陶图案中，带圆弧边框的内彩图案、可能为表现蛙腹部的圆点纹、可能为人面鱼纹的局部图案，应为半坡文化第二期的彩陶

① 山西省考古研究所：《翼城枣园》，北京：科学技术文献出版社，2004年。
② 陕西省考古研究所：《临潼零口村》，西安：三秦出版社，2004年。

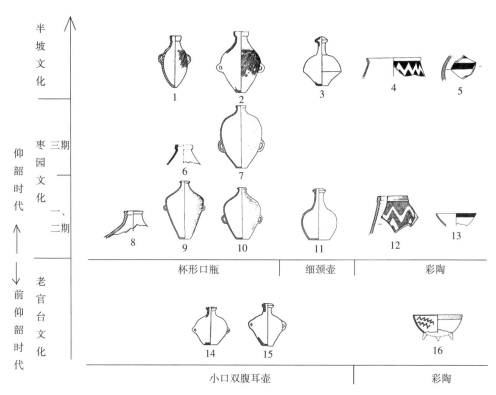

图2.39　老官台文化、枣园文化、半坡文化的关系示意

1. F79：13　2.77M6 甲：7　3.77M12：5　4. T13⑥a：20　5. T6⑥b：116　6. T3②：6　7. T6⑦：28
8. H235：14　9. H1：2　10. T6⑦：26　11. F1：43　12. G1：30　13. H1：20　14. 1978M13：4　15. M406：4
16. H10：37　（1、8 为鱼化寨出土　2、3、14 为北首岭出土　4、5、7、10 为零口村出土　6、9、11 - 13
为枣园出土　15 为龙岗寺出土　16 为大地湾出土）

图案，而"对角式"直边三角纹，应为半坡文化第三期的彩陶图案。

2. 半坡文化格局

综上，半坡文化分布区内的主要遗址，包含半坡文化期别如表2.2所示。

表 2.2　半坡文化主要遗址各期别对应关系

| 分期 | 北首岭 | 龙岗寺 | 元君庙 | 姜寨 | 半坡 | 鱼化寨 | 东营 | 泄湖 | 吴家营 | 杨家村 | 马家营 | 阮家坝 | 何家湾 | 李家沟 | 吕家崖 | 大地湾 | 董庄 | 宫家川 | 王墓山坡下 | 下王岗 | 东庄 | 北橄 |
|---|---|---|---|---|---|---|---|---|---|---|---|---|---|---|---|---|---|---|---|---|---|---|
| 一 | √ | √ | | | | √ | | | | | | | √ | | | | √ | √ | | | | √ |
| 二 | √ | √ | √ | √ | √ | √ | | √ | | | | | √ | | | | | | | | | |
| 三 | √ | √ | √ | √ | √ | √ | √ | √ | √ | √ | √ | √ | √ | √ | √ | √ | | √ | √ | √ | √ | √ |
| 四 | | | √ | √ | | | | | √ | √ | | | | | | √ | | | | | | |

　　关中及陕南地区是半坡文化的发源地，在半坡文化第一至四期的发展过程中，始终保有核心地位。

　　自第一期始，直线几何纹风格和图像风格的彩陶体系已诞生，并在第二期时形成了别具特色的风貌。其中，"人面鱼纹"图案对于半坡文化的绝对标识意义，不仅体现在图案的创意上，更体现在其局限于核心区域的分布范围上。此两期应为半坡文化的形成与发展期，文化属性稳定且特征鲜明。

　　第三期时，半坡文化的面貌发生剧变："史家类型"突然出现；分布范围扩大，边缘地区遗存地点大幅增加；向东辐射远至郑洛地区，如郑州大河村[①] T59⑰：5、T40⑰：25 等（图2.40），尤与东庄村遗址中直线几何纹风格彩陶标本接近；边缘地区半坡文化遗存中，弧线几何纹风格彩陶突然出现，与直线几何纹风格和图像风格共生，在流行程度上占尽优势，由此推测，核心地区的弧线几何纹风格彩陶，如姜寨 W277：1，当为这一风格波及所至。

图2.40　郑州大河村直线几何纹彩陶标本
1. T59⑰：5　2. T40⑰：25

　　弧线几何纹风格的彩陶主要分布于环绕半坡文化核心的甘肃东部、河套、豫西晋南、豫西南鄂西北。然而，地理上的差异并未影响到这些弧线几何纹风格彩陶以"小半圆弧风格"为主的共性。由此可见，弧线几何纹风格的彩陶即非半坡文化原创，又享有共同的文化归属。传统上认为的"东庄类型""下王岗类型"中，以彩陶为代表的那些遗存，实际上应为半坡文化与以弧线几何纹风格彩陶为代表的遗存共同作用的产物。甚至，半坡文化分布范围的扩大，也应与这类遗存有关。

　　关于以弧线几何纹风格彩陶为代表的遗存文化属性，在仰韶时代早期，有半坡文化"史家类型"和庙底沟文化可作参考。"史家类型"仅限于墓地遗存，施彩陶器均为葫芦瓶；庙底沟文化以居住址为主，施彩器类与这些弧线几何纹风格彩陶遗存

————————————

① 郑州市文物考古研究所：《郑州大河村》，北京：科学出版社，2001 年。

统一。由于弧线几何纹风格彩陶遗存多为居住址出土，如果其与"史家类型"有关，则应为"史家类型"的日常用器，这一点以现有的考古学资料来看，尚无法证明。如果其与庙底沟文化有关，则需在庙底沟文化彩陶分析之后，再作探讨。

　　第四期时，关中及陕南地区的核心地位已不十分突出。此外，半坡文化典型的彩陶风格基本消失，图像风格彩陶呈现严重的几何化、抽象化；以杯形口双耳尖底瓶为标识的遗存亦已消失，"史家类型"成为主流，呈现一幅"江山易主"的文化景象。

## 第二节　庙底沟文化的彩陶遗存

### 一　考古学文化基础研究

#### （一）文化分布与分区

　　庙底沟文化的分布以陕晋豫交界为核心，分布有华县泉护村①、陕县庙底沟②、渑池仰韶村③、夏县西阴村④等大量重要遗址。在遍及西至民和盆地、东至华北平原西缘、南至江汉平原北部、北至河套平原的整个黄河中上游地区，遗址地点更是不胜枚举。而其辐射所至更是东抵海岱、南越长江。

　　根据各地庙底沟文化遗址的分布特点及遗存面貌的典型程度，可将庙底沟文化由陕晋豫交界地区向外，依次划分为核心地区、主要地区、边缘地区及辐射地区（如图 2.41）。其中，核心地区可细分为陕东区、晋南区、豫西区；主要地区可细分为陕西区、晋中北区、豫西南区、郑洛区；边缘地区可细分为甘青东部区、河套区、

---

① 北京大学考古学系：《华县泉护村》，北京：科学出版社，2003 年。
② 中国科学院考古研究所：《庙底沟与三里桥》。
③ 安特生：《中华远古之文化》，《地质汇报第五号》；河南省文物研究所、渑池县文化馆：《渑池仰韶村 1980－1981 年发掘简报》，《史前研究》1985 年第 3 期。
④ 李济：《西阴村史前的遗存》，《李济文集·卷二》；梁思永：《山西西阴村史前遗址的新石器时代的陶器》，《梁思永考古论文集》；山西省考古研究所：《西阴村史前遗存第二次发掘》，《三晋考古》（第二辑）。

冀中北区、江汉区；辐射地区的庙底沟文化因素，可视作庙底沟文化向周边同期考古学文化分布区的渗入，而不纳入庙底沟文化分布区内讨论。

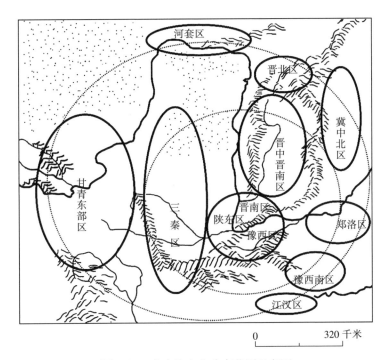

图2.41　庙底沟文化分布范围示意图

### （二）文化分期——以泉护村、庙底沟遗址为例

庙底沟文化全境内，以核心地区的泉护村与庙底沟两处遗址包含的庙底沟文化遗存最为典型。泉护村遗址在1958～1959年的首次发掘之后，又于1997年进行了较大规模的发掘①，本文中对前后两次的发掘资料分别冠以"1958"与"1997"以示区别。庙底沟遗址在1956～1957年的首次发掘之后，又于2002～2003年间再次发掘，其中遗迹单位H9内的出土遗物已有简报发表②，而遗址内大量的彩陶则可见近年出版的《华夏之花——庙底沟彩陶选粹》③（简称《选粹》）专题图录，本文中对

①　陕西省考古研究院、渭南市文物旅游局、华县文物旅游局：《华县泉护村：1997年考古发掘报告》，北京：文物出版社，2014年。

②　河南省文物考古研究所：《河南三门峡市庙底沟遗址仰韶文化H9发掘简报》，《考古》2011年第12期。

③　河南省文物考古研究院：《华夏之花——庙底沟彩陶选粹》。

前后两次的发掘资料分别冠以"1956"与"2002"以示区别。

早在泉护村、庙底沟遗址经历了首次发掘之后，学者们针对不同遗址的资料状况，从不同的角度尝试了分期研究。

《陕西华县柳子镇第二次发掘的主要收获》①代表了张忠培的观点，从层位关系中提炼出的重唇口尖底瓶瓶口发展规律，至今对于庙底沟文化分期，都具有重要的标尺意义。至《华县泉护村》报告的正式出版，泉护村遗址第一期文化划分的一至三段，可分别作为庙底沟文化的第一至三期。目前，这种庙底沟文化"三期说"反映的典型器物演变规律，已在其全境范围内的大量层位关系中，普遍得到印证。其中，以重唇口尖底瓶与曲腹盆的器形演变，最具年代标尺意义：第一期时，尖底瓶口为典型重唇、上唇较宽，曲腹盆较浅、腹部弧鼓、下腹微内曲；第二期时，尖底瓶口开始退化、上唇变窄，曲腹盆体加高、上腹部外鼓程度增大、下腹内曲；第三期时，尖底瓶口上唇退化至凸棱状，曲腹盆为深腹、外鼓的上腹缩小、下腹部内曲程度大。

《庙底沟仰韶遗址彩陶纹饰的分析》②代表了杨建芳的观点。文中通过分析"彩陶纹饰母题"的共存关系，以甲、乙组母题间的"不共存"作为年代差异的依据；并通过与事先论证过的，被认为是晚于庙底沟仰韶时代遗存的三里桥遗存进行对比，又将乙组的相对年代置于甲组之前。这种直接从图案角度切入的分期方法，较为罕见。从其文中"不能只依靠从个别孤立的打破关系中归纳出器物的分期规律"这一理念来看，是符合"不能由特殊推一般"的科学理据的。而且，其所定义的"共存"意味着一定时期内反复使用，"不共存"意味着在不同时期使用，在理论上也成立。然而，考古学上的"不共存"即使在完全掌握遗迹单位内包含物的情况下，也是相对的，更何况《庙底沟与三里桥》内发表的遗物并不完全。另一方面，杨建芳所分的十一种"纹饰母题"对于庙底沟遗址中的彩陶图案没有普遍的概括意义，也就相当于，其用以分析共存关系的彩陶，又只是报告中发表的一部分。因此，该文所得观点并未得到考古发掘资料的印证，就是由这种"默证"的研究方法所导致的。

《论庙底沟仰韶文化的分期》③代表了严文明的观点，从层位关系角度入手，依

①　黄河水库考古队华县队：《陕西华县柳子镇第二次发掘的主要收获》，《考古》1959 年第 11 期。

②　杨建芳：《庙底沟仰韶遗址彩陶纹饰的分析》，《考古》1961 年第 5 期。

③　严文明：《论庙底沟仰韶文化的分期》，《考古学报》1965 年第 2 期。

据器形的横联，扩充了位于层位关系各阶段的遗存内涵，得出庙底沟遗址庙底沟文化二期三段的分期方案。其方法固然是考古学文化分期的经典方法，但不可否认的是，"1956 年庙底沟"发掘资料中的可用层位关系，并不具有同重唇口尖底瓶一样的分期标尺意义。就在"2002 年庙底沟"灰坑 H9 的发掘资料中，分别属于严文明所分庙底沟文化第一期和第二期的彩陶器共出，则意味着严文明的"二期三段"方案，可能基于更小的时间刻度。

"1997 年泉护村"的庙底沟文化分期，与《华县泉护村》的"三期说"完全一致。而庙底沟遗址的两次发掘资料中，缺乏可用的层位关系、缺少具有分期标尺意义的重唇口尖底瓶，但却发表有大量的彩陶器，多种彩陶器形与图案，均可与泉护村遗址出土者直接类比，以判断期别。"2002 年庙底沟"出土的大量彩陶，在《选粹》中正是按照"三期四段"的分期方案从早到晚依次排列的，尽管不知其中第二期的Ⅰ、Ⅱ两段划分依据为何，但是三期遗存各自包含的彩陶器特征，可与泉护村遗址的三期一一对应。

因此，本文关于庙底沟文化的分期，即以《华县泉护村》报告提供的"三期说"为准。

## 二　泉护村、庙底沟遗址的彩陶遗存分析

### （一）泉护村遗址

1. 彩陶图案的风格类型与图案种类命名

综合"1958 年泉护村"与"1997 年泉护村"的彩陶遗存，包含主要的图案风格有 A 型"几何风格"和 B 型"图像风格"。A 型以 Ab 型"弧线几何纹风格"为主，Aa 型"直线几何纹风格"、Ac 型"圆点风格"为辅。Ab 型中，Ab3 型"组合弧线纹风格"、Ab4 型"弧边三角风格"大量流行。B 型中，不见明确具有 Ba 型"符号风格"的图案，多见 Bb 型"象形风格"的图案。具体种类如下。

Aa1 型"线纹风格"：网格纹、席纹、平行线纹。

Ab2 型"小半圆弧风格"："弯月形"底纹、叠弧纹。

Ab3 型"组合弧线纹风格"："勾连形"纹、"西阴纹"。

Ab4 型"弧边三角风格"："工"字形间隔纹、"花瓣形"底纹。

Ac 型"圆点风格"：圆点纹、"靶心纹"、底纹内组合纹。

Bb 型"象形风格"：鱼纹、鸟纹、"抽象鸟纹"、蛙纹。

由于庙底沟文化大量的 Ab3 型、Ab4 型图案中组合了多种图案元素，使得其单体图案的特征难以做到即简单概括、又体现区别。因此，对于这些图案的命名，有必要事先规定。

（1）"蔷薇科图案"与"菊科图案"

"蔷薇科图案"与"菊科图案"属于 Ab3 型"组合弧线纹风格"的"勾连形"纹，单体图案中包含圆点、弧边三角、弯钩、斜线段等多种元素。苏秉琦《关于仰韶文化的若干问题》[①] 一文，将泉护村遗址彩陶中复杂的"勾连形"图案，区分为"蔷薇科图案"与"菊科图案"两类的做法，对于庙底沟文化彩陶图案分类研究具有重大的意义。事实上，这两类图案属于"几何风格"图案，是否分别具有象征"蔷薇科"和"菊科"花卉实体的意义，如今已无从证明。但两者在表现形式上存在的区别，不可磨灭。统称为"勾连形"图案，则无法体现其中区别。因此，本文沿用苏秉琦对这两种图案的命名。

这两种图案的具体表现繁简不一，在基础单体图案中，时常嵌入有属于其他风格的单体图案，甚至有嵌入的图案置换了原单体图案局部的现象，如图 2.42。另有一些图案，兼有"蔷薇科图案"与"菊科图案"的特征，则命名为"复合花卉图案"，详见下文。

（2）"西阴纹"（如图 2.43）

"西阴纹"的单体图案中组合了线段、半圆弧、圆点、弧边直角或弯钩等多种元素。这一名称沿用的是李济发掘西阴村时，以遗址地点对这类图案的命名[②]。

（3）"工"字形间隔纹（如图 2.43）

"工"字形间隔纹的单体图案，通常是由上下对顶的两个弧边三角组成的，单体的二方连续形成了一系列类似圆形"开光"的底纹。底纹中多嵌入有 Ac 型"圆形底纹内组合纹"。

---

① 苏秉琦：《关于仰韶文化的若干问题》，《考古学报》1965 年第 1 期。

② 李济：《西阴村史前的遗存》，《李济文集·卷二》。

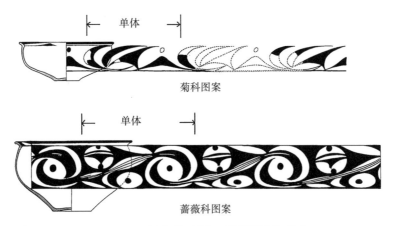

图 2.42　"蔷薇科图案""菊科图案"示意

（4）"花瓣形"底纹（如图 2.43）

"花瓣形"底纹根据饱满程度的不同，在一个从窄长条"叶形"到"圆形"的区间内浮动。由于其均为弧边三角对合而成的，因此给予统一的命名。

（5）底纹内组合纹（如图 2.43）

"底纹内组合纹"包含多种常见的单体图案，通常嵌入"圆形底纹""花瓣形底纹"或"不规则形底纹"中使用。主要由圆点、短线、弧边三角中的一种或多种元素组合而成。由于其多种单体基本包含圆点，因而视作具有"圆点风格"的图案。

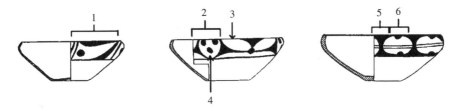

图 2.43　其他图案示意

1. "西阴纹"　　2、3. "花瓣形"底纹　　4、6. "底纹内组合纹"　　5. "工"字形间隔纹

2. 彩陶图案的演变

根据泉护村遗址庙底沟文化的分期，第一至三期遗存中，明显具有演变关系的同类图案有"蔷薇科图案""菊科图案"和鸟纹。除了少量直接的层位关系外，还有载体器形的演变和明确的期别归属，可作为探讨图案演变的依据。

（1）"蔷薇科图案"的演变

此类图案的标本，主要见于"1997 年泉护村"的资料中。图案复杂而又遵循一定的布局程式，显然并非一挥而就的作品。由于其单体跨度长，有必要选取展开图较完整的标本，研究其单体的各部分组成。H28：29、H66：3、H125：2 三件标本的图案规整，并不存在信手拈来的"即兴"之笔，应为此类图案中具有"范式"意义的标本。

关于此类图案的解析，早在苏秉琦区分出此类图案中"蕾""单/双瓣花朵""双叶"这几部分时，就指出了其中存在阴阳纹配合的情况。在苏秉琦的解析中，"蕾"和"单/双瓣花朵"是阴阳纹结合构成的实体图案，而"双叶"是阴纹实体图案。张朋川的《中国彩陶图谱》① 在讨论彩陶图案中形式法则运用的时候，提到了"阴阳双关纹"，也是指的"蔷薇科图案"。王仁湘注意到了在"阴阳双关纹"图案中，有些图案的阴纹部分其实能够呈现更为明确的图像，便称其为"地纹彩陶"②，"蔷薇科图案"即为"地纹彩陶"之一。由此可见，尽管学者们的见解并不完全统一，但对于解读"蔷薇科图案"，有必要从阴阳纹两方面分析其图案实体的认识是一致的。然而，无论是从阴纹、阳纹，或结合阴阳纹来分析图案实体，都未必能得到对于图案实体所表达意义的正确认识。

因此，本文仅选取便于观察和描述其变化的角度。为避免"阴阳"的提法本身具有"双关"的效果，而采用"实彩"与"底纹"以示区别。以上述三件标本为例，可以肯定的是圆点及"底纹内组合纹"表达的图案为实彩本身。比较其余"实彩"和"底纹"各自组成的图形，实彩图案主要是连续的弧边三角与圆弧弯钩，虽以一定的组合排列，但给人杂乱无章的观感。如果这些实彩图案表达某一种实体图案的话，其形式的构建是无法想象的。相反，以底纹观之，王仁湘称为"旋纹"的结构，轮廓清晰，种类分明，排列有序。

H28：29 的单体图案由 a、b 两个底纹的"单旋"水平并列而成，形态大同小异，互为颠倒。两个"单旋"间夹有一个类似"Z"形的底纹结构（阴影部分），并以圆点 a′、b′分别联结两个"单旋"。

H66：3 的图案与 H28：29 较为接近。原来的 a、b"单旋"在单体中的左下角与右上角位置，相互呼应，"Z"形的底纹结构增加一个"花瓣形"而得以伸长，"Z"

---

① 张朋川：《中国彩陶图谱》。

② 王仁湘：《中国史前彩陶地纹辨识》，《中国史前考古论集》。

形中部圆弧处增加一个"单旋"，形成"双旋"结构 c。伸长的"Z"形新增了圆点 a″、b″，仍分别联结 a、b 两个"单旋"。a′a″与前一个单体的 b′b″，或 b′b″与后一个单体的 a′a″的串连线，即为图案中横"S"形穿插线结构。

H125：2 的图案与 H66：3 相似，其中以一个"底纹内组合纹"置换了"单旋"结构 b。

这三件标本均属于第一期遗存，且没有层位关系证明其相对年代早晚。但从曲腹盆的曲腹程度逐渐变大、器腹逐渐变深的形态演变角度看，属于浅腹曲腹盆的 H28 应早于 H66，而属于深腹曲腹盆的 H125 应为同类中的较早形态。从图案发展的逻辑顺序看，如此复杂的图案，是极有可能经历由简渐繁的发展过程。因而，本文根据 H28：29、H66：3、H125：2 三者逐渐复杂的趋势，将其分别定为"蔷薇科图案"的"泉Ⅰ、泉Ⅱ、泉Ⅲ式"。

第二期遗存中，装饰此类图案的彩陶盆，部分地沿用了较浅的曲腹盆形，但出现了大量腹部较深、曲腹程度较大的形态，如 H87：59、H107④a：92。两者所饰"蔷薇科图案"更为复杂，在原有的单体图案基础上，嵌入了更多形式不一的"底纹内组合纹"，呈现一派"花繁锦簇"的图案效果。因此，本文将 H87：59、H107④a：92 的图案定为"泉Ⅳ式"。

第三期遗存中，曲腹盆形更趋修长，"蔷薇科图案"高度精简。如 H133：63，所饰图案可能表现了"双旋"结构，但已完全失去了基本单体图案的程式。本文将其定为"泉Ⅴ式"。据此推测，1958 年 H342：02、1958 年 H115：01 的图案，可能也是由"蔷薇科图案"退化所至。

综上，"蔷薇科图案"的演变进程应为逐渐复杂又骤然简化，如图 2.44。图案的成熟早在第一期时便已完成。H28 中的彩陶盆标本显示出泉Ⅰ式图案与泉Ⅱ、泉Ⅲ式中的某一种共存，说明了繁简程度不同的"蔷薇科图案"，均是第一期时的通行图案。同时，在泉护村遗址两批资料的第一期遗存中，还都见到了泉Ⅱ式"蔷薇科图案"的一种镜像图案，如 1958 年 H1078：867、1997 年 H28：149、1997 年 H53：10 等，其中，横"S"形穿插线的倾斜方向为 H66：3 的反向。至第二期，图案复杂化的同时，还与"菊科图案"发生交叉，产生了"复合花卉图案"，如 1959 年 H224：501、1997 年 H107②：65。此外，还新出现了饰有类似这种"复合花卉图案"的敛

口鼓肩曲腹钵，如 H107③a：82，其图案布局与白衣黑红复彩的使用，与庙底沟文化
彩陶传统有异，而与大汶口文化的早期彩陶相似。至于第三期时精简的泉Ⅴ式图案，
是否本自"蔷薇科图案"则需具体分析。1958 年 H115：01、1997 年 H133：63 这类尚
有对称旋臂结构的图案，源于"蔷薇科图案"的可能较大，而 1958 年 H342：02 这种仅
有圆点的图案，可归为 Ac 型"圆点风格"的"圆点纹"图案中，可能是由"蔷薇科图
案"或"菊科图案"退化而来，但不能排除其本身即为"圆点纹"的可能性。

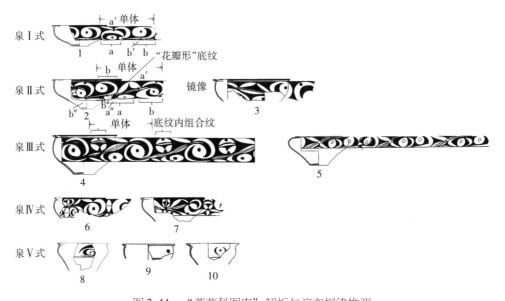

图 2.44　"蔷薇科图案"解析与演变规律推测

1. 1997 年 H28：29　2. 1997 年 H66：3　3. 1997 年 H28：149　4. 1997 年 H125：2　5. 1997 年 H107③a：82
6. 1997 年 H87：59　7. 1997 年 H107④a：92　8. 1997 年 H133：63　8. 1958 年 H342：02
10. 1958 年 H115：01

（2）"菊科图案"的演变

相对于"蔷薇科图案"的底纹"单/双旋"结构而言，"菊科图案"可以视为以
实彩表现实体的图案。

第一期遗存中，典型标本有 1958 年 H5：192、1997 年 H4：20、1997 年 H28：30
等，均为浅弧腹的盆形，与 H28：29 相似。以 1997 年 H4：20 的展开图为例，单体图
案包含 a、b 两部分，不具备"蔷薇科图案"那种对称意味的布局。a 为两道弯钩与
一个弧边三角对合而成的"旋纹"，暂且称其为"对旋"结构以示区别。b 为由圆点
与拱形弯弧组合的"底纹内组合纹"。实彩笔道饱满而紧凑，"对旋"中心小，未见

圆点。1958 年 H5：192 残存图案与此相似，"对旋"中心可见圆点。

第二期遗存中，"菊科图案"的标本极其丰富，表现形式比较多样。典型标本有 1958 年 H205：01、1997 年 H118⑤：4、1997 年 H86：8、1997 年 H164：5 等，盆腹渐深，曲腹较甚。实彩布局的紧凑程度降低，笔道间距离拉大，弯钩、弯弧等元素出棱角。1997 年 H118⑤：4、1997 年 H86：8 的 b 部分 "拱形弯弧"已演变为弧边三角。前者的单体图案，在原来的 a、b 部分之间嵌入了一个"单旋"，旋心处的圆点置换为"底纹内组合纹"；后者的 a、b 部分之间不仅嵌入了一个"单旋"，且另有一个"底纹内组合纹"，且不同单体中嵌入的"底纹内组合纹"组合方式不一。1997 年 H164：5、1958 年 H205：01 的 b 部分"拱形圆弧"已演变为"人"字形纹，"对旋"的旋心更加松散。

1997 年 H107 中的两件标本 H107③b：83、H107③b：64 较前述标本的盆形，曲腹程度更大，所饰"菊科图案"更加松散，b 部分"拱形弯弧"时有省略。共存的 H107：1 则有一个单体与 1958 年 H14：01 可见单体相似，笔道短促，"勾连"式的风格不再。

第三期遗存中，典型标本有 1958 年 H22：02、1997 年 H162：6，两者盆腹更深，与泉 V 式"蔷薇科图案"彩陶盆器形接近。1958 年 H22：02 所饰图案，似从"菊科图案"中保留下来的弯钩。1997 年 H162：6 所饰"力"字形图案，则明显具有原来"对旋"结构中对合弧边的意味。

根据"菊科图案"纵贯三期的发展趋势，可以认为其演变经历了逐渐复杂又逐渐简化的过程，如图 2.45。据此，本文将 1958 年 H5：192、1997 年 H4：20 等图案定为"泉 I 式"，1997 年 H118⑤：4、1997 年 H86：8 的图案定为"泉 II 式"，1997 年 H164：5、1958 年 H205：01 的图案定为"泉 III 式"，1997 年 H107③b：83、1958 年 H14：01 等图案定为"泉 IV 式"，1958 年 H22：02、1997 年 H162：6 的图案定为"泉 V 式"。

综合其它遗迹单位内出土资料情况，第一期"菊科图案"以泉 I 式为主，并出现个别泉 II 式标本，如 1958 年 H351：01、1997 年 H38：9。第二期时，泉 II、泉 III、泉 IV 式多有共存，未见可印证三者相对年代早晚的层位关系，暂时可认为三者为第二期时的通行图案。第三期的泉 V 式图案，精简程度与"蔷薇科图案"接近。

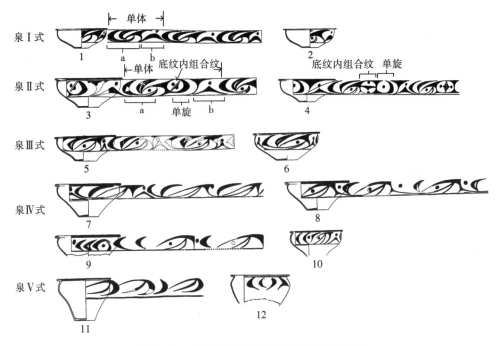

图2.45　"菊科图案"解析与演变规律推测

1.1997年 H4：20　2.1958年 H5：192　3.1997年 H118⑤：4　4.1997年 H86：8　5.1997年 H164：5
6.1958年 H205：01　7. H107③b：83　8. H107③b：64　9.1997年 H107：1　10.1958年 H14：01
11.1997年 H162：6　12.1958年 H22：02

（3）"复合花卉图案"的演变

关于1959年 H224：501、1997年 H107②：65的"复合花卉图案"，以后者的展开图为例。单体图案为泉Ⅱ式"菊科图案"的一个单体，包含"对旋"、圆形内的"底纹内组合纹"、不规则形内的"底纹内组合纹"三部分，但在图案布局中引入了"蔷薇科图案"的穿插线结构，省略了"菊科图案"的两个弯钩。

由于两件载体的器形，已接近第三期的深腹曲腹盆形态，则可视作第二期最晚阶段的标本。但在第二期中，形态较早的"蔷薇科图案"彩陶盆上，"菊科图案"的 b 部分"底纹内组合纹"就已作为嵌入图案，嵌入了泉Ⅱ式"蔷薇科图案"中，如1997年 H130：20；同理，在形态跨越第一、第二期的"菊科图案"彩陶盆上，"蔷薇科图案"中的"单旋"结构也已作为嵌入图案，嵌入了泉Ⅱ式"菊科图案"中，如1997年 H38：9、1997年 H118⑤：4。由此可见，"菊科图案"与"蔷薇科图案"的交叉在第一、二期之交即已发生，至第二期最晚阶段形成了1997年 H107②：65图案中的形式。

据此，本文将 1997 年 H130∶20 等的图案定为"泉Ⅰ式"，1997 年 H107②∶65
的图案定为"泉Ⅱ式"，如图 2.46。其中泉Ⅰ式是"复合花卉图案"的萌芽，具体
图案仍寓于"蔷薇科图案"或"菊科图案"的序列中；泉Ⅱ式的复合方式，是将
"菊科图案"的单体置于"蔷薇科图案"的穿插斜线间。

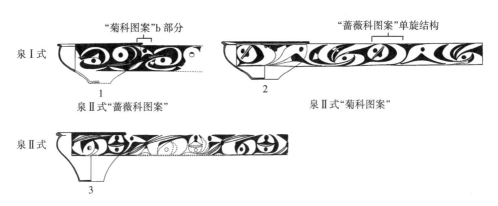

图 2.46　　"复合花卉图案"的演变规律推测
1. 1997 年 H130∶20　2. 1997 年 H118⑤∶4　3. 1997 年 H107②∶65

（4）鸟纹的演变

1958 年 H163→H165 这组层位关系中共发表四件彩陶器：H165∶402 为彩陶盆，
残存右侧的侧视鸟纹，描绘细致，留有阴文的眼睛，并画出微微张开的嘴；H163∶
08 为彩陶钵，倘若将其图案理解为鸟纹的话，也应为右侧的侧视鸟纹，极其抽象；
H163∶01 为彩陶钵，与 H163∶08 一样抽象，从残存图案推测，应为同一种图案的连
续，其中心椭圆点两侧均有向外延伸的曲线，左侧为双线，右侧为三线，如果这也
是抽象鸟纹的一种，则可以理解为正视的不对称鸟纹；H163∶02 为彩陶钵，连续的
单体图案间以圆点作为间隔，单体图案为轴对称，如果也从鸟纹的方向去考虑，可
称为正视的对称鸟纹。

比较 H165 与 H163 的彩陶图案，最明显的差异在于 H165∶402 禽鸟类特征明显，
而 H163 的三件标本图案比较抽象，不具有直观的禽鸟类特征，如图 2.47。暂且称之
为"抽象鸟纹"。由于 H163 属于第三期单位，H165 属于第一期单位，可以理解为从
具象鸟纹向抽象鸟纹的演变。

综合泉护村遗址更多的鸟纹图案，可见更为明确的演变序列。

第一期者，暂时仅见 1958 年 H165∶402 彩陶盆残片，具体器形不详，鸟纹图案

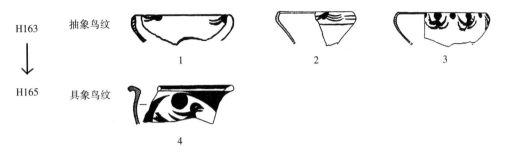

H163 抽象鸟纹

1    2    3

H165 具象鸟纹

4

图 2.47   1958 年 H163→H165
1. H163：08   2. H163：01   3. H163：02   4. H165：402

在泉护村遗址中最为具体。对比同期彩陶盆标本 1997 年 H38：9，两者曲腹程度大致
接近。1958 年 H165：402 的鸟纹，绘于圆形底纹内，置换了 1997 年 H38：9"底纹内
组合纹"中的弧边三角和弧线，而保留了组合纹中的圆点，如图 2.48。因此，至少
在庙底沟文化第一期时，侧视的具象鸟纹与"底纹内组合纹"中的弧边三角纹，可
能表示了相当的意义。本文将其定为"泉 I 式"。

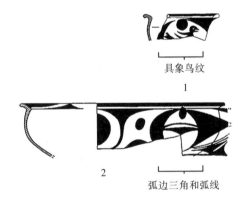

具象鸟纹

1

弧边三角和弧线

2

图 2.48   1958 年 H165：402、1997 年 H38：9 图案对比
1. 1958 年 H165：402   2. 1997 年 H38：9

第二期遗存中鸟纹大量出现，如 1958 年 H245：01，为彩陶盆残片，器形不详，
鸟纹亦为"圆形底纹"中的嵌入图案，具象程度与"泉 I 式"一致。1958 年 H14：
180、1997 年 H46④：101 为彩陶钵，曲腹程度大，所饰均为侧视的具象鸟纹，脱离
"圆形底纹"，直接用作单独图案。本文将其定为"泉 II 式"。

第三期遗存中，侧视鸟纹继续保持其具象形态，同时出现的侧视抽象鸟纹有明
显简化自具象鸟纹的迹象。如 1997 年 H141：9 腹部变深、器形修长，为曲腹盆的最

晚形态，在三个连续的单体图案中，最右侧为一侧视具象鸟纹，左侧两个"勿"字形单体的勾画方式，明显模仿了前方鸟纹的体态。本文将其定为"泉Ⅲ式"。类似者有斜腹钵1997年H134：12。曲腹盆1958年H22：03的形态与1997年H141：9接近，所饰图案似躯干简化成直线的鸟纹，亦可视作侧视抽象鸟纹的一种。

　　然而，更多的抽象图案可能与鸟纹有关，如图2.49。假设可见的单体中包含了单鸟、双鸟及多鸟的形象：单鸟可分为左侧仰身（1997年H89：1）、左侧俯身（1997年H9②：114）与正面展翅（1958年H163：01）；双鸟可分为尾部相对的左右仰身（1958年H1052：02）、头部相对的左右仰身（1997年H22：9、1958年H1019：02）等；多鸟则形态不一（1958年H22：01）。此外，可能另有以鸟的局部代替整鸟的抽象化方法，如鸟羽纹（1958年H1026：08）、鸟爪纹（1958年H193：01）、鸟尾纹与"鸟卵形"纹（1997年H77：26、1958年H1060：372）等。由于未见可与这些图案类比的具象形象，则无法证明这些图案一定本自鸟纹。因此，无法根据鸟纹的演变逻辑将其定式，暂时单列为"抽象鸟纹"以概括这类图案。

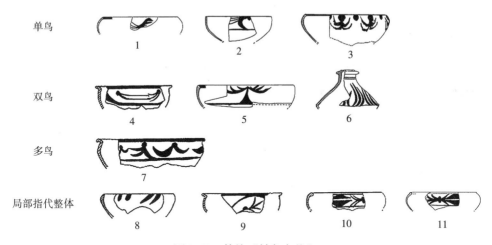

图2.49　其他"抽象鸟纹"

1. 1997年H89：1　2. 1997年H9②：114　3. 1958年H163：01　4. 1958年H1052：02
5. 1997年H22：9　6. 1958年H1019：02　7. 1958年H22：01　8. 1958年H1026：08
9. 1958年H193：01　10. 1958年H1060：372　11. 1997年H77：26

　　综上，鸟纹演变的主线，应是侧视的具象鸟纹从嵌入图案中独立，发展为一类单独的鸟纹形象，并在较长的时期中保持着具体的形象，如图2.50。直至第三期，在使用具象鸟纹的同时，出现了简化程度较大的鸟纹，并突然涌现出一批可能与鸟有关的"抽象鸟纹"。

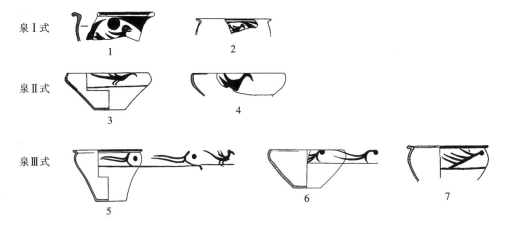

图 2.50  鸟纹的演变规律推测
1. 1958 年 H165：402  2. 1958 年 H245：01  3. 1958 年 H14：180  4. 1997 年 H46④：101
5. 1997 年 H141：9  6. 1997 年 H134：12  7. 1958 年 H22：03

（5）"西阴纹"的演变

泉护村遗址的"西阴纹"标本在三期遗存中均有发现。图案具有一定的程式，但在细节上表现出多方面的差异，如图 2.51。通过 1997 年泉护村资料中，H141→H47、H67→H87、H108→H117、H109→H118→H105 四组涉及"西阴纹"彩陶钵的层位关系，也无法明确何种差异可能存在式别关系。

在 H141→H47 这组第三期单位打破第一期单位的层位关系中，两者各出彩陶钵一件。H141：47 为典型的"西阴纹"，单体图案间以双短线间隔，下行图案为弧边

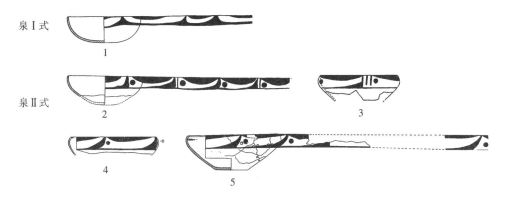

图 2.51  "西阴纹"的演变规律推测
1. 1997 年 H47：14  2. 1997 年 H4：26  3. 1997 年 H141：47  4. H67：11  5. H118②：24

直角。H47：14 的图案不甚规整，上行的半圆弧纹长短不一，下行不见依次排列的弯钩或弧边直角，而是一行相连的弧边三角，中部底纹亦未见圆点。然而，上下行图案的配合方式，并不是随意的，其形成的底纹为不规则的"船形"，在庙底沟文化彩陶图案中，只有"西阴纹"的底纹与之类似。如果将 H47：14 的图案视作"西阴纹"的雏形，则其应处于"西阴纹"中常见单体尚未形成的阶段。因此，本文将 H47：14 的图案定为"泉 I 式"。

第二期遗存中包含大量的"西阴纹"标本。如 H141：47，下行图案为弧边直角；如 H67：11、H118②：24 等，下行图案为弯钩。在无法明确两者是否存在年代早晚的情况下，暂且合并为"泉 II 式"。

同属第一期的 H4：26、H108：65、H117：13 等，所饰"西阴纹"的各细节特征已接近第三期标本 H141：47，表明第一期时"西阴纹"就已发展成熟。第二期时，图案呈现多样化的发展方向。至第三期时，标本较少见，可能是由于已过了流行时期，图案式样未见有进一步演变的进程。

3. 各期彩陶图案特点（如图 2.52）

（1）第一期，除了可见发展成熟的"蔷薇科图案""西阴纹"图案、刚开始流行的"菊科图案"、个别侧视的具象鸟纹外，其余图案典型的彩陶标本举例如下。

1997 年 H30：1 彩陶钵，所饰网格纹图案属于 Aa1 型"线纹风格"，其网格纹并非环绕周身，而有间断。此钵为直口、上腹部较直、下腹向内折曲的形态，在泉护村遗址中较少见。

1997 年 H28：158 彩陶器盖，所饰双行"弯月形"底纹属于 Ab2 型"小半圆弧风格"。上行的三个"弯月形"单体内各点缀一圆点。

1958 年 H123：01、1997 年 H28：39、1997 年 H165：3，所示"花瓣形"底纹，属于 Ab4 型"弧边三角风格"。1958 年 H123：01 敛口斜腹钵，为"单瓣式"二方连续，底纹中嵌入了"线穿圆点"式的"底纹内组合纹"，表现出一种类似"叶脉"或"豆荚状"的图案效果；1997 年 H28：39 为直口折曲腹钵，底纹呈"四瓣式"花朵形；1997 年 H165：3 为器盖，底纹呈现借瓣的"四瓣式"花朵形，盖面图案整体感强。

1997 年 H28：20，可见单独一圆点，属于 Ac 型"圆点风格"中大间隔圆点纹；1958 年 H351：01 内一嵌入的"底纹内组合纹"较特殊，为"井"字形界隔中间隔

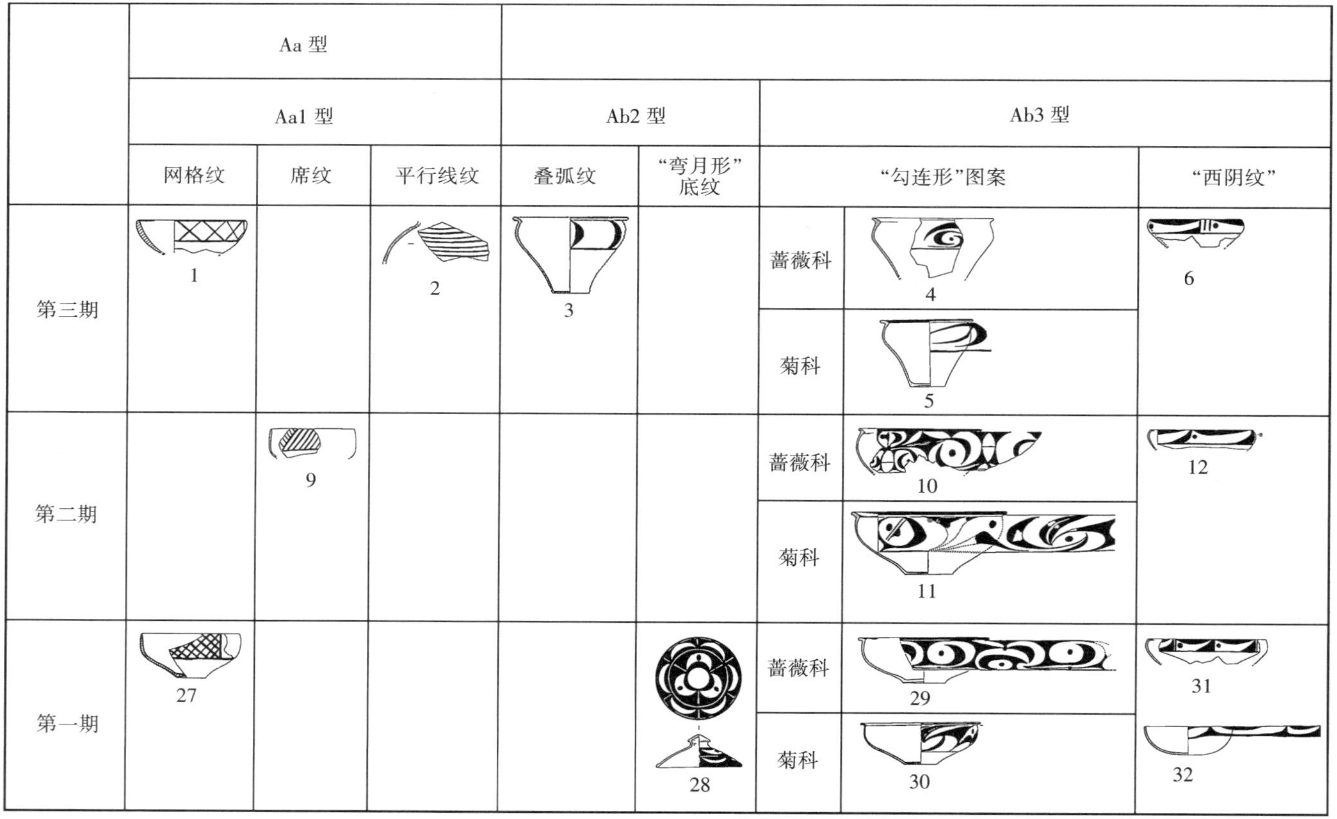

图 2.52a　泉护村遗址庙底沟文化各期彩陶风格类型与图案举例

1. 1997 年 H17：20　2. 1958 年 H1052：06　3. 1958 年 H1127：871　4. 1997 年 H133：63　5. 1997 年 H162：6　6. 1997 年 H141：47　7. 1958 年 H22：07
8. 1997 年 H141：9　9. 1997 年 H67：3　10. 1997 年 H87：59　11. 1997 年 H118⑤：4　12. 1997 年 H67：11　13. 1958 年 H178：01　14. 1997 年 H118⑥：9
15. 1997 年 H107②b：68　16. 1958 年 H19：03　17. 1997 年 H61：03　18. 1997 年 H8②：3　19. 1958 年 H14：180　20. 1997 年 H105④：5　21. 1958 年 H224：502
22. 1997 年 H105③：65　23. 1958 年 H1008：02　24. 1997 年 H71：3　25. 1997 年 H164：9　26. 1997 年 H46④：101　27. 1997 年 H30：1　28. 1997 年 H28：158
29. 1997 年 H28：29　30. 1997 年 H4：20　31. 1997 年 H117：13　32. 1958 年 H47：14　33. 1958 年 H123：01　34. 1997 年 H28：39　35. 1997 年 H165：3
36. 1997 年 H28：20　37. 1958 年 H351：01　38. 1958 年 H165：402　39. 1997 年 H28：32　40. 1958 年 H211：02　41. 1997 年 H88：5

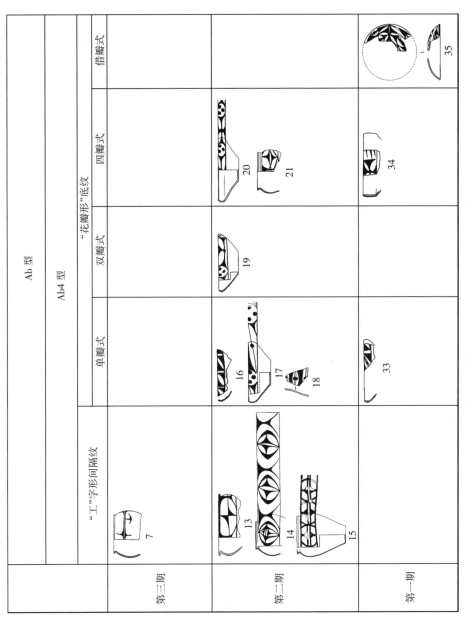

图 2.52b

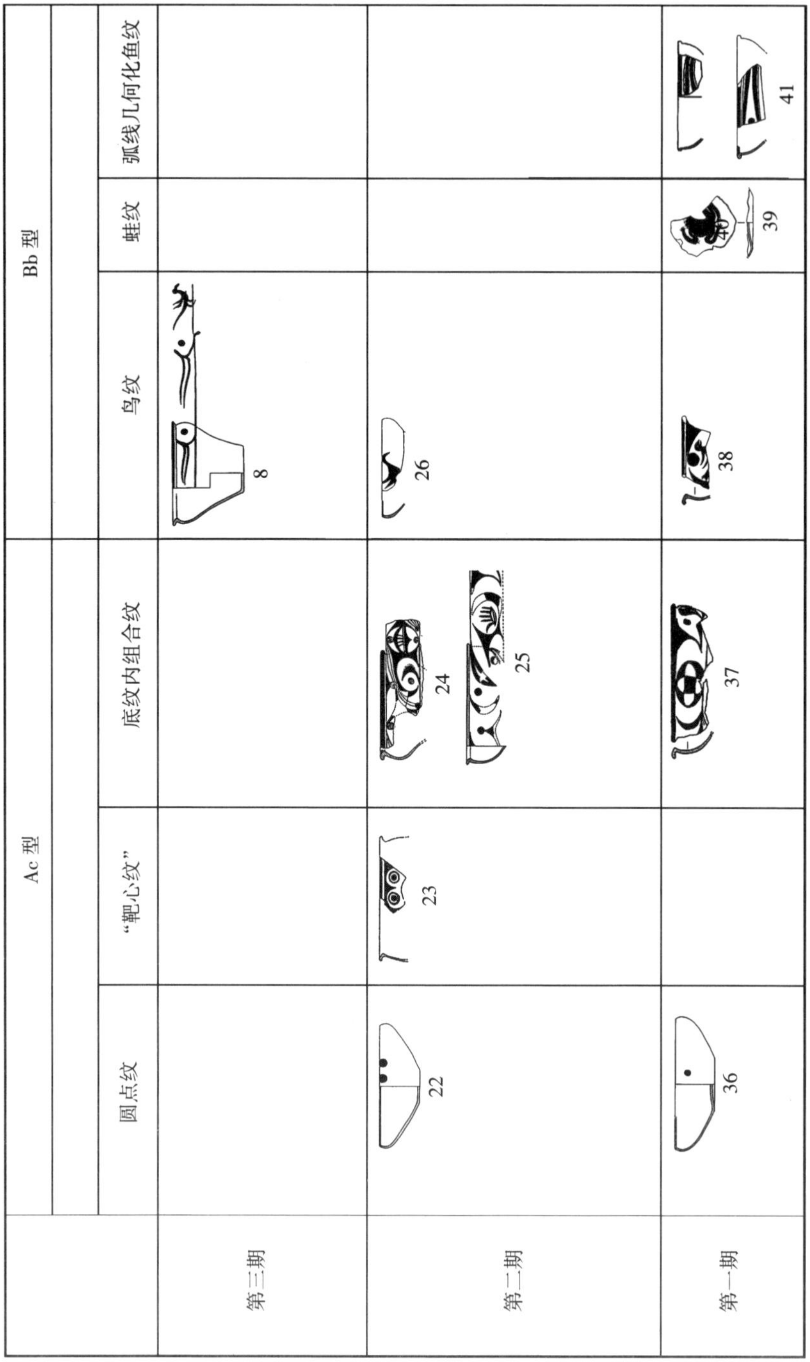

| | Ac 型 | | | Bb 型 | | |
|---|---|---|---|---|---|---|
| | 圆点纹 | "靶心纹" | 底纹内组合纹 | 鸟纹 | 蛙纹 | 弧线几何化鱼纹 |
| 第三期 | 22 | 23 | 24 | 8 | | |
| 第二期 | | | 25 | 26 | | |
| 第一期 | 36 | | 37 | 38 | 39 40 | 41 |

图 2.52c

填实的图案。

1997 年 H28：32 应为一盆底残片，所饰蛙纹图案，属于 Bb 型"象形风格"。蛙纹全身均以实彩表示。内彩标本在庙底沟文化彩陶中十分罕见。

1958 年 H211：02、1997 年 H88：5，所饰弧线几何化鱼纹，属于 Bb 型"象形风格"中，鱼纹几何化程度较高的形态。

（2）第二期，除了继续发展的"蔷薇科图案""菊科图案""西阴纹"、鸟纹等图案外，以 Ab4 型"弧边三角风格"的"花瓣形"底纹和"工"字形间隔纹最具代表性。

"花瓣形"底纹多装饰敛口钵。如 1958 年 H19：03，为最基本的"单瓣式"二方连续；1997 年 H61：5、1958 年 H14：180、1997 年 H105④：5 则依次为"单瓣式""双瓣式""四瓣式"，单体间的圆形底纹中嵌入 Ac 型风格的"∴"形组合圆点纹；1958 年 H224：502 为"四瓣式"形成的"铜钱形"图案。少量见于长颈类器物颈部，如 1997 年 H8②：3，可见横置的"花瓣形"底纹，嵌入"线穿圆点"式的"底纹内组合纹"。

"工"字形间隔纹：如 1997 年 H118⑥：9、1958 年 H178：01 等，间隔处的底纹内嵌入弧边三角为主的"底纹内组合纹"；亦有"工"字形内未填实彩者，如 1997 年 H107②b：68，间隔处嵌入圆点与弧边三角的"底纹内组合纹"。

其他特殊图案如下。

1997 年 H71：3"蔷薇科图案"、1997 年 H164：9"菊科图案"中各有一嵌入的"底纹内组合纹"，描绘了类似"睫毛"的形象。前者与圆点、弧边三角组合，后者与一"闭眼形"图案组合，更为形象。

1958 年 H14：03、1958 年 H122：212、1958 年 H1008：02 中残见类似 Ac 型风格的"靶心纹"的图案。

1997 年 H67：3 为直口折曲腹钵，所饰图案为反向交错细线组合成的"席纹"，属于 Aa1 型"线纹风格"。

（3）第三期，随着"蔷薇科图案""菊科图案"、鸟纹等图案的简化，其他图案可能亦呈简化趋势。至于各类图案的简化形式与母本图案间的对应关系，难以还原。如 1958 年 H22：07 的正倒弧边三角，可能简化自"工"字形间隔纹；1958 年 H1127：871 的大间隔弯弧纹，可视作 Ab2 型风格的"叠弧纹"，亦可能简化自"菊科图案"；如

1997 年 H17∶20 为交叉线组成的宽大网状结构，可能简化自网格纹。

### （二）庙底沟遗址

1. 彩陶图案的风格类型与图案种类命名

综合"1956 年庙底沟"与"2002 年庙底沟"的彩陶遗存，包含的主要图案风格与泉护村遗址相似，有 A 型"几何风格"和 B 型"图像风格"。具体图案种类较泉护村遗址丰富，如下。

Aa1 型"线纹风格"：网格纹、平行线纹。

Aa2 型"直边三角风格"：对顶实彩三角纹。

Ab1 型"线纹风格"：对合绞弧纹、绞索纹。

Ab2 型"小半圆弧风格"：间隔叠弧纹。

Ab3 型"组合弧线纹风格"："蔷薇科图案""菊科图案""复合花卉图案""西阴纹""类西阴纹"。

Ab4 型"弧边三角风格"："工"字形间隔纹、"花瓣形"底纹。

Ac 型"圆点风格"：圆点纹、底纹内组合纹、独立组合纹。

Bb 型"象形风格"：鱼纹、抽象鸟纹、蛙纹。

与泉护村遗址中的同类图案命名，参照上文规定，新增图案命名规定如下。

（1）间隔叠弧纹

由一至数道凸弧纹，与其间隔部的"凸弧状"底纹相叠而成，如图 2.53。其中单道凸弧纹与"菊科图案"中常见的"拱形弯钩"相似，为了突出其所形成的此类图案具有一定的程式，特称之为"凸弧纹"。

（2）"类西阴纹"

庙底沟遗址中，与施用"西阴纹"者器形接近的钵，器表可见一些图案与"西阴纹"享有多种相同元素，并具有与"西阴纹"类似的构图，如图 2.53。为了突出其中可能带有的共性，则将其统一命名为"类西阴纹"。

（3）独立组合纹

基本元素与"底纹内组合纹"相同，多见圆点、线段、弧边三角；用法与"底纹内组合纹"正好相反。由于此类组合图案直接绘于器表，脱离了一定形状的底纹区域，则称之为"独立组合纹"，如图 2.53。

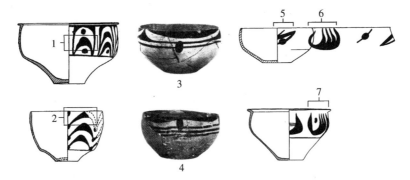

图 2.53　间隔叠弧纹、"类西阴纹"、独立组合纹图案示意
1、2. 间隔叠弧纹中"凸弧纹"　　3、4. "类西阴纹"　　5 - 7. 独立组合纹

2. 彩陶图案的演变

根据庙底沟文化的分期，"1956 年庙底沟"的主体遗存相当于庙底沟文化第二期。本文不再单独分析"1956 年庙底沟"的资料，个别早至第一期，或进入第三期的标本，将在图案演变的讨论中被直接指出。

（1）"蔷薇科图案"的演变

庙底沟遗址中饰有"蔷薇科图案"的器形多为曲腹盆，少量敛口曲腹钵，流行于庙底沟文化第二期遗存中。参照泉护村遗址同类图案的分式，此处未见泉Ⅰ式图案，亦未见明确属于泉Ⅱ式的标本。大量标本相当于泉Ⅲ式，未有明显复杂化的或简化的迹象，如图 2.54。

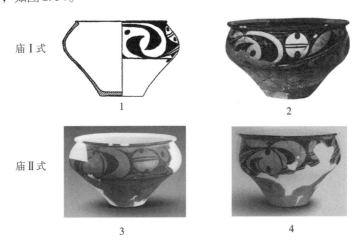

图 2.54　"蔷薇科图案"演变规律推测
1. 1956 年 T68：02　2. 1956 年 H10：131　3. 2002 年 H166：27　4. 2002 年 H812：2

1956 年 T68：02 敛口曲腹钵与 1956 年 H10：131 曲腹盆，除口沿不同外，外形基本一致，所饰图案与泉护村 1997 年 H125：2 相似。2002 年 H166：27、2002 年 H166：28、2002 年 H812：2 所饰图案相同，在泉Ⅲ式的基础上略有改动：穿插线端构成底纹"双旋"结构的弯钩，内侧勾边，似"弓形"；旋心处变为"双圆点纹"。为了体现区别，本文将前者称为"庙Ⅰ式"，后者称为"庙Ⅱ式"。至于两者是否存在相对年代的早晚，暂无层位关系可证。

（2）"菊科图案"的演变

第一期遗存中的"菊科图案"彩陶盆有 1956 年 H379：86、2002 年 H346：1、2002 年 T21⑨：95、2002 年 T17⑧：36 等，器形为浅弧鼓腹，下腹微内曲。所饰图案与泉Ⅰ式"菊科图案"相似。本文称之为"庙Ⅰ式"。

第二期遗存中的"菊科图案"彩陶盆腹部变深，曲腹程度增大，最大腹径上移。如 1956 年 H322：84、2002 年 H901：8、2002 年 H164：15、2002 年 H51：13 等标本，"菊科图案"单体完整，多嵌入"单旋"结构，并可见简洁的穿插斜线，应与泉Ⅱ、泉Ⅲ式相当。其中，有的"对旋"结构下部弯钩为"弓形"，体现出与"庙Ⅱ式""蔷薇科图案"类似的特征。本文统称其为"庙Ⅱ式"。

2002 年 H408：9 的"菊科图案"单体，省略了 b 部分"底纹内组合纹"，其中所有弯钩均为"弓形"，勾连效果明显降低，与泉Ⅳ式相当。本文称之为"庙Ⅲ式"。

第三期遗存中的"菊科图案"彩陶盆，与泉Ⅴ式"菊科图案"者器形相似。如 2002 年 H907：4、2002 年 H111：10，图案明显简化，但简化程度尚不及泉Ⅴ式的 1958 年 H22：02、1997 年 H162：6。而若以 1956 年 H48：107 为"菊科图案"标本，则其简化程度与泉Ⅴ式相当。本文称之为"庙Ⅳ式"。

由此可见，庙底沟遗址的"菊科图案"演变进程与泉护村遗址基本同步，如图 2.55。

（3）"复合花卉图案"的演变

对比 1997 年泉护村遗址的泉Ⅱ式"蔷薇科图案" H66：3，庙底沟 2002 年 H611：1 的可见图案包含其 a、b 两部分，而将原来 c 部分底纹"双旋"结构，置换为"菊科图案"中的实彩"对旋"。总的来说，2002 年 H611：1 中的"蔷薇科图案"部分，具有泉Ⅱ、泉Ⅲ式的特点，"菊科图案"部分亦具有泉Ⅱ、泉Ⅲ式的特

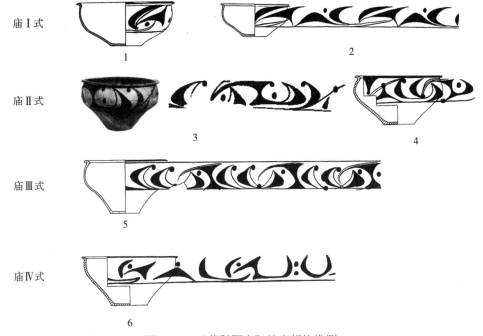

图 2.55　"菊科图案"演变规律推测

1. 1956 年 H379：86　2. 2002 年 T21⑨：95　3. 1956 年 H322：84　4. 2002 年 H901：8　5. 2002 年 H408：9
6. 2002 年 H907：4

点。其器形与泉护村第一期的 1997 年 H125：2 相似，但腹部凸鼓程度已超过口径，与庙底沟遗址中第二期时大量的彩陶盆标本接近。由此，本文将其视作第二期较早阶段标本，定为"庙Ⅰ式"。

第二期标本如 1956 年 H51：53、2002 年 H106：10、2002 年 H477：31、2002 年 H477：51、2002 年 H278：14 等，鼓腹更甚，单体图案为"蔷薇科图案"的底纹"双旋"与"菊科图案"的实彩"对旋"并列，"对旋"中的上部弯钩有所退化，下部弯钩多呈"弓形"。而 2002 年 H278：5 的单体图案复合方式与前述有别，似"蔷薇科图案"的"双旋"与"菊科图案"的两道弯钩并列。本文将其统一定为"庙Ⅱ式"。

第三期遗存中，2002 年 H286：13、2002 年 H29：18 所饰图案可能属于"复合花卉图案"。前者漫漶不清，隐约可见分属"菊科图案"和"蔷薇科图案"的结构。后者与 2002 年 H278：5 的图案结构相似，而"蔷薇科图案"的"双旋"已被省略。本文暂将两者定为"庙Ⅲ式"。

相比泉护村遗址中的"复合花卉图案"，庙底沟遗址的"复合花卉图案"形成更早，且复合方式较泉护村更为典型，如图 2.56。

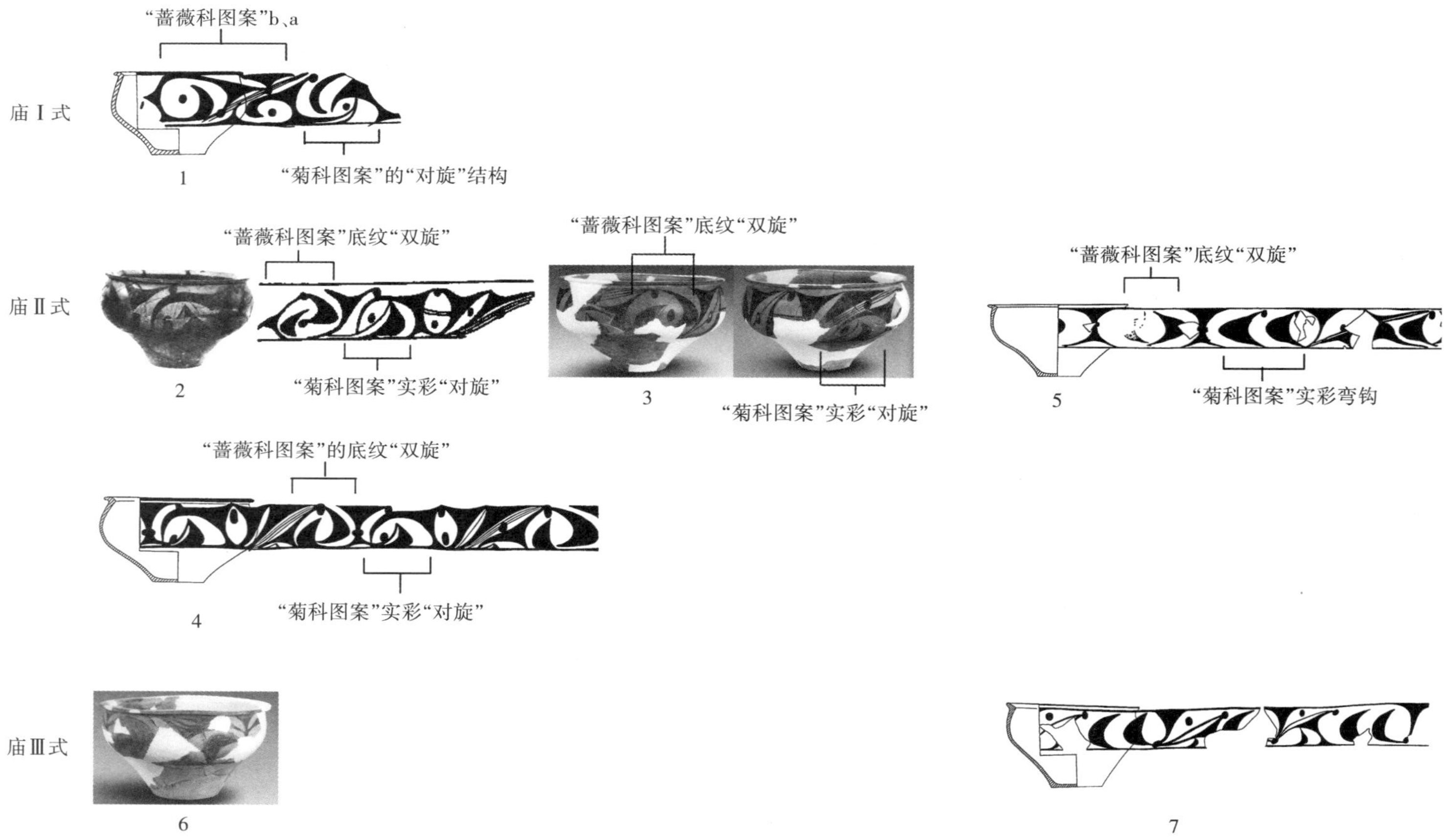

图 2.56    "复合花卉图案"解析与演变规律推测

1. 2002 年 H611：1    2. 1956 年 H51：53    3. 2002 年 H477：51    4. 2002 年 H106：10    5. 2002 年 H278：5    6. 2002 年 H286：13    7. 2002 年 H29：18

（4）"工"字形间隔纹的演变

庙底沟遗址中，"工"字形间隔纹在庙Ⅱ式"复合花卉图案"中被大量使用，通常用以间隔"复合花卉图案"中分属"菊科图案"和"蔷薇科图案"的结构，如图2.57。此类"工"字形间隔纹的上下对顶弧边三角中有一圆点，本文将其称为"庙Ⅰ式"。

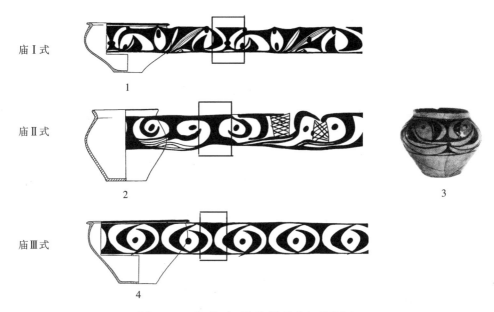

图2.57　"工"字形间隔纹演变规律推测
1. 2002 年 H106：10　2. 2002 年 H9：27　3. 1956 年 H338：36　4. 2002 年 H108：33

第二期的两件彩陶罐，如 2002 年 H9：27、1956 年 H338：36，所饰图案主体亦可见"工"字形间隔纹，两侧的旋纹结构趋同，"工"字形中已无圆点，故称其为"庙Ⅱ式"。

第三期遗存中，2002 年 H108：33 在间隔底纹处嵌入整齐划一的实彩"对旋"，可视作由"庙Ⅱ式"演变而来的"庙Ⅲ式"。

（5）"类西阴纹"的演变

"类西阴纹"亦仅见于彩陶钵，集中见于第二期。根据包含基本元素的不同，可分为两型。A 型包含圆点、小半圆弧、弧边三角、平行线；B 型包含圆点、小半圆弧、双弧线，如图 2.58。

第一期遗存中，2002 年 H43：1 所饰图案由小半圆弧和弧边三角间隔而成，留有

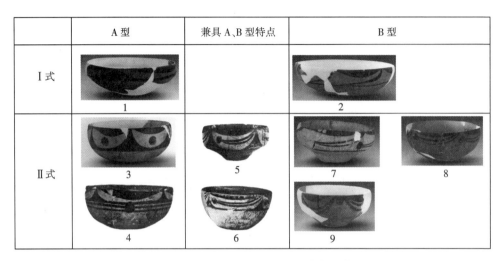

| | A 型 | 兼具 A、B 型特点 | B 型 | |
|---|---|---|---|---|
| I 式 | 1 | | 2 | |
| II 式 | 3<br>4 | 5<br>6 | 7<br>9 | 8 |

图 2.58　"类西阴纹"分型与演变规律推测

1. 2002 年 H43：1　2. 2002 年 T21⑨：79　3. 2002 年 H635：16　4. 1956 年 H12：95　5. 1956 年 H43：40
6. 1956 年 H10：1357　7. 2002 年 H164：25　8. 2002 年 H408：35　9. 2002 年 H477：21

扁"U"字形底纹，可视作 A 型 I 式。2002 年 T21⑨：79 所饰图案由小半圆弧和一道钩形弧线组成，可视作 B 型 I 式。

第二期遗存中，A 型"类西阴纹"图案出现两种变化：其一，为底纹中绘圆点，如 2002 年 H635：16；其二，在弧边三角下方绘平行线，线上绘圆点，如 2002 年 H166：66、1956 年 H12：95 等。两者是否存在相对年代早晚差别，并无层位关系可证。本文将两者统一定为"A 型 II 式"。由于此期流行一类专以圆点或"圆点 + 平行线"为装饰的钵，如 2009 年 H9：16、2002 年 H220：28，则 2002 年 H166：66 等在弧边三角下方施平行线的做法，可能受此影响。B 型"类西阴纹"亦出现两种变化：其一，原弧线变为双弧线，一端饰有圆点，如 2002 年 H164：25、1902 年 H408：35；其二，圆点端上移，至小半圆弧间，呈"垂幔形"，如 2002 年 H477：21。两者是否存在相对年代早晚，亦无层位关系可证。本文将两者统一定为"B 型 II 式"。

个别标本所饰图案，如 1956 年 H10：1357、1956 年 H43：40，介于 A、B 型之间，不再单独定型；此外，庙底沟遗址流行的"西阴纹"图案，也兼有"类西阴纹"A、B 两型的特点，由于其流行程度远高于"类西阴纹"，并与泉护村遗址的"西阴纹"明显呼应，特此视作单独的图案种类。

第三期遗存中不见"类西阴纹"标本。

（6）"西阴纹"的演变

"西阴纹"多施于彩陶钵，少量施于敞口折腹罐，并集中见于第二期遗存中。此处"西阴纹"图案与泉护村所见者有别，其包含基本元素有圆点、小半圆弧、弯钩、双弧线，个别亦包含线段、弧边直角、弧边三角等。为了体现区别，本文将泉护村所见"西阴纹"定为 A 型，庙底沟者定为 B 型，如图 2.59。

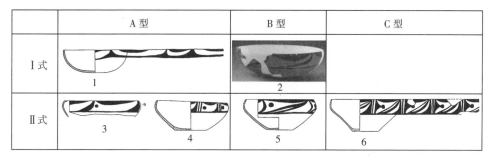

图 2.59　"西阴纹"分型与演变规律推测

1.1997 年 H47∶14　2.2002 年 T21⑨∶79　3.1997 年 H67∶11　4.2002 年 H9∶76　5.2002 年 H9∶12
6.2002 年 H1∶4　　（1、3 为泉护村出土　其余为庙底沟出土）

根据上文对"类西阴纹"的分析，第一期遗存中，"类西阴纹" B 型 I 式浅腹圜底钵 2002 年 T21⑨∶79 所饰弧线，与 B 型"西阴纹"中双弧线走势相同、笔锋一致，较"类西阴纹" A 型 I 式更接近庙底沟遗址"西阴纹"可能的雏形形态。因此，本文亦将 2002 年 T21⑨∶79 视作"西阴纹" B 型 I 式。

第二期遗存中，大量的 B 型"西阴纹"可定为 B 型 II 式，如 2002 年 H9∶12；一件 A 型 II 式标本，如 2002 年 H9∶76；个别兼具 A、B 型特点，如 2002 年 H1∶4，可称其为 C 型。

第三期遗存中不见"西阴纹"标本。

3. 各期彩陶图案特点（如图 2.60）

（1）第一期，彩陶图案中的"菊科图案"已经形成，"西阴纹"及"类西阴纹"尚处于雏形阶段，未见成熟的单体图案。

由于可明确归属于第一期的遗迹单位较少，可辨识的早期标本并不多。

Ab3 型"组合弧线纹风格"，如彩陶器盖 2002 年 T21⑧∶93，所饰图案似三组"蔷薇科图案"中的穿插线部分。

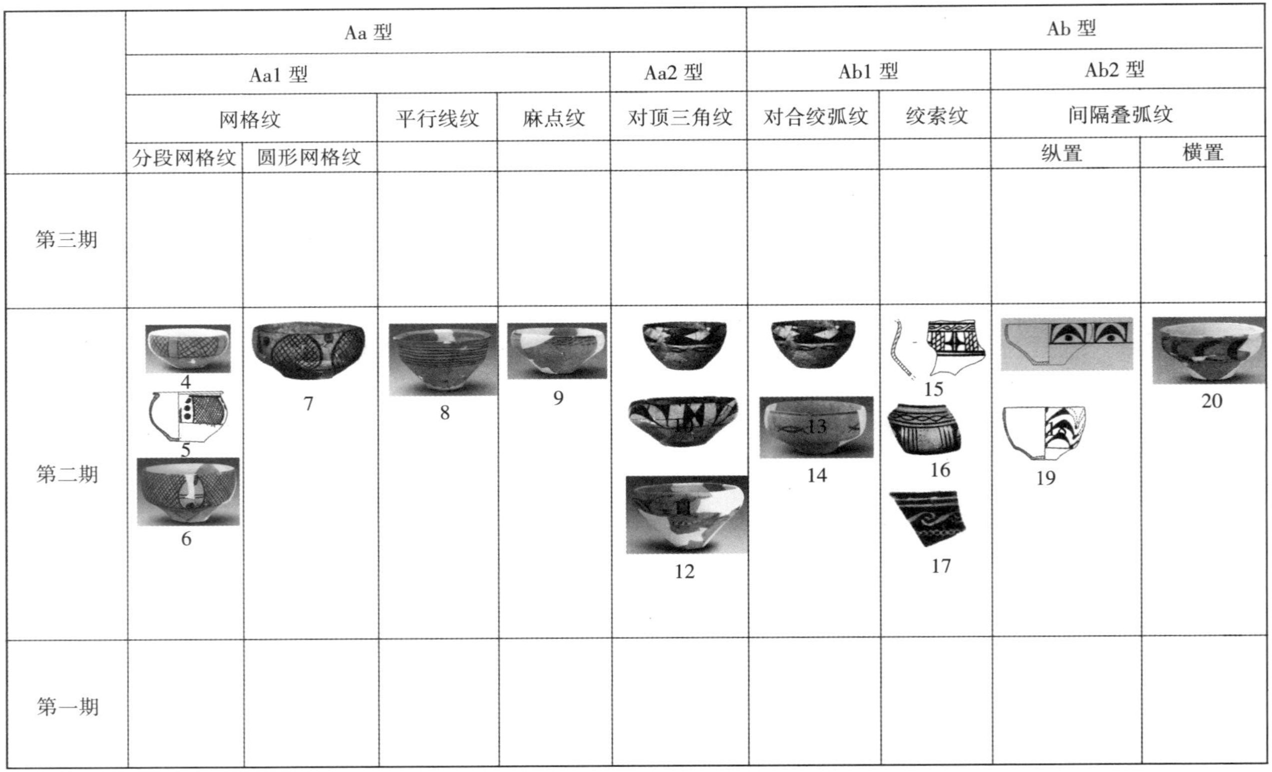

图 2.60a　庙底沟遗址庙底沟文化各期彩陶风格类型与图案举例

1. 2002 年 H907：4　2. 2002 年 H29：18　3. 1956 年 H30：07　4. 2002 年 H7：2　5. 1956 年 H32：30　6. 2002 年 H32：19　7. 1956 年 H44：14　8. 2002 年 H51：17
9. 2002 年 H812：1　10. 1956 年 T328：08　11. 1956 年 T122：19　12. 2002 年 H289：1　13. 同 10　14. 2002 年 H166：19　15. 2002 年 H9：180　16. 原报告图版伍：10
17. 原报告图版捌：10　18. 2002 年 H297：19　19. 1956 年 H308：03　20. 2002 年 H29：19　21. 2002 年 H901：8　22. 2002 年 H812：2　23. 2002 年 H106：10
24. 2002 年 H9：76　25. 2002 年 H9：12　26. 1956 年 H12：95　27. 2002 年 H408：35　28. 2002 年 H328：17　29. 2002 年 H20：1　30. 1956 年 H47：41
31. 2002 年 H29：24　32. 2002 年 H457：3　33. 2002 年 H408：41　34. 1956 年 H59：32　35. 2002 年 H220：28　36. 2002 年 H408：30　37. 2002 年 T17⑨：47
38. 2002 年 H619：15　39. 2002 年 H432：20　40. 2002 年 H166：13　41. 2002 年 H773：8　42. 2002 年 H773：8　43. 1956 年 T122：20　44. 2002 年 H408：36
45. 2002 年 H114：16　46. 1956 年 H52：48　47. 2002 年 T21⑧：95　48. 2002 年 T21⑧：93　49. 2002 年 T21⑨：79　50. 2002 年 H43：1　51. 2002 年 T21⑨：77
52. 2002 年 T21⑨：94

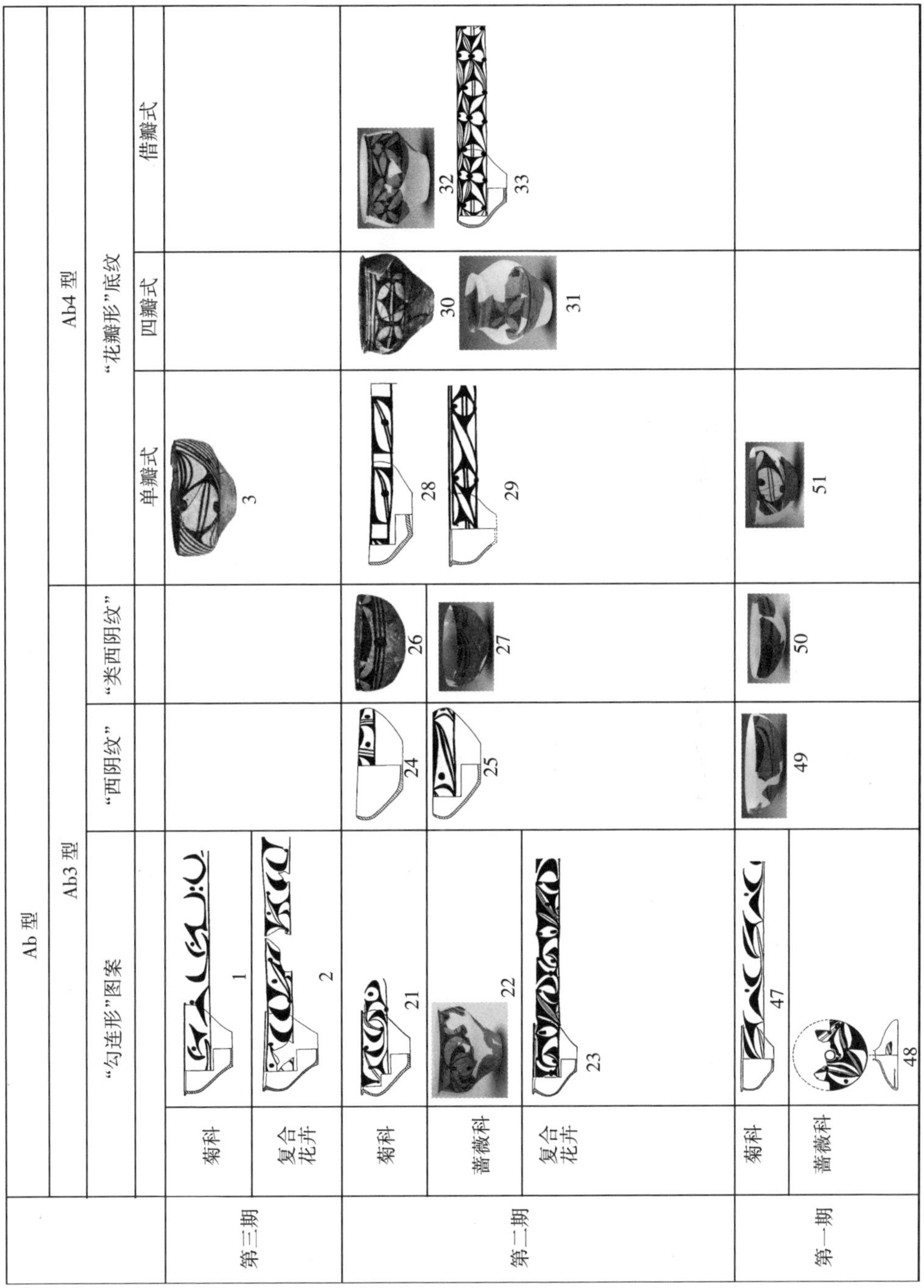

| Ab 型 | | | | | Ab4 型 | | |
|---|---|---|---|---|---|---|---|
| | Ab3 型 | | | | "花瓣形"底纹 | | |
| | "勾连形"图案 | "西阴纹" | "类西阴纹" | 单瓣式 | 凹瓣式 | 借瓣式 | |
| 第三期 | 菊科 1 | | | 3 | | | |
| | 复合花卉 2 | | | | | | |
| 第二期 | 菊科 21 | 24 | 26 | 28 / 29 | 30 | 32 | |
| | 蔷薇科 22 | 25 | 27 | | 31 | 33 | |
| | 复合花卉 23 | | | | | | |
| 第一期 | 菊科 47 | 49 | 50 | 51 | | | |
| | 蔷薇科 48 | | | | | | |

图 2.60b

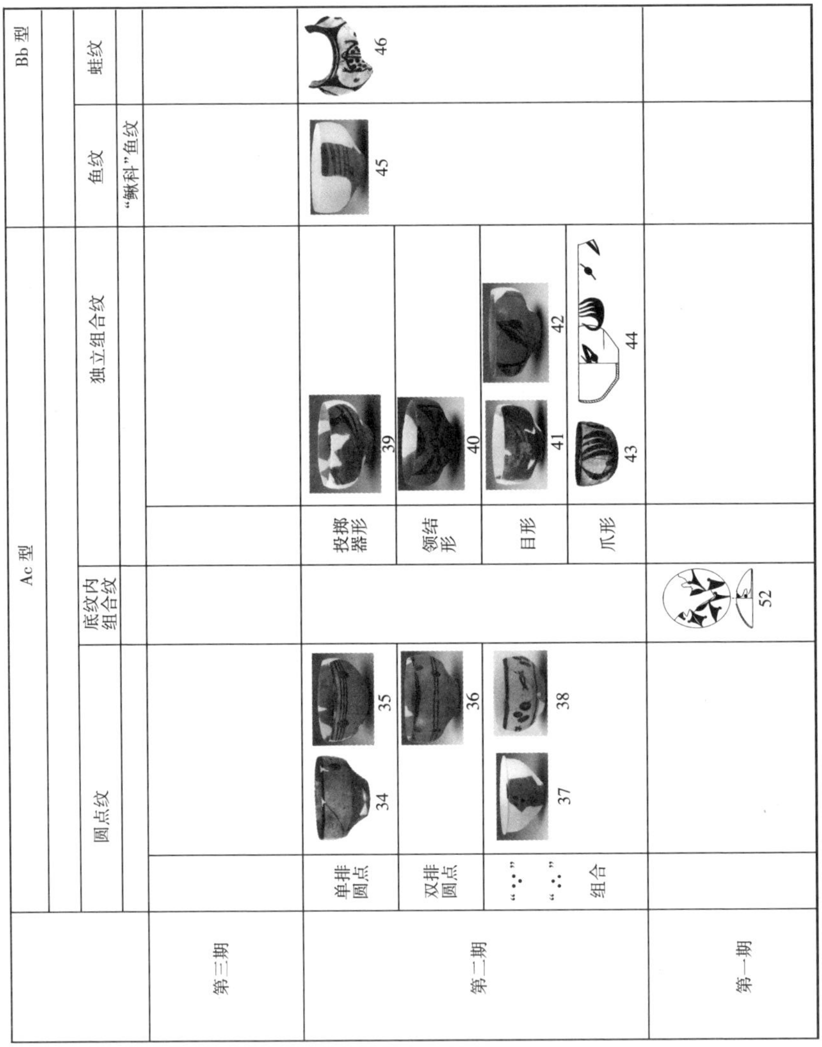

| | | | 第一期 | 第二期 | 第三期 |
|---|---|---|---|---|---|
| **Bb 型** | 蛙纹 | | | | 46 |
| | 鱼纹 | "瓢鞋"鱼纹 | | | 45 |
| **Ac 型** | 独立组合纹 | 投掷器形 | 42 | 39 | |
| | | 领结形 | 44 | 40 | |
| | | 目形 | | 41 | |
| | | 爪形 | 43 | | |
| | 底纹内组合纹 | | 52 | | |
| | 圆点纹 | 单排圆点 | | | 34 / 35 |
| | | 双排圆点 | | 36 | |
| | | "∴" "∴" | | 38 | 37 |
| | | 组合 | | | |

图 2.60c

Ab4 型风格的"花瓣形"底纹，如 2002 年 T21⑨：77，从残存图案推测，其弧边三角形成的"花瓣形"底纹应为单瓣式，嵌入"叶脉"状的线段，弧边三角形成的"圆形"底纹中嵌入圆点、双线段的"÷"形组合纹。

Ac 型风格的"底纹内组合纹"，如 2002 年 T21⑨：94，单体图案为圆点与弧边三角的组合，是一种常见的"底纹内组合纹"，但在此件标本中并未局限于底纹内，而是主要以同向环绕的形式排列，比较罕见。

（2）第二期，彩陶空前繁荣，除上述六类图案在第二期内的形态变化明显具有一定的逻辑顺序外，其他图案按风格类型分析如下。

1）Aa1 型"线纹风格"

网格纹：分段网格纹，如 1956 年 H10：149、2002 年 H7：2 可视为基本图案，与泉护村所见相同，1956 年 H32：30、1956 年 H10：11 的网格纹间隔处嵌入其他图案，2002 年 H114：25 网格纹边界为凹弧，间隔处嵌入"÷"形组合纹；圆形网格纹，如 1956 年 H44：14、1956 年 H322 等，底纹处点缀圆点。

平行线纹：如 2002 年 H51：17、2002 年 H51：14，为环绕器身的密集平行细线。

短线麻点纹：如 2002 年 H812：1。

2）Aa2 型"直边三角风格"

对顶实彩三角纹：如 1956 年 T328：08，以一行二方连续的对顶实彩三角装饰口沿部位；如 1956 年 T122：19，对顶实彩三角纹与间隔叠弧纹组合。在更多的情况下，此类图案以单独图案出现，作为点缀其他图案的元素，如 2002 年 H278：1。

3）Ab1 型"线纹风格"

对合绞弧纹：如 1956 年 T328：08，以二方连续的形式绘于对顶实彩三角纹下方。多以单独图案出现或与圆点纹穿插，如 2002 年 H166：19、1956 年 H15：49。

绞索纹：多用以装饰主体图案。以双线勾勒的两股线条相互绞合，如 2002 年 H9：180；两股实线绞合，见于 1956 年庙底沟遗址出土残片；单股底纹线条曲折而成，形成类似绞索的效果，亦见于 1956 年庙底沟遗址出土残片。

4）Ab2 型"小半圆弧风格"

间隔叠弧纹：包含一至数道凸弧纹不等，绘于弧边三角形成的"门"字形空间内，凸弧状底纹处多点缀圆点，如 1956 年 H47：41、2002 年 H297：19；多道凸弧纹组成的单体图案间，多见成列的圆点，如1956年H322：105、1956年H308：03等；个别饰有横置的叠弧纹，与上述图案差别较大，如2002年H29：19。

5）Ab4型"弧边三角风格"

"花瓣形"底纹：单瓣式二方连续，嵌入"线穿圆点"的"底纹内组合纹"，如2002年H328：17，与泉护村同类图案相比，底纹"花瓣"显得肥厚；其余"单瓣式"图案与"圆形底纹"间隔，圆形底纹内多嵌入双圆点或"÷"形组合纹，如2002年H20：1、2002年H72：3等；对称"四瓣式"，如1956年H46：139、1956年H47：41，可视为由对边弧边三角嵌入"工"字形纹的间隔中，形成"铜钱形"，如2002年H29：24、2002年H92：7则为"四瓣式"花朵形；借瓣的"多瓣式"花朵形，如2002年H457：3为四瓣，1956年H46：125为五瓣，2002年H408：41、2002年H111：9等为五至六瓣。

6）Ac型"圆点风格"

圆点纹：圆点本身为图案中常见的元素之一，在此期遗存中，多见以圆点为主的固定组合。如单排的大间隔圆点纹，如1956年H59：32、1956年H203：05，多见组合平行线、垂弧、对绞弧纹等其他风格图案者，如2002年H220：28、2002年H432：34等；双排大间隔圆点，多与其他风格图案组合，如1956年H324：28、2002年H408：30；单独的"∵""∴"形组合纹，如2002年T17⑨：47、2002年H619：15等。

独立组合纹："投掷器"形，如2002年H432：20、1956年H46：133，为圆点、弧边三角、弧线的组合，圆点缀于弧边三角端，似投掷器上的重石；"领结"形，如2002年H773：8、2002年H166：12，为圆点、弧边三角、短弧线、垂弧的组合，弧边三角内不填实；"目"形，为圆点、弧线的组合，如2002年H166：13、2002年H773：8、2002年H569：4，其中，2002年H166：13有"睫毛状"装饰；"爪"形，为圆点、鸟爪形图案的组合，如1956年T122：20、1956年H59：29，多有省略圆点的情况，如2002年H408：36，鸟爪形图案可视为"抽象鸟纹"的一种，但并不能证明一定与具象鸟纹相关。不同形状的独立组合纹间多相互组合，表明图案中颇有关联。

7）Bb型"象形风格"

鱼纹：未见明确的鱼纹形象，如2002年H114：16的残存图案，似一"鳅科"

的鱼纹局部。

蛙纹：1956 年 H52：48、庙底沟遗址博物馆馆藏标本，可见蛙纹形象，前者嵌入"工"字形间隔纹内。

（3）第三期，"菊科图案""复合花卉图案""工"字形间隔纹呈现明显的简化，其他图案罕见明确属于此期的标本。

以 1956 年 H30：07 为例，其所饰图案与"花瓣形"底纹中"单瓣式"图案结构相似，且"圆形底纹"内嵌入图案相同。然而，区别在于，构成原"花瓣形"底纹的两侧弧边被拉直，使得"花瓣形"变成"平行四边形"，其中绘入密集的平行细线组，接近仰韶时代晚期大司空文化的彩陶风格。此外，该彩陶钵曲腹处方折，应为同类器形的较晚形态。据此，本文认定其为此期标本。

**（三）泉护村、庙底沟遗址彩陶遗存比较**

泉护村与庙底沟是庙底沟文化核心分布区内，面貌最典型、材料最丰富的两处遗址。两地的庙底沟文化序列基本平行，反映的彩陶发展趋势也大致相当。若从彩陶图案的风格类型与具体图案上看，两地则存在较大的差异。

第一，泉护村遗址中庙底沟文化第一期时，"蔷薇科图案""菊科图案""西阴纹"等主要图案种类，均已发展成熟。庙底沟遗址中，虽然由于同期标本较少难以直接类比，但其遗存较少的情况，本身也反映出此期彩陶遗存在庙底沟遗址中并不发达的可能。

第二，庙底沟遗址中，第二期彩陶遗存的丰富程度超过泉护村。平行线纹、间隔叠弧纹、"类西阴纹"、独立组合纹、绞索纹、对顶三角形等多类图案均未见于泉护村；"复合花卉图案"较泉护村所见更为典型。

第三，庙底沟的"西阴纹"图案与泉护村所见存在明显的 A、B 型分野；泉护村中完整的鸟纹序列不见于庙底沟；泉护村的弧线几何化鱼纹形象与庙底沟中"鳅科"鱼纹孤例不可直接类比；泉护村中"单瓣式"底纹的间隔圆形中多嵌入"∵"形圆点组合纹，庙底沟中则为双圆点或"÷"形组合纹。

第四，泉护村遗址的彩陶在第三期时明显呈现衰落的迹象，而庙底沟遗址中可能存在着孕育了仰韶时代晚期彩陶风格的第三期标本。

由于上述差异仅限于泉护村、庙底沟两处遗址，是否能够表示庙底沟文化核心地区的彩陶面貌的确存在东西差异这一现象，则尚需更多资料佐证。

## 三 庙底沟文化彩陶综述

庙底沟文化彩陶属于黑彩系器表彩，偶见内彩。构图以单行为主，多见单体图案的二方连续。施彩器类以盆、钵、罐为主，更以曲腹盆和曲腹钵为大宗。彩陶风格类型、具体图案和各期特征，可参照上文对泉护村、庙底沟两处典型遗址的分析。

由于庙底沟文化分布广阔，现依据核心地区、主要地区、边缘地区的分区次序，分析各区彩陶遗存面貌。

### （一）核心地区彩陶图案分析

核心地区可细分为陕东区、晋南区、豫西区，包含地理单元有关中盆地东部、灵宝盆地、运城盆地。

1. 关中盆地东部

除泉护村以外，主要遗址有华阴兴乐坊①、西关堡②、南城子③，华县井家堡④、渭南北刘⑤、白庙村⑥等，未见有分期意义的层位关系。

北刘遗址第二、三次发掘所得 M1 为庙底沟文化墓葬，出土典型"铁轨形"口沿鼓腹罐、叠唇较平的叠唇盆和浅弧腹彩陶盆，属于庙底沟文化第一期遗存，如图2.61。彩陶盆 M1：8 的凹底形状不合器形常规，图案下部有被截去的迹象，似为线

---

① 陕西省考古研究院、渭南市文物保护考古研究院：《陕西华阴兴乐坊遗址发掘简报》，《考古与文物》2011 年第 6 期。
② 中国社会科学院考古研究所陕西工作队：《陕西华阴西关堡新石器时代遗址发掘》，《考古学集刊》(6)，北京：中国社会科学出版社，1989 年。
③ 中国社会科学院考古研究所陕西工作队：《陕西华阴南城子遗址的发掘》，《考古》1984 年第 6 期。
④ 北京大学考古教研室华县报告编写组：《华县、渭南古代遗址调查与试掘》，《考古学报》1980 年第 3期。
⑤ 西安半坡博物馆、渭南县文管会、渭南地区文管会：《渭南北刘新石器时代早期遗址调查与试掘简报》，《考古与文物》1982 年第 4 期；西安半坡博物馆、渭南市博物馆、陕西省考古研究所：《渭南北刘遗址第二、三次发掘简报》，《史前研究》1986 年第 1、2 期。
⑥ 北京大学考古教研室华县报告编写组：《华县、渭南古代遗址调查与试掘》，《考古学报》1980 年第 3期。

图或制版之误。其所饰图案为"菊科图案"，残存"对旋"部位较紧凑，相当于"泉Ⅰ式"或"泉Ⅱ式"。

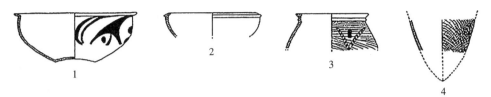

图 2.61 北刘 M1 典型随葬器物
1. M1：8 2. M1：2 3. M1：6 4. M1：11

其他典型图案举例如图 2.62。

Aa1 型"线纹风格"：网格纹，如西关堡 T63：4，应为典型的分段网格纹；波折纹，较罕见，如西关堡 T101A：3。

Ab1 型"线纹风格"：绞索纹，如西关堡彩陶豆标本，见于《史前中国的艺术浪潮——庙底沟文化彩陶研究》①。根据其豆盘部位的形态与盘下部凸棱处饰有的一周"八"字形短斜线，可推测其与庙底沟 1956 年 T301：25 一致，口沿处装饰绞索纹由双线勾勒的两股线条绞合而成，主体装饰有"铜钱形"的嵌入图案。

Ab2 型"小半圆弧风格"：间隔叠弧纹，如西关堡 T65：4：11 为单道凸弧，兴乐坊 H46①：14 为多道凸弧，且单体间绘入圆点。

Ab3 型"组合弧线纹风格"："菊科图案"可见相当于泉Ⅱ至泉Ⅳ式标本，如北刘 H2：5、H2：26，西关堡 H66：5 为泉Ⅱ式，北刘 H10：1 为泉Ⅲ式，南城子 H18、兴乐坊者 H24：2 为泉Ⅳ式；"蔷薇科图案"由于没有展开图，未得其详，如南城子 T7：4、H3：7，西关堡 T102：3 等；"西阴纹"标本多为泉护村中的 A 型Ⅱ式，如北刘 H2：3、兴乐坊 H36：2，个别为庙底沟中的 B 型Ⅱ式，如兴乐坊 H10②：5、西关堡 T101B：3，另有图案较特殊者，如西关堡 T102：3 饰有双行"西阴纹"，北刘 H51：1 中嵌入"∵"形组合圆点。

Ab4 型"弧边三角风格"："工"字形间隔纹，如南城子 T5：4，与泉护村 1958 年 H234：498 图案相同，西关堡 T51A：2：38 中图案则可能是弧边三角的退化，使得"工"字形演变为"X"形；"花瓣形"底纹，如兴乐坊 H6：145 为较细长的"单瓣

① 王仁湘：《史前中国的艺术浪潮——庙底沟文化彩陶研究》。

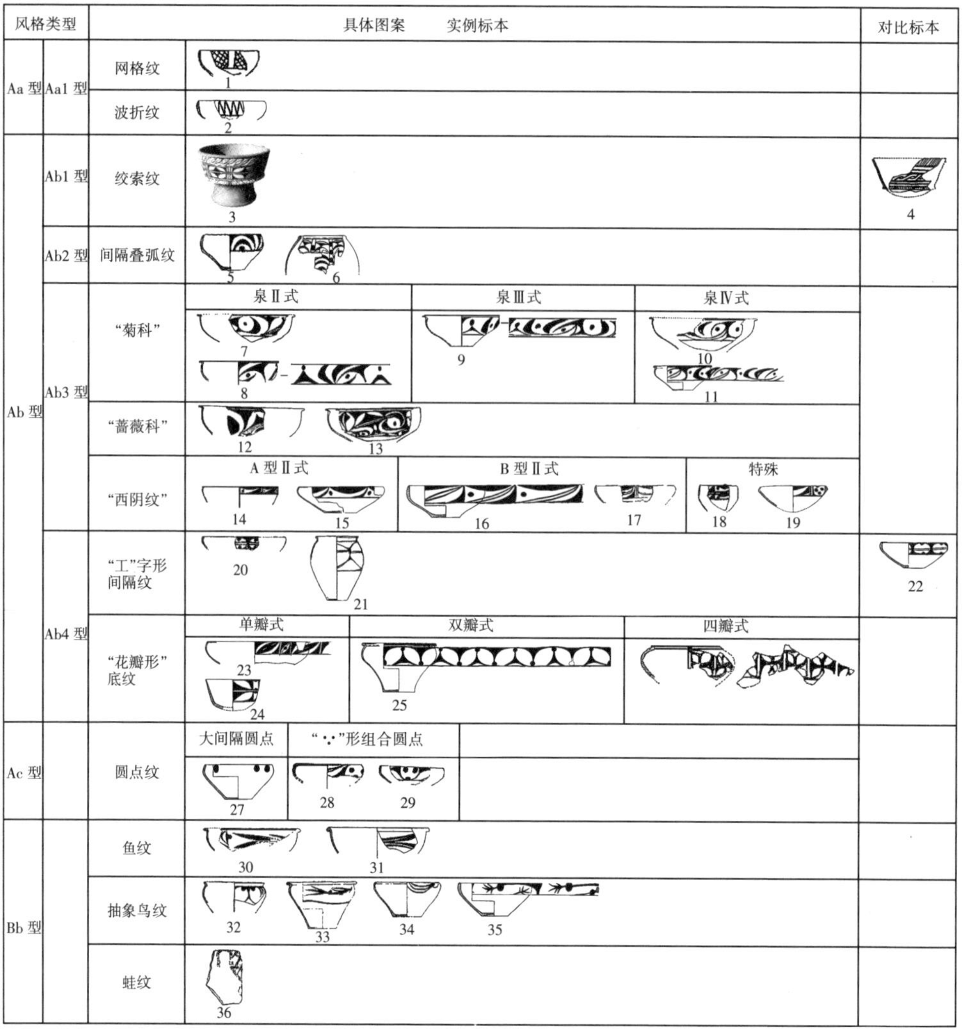

图 2.62　关中盆地东部的庙底沟文化彩陶概况

1. T63：4　2. T101A：3　4. 1956 年 T301：25　5. T65：4：11　6. H46①：14　7. H66：5　8. H2：5
9. H10：1　10. H18　11. H24：2　12. T7：4　13. T102：3　14. H2：3　15. H36：2　16. H10②：5
17. T101B：3　18. T102：3　19. H51：1　20. T5：4　21. T51A：2：38　22. 1958 年 H234：498
23. H6：145　24. H54：2　25. H28②：23　26. H4：4　27. H29：1　29. T7B：4　30. T7B：4（原报告重号）
32. H901：21　33. T101A：5：35　34. T101A：4：42　35. H28②：2　36. T101A：4　（1、2、3、5、7、
13、17、18、21、33、34、36 为西关堡出土　4 为庙底沟出土　6、23、25、27 为兴乐坊出土
8、9、14、19、24、26 为北刘出土　10、12、20、29、30 为南城子出土　11、15、16、35 为兴乐坊出土
22 为泉护村出土　28、31 为井家堡采集　32 为白庙村出土）

式"与较肥厚的"单瓣式"形态间隔组合，北刘 H54：2 斜直腹钵形与淅川沟湾
T3229⑥：2 器形一致，所饰图案为"单瓣式"的翻转组合，单体间以"两边式"小
半圆纹为间隔，与淅川地区常见的 Ab4 型图案接近，兴乐坊 H28②：23 为"双瓣式"

的二方连续，北刘 H4：4 为对称"四瓣式"的二方连续。

Ac 型"圆点风格"：除上述"∵"形圆点组合纹外，另有大间隔圆点的单独图案，如兴乐坊 H29：1。

Bb 型"象形风格"：弧线几何化鱼纹，如南城子 T7B：4、井家堡采集者；抽象鸟纹，如白庙村 H901：21 可能为头部相对、左右俯身的双鸟，西关堡 T101A：5：35 可能为前后相随的双鸟，西关堡 T101A：4：42 可能为展翅单鸟，兴乐坊 H28②：2 可能是以类似"鸟爪"的形象指代鸟纹；蛙纹可见一例，如西关堡 T101A：4，据报告描述，此蛙纹标本为红底上用黄黑二彩绘成，应非庙底沟文化的彩陶传统。

综上，地处关中盆地东部的渭南市境内庙底沟文化彩陶遗存，总体接近泉护村遗址的特点。而渭南市东部华阴县内的兴乐坊、西关堡遗址中，出现了具有庙底沟遗址中彩陶特点的标本。

2. 灵宝盆地

除庙底沟以外，主要遗址有渑池县仰韶村①、笃忠②、西河南③、西河庵村④，三门峡南交口⑤、陕县三里桥⑥、灵宝西坡⑦、北阳平⑧、南万村⑨等。部分具有分期意

① 河南省文物研究所，渑池县文化馆：《渑池仰韶村 1980－1981 年发掘简报》，《史前研究》，1985 年第 3 期。
② 武志江：《河南渑池笃忠遗址 2006 年发掘简报》，《华夏考古》2010 年第 3 期。
③ 中国科学院考古研究所洛阳发掘队：《河南渑池县考古调查》，《考古》1964 年第 9 期。
④ 河南省文化局文物工作队：《河南渑池西河庵村新石器时代遗址发掘简报》，《考古》1965 年第 10 期。
⑤ 河南省文物考古研究所：《三门峡南交口》。
⑥ 中国科学院考古研究所：《庙底沟与三里桥》。
⑦ 中国社会科学院考古研究所河南一队、河南省文物考古研究所、三门峡市文物考古研究所、灵宝市文物保护管理所、荆山黄帝陵管理所：《河南灵宝市西坡遗址试掘简报》，《考古》2001 年第 11 期；河南省文物考古研究所、中国社会科学院考古研究所河南一队、三门峡市文物考古研究所、灵宝市文物保护管理所、荆山黄帝陵管理所：《河南灵宝西坡遗址 105 号仰韶文化房址》，《文物》2003 年第 8 期；河南省文物考古研究所、中国社会科学院考古研究所河南一队、三门峡市文物考古研究所、灵宝市文物保护管理所、荆山黄帝陵管理所：《河南灵宝市西坡遗址 2001 年春发掘简报》，《华夏考古》2002 年第 2 期。
⑧ 中国社会科学院考古研究所河南第一工作队、河南省文物考古研究所、三门峡市文物工作队、灵宝市文物保护管理所：《河南灵宝市北阳平遗址调查》，《考古》1999 年第 12 期；中国社会科学院考古研究所河南第一工作队、河南省文物考古研究所、三门峡市文物工作队、灵宝市文物保护管理所：《河南灵宝市北阳平遗址试掘简报》，《考古》2001 年第 7 期。
⑨ 黄河水库考古工作队河南分队：《河南灵宝两处新石器时代遗址复查和试掘》，《考古》1960 年第 7 期。

义的层位关系中，未涉及可比的彩陶标本。个别典型单位内出土的彩陶器，则与泉护村、庙底沟遗址中概括所得彩陶演变情况相符。

庙底沟文化第一期典型单位，有南交口 H49、西坡 H104 等。出土有与泉Ⅰ式、庙Ⅰ式相当的"菊科图案"彩陶盆标本，如西坡 H104：24、南交口 H49：2；"西阴纹"标本，如南交口 H49：1，图案施于叠唇唇面，未饰圆点，与成熟形态的"西阴纹"尚有差距，因此，将其归入 A 型Ⅰ式。

庙底沟文化第二期典型单位，有南交口 H09，西坡 H22、F102 等。出土有与泉Ⅱ式、庙Ⅱ式相当的"菊科图案"彩陶盆标本，如西坡 H22：71、南交口 H09：1；泉Ⅱ式"蔷薇科图案"的彩陶盆标本，如西坡 F102：2；泉Ⅱ式"复合花卉图案"彩陶盆标本，如西坡 F102：4；B 型Ⅱ式"西阴纹"标本，如西坡 H22：76。

具体图案种类举例如图 2.63。

Aa1 型"线纹风格"：网格纹，如南交口 H4：4 为分段网格纹，南交口 T5④：1 应为壶、罐类肩部的连续网格纹；"栅栏形"纹，如南交口 H8：37。

Aa2 型"直边三角风格"：对顶实彩三角纹，如南交口 G2：131，点缀于垂弧线组间。

Ab1 型"线纹风格"：对合绞弧纹，如南交口 H22：26，西河庵村 b；月形弧线，如南交口 H22：28、H2：21，装饰彩陶钵的用法与对合绞弧纹相似；绞索纹，如南交口 H8：37、T6④：1，均为双线勾勒的两股线条绞合而成。

Ab2 型"小半圆弧风格"：间隔叠弧纹，如南交口 H62：11、H21：17，西坡 H20：61，另外，仰韶村 T3⑤：46 折腹罐身所饰，为一周横置叠弧纹；对合圆弧纹，如北阳平 H3②：19，应为长颈器类颈部残片。

Ab3 型"组合弧线纹风格"的"勾连形"图案中，除上述"蔷薇科图案""菊科图案""复合花卉图案"外，另有较典型者：如南交口 H2：1，应为"庙Ⅲ式"的"菊科图案"；如南万村采集标本，可见两个相互颠倒的单元图案，可能为泉Ⅰ式"蔷薇科图案"的镜像形式；如西坡南区 H36：16，所饰图案应为某种"勾连形"图案在第三期时的简化形式。

"西阴纹"：如西坡 H110：18、北阳平 H1③：16，具有泉护村 A 型Ⅱ式的特点；如南交口 H62：1、H2：22，具有庙底沟 B 型Ⅱ式的特点；如北阳平 H22：14、西坡南区彩陶器座 H37：14，这种底纹内嵌入一弧边三角的"西阴纹"，与庙底沟遗址 C 型相似。

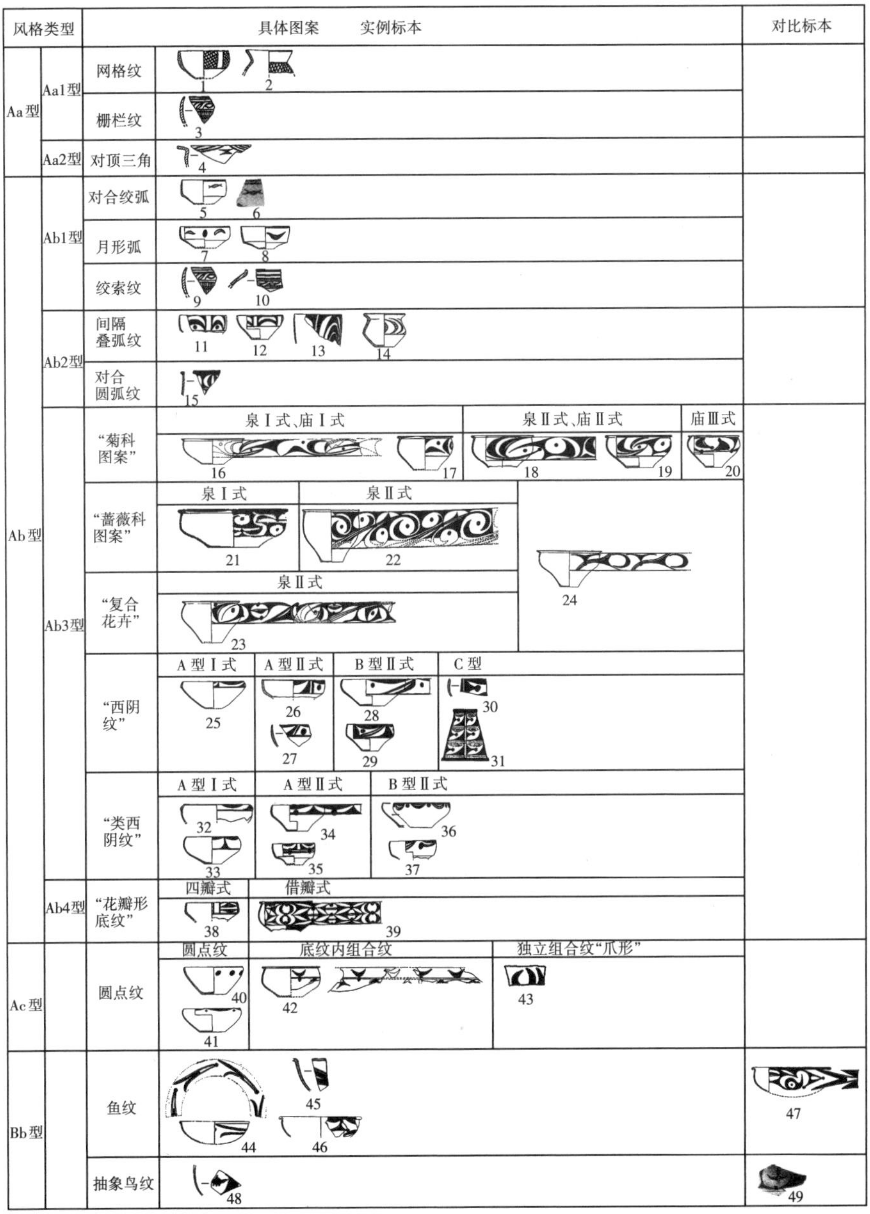

图 2.63　灵宝盆地的庙底沟文化彩陶概况

1. H4：4　2. T5④：1　3. H8：37　4. G2：131　5. H22：26　6. b　7. H22：28　8. H2：21　9. H8：37
10. T6④：1　11. H62：11　12. H20：61　13. H21：17　14. T3⑤：46　15. H3②：19　16. H104：24　17. H49：2
18. H22：71　19. H09：1　20. H2：1　22. F102：2　23. F102：4　24. 南 M36：16　25. H49：1　26. H110：18
27. H1③：16　28. H22：76　29. H62：1　30. H22：14　31. 南 H37：14　32. H2：20　33. T240：05　34. H20：22
35. H21：31　36. H103：3　37. H39：1　38. H91：2　39. H22：84　40. H116：6　41. H107：16　42. H2：4
43. H59：2　45. H21⑤：20　46. LB：003　47. K707：1　48. H21：32　　（1－5、7－11、13、17、19、20、25、
29、32、35、37、38、42、43、48 为南交口出土　6 为西河庵村出土　12、16、18、22－24、26、28、31、34、
39－41 为西坡出土　14 为仰韶村出土　15、27、30、45、46 为北阳平出土　21、44 为南万村采集　33 为三里
桥出土　36 为笃忠出土　47 为大地湾出土　49 为庙底沟采集）

"类西阴纹"，如三里桥 T240：05、南交口 H2：20，应相当于雏形阶段的 A 型Ⅰ式；西坡 H20：22、南交口 H21：31 为 A 型Ⅱ式；笃忠 H103：3、南交口 H39：1 为 B 型Ⅱ式。

Ab4 型"弧边三角风格"："花瓣形"底纹，如南交口 H91：2 为"四瓣式"的"铜钱形"图案，西坡 H22：84 为借瓣的"五瓣式"花朵形，并间有对合半圆弧纹。

Ac 型"圆点风格"：圆点纹，如西坡 H116：6、H107：16，北阳平 H22：7，南交口 H2：4 为大间隔圆点的单独图案；"底纹内组合纹"，如南交口 H22：22 为圆点与弯钩的组合，以平行线为界，错缝对置，这种脱离底纹使用的情况，与庙底沟 2002年 T21⑨：94 相似；独立组合纹，如南交口 H59：2，残见"爪"形。

Bb 型"象形风格"：鱼纹，如南万村采集标本、北阳平 H21⑤：20、北阳平 LB：003①，饰有弧线几何化鱼纹，其中，北阳平 LB：003 残见鱼尾与一弧边三角、圆点的"底纹内组合纹"组合的现象，应与大地湾 K707：1 所绘图案相似；抽象鸟纹，如南交口 H21：32，应为一底纹内嵌入图案，与庙底沟遗址一采集标本相似，张朋川将其认定为正面的鸟纹②，但也仅能从"抽象鸟纹"的程度理解，毕竟这两者与具象的侧视鸟纹，在象形程度上有很大的差距。

综上，灵宝盆地内的庙底沟文化彩陶遗存，总体接近庙底沟遗址的特点，尤其是三门峡地区临近庙底沟遗址的南交口。盆地西部的灵宝西坡、北阳平等地，则兼有泉护村遗址的特点，与关中盆地东部华阴县境内遗址面貌相似。

3. 运城盆地

主要遗址有夏县西阴村③、辕村④，垣曲古城东关⑤、下马村⑥、小赵⑦、上

---

① 河南省文物考古研究所、中国社会科学院考古研究所河南一队、三门峡市文物考古研究所、灵宝市文物保护管理所：《河南灵宝铸鼎塬及其周围考古调查报告》，《华夏考古》1999 年第 3 期。

② 张朋川：《中国彩陶图谱》。

③ 山西省考古研究所：《西阴村史前遗存第二次发掘》，《三晋考古》（第二辑）。

④ 中国国家博物馆田野考古研究中心、山西省考古研究所、运城市文物保护研究所：《山西夏县辕村遗址发掘简报》，《考古》2009 年第 11 期。

⑤ 中国历史博物馆考古部、山西省考古研究所、垣曲县博物馆：《垣曲古城东关》，北京：科学出版社，2001 年。

⑥ 代尊德、邓秀林：《简讯——山西垣曲下马村发现新石器时代陶器》，《考古》1963 年第 5 期。

⑦ 中国社会科学院考古研究所山西队：《山西垣曲小赵新石器时代遗址的试掘》，《考古》1998 年第 4期；中国社会科学院考古研究所山西工作队：《山西垣曲小赵遗址 1996 年发掘报告》，《考古学报》2001 年第 2 期。

亳①，芮城西王村②、桃花涧③、大禹渡④，平陆西侯⑤，永济⑥金盛庄、石庄等。其中，以西阴村、东关、小赵、上亳遗址发表的遗迹单位较为典型，分述如下。

西阴村遗址以第二次发掘资料为主。此次发掘清理庙底沟文化遗迹单位均为表土层下开口，不见文化层。典型遗迹单位中：H4、H34 相当于庙底沟文化第一期，H30、H33、H39 等相当于庙底沟文化第二期，H3、H38、Y1、采 H1 相当于典型庙底沟文化第三期，如图 2.64。

第一期遗存中，出土有与泉Ⅰ式、庙Ⅰ式相当的"菊科图案"彩陶盆，如 H34：6、H34：40，并以此图案装饰的彩陶钵 H34：51；可能与泉Ⅱ、泉Ⅲ式相当的"蔷薇科图案"彩陶盆 H34：45；A 型Ⅰ式"类西阴纹"，如 H34：1；另有瓶或壶类口沿残片 H34：37 可见平行线条，无法推测其主体图案。

第二期遗存中，出土有庙Ⅱ式"复合花卉图案"，如 H30：63、H33：7；庙Ⅱ式"工"字形间隔纹，如 H33：36；庙底沟 B 型Ⅱ式"西阴纹"，如 H26：2，为常见者的镜像，十分罕见，不排除图案制版时发生失误。

第二期其他图案多为庙底沟遗址中的常见种类。"花瓣形"底纹：单瓣式二方连续图案，如 H26：14，底纹形状较肥厚，H30：4 则嵌入一实彩"领结状"，较罕见，另有折腹罐 H26：1，所饰图案分行，上行为单瓣式二方连续，下行为四瓣式"铜钱形"；多见"单瓣式"底纹与圆形底纹相间的图案，如 H30：54、H30：53、H38：13，以 H30：2、H30：3 的图案较特殊，似以"一组夹有圆点的弧边三角"为单体的二方连续，此类图案颇具长江下游同期考古学文化中的镂孔或刻划纹类装饰；"三瓣式"花朵形，如 H39：20，图案分行。此外，分段网格纹，如 H30：7；间隔叠弧纹，如 H30：5；"十"字形圆点组合纹，如 H26：3，"∴"形圆点组合纹，如 H30：7；

① 山西省考古研究所：《垣曲上亳》，北京：科学出版社，2010 年。

② 中国科学院考古研究所山西工作队：《山西芮城东庄村和西王村遗址的发掘》，《考古学报》1973 年第1 期。

③ 山西省考古研究所：《芮城桃花涧和杏林遗址发掘报告》，《三晋考古》（第四辑上），太原：山西人民出版社，2012 年。

④ 中国社会科学院考古研究所山西工作队：《晋南考古调查报告》，《考古学集刊》（6），北京：中国社会科学出版社，1989 年。

⑤ 王志敏：《山西平陆县西侯新石器时代遗址调查》，《考古》1990 年第 3 期。

⑥ 张德光：《永济县金盛庄与石庄的新石器时代遗址》，《文物参考资料》1958 年第 5 期。

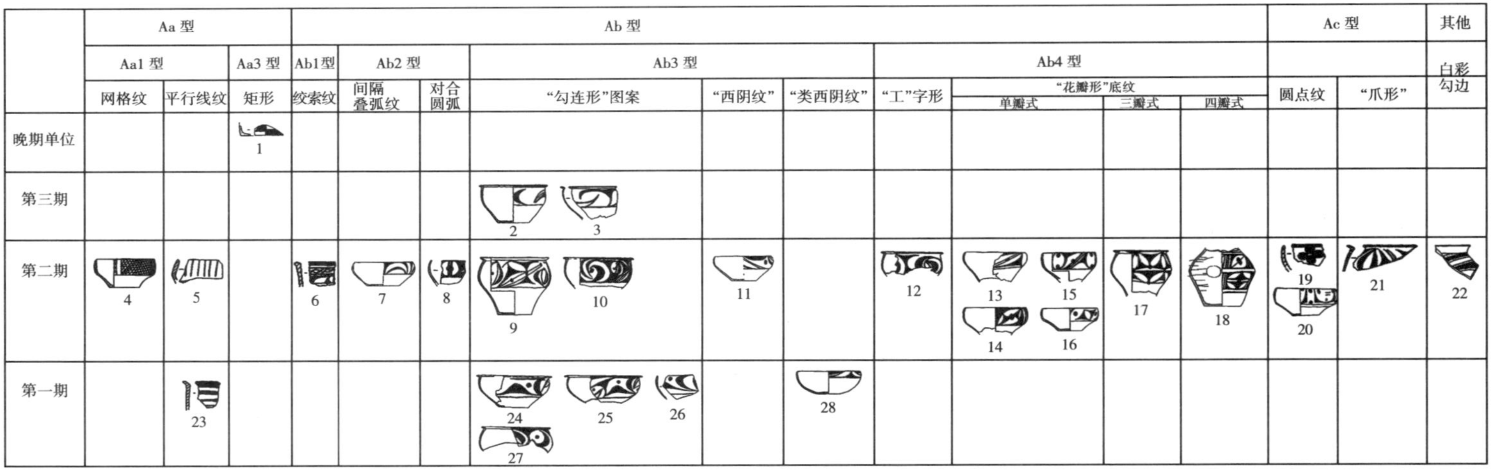

图 2.64　西阴村遗址庙底沟文化各期彩陶风格类型与图案举例

1. H38：12　2. Y1：2　3. 采 H1：3　4. H30：7　5. H33：44　6. H39：50　7. H30：5　8. H28：7　9. H30：63　10. H33：7　11. H26：2　12. H33：36　13. H26：14
14. H30：4　15. H30：54　16. H30：2　17. H39：20　18. H26：1　19. H26：3　20. H30：7　21. 采 H1：2　22. H39：38　23. H34：37　24. H34：6　25. H34：40
26. H34：51　27. H34：45　28. H34：1

"爪形纹"，如采 H1：2；对合圆弧纹，如 H28：7；绞索纹，如 H39：50。个别图案较
罕见，如 H33：44 钵口沿饰 Aa1 型风格"竖平行线纹"，H39：38 黑彩图案，有以白
彩勾边的作风。

第三期遗存中，出土有与泉Ⅴ式、庙Ⅳ式相当的"菊科图案"简化形态，如采
H1：3、Y1：2。

此外，在个别庙底沟二期文化的遗迹单位中，包含有少量仰韶时代的彩陶标本。
其中，H38：12 为近底部施彩的彩陶器，较特殊，所饰图案似间隔填实的方格纹，属
于 Aa3 型"四边形风格"。其是否属于庙底沟文化，暂不明朗。

古城东关遗址第三期个别灰坑、房址属于庙底沟文化，以庙底沟文化第三期遗
存为主，如图 2.65。典型单位有Ⅰ H234、Ⅰ H151 等。

图 2.65　东关遗址庙底沟文化第三期彩陶标本
1. Ⅰ H234：25　2. Ⅰ H258：21

Ⅰ H234：25 残见一对弧边三角组成的"花瓣形"底纹，嵌入"线穿圆点"的组
合纹；Ⅰ H258：21 残见旋心为圆点的"对旋"。两者均属于庙底沟文化的风格，并
呈现出明显的简化，符合上文概括的泉护村、庙底沟两地彩陶演变进程。

另有Ⅰ F9、Ⅰ H173、Ⅰ H258 等单位，报告中归为庙底沟文化，但从彩陶风格分
析，与庙底沟文化有差距，具体标本将在相关章节内详述（见"大司空文化"一
节）。

垣曲小赵遗址于 1993 年、1998 年分别进行过发掘，两次布方相连，并有部分重
合。出土彩陶的仰韶时代遗存属于庙底沟文化。根据简报介绍，四个发掘区各自独
立，区内为统一的地层。

通过比较两次发掘简报内发表资料，小赵遗址的庙底沟文化遗存，包含有两期，
第一期以Ⅰ区所见标本为代表，相当于庙底沟文化第一期，第二期以Ⅲ区②层下遗
存为代表，相当于庙底沟文化第二期，如图 2.66。

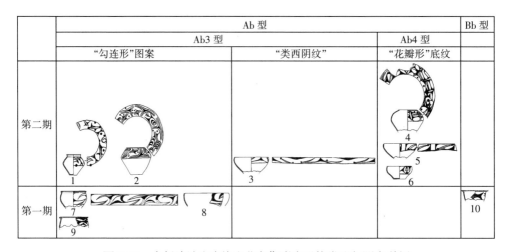

| Ab 型 | | | Bb 型 |
|---|---|---|---|
| Ab3 型 | | Ab4 型 | |
| "勾连形"图案 | "类西阴纹" | "花瓣形"底纹 | |

图 2.66　小赵遗址庙底沟文化各期彩陶风格类型与图案举例

1. H34：10　2. H11：3　3. H34：8　4. H34：5　5. H32：5　6. H28：8　7. H9：4　8. H9：6　9. H4：8
10. ⅠT2④：4

第一期遗存中，出土有与泉Ⅰ式、庙Ⅰ式相当的"菊科图案"彩陶盆，如 H9：4，并以此图案装饰的彩陶钵 H9：6；可能与泉Ⅰ式、泉Ⅱ式相当的"蔷薇科图案"彩陶盆，如 H4：8；较特殊者的象形鱼纹，如ⅠT2④：4。

第二期遗存中，出土 A 型Ⅱ式"类西阴纹"，如 H34：8，所饰图案不如庙底沟遗址中所见者规整；"花瓣形"底纹，如 H32：5 为单瓣式二方连续，底纹形状肥厚，嵌入"线穿圆点"的组合纹，H28：8 为"单瓣式"底纹与圆形底纹间隔，圆形底纹内嵌入"÷"形组合纹。此外，图案较为复杂且完整的标本，为一件直口折腹罐 H34：10、两件敛口鼓腹瓮 H11：3、H34：5。

H34：5 的图案主要为由横"工"字形构成的"花瓣形"底纹，局部保留有"蔷薇科图案"中的类似结构，"花瓣形"底纹有纵向成列的意味，具体的排列形式错杂。

H11：3、H34：10 的图案架构相同，均由一系列对边弧边三角和对顶弧边三角贯穿整体画面，空白处点缀数量不等的圆点。H11：3 的图案中穿插了三个单独的弧边三角，边外附加轮廓线，且在对边弧边三角的两对边中部加一道横线，获得了更为丰富的视觉效果。此外，两者在各自图案中的两个对称部位，嵌入了"同向""对旋"等弯钩元素图案，相较于庙底沟文化中以花卉命名的"勾连形"图案，上述两者则状如"云气星辰"。

　　垣曲上亳遗址的仰韶中期遗存属于庙底沟文化，原生文化层不存，仅见灰坑、房址、陶窑等遗迹单位。典型遗迹单位中：H4、H14、H19、H25、H45、H33、H103、H235、H241、H245、H309、H311、H312、H327 等相当于庙底沟文化第一期，H13、H29、H38、H85、H229 相当于庙底沟文化第二期，H68、H83、H210、H212 相当于庙底沟文化第三期，如图 2.67。

　　第一期遗存中，出土有与泉Ⅰ式、庙Ⅰ式相当的"菊科图案"彩陶盆，如 H19：14、H103：7，以此图案装饰的彩陶钵，如 H4：12、H241：13；与泉Ⅰ式至与泉Ⅲ式相当的"蔷薇科图案"彩陶盆，如 H103：8，并以此图案装饰彩陶钵，如 H33：7；A型Ⅰ式"类西阴纹"，如 H311：1；网格纹，如 H14：15。

　　第二期遗存较少，出土"工"字形间隔纹，如 H38：6，嵌入线段、弧边三角等"底纹内组合纹"；"花瓣形"底纹，如 H29：1，底纹内多嵌入双线纹。

　　第三期彩陶标本，可以 H83 内出土者为代表。H83：35 所饰"工"字形间隔纹，应简化自"复合花卉图案"，H83：23 器表饰红彩线条，当非庙底沟文化传统。H83 中部分标本较早，如 H83：22 所饰"花瓣形"底纹，"单瓣形"与圆形底纹相间，H83：33 的"勾连形"图案中，一嵌入"底纹内组合纹"图案有"睫毛状"装饰。

　　H88 期别不详，仅发表彩陶残片一件 H88：3，所饰图案为黑红复彩，风格较特殊，可视作一六角星形的"底纹内组合纹"。

　　第一期标本涉及三组层位关系：H327→Y301，H312→H311→H321，H309→H306。其中，Y301、H321、H306 中出土有台阶状重唇形态的尖底瓶，与典型庙底沟文化的重唇口形态有异，出土彩陶多见红彩或黑彩宽带纹，以红彩宽带为多。H321内出土黑彩图案类彩陶钵 H321：1，残见图案可能为某种"勾连形"图案，但亦有可能与 Ab2 型"小半圆弧"风格有关。这三个单位所代表的遗存应早于庙底沟文化第一期，对于庙底沟文化溯源有重要的意义。

　　其他遗址中可见具体图案种类如下，如图 2.68。

　　Aa1 型"线纹风格"：细竖线纹，如桃花涧 H15：3，于庙底沟文化中罕见。

　　Ab1 型"线纹风格"：重半圆环纹，如金盛庄采集标本，于庙底沟文化中罕见。

　　Ab2 型"小半圆弧风格"：间隔叠弧纹，如桃花涧 H15：5。

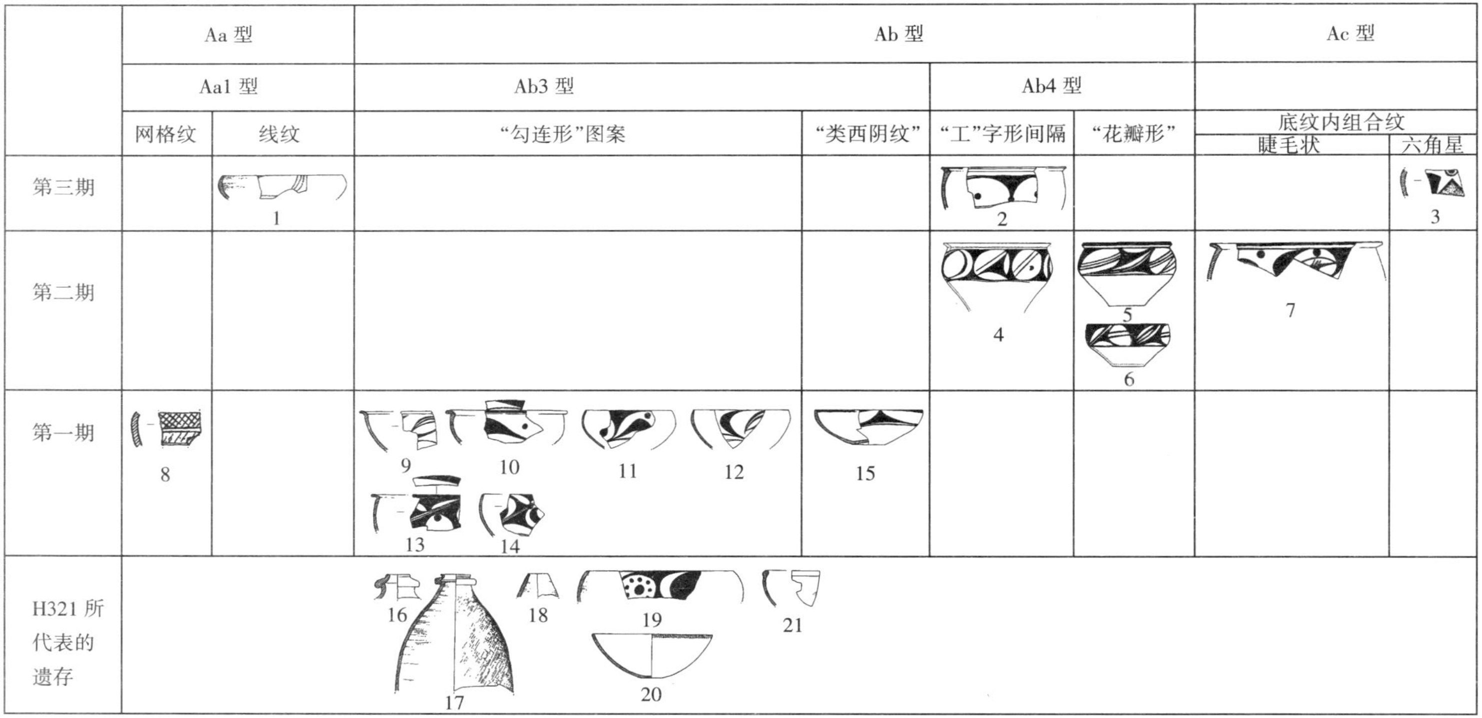

图2.67　上宅遗址庙底沟文化各期彩陶风格类型与图案举例

1. H83：23　2. H83：35　3. H88：3　4. H38：3　5. H29：1　6. H83：22　7. H83：33　8. H14：15　9. H103：7　10. H19：14　11. H4：12　12. H241：13
13. H103：8　14. H33：7　15. H311：1　16. H321：22　17. Y301：1　18. H321：23　19. H321：1　20. Y301：3　21. Y301：8

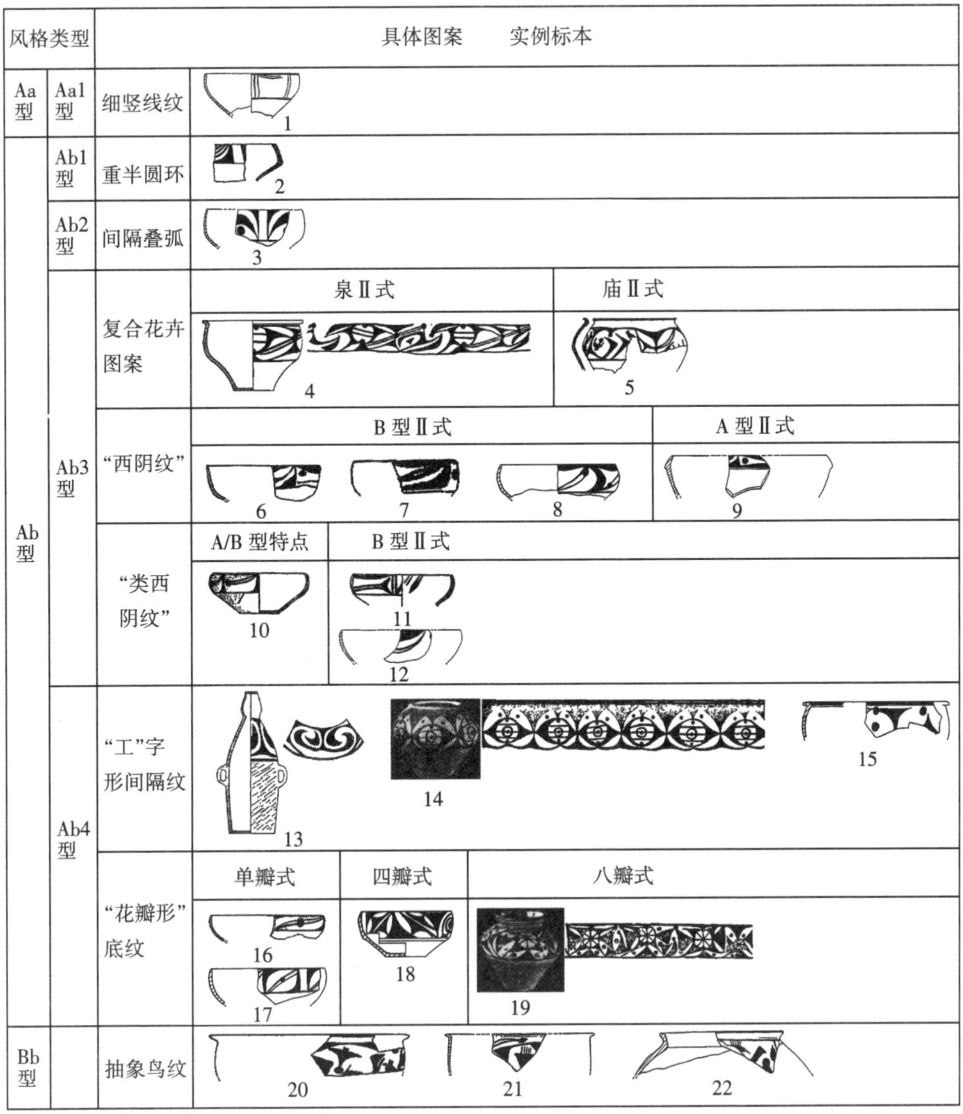

| 风格类型 | | | 具体图案　实例标本 | | | |
|---|---|---|---|---|---|---|
| Aa型 | Aa1型 | 细竖线纹 | 1 | | | |
| Ab型 | Ab1型 | 重半圆环 | 2 | | | |
| | Ab2型 | 间隔叠弧 | 3 | | | |
| | Ab3型 | 复合花卉图案 | 泉Ⅱ式 | | 庙Ⅱ式 | |
| | | | 4 | | 5 | |
| | | "西阴纹" | B型Ⅱ式 | | | A型Ⅱ式 |
| | | | 6　7　8 | | | 9 |
| | | "类西阴纹" | A/B型特点 | B型Ⅱ式 | | |
| | | | 10 | 11　12 | | |
| | Ab4型 | "工"字形间隔纹 | 13　14 | | | 15 |
| | | "花瓣形"底纹 | 单瓣式 | 四瓣式 | 八瓣式 | |
| | | | 16　17 | 18 | 19 | |
| Bb型 | | 抽象鸟纹 | 20　21　22 | | | |

图 2.68　运城盆地其他遗址中庙底沟文化彩陶概况

1. H15：3　3. H15：5　4. 原图二：2　5. HB25：40　6. H31：3：7　7. HB25：10　8. H7：4　9. H15：15　12. H16：7　13. 原图二：3　14. 原图版玖：2　15. H12：16　16. H34：2：4　17. H23：18　18. H23：16　19. 原图二：1　20. HB25：5　21. H5：15　22. H3：23　（1、3、9、12、21、22 为桃花洞出土　2 为金盛庄采集　4、13、14、19 为下马村采集　5、7、20 为大禹渡采集　6、16 为西王村出土　8、15、17、18 为辕村出土　10、11 为石庄采集）

Ab3型"组合弧线纹风格"中的"复合花卉图案"，如下马村原图二：2，以"菊科图案"单体置于"蔷薇科图案"结构中，相当于泉Ⅱ式；大禹渡HB25：40，以"工"字形间隔分属"菊科图案"与"蔷薇科图案"的结构，相当于庙Ⅱ式，底纹内嵌入"正面展翅"的"抽象鸟纹"形象。

"西阴纹",如西王村 H31：3：7、大禹渡 HB25：10、辕村 H7：4,应为庙底沟 B 型Ⅱ式；桃花涧 H15：15,应为泉护村 A 型Ⅱ式。

"类西阴纹",如石庄采集者,为兼有 A、B 两型特点者；桃花涧 H16：7 与石庄采集的另一件标本,为 B 型Ⅱ式,石庄者的弧线端类似"鱼纹",且口沿处有若干道内彩痕迹,较特殊。

Ab4 型"弧边三角风格"中的"工"字形间隔纹。从辕村 H12：16 残见图案推测,应与此类图案有关；下马村原图二：3,"工"字形两侧的旋纹结构趋同,相当于庙Ⅱ式,施彩于线纹以上部位的平底瓶较少见；下马村原图版玖：2,图案特殊,在"工"字形间隔中,嵌入一对由弧边三角、圆点、平行线段组成的"目"形纹。

"花瓣形"底纹：单瓣式二方连续,如西王村 H34：2：4、辕村 H23：18,底纹肥厚；四瓣式"铜钱形",如辕村 H23：16,单体为"八"字形斜置,较罕见；下马村原图二：1,图案较特殊,单体应为"八瓣式"底纹组成的"四角星形",底纹内多嵌入圆点,中心为圆形底纹,嵌入"辐辏式"组合纹。

Bb 型"象形风格"的抽象鸟纹：如桃花涧 H5：15、大禹渡 HB25：40 作为嵌入图案使用,前者可见清晰的"毛边"；如桃花涧 H3：23、大禹渡 HB25：5,则脱离底纹使用,均见"毛边"。相较于泉护村 1997 年 H164：9、庙底沟 2002 年 H166：13 等图案的"睫毛状"装饰而言,此地若干标本的"毛边"装饰,更接近南交口 H21：32 等图案的"抽象鸟纹"的鸟尾部分。

综上,运城盆地内的庙底沟文化彩陶遗存,体现出更多庙底沟遗址的特点。与关中盆地东部、灵宝盆地相比,此区新因素较多。从具体图案上看,出现了竖线纹、重半圆环纹、间隔填实的方格纹、具象鱼纹等泉护村、庙底沟遗址中罕见的图案种类；"铜钱形"纹、"类西阴纹"、"勾连形"图案等庙底沟文化常见种类,也出现了构图布局上的变化。从用彩传统上看,红彩、白彩勾边等庙底沟文化中非主流作风,时有发现。

**（二）主要地区彩陶图案分析**

主要地区可细分为陕西区、晋中晋南区、豫西南区、郑洛区,包含地理单元有陕北高原、关中盆地中西部、秦岭山区、临汾盆地、太原盆地、吕梁山区、南阳盆地、伊洛盆地。

1. 关中盆地中西部

西安市境内主要遗址有西安南殿村①、高陵杨官寨②、长安王曲北堡寨③、临潼零口北牛④、临潼邓家庄⑤等；渭河流域主要遗址有沣西客省庄⑥、沣东五楼蝎子岭⑦、武功浒西庄⑧、武功游凤⑨、扶风案板⑩、周原老堡子⑪、眉县白家⑫、岐山王家嘴⑬、岐山拐沟⑭、凤翔水沟⑮、宝鸡福临堡⑯、宝鸡纸坊头⑰等；泾河流域主要遗址有咸阳尹家村⑱、淳化枣树沟脑⑲、乾县河里范⑳、彬县衙背后㉑、彬县下孟

① 西安半坡博物馆：《西安南殿村新石器时代遗址的调查》，《史前研究》1984年第1期。
② 陕西省考古研究院：《陕西高陵县杨官寨新石器时代遗址》，《考古》2009年第7期；陕西省考古研究院：《陕西高陵杨官寨遗址发掘简报》，《考古与文物》2011年第6期。
③ 冯其庸、周红兴：《陕西长安县王曲地区新石器时代遗址调查》，《考古》1981年第1期。
④ 陕西省考古研究所、西安市临潼区文化局：《陕西临潼零口北牛遗址发掘简报》，《考古与文物》2006年第3期。
⑤ 赵康明：《临潼塬头、邓家庄遗址勘查记》，《考古与文物》1982年第1期。
⑥ 考古研究所陕西省调查发掘团通讯组：《1951年春季陕西考古调查工作简报》，《科学通报》1951年第9期；中国科学院考古研究所：《沣西发掘报告——1955-1957年陕西长安县沣西乡考古发掘资料》，北京：文物出版社，1963年。
⑦ 石兴邦：《丰镐一带考古调查简报》，《考古》1955年第1期。
⑧ 中国社会科学院考古研究所：《武功发掘报告——浒西庄与赵家来遗址》，北京：文物出版社，1988年。
⑨ 西安半坡博物馆、武功县文化馆：《陕西武功发现新石器时代遗址》，《考古》1975年第2期。
⑩ 西北大学文博学院：《扶风案板遗址发掘报告》，北京：科学出版社，2000年。
⑪ 中国社会科学院考古研究所周原考古队：《2004年秋季周原老堡子遗址发掘报告》，《考古学集刊》(17)，北京：中国社会科学出版社，2010年。
⑫ 陕西省考古研究所：《陕西眉县白家遗址发掘简报》，《考古与文物》1996年第6期。
⑬ 西安半坡博物馆：《陕西岐山王家嘴遗址的调查与试掘》，《史前研究》1984年第3期。
⑭ 中国社会科学院考古研究所渭水考古调查发掘队：《渭水流域仰韶文化遗址调查》，《考古》1991年第11期。
⑮ 赵丛苍、宋新潮：《陕西凤翔新石器时代遗址调查》，《史前研究》1986年第3-4期。
⑯ 宝鸡市考古工作队、陕西省考古研究所宝鸡工作站：《宝鸡福临堡——新石器时代遗址发掘报告》，北京：文物出版社，1993年。
⑰ 宝鸡市考古队：《宝鸡市纸坊头遗址试掘简报》，《文物》1989年第5期。
⑱ 陕西省文物管理委员会：《陕西咸阳尹家村新石器时代遗址的发现》，《文物参考资料》1958年第4期。
⑲ 西北大学文化遗产与考古学研究中心、陕西省考古研究院、淳化县博物馆：《淳化县新石器至西周时期考古调查》，《西部考古》(第二辑)，西安：三秦出版社，2007年。
⑳ 陕西省考古研究院、咸阳市文物考古研究所：《陕西乾县河里范遗址发掘简报》，《考古与文物》2010年第1期。
㉑ 王世和、钱耀鹏：《渭北三原、长武等地考古调查》，《考古与文物》1996年第1期。

村①、彬县水北②、长武碾子坡③等；关中北缘主要遗址有三原洪水④、铜川前崂⑤、白水下河⑥、白水南山崂⑦、桥山黄帝陵⑧、黄龙石曲、西山⑨等。

（1）西安市境内

高陵杨官寨遗址为一处仰韶时代大型聚落。自2004年以来若干年度的发掘资料，已有简报发表。其中，庙底沟文化典型单位有H776与G8-2，相当于庙底沟文化第二期，如图2.69。

出土彩陶盆G8-2②：40、H776②：7所饰"菊科图案"的单体，为基本单体的a部分"对旋"，或嵌入有"底纹内组合纹"，与庙底沟2002年T21⑨：89、西坡H22：83相似。与同期的基本图案相比，庙底沟2002年T21⑨：89、西坡H22：83具有笔道圆润，布局紧凑的特点，分别相当于"泉Ⅰ式""泉Ⅱ式"。G8-2②：40图案笔道出棱角，布局松散，相当于"泉Ⅳ式"。H776②：7的"对旋"图案，旋臂局促，相当于"庙Ⅱ式"。另有彩陶盆G8-2③：12图案不甚规整，从结构看，应亦为"菊科图案"。

彩陶钵G8-2③：64饰有泉护村A型Ⅱ式"西阴纹"；H776③：83饰有"单瓣式"底纹与圆形底纹的组合纹，圆点底纹内嵌入"∴"形圆点纹与泉护村所见相似；H776⑤：41饰有大间隔的组合圆点纹。简报⑩原图三发表的H776彩陶器组合中，前排右侧两件钵所饰图案，一件为B型Ⅱ式"类西阴纹"，另一件为"领结状"图案

① 陕西考古所泾水队：《陕西邠县下孟村遗址发掘简报》，《考古》1960年第1期；陕西省社会科学院考古研究所泾水队：《陕西邠县下孟村仰韶文化遗址续掘简报》，《考古》1962年第6期。

② 陕西省考古研究院、咸阳市文物考古研究所：《陕西彬县水北遗址发掘报告》，《考古》2009年第3期。

③ 中国社会科学院考古研究所：《南邠州·碾子坡》，北京：世界图书出版公司，2007年。

④ 王世和、钱耀鹏：《渭北三原、长武等地考古调查》，《考古与文物》1996年第1期。

⑤ 尚友德：《铜川前崂新石器时代遗址调查简报》，《考古与文物》1983年第2期。

⑥ 陕西省考古研究院、白水县文物旅游局：《陕西白水县下河遗址仰韶文化房址发掘简报》，《考古》2011年第12期。

⑦ 陕西省考古研究院、白水县文物旅游局：《陕西省白水县南山崂遗址F2调查简报》，《考古与文物》2012年第5期。

⑧ 陕西省考古研究院：《陕西黄陵县黄帝陵扩建工程发掘简报》，《考古与文物》2011年第6期。

⑨ 黄龙县文物管理所、陕西省考古研究所：《陕西黄龙县古遗址调查》，《考古与文物》1989年第1期。

⑩ 陕西省考古研究院：《陕西高陵县杨官寨新石器时代遗址》，《考古与文物》2009年第7期。

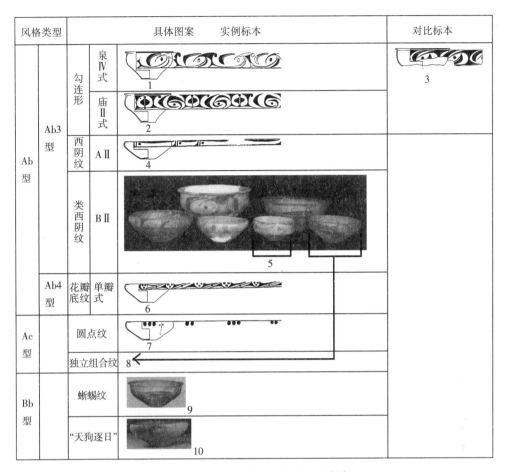

图2.69　杨官寨遗址庙底沟文化彩陶

1. G8-2②：40　2. H776②：7　3. H22：83　4. G8-2③：64　5. H776 出土　6. H776③：83　7. H776⑤：41
8. H776 出土　9. H776：29　10. T1534H2⑤：6　　（除3 为西坡出土外，其余标本为杨官寨出土）

的二方连续，接近庙底沟遗址一种"独立组合纹"的特点。

　　另有两件彩陶器，装饰的 Bb 型"象形风格"图案较罕见。H776：29 为蜥蜴纹，与庙底沟遗址出土的堆塑蜥蜴形象接近。T1534H2⑤：6 为一侧视的兽类形象与圆点的组合，与泉护村群中常见的侧视飞鸟与圆点的组合图案相似，或可称为"天狗逐日"。

　　其余遗址内可见庙底沟文化彩陶，以采集标本为主，较典型者如图2.70。

　　Aa1 型"线纹风格"：网格纹，如南殿村采集64：46。

　　Ab2 型"小半圆弧风格"：间隔叠弧纹，如邓家庄原图十：6，单体间的一列圆点以竖线串联。

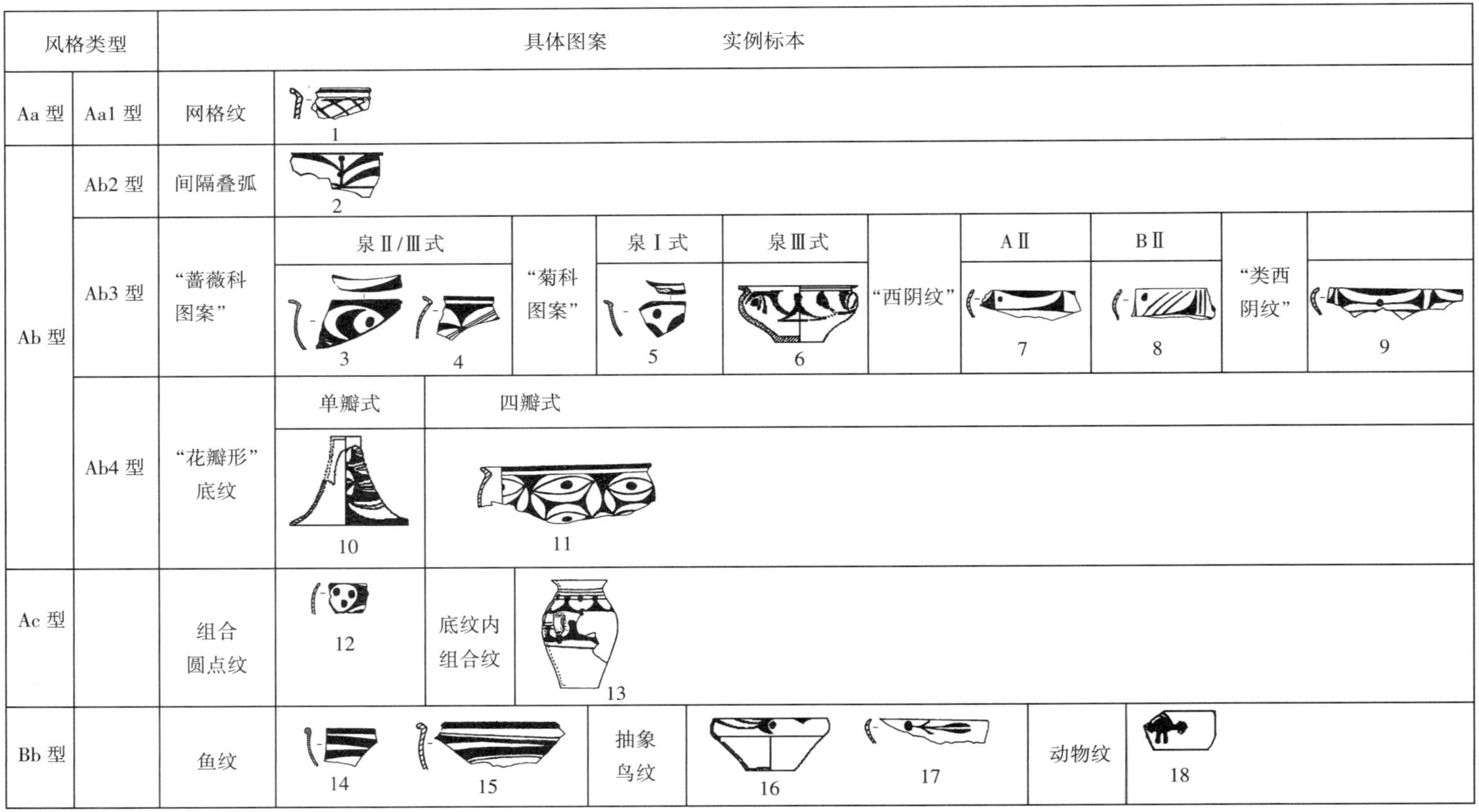

图2.70　西安市境内其他遗址庙底沟文化彩陶概况

1. 64：46　2. 原图十：6　3. H3：1　4. 75：03　5. H4：4　6. 原图七：10　7. 64：04　8. 64：133　9. 64：104　10. 原图七：17　11. 64：113　12. 64：89　13. 64：129　14. T2②：1　15. 80：09　16. 原图七：16　17. 64：103　18. 原图十：7　（1、4、7—9、11—13、15、17为邓家庄出土　2、6、10、16、18为南殿村采集　3、5、14为北牛出土）

Ab3 型"组合弧线纹风格"："蔷薇科图案"，如北牛 H3：1、南殿村采集 75：03，相当于"泉Ⅱ式"或"泉Ⅲ式"；"菊科图案"，如北牛 H4：4 应为"泉Ⅰ式"，邓家庄原图七：17 应为"泉Ⅲ式"；"西阴纹"，如南殿村采集 64：04 应为泉护村 A 型Ⅱ式，南殿村采集 64：133 图案不甚常规，具有庙底沟 B 型Ⅱ式特征；"类西阴纹"，如南殿村采集 64：104，与庙底沟遗址中常见者不同。

Ab4 型"弧边三角风格"的"花瓣形"底纹：邓家庄原图七：10 为彩陶器座，饰有横置的"单瓣"形；南殿村采集 64：113，应为四瓣式"铜钱形"图案 90°旋转后的二方连续，单体内上下两瓣中绘有弧线与圆点，似"目"形。

Ac 型"圆点风格"："∴"形组合圆点纹，如南殿村采集 64：89；底纹内组合纹，如南殿村采集 64：129，图案分行，为圆点与弧边三角组合纹的又一例脱离底纹使用的情况。

Bb 型"象形风格"：弧线几何化鱼纹，如北牛 T2②：1、南殿村采集 80：09 等；抽象鸟纹，如邓家庄原图七：16 似朝向右侧、南殿村 64：103 似朝向左侧；动物纹，如邓家庄原图十：7，其表现动物的方式虽较具体，但描摹尚稚拙。

（2）渭河流域

扶风案板遗址第一期遗存属于庙底沟文化。发表典型遗迹单位有 GNZH65、GNZH67、GNDH31、GNDH27，相当于庙底沟文化第一期；GNDH30、GNDH24、GNDG1 相当于庙底沟文化第二期，如图 2.71，层位关系有 GNDH30→GNDH31。

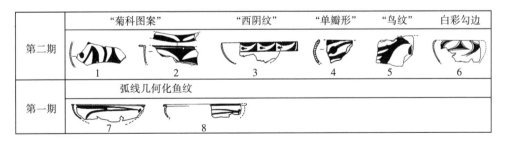

| | "菊科图案" | | "西阴纹" | "单瓣形" | "鸟纹" | 白彩勾边 |
|---|---|---|---|---|---|---|
| 第二期 | 1 | 2 | 3 | 4 | 5 | 6 |
| | 弧线几何化鱼纹 | | | | | |
| 第一期 | 7 | | 8 | | | |

图 2.71　案板遗址庙底沟文化第一、二期彩陶标本
1. GNDH30：61　2. GNDH30：33　3. GNZH66：1　4. GNDH11：39　5. GNXH11：37　6. GNXH11：36
7. GNDH31：16　8. GNDH27：2

第一期遗存中，较为典型的彩陶图案为弧线几何化鱼纹，如 GNDH31：16、GNDH27：2。

第二期遗存中，出土"菊科图案"如 GNDH30：61，大致相当于"庙Ⅱ式"或"庙Ⅲ式"；"蔷薇科图案"如 GNDH30：33，具体不详；"单瓣式"底纹，如 GNDH11：39，嵌入"线穿圆点"组合纹。

其余较常规的图案种类有"西阴纹"，如 GNZH66：1，应为泉护村 A 型Ⅱ式，其中圆点出尖尾似"蝌蚪状"，较罕见；具象侧视鸟纹，如 GNXH11：37，保留有鸟头、鸟眼、鸟喙、鸟羽等，较泉护村庙底沟文化第一期鸟纹略有简化，应属于第二期遗存。另有，GNXH11 内共出标本，GNXH11：36 是一列互为颠倒的黑彩弧边三角的组合，以白彩勾边，同类情况见于上述西阴村遗址庙底沟文化第二期的单位内。

岐山王家嘴遗址中，发表彩陶标本如图 2.72。其中，层位关系有 H5→H7。H5内彩陶盆标本 H5：3 饰有泉Ⅰ式"蔷薇科图案"，H5：27 残见图案应为泉Ⅱ式"菊科图案"中嵌入的"底纹内组合纹"。H7：7 所饰单瓣式二方连续图案，为泉护村遗址中多见的"花瓣形"细长者，H7：6 所饰"西阴纹"与泉护村 A 型相似，而单体中底纹留白窄小，单体间隔中嵌入一对"两边式"相背半圆弧的情况较罕见，H7：9所饰"西阴纹"亦与 A 型相似，底纹处绘有斜平行线则又似 B 型特征。由于存在 H5→H7 的层位关系，两者均可视为庙底沟文化第一期单位。其余应属于第一期的彩陶标本：饰有泉Ⅰ式"菊科图案"的 T4④：18，饰有泉Ⅱ式"菊科图案"的 T4④：17、采：1；饰有泉Ⅰ式"蔷薇科图案"的 采：2；饰有弧线几何化鱼纹的 T4④：1、H4：13。

H8 出土彩陶盆 H8：5、H8：4，曲腹程度大、腹较深，属于庙底沟文化第二期典型器，所饰"菊科图案"较潦草，构图松散，呈现简化的趋势，接近庙底沟文化第三期。共出的 H8：30，饰有"花瓣形"底纹与圆形底纹的组合，与庙底沟遗址同类图案接近，H8：32，饰有抽象鸟纹。

H4 出土敞口斜直腹盆、折肩敛口瓮等，为庙底沟文化第三期典型器。共出的彩陶标本，除弧线几何化鱼纹应为第一期遗存外，其余则无明显的早期特征。"西阴纹"，如 H4：125、H4：124，为泉护村 A 型Ⅱ式；H4：123 所饰图案，应属于 Ab4 型"弧边三角风格"，与"花瓣形"底纹中"单瓣式"底纹与圆形底纹相间组合的图案布局相似，H4：123 在圆形底纹内嵌入圆点与一小弯钩的组合纹，而"单瓣式"底纹几乎不存，据此推测，其应是由第一、二期中流行的"花瓣形"底纹演化而得。

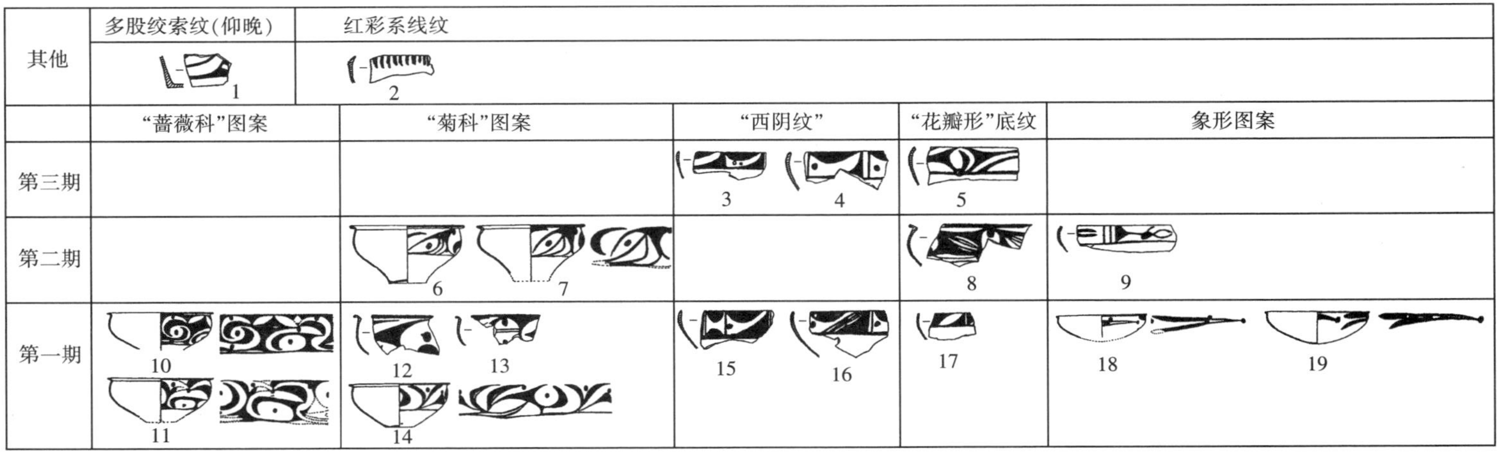

图 2.72　王家嘴遗址庙底沟文化各期彩陶标本

1. H10：7　2. T3④：2　3. H4：125　4. H4：124　5. H4：123　6. H8：5　7. H8：4　8. H8：30　9. H8：32　10. H5：3　11.　12. T4④：18　13. T4④：17
14. 采：1　15. H7：6　16. H7：9　17. H7：7　18. T4④：7　19. H4：13

另有不甚典型彩陶标本，如 H10：7，为近底部施彩者，残存图案与陇县原子头仰韶时代晚期 H46：3① 平底瓶近底部所施"多股绞索纹"相似，应为仰韶时代晚期遗存。T3④：2 口沿处不规则的短线纹，推测应为简报中所称的施少量紫红色彩者。

宝鸡福临堡遗址第一期遗存属于庙底沟文化，第二期泉护文化中部分彩陶标本可能是从早期的庙底沟文化遗存中扰入。典型遗迹单位有 H5、H14、H114、H125、F6 等，如图 2.73。除 H114 内出土弧线几何化鱼纹盆 H114：10，相对年代可早至庙底沟文化第一期外，H5、F6 等单位内，均出有曲腹程度大、腹较深的彩陶盆，应相当于庙底沟文化第二期以后。

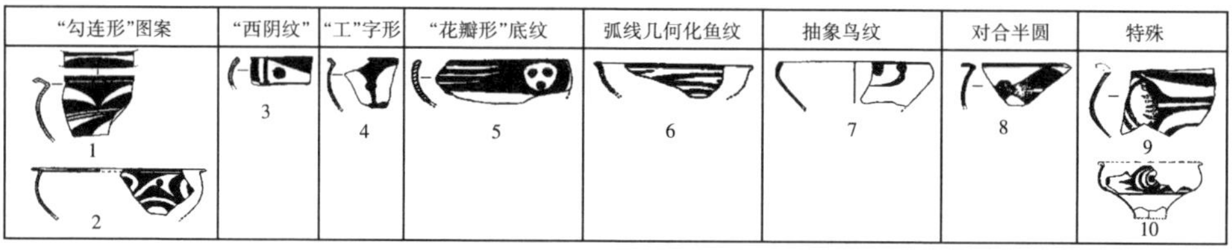

| "勾连形"图案 | "西阴纹" | "工"字形 | "花瓣形"底纹 | 弧线几何化鱼纹 | 抽象鸟纹 | 对合半圆 | 特殊 |
|---|---|---|---|---|---|---|---|
| | | | | | | | |

图 2.73　福临堡遗址庙底沟文化彩陶

1、9、10. H5 出土　2. H5：2　3. H114 出土　4. H137：10　5. T4④：3　6. H114：10　7. F6：26
8. H125 出土

H5：2 残见"菊科图案"b 部分底纹内组合图案，具有泉Ⅰ式特征，从周围残存笔道走势看，很可能为泉Ⅲ式"蔷薇科图案"中的嵌入图案。T4④：3、T3③、H3内出土者，饰有"花瓣形"底纹与圆形底纹的组合，圆形底纹中多见"∵"形圆点组合纹。H137：10 残见的"工"字形间隔，应为"复合花卉图案"的组成部分。H114 出土"西阴纹"，为 A 型Ⅱ式。F6：26 残见的间隔圆点纹，亦可能是"抽象鸟纹"的一种。

另有若干彩陶盆标本残见图案较特殊：如"靶状图案"见于 H5、F6 中；"扫帚状图案"见于 H5；"对合半圆纹"见于 H125，应为与圆点组合成的单独图案。

其余遗址内可见庙底沟文化彩陶，以采集标本为主，较典型者如图 2.74。

Aa1 型"线纹风格"：网格纹，如凤翔水沟采集者，应为一瓶壶类器的罐形口部，饰有交叉线组成的不规则网状纹。

---

① 宝鸡市考古工作队、陕西省考古研究所：《陇县原子头》，北京：文物出版社，2005 年，138 页。

| 风格类型 | | | 具体图案　　实例标本 | | |
|---|---|---|---|---|---|
| Aa 型 | Aa1 型 | 网格纹 |  　1 | | |
| Ab 型 | Ab3 型 | "蔷薇科图案" | 泉Ⅰ式 | 泉Ⅲ式 | |
| | | | 　2 | 　3 | |
| | | "菊科图案" | 泉Ⅰ式 | | 泉Ⅳ式 |
| | | | 　4　　5 | | 　6 |
| | Ab4 型 | "花瓣形"底纹 |  　7 | | |
| Ac 型 | | 底纹内组合纹 |  　8 | | |
| Bc 型 | | 弧线几何化鱼纹 |  　9 　　10　　11 | | |
| | | 抽象鸟纹 |  　12 　　13 | | |

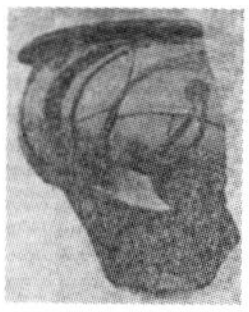

图 2.74　渭河流域其他遗址庙底沟文化彩陶概况

1 为水沟采集　2、10 为沣西采集　3 蝎子岭采集　4 为底寺采集　5. 老堡子 H3①：2　6 为客省庄北采集　7 浒西庄 T25⑦：1　8 为纸坊头 T2⑤出土　9 为游凤采集　11、13 为白家采集　12 为拐沟采集

Ab3 型 "组合弧线纹风格"："蔷薇科图案"，如沣西采集者相当于泉Ⅰ式，五楼村蝎子岭采集者相当于泉Ⅲ式；"菊科图案"，如凤翔底寺采集者、周原老堡子 H3①：2 应相当于泉Ⅰ式，沣西客省庄村北采集标本，应相当于泉Ⅳ式 Ab4 型 "弧边三角风格"：如武功浒西庄 T25⑦：1，为借瓣的 "多瓣式" 花朵形，与西坡

H22：84相似。

Bb型"象形风格"：弧线几何化鱼纹，如沣西采集者，武功游凤原图三：1、眉县白家采：5；抽象鸟纹，如岐山拐沟采集者，眉县白家采：4。

另有纸坊头T2⑤内一彩陶盆标本，所饰图案中有"毛边"装饰，具体图案不详。

（3）泾河流域

彬县下孟村遗址发表图案类彩陶器三件，见于简报图版壹①，如图2.75。

波浪形
曲线纹

1

"工"字形
间隔纹

2

泉Ⅲ式

"蔷薇科图案"

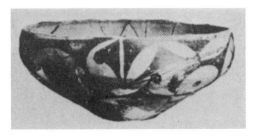

3

图2.75　下孟村简报图版壹发表彩陶器

---

① 陕西考古所泾水队：《陕西邠县下孟村遗址发掘简报》，《考古》1960年第1期。

图版壹：2 命名为彩陶钵有误，其口沿部分明显残缺，从断茬情况看，原有折沿，应为折沿曲腹彩陶盆。其弧腹微曲的形态，为庙底沟文化第一期特点，所饰"蔷薇科图案"亦相当于"泉Ⅲ式"，与器形期属相适应。图版壹：3 鼓腹罐器形与2002 年庙底沟 H9：27 相似，而图案的可见亦与庙底沟 2002 年 H9：27 相似，则其应属于庙底沟文化第二期。图版壹：13 彩陶钵所饰图案属于 Ab1 型"线纹风格"，可见部分为三道"S"形弧线，并非庙底沟文化的彩陶风格，而更接近与陕甘交界地区马家窑文化彩陶中的波浪形曲线纹。因此，其相对年代可能已超出庙底沟文化范畴。由此可见，图版壹的三件彩陶器，应具有相对年代差异。

彬县水北遗址第二期遗存属于庙底沟文化。发表典型单位有：F4、H28、H40、H53 属于庙底沟文化第一期；H58 属于庙底沟文化第二期；H76 属于庙底沟文化第三期，如图 2.76。

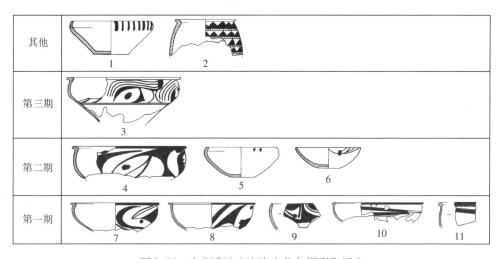

图 2.76 水北遗址庙底沟文化各期彩陶标本
1. H67：1 2. H71：5 3. H76：1 4. H58：29 5. H58：4 6. H58：2 7. H28：1 8. H40：1 9. H7：6
10. H53：1 11. F4：3

第一期遗存中，出土"菊科图案"彩陶盆，如 H28：1、H40：1，为泉Ⅰ式；弧线几何化鱼纹盆，如 H53：1、F4：3。第二期遗存中，"菊科图案"彩陶盆，如H58：29，相当于"泉Ⅱ式"或"泉Ⅲ式"；"圆点纹"，如 H58：4；抽象鸟纹，如H58：2。第三期遗存中，彩陶盆 H76：1 所饰图案单体为"菊科图案"的"对旋"结构，旋臂局促，单体简化，应相当于"庙Ⅳ式"，上部底纹处绘一组与旋臂平行的波形曲线的情况罕见。

仰韶晚期单位内扰入的早期彩陶标本：如 H7∶6，与王家嘴遗址中庙底沟文化第一期 H7∶6，图案相似、方向相反；H67∶1，为紫红色竖线纹，并非庙底沟文化风格。另外，报告内定为二期的 H71 出土彩陶罐 H71∶5，饰有多行连续三角纹，亦非庙底沟文化传统风格，由于其相对年代并不可查实，不能排除此件标本有超出庙底沟文化范畴的可能性。

其余遗址内可见庙底沟文化彩陶标本，较典型者如图 2.77。

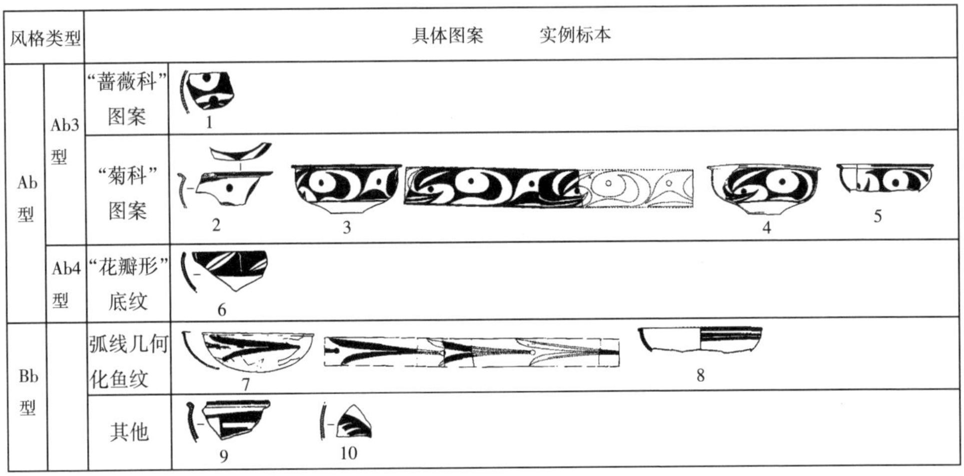

图 2.77　泾河流域其他遗址庙底沟文化彩陶概况

3. T1106⑤　4. H1168∶1　5. AH2∶1　6. BH4∶10　7. H1139∶10　8. TG1H2∶10　9. CH3∶1　10. TGH1∶13
（1 为衙背后采集　2 为枣树沟脑采集　3、4、7 为碾子坡出土　5、6、8－10 为河里范出土）

Ab3 型"组合弧线纹风格"："蔷薇科图案"，如衙背后采集残片；"菊科图案"，如枣树沟脑采集者应相当于"泉Ⅰ式"，碾子坡 T1106⑤、H1168∶1，河里范 AH2∶1 相当于"泉Ⅰ式"或"泉Ⅱ式"。

Ab4 型"弧边三角风格"："花瓣形"底纹，如河里范 BH4∶10，为单瓣式二方连续，单体为泉护村所见的细长形状。

Bb 型"象形风格"：弧线几何化鱼纹，如碾子坡 H1139∶10、河里范 TG1H2∶10，而河里范 CH3∶1 残见图案，可能为半坡文化中直线造型的鱼纹有关。

另有河里范 TGH1∶13 残片，所饰"羽状纹"较罕见。

（4）关中北缘

该地区多采集有彩陶标本残片，残见弧线几何化鱼纹、"西阴纹""菊科图案"

"蔷薇科图案" 等庙底沟文化常见彩陶图案。

桥山黄帝陵附近，发掘所得一组庙底沟文化第三期遗迹单位间的打破关系：③→H1→H2。③层与H2中均出土上唇基本退化的尖底瓶口。H1内出土彩陶标本若干，可辨图案为 "泉Ⅲ式" 侧视鸟纹，饰于盆、钵、罐等不同器类器表。H1：4、H1：12残见单鸟，羽状图案代替飞翔的鸟身；H1：8残见同向双鸟，间有圆点；H1：6亦残见双鸟，抽象程度接近 "抽象鸟纹"，但仍可辨左侧鸟纹为一侧身飞鸟形象，而右侧鸟纹更像是飞翔中翻转的形象。H1：6的右侧鸟纹，较庙底沟、大禹渡等遗址中的 "抽象鸟纹" 而言，与 "圆点与弧边三角" 的 "底纹内组合纹" 最为相似。由于其绘于展现禽鸟飞翔形态的 "情境" 中，则可认为其属于鸟纹，如图2.78。

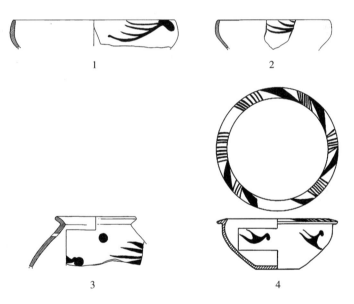

图2.78　黄帝陵附近出土庙底沟文化第三期侧视鸟纹
1. H1：4　2. H1：12　3. H1：8　4. H1：6

黄龙县石曲H1内出土者，所饰 "菊科图案" 相当于 "泉Ⅱ式"；西山采集彩陶盆，所饰 "蔷薇科图案" 相当于 "泉Ⅰ式"；西山采集彩陶罐，所饰 "工" 字形间隔纹较为特殊，由两种单体相间而成，一种单体内两端呈扇形的线条，按 "对合绞弧纹" 的形状绞合，另一种单体内，同样的线条以 "井" 字形交叉。如图2.79。

2. 陕北高原

陕北高原分布有较多的庙底沟文化遗存地点，由于考古工作开展程度有限，

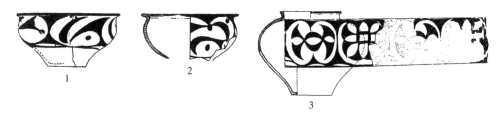

图 2.79　黄龙县庙底沟文化彩陶标本
1. 石曲 H1 出土　2、3 西山采集

发表资料者较少，主要有榆林市无定河流域①、靖边地区②的采集标本，如图 2.80。

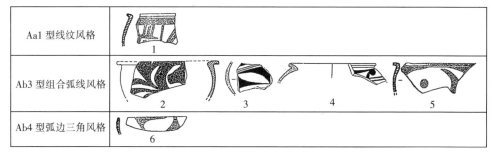

图 2.80　陕北高原庙底沟文化彩陶标本
1、5、6 为新村采集　2 为后淮宁湾采集　3. 杜梨峁采：7　4. 旧窑峁采：2

彩陶标本均为残片，难以推测图案全貌：后淮宁湾采集者、杜梨峁采：7、旧窑峁采：2、新村采集标本原图四：8 残见图案，可能为"蔷薇科图案"的局部；新村采集标本原图四：3，可能为互为颠倒的弧边三角组合；新村采集标本原图四：1，残见横竖不规则的短线段，具体图案不详。

3. 秦岭山区

陕南秦岭山地亦多庙底沟文化遗存地点，从北往南主要分布于丹江、汉水的上游，主要有丹江上游③商县赵塬、山阳县西原、乔村等遗址，汉江上游花园柏树岭④、

①　吕智荣：《无定河流域考古调查简报》，《史前研究辑刊》，西安半坡博物馆，1988 年；康宁武：《榆林市的仰韶时期遗存》，《考古与文物》2013 年第 4 期。

②　吕智荣：《陕西靖边县安子梁、榆林县白兴庄等遗址调查简报》，《考古》1994 年第 2 期。

③　商洛地区考古调查组：《丹江上游考古调查简报》，《考古与文物》1981 年第 3 期。

④　秦岭、张铭惠：《安康花园柏树岭新石器时代遗址调查试掘记》，《考古与文物》1980 年第 2 期。

汉阴阮家坝①、紫阳马家营②、西乡何家湾③、城固单家咀④、南郑龙岗寺⑤等遗址。
彩陶标本如图2.81。

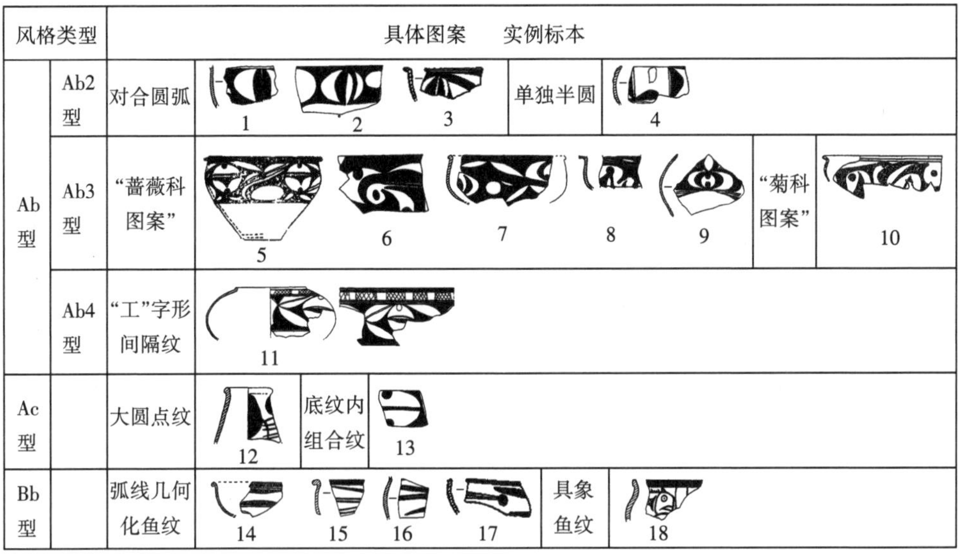

| 风格类型 | | | 具体图案　实例标本 | | | | | |
|---|---|---|---|---|---|---|---|---|
| Ab型 | Ab2型 | 对合圆弧 | 1　2　3 | | | 单独半圆 | 4 | |
| | Ab3型 | "蔷薇科图案" | 5　6 | 7 | 8 | 9 | "菊科图案" | 10 |
| | Ab4型 | "工"字形间隔纹 | 11 | | | | | |
| Ac型 | | 大圆点纹 | 12 | 底纹内组合纹 | 13 | | | |
| Bb型 | | 弧线几何化鱼纹 | 14　15 | 16 | 17 | 具象鱼纹 | 18 | |

图2.81　秦岭山区庙底沟文化彩陶概况

1. T43②：14　2. T48③：21　3. T20③：1　4. T38②：9　5. H175：4　6. H59：16　7. H59：3　8. T30②：8
11. T28②：2　12. T27②：12　13. T33③：35　17. H175：15　18. 采：10　（1、8、11、12、16、18 为
何家湾出土　2、13 为马家营出土　3、4、5、17 为龙岗寺出土　6、7 为阮家坝出土　9、15 为赵塬采集
10 为单家咀采集　14 为柏树岭采集）

Ab2 型 "小半圆弧风格"：对合圆弧纹，如何家湾 T43②：14、马家营 T48③：21、
龙岗寺 T20③：1，龙岗寺者可能为 "花苞形"；单独半圆纹，如龙岗寺 T38②：9。

Ab3 型 "组合弧线纹风格" 的 "蔷薇科图案"：如龙岗寺 H175：4、阮家坝 H59：
16、阮家坝 H59：3 相当于 "泉Ⅱ式" 或 "泉Ⅲ式"；何家湾 T30②：8 残见图案应为 "蔷
薇科图案" 内嵌入图案；另有赵塬遗址采集者，可能为 "蔷薇科图案" 局部。"菊科
图案"，如城固单家咀采集者，旋臂局促，应相当于 "庙Ⅱ式"。

Ab4 型 "弧边三角风格"："工"字形间隔纹，如何家湾敛口鼓腹罐 T28②：2，

---

① 陕西省考古研究所、陕西省安康水电站库区考古队：《陕南考古报告集》。
② 陕西省考古研究所、陕西省安康水电站库区考古队：《陕南考古报告集》。
③ 陕西省考古研究所、陕西省安康水电站库区考古队：《陕南考古报告集》。
④ 唐金裕：《汉中地区新石器时代遗址调查简报》，《考古与文物》1981 年第 1 期。
⑤ 陕西省考古研究所：《龙岗寺——新石器时代遗址发掘报告》。

图案分行，施白衣黑红复彩，上行为分段网格纹窄带，下行"工"字形间隔中嵌入一对弧边三角，形成圆形底纹与"四瓣式"底纹的组合，其圆形底纹中，再嵌入"底纹内组合纹"。

Ac 型"圆点风格"：圆点纹，如何家湾长颈壶类器 T27②：12，器表残见大圆点形和栅栏形图案；底纹内组合纹，马家营 T33③：35，为"÷"形组合纹。

Bb 型"象形风格"：弧线几何化鱼纹，如赵塬、柏树岭、何家湾遗址采集者和龙岗寺 H175：15；具象鱼纹，如何家湾采：10，为小细眼张口形态，但与半坡文化中常见者尚有差别。

4. 临汾盆地

主要遗址有河津固镇①，新绛光村②，侯马垤上、观庄③、褚村④，翼城枣园⑤、南橄⑥、北橄⑦，洪洞耿壁⑧等。

河津固镇遗址第一期遗存属于庙底沟文化。根据发掘报告，可将 T101、T102、T105、T106 内的庙底沟文化层④a、④b、④c 层视作统一的地层。因此，发表有彩陶线图的庙底沟文化主要遗迹单位间，存在如下的层位关系：④a→H15→④b→H16→④c→H10、H19。层位关系最底端的 H10，出土遗物以曲腹彩陶盆 H10：5 的阶段性特征最为明显，上腹外鼓、下腹内曲的程度均较大，腹较深，与西阴村 H30：63 的器形特征相似，所饰图案相当于泉Ⅱ式"菊科图案"或庙Ⅱ式"复合花卉图案"，属于庙底沟文化第二期。层位关系最顶端的④a 层，出土的双錾斜壁盆 T101④a：1 与西阴村 H30：19 器形一致，也属于庙底沟文化第二期。可以认为河津固镇的庙底

① 山西省考古研究所：《山西河津固镇遗址发掘报告》，《三晋考古》（第二辑），太原：山西人民出版社，1996 年。

② 山西省考古研究所、新绛县博物馆：《山西新绛光村新石器时代遗址调查》，《文物季刊》1996 年第 2 期。

③ 侯马市博物馆：《山西侯马市古文化遗址调查报告》，《文物季刊》1992 年第 1 期。

④ 山西省考古研究所：《山西侯马褚村遗址试掘简报》，《文物季刊》1996 年第 2 期。

⑤ 山西省考古研究所：《翼城枣园》。

⑥ 山西省考古研究所：《翼城四遗址调查报告》，《文物季刊》1992 年第 2 期。

⑦ 山西省考古研究所：《山西翼城北橄遗址发掘报告》，《文物季刊》1993 年第 4 期。

⑧ 山西省考古研究所：《山西洪洞耿壁遗址调查、试掘报告》，《三晋考古》（第二辑），太原：山西人民出版社，1996 年。

沟文化遗存年代接近、内涵单纯，其所见彩陶图案应视作庙底沟文化风格。具体图案种类与庙底沟遗址中庙底沟文化第二期比较接近，个别图案具有第一或第三期特征，如图2.82。

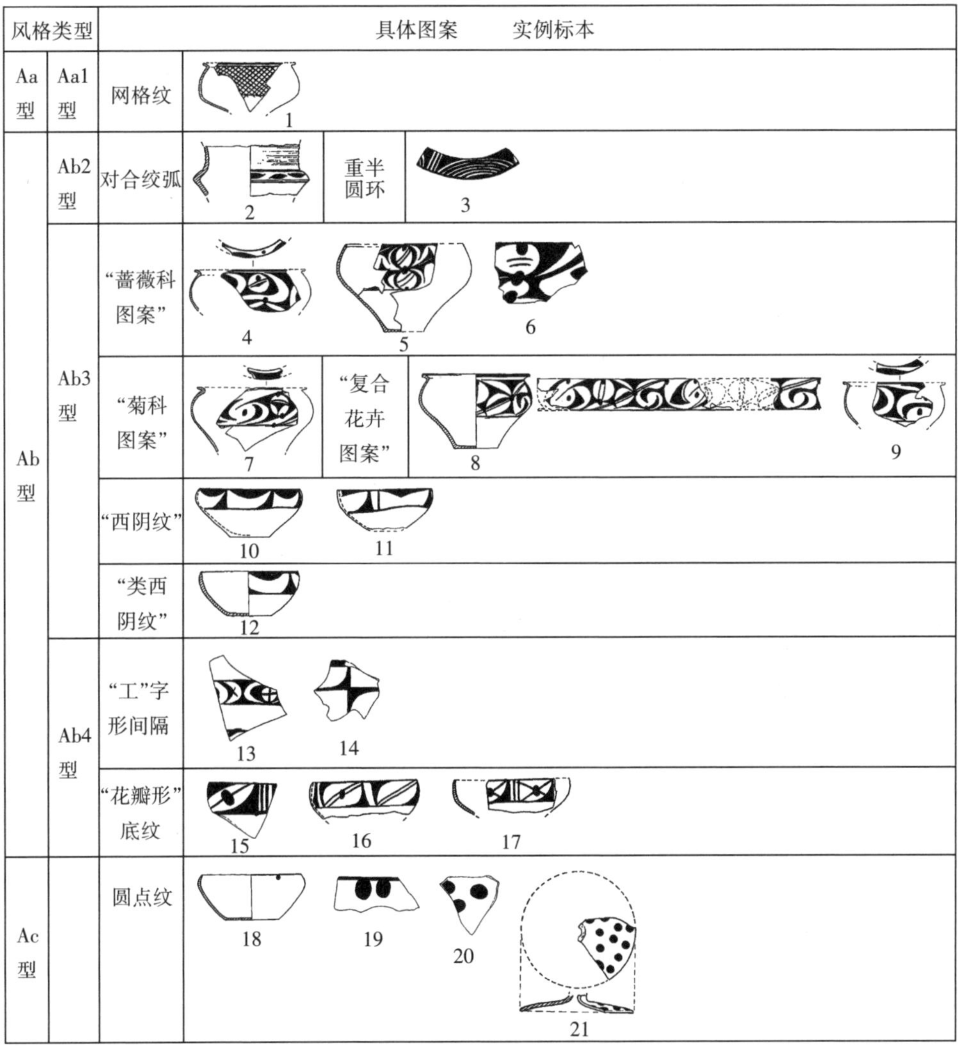

| 风格类型 | | | 具体图案　　　实例标本 | | |
|---|---|---|---|---|---|
| Aa 型 | Aa1 型 | 网格纹 | 1 | | |
| Ab 型 | Ab2 型 | 对合绞弧 | 2 | 重半圆环 | 3 |
| | Ab3 型 | "蔷薇科图案" | 4 | 5 | 6 |
| | | "菊科图案" | 7 | "复合花卉图案" | 8　9 |
| | | "西阴纹" | 10 | 11 | |
| | | "类西阴纹" | 12 | | |
| | Ab4 型 | "工"字形间隔 | 13 | 14 | |
| | | "花瓣形"底纹 | 15 | 16 | 17 |
| Ac 型 | | 圆点纹 | 18 | 19 | 20　21 |

图2.82　固镇遗址庙底沟文化彩陶概况

1. H15：13　2. H15：14　3. H10：7　4. H16：21　5. H15：9　6. H13：1　7. H10：5　8. H15：10　9. H15：29
10. H5：3　11. H19：4　12. H16：16　13. H18：29　14. H19：13　15. H15：35　16. H19：3　17. H16：19
18. H15：2　19. H10：16　20. T105④a：3　21. H16：12

Aa1 型"线纹风格"：网格纹，如 H15：13。

Ab1 型"线纹风格"：对合绞弧纹，如折腹罐 H15：14 的肩部图案，似庙底沟遗址中常见的对合绞弧纹，而于中部底纹处填实彩；重半圆环纹，如 H10：7 的彩陶盆沿面装饰，图案与金盛庄标本相似，虽较少见，也应为庙底沟文化的彩陶图案。

Ab3 型"组合弧线纹风格"："蔷薇科图案"，如 H16：21 残见部分相当于"泉 I 式"，H15：9、H13：1 可能为双行结构；"复合花卉图案"，如 H15：11、H15：10、H15：29 等，相当于"庙 II 式"；"西阴纹"，如 H5：3、H16：20、H19：4 施于敛口曲腹钵，应为泉护村 A 型 II 式，但底纹处无圆点；"类西阴纹"，如 H16：16，应为较早的雏形图案，相当于 A 型 I 式。

Ab4 型"弧边三角风格"："工"字形间隔纹，如 H18：29 应为"庙 III 式"，如 H19：13 可能为"工"字形内嵌入图案；"花瓣形"底纹，多见单瓣式的二方连续，嵌入"线穿圆点"组合纹，如 H15：35 底纹细长，H19：3 底纹肥厚，另有 H16：19 单体缺一侧弧边三角，嵌入"交叉线穿圆点"的组合纹。

Ac 型"圆点风格"：圆点纹，如 H15：2、H10：16 为大间隔圆点纹，T105④a：3 为"∴"形组合圆点纹，H16：12 为装饰器盖表面的密集圆点纹。

翼城北橄遗址的仰韶时代四期遗存，均属于仰韶时代早期。简报认为四期遗存是传承有序的同一种考古学文化。如果基于这一认识，由于第四期遗存面貌与典型庙底沟文化一致，则北橄遗存一至四期均应属于庙底沟文化。上一节中，北橄第一、二期流行的 Aa2 型"直边三角风格"彩陶已有所述及，在此仅讨论第三、四期遗存的彩陶遗存，如图 2.83。至于北橄第一至四期的文化属性，将在下文详述。

北橄第三期遗存，与第一、二期遗存同属遗址中南部发掘区，具有明确的层位关系，而第四期遗存则见于 1991 年 5 月的发掘区。两期遗存中彩陶图案种类接近，其中，核心地区常见的庙底沟文化典型图案较少见。

Ab2 型"小半圆弧风格"：对合圆弧纹，如三期标本 II T403③：2、四期标本 T9⑦：1。

Ab3 型"组合弧线纹风格"："勾连形"图案，如三期标本 II T502②：4、四期标本 H10：14。

Ab4 型"弧边三角风格"："工"字形间隔纹，如三期标本采 H2：19，四期标本 T8⑨：1，T4⑨：1；弧边三角构成的圆形底纹，如 H10：8、T11④：4 等；单独弧边三角，如 H10：19，具体构图不详。

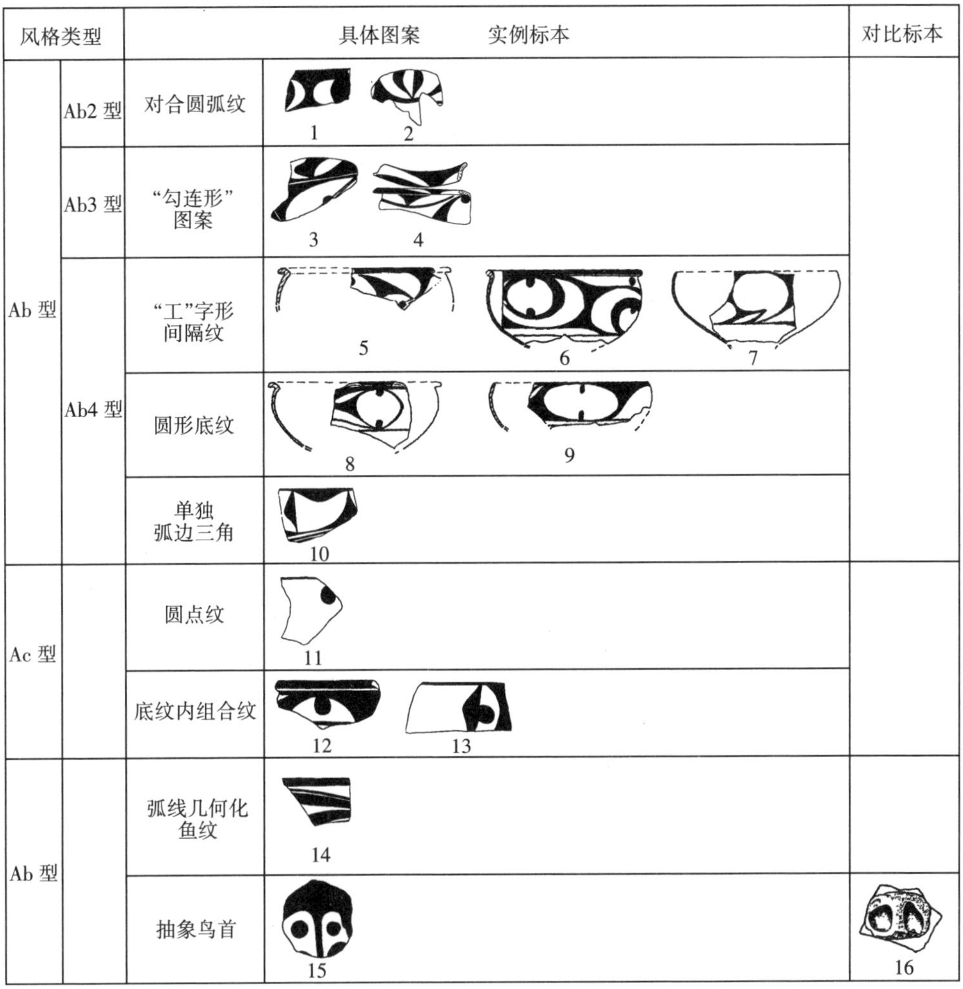

| 风格类型 | | | 具体图案    实例标本 | 对比标本 |
|---|---|---|---|---|
| Ab 型 | Ab2 型 | 对合圆弧纹 | 1    2 | |
| | Ab3 型 | "勾连形"图案 | 3    4 | |
| | Ab4 型 | "工"字形间隔纹 | 5    6    7 | |
| | | 圆形底纹 | 8    9 | |
| | | 单独弧边三角 | 10 | |
| Ac 型 | | 圆点纹 | 11 | |
| | | 底纹内组合纹 | 12    13 | |
| Ab 型 | | 弧线几何化鱼纹 | 14 | |
| | | 抽象鸟首 | 15 | 16 |

图 2.83  北橄遗址庙底沟文化彩陶概况

1. ⅡT403③：2  2. T9⑦：1  3. ⅡT502②：4  4. H10：14  5. 采 H2：19  6. T8⑨：1  7. T4⑨：1
8. H10：8  9. T11④：4  10. H10：19  11. ⅡT1403③：6  12. ⅡT402②：8  13. T10④：4  14. T5⑦：2
15. ⅠT102②：4  16. ⅠT102②：3

Ac 型 "圆点风格"：圆点纹，如三期标本ⅡT1403③：6；底纹内组合纹，如三
期标本ⅡT402②：8 的残见图案，如四期标本 T10④：4 的圆点与弧边三角组合，则
脱离底纹。

Bb 型 "象形风格"：弧线几何化鱼纹，如四期标本 T5⑦：2；抽象鸟首，如三期
标本ⅠT102②：4 的残见图案，与第三、四期的鸟首形贴塑相似。

盆地北部洪洞耿壁遗址试掘房址 F1，发表遗物多为 F1 内堆积，即简报中的③、

④层。从出土遗物来看，两层没有相对年代早晚的明确分别，可看作同时形成。③
层内出土尖底瓶口沿具有典型重唇口（T4③：8）与开始退化的重唇口（T2③：6）
两种，不见更晚形态，意味着 F1 内堆积不晚于庙底沟文化第二期。彩陶标本如
图 2.84。

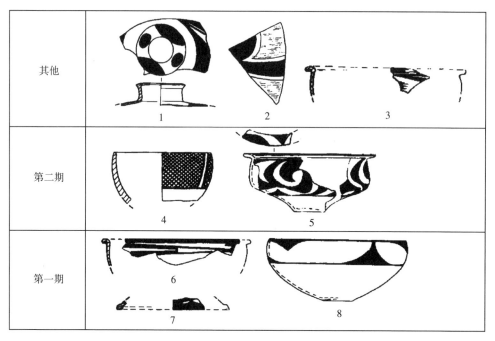

图 2.84　耿壁 F1 内庙底沟文化彩陶标本
1. T5③：9　2. T3④：8　3. T3③：4　4. T4③：4　5. T4③：21　6. T4③：12　7. T2④：3　8. T5④：1

　　弧线几何纹鱼纹盆 T4③：12、A 型 I 式 "类西阴纹" T5④：1、彩陶器盖 T2
④：3 应属于庙底沟文化第一期彩陶。曲腹较深的彩陶盆 T4③：21 和深弧腹钵 T4
③：4，则已进入庙底沟文化第二期。前者所饰图案可能与 "庙 I 式" 的 "蔷薇科
图案" 相当，后者饰有分段网格纹，均为庙底沟文化第二期常见图案。此外，白
彩勾边的图案有一例，如 T3④：8，具体图案不详；施彩的小口壶口部标本有一
例，如 T5③：9，较为罕见；彩陶盆 T3③：4 所饰图案中有 "毛边" 装饰，与纸坊
头标本相似。

　　其他遗址中典型图案如图 2.85。

　　Ab3 型 "组合弧线纹风格"："菊科图案"，如光村 XG：71 残见部位似 "菊科图
案" 的 b 部分组合纹，垆上 H6：14 残见部位似其 a 部分 "对旋"；A 型 I 式 "类西

| 风格类型 | | | 具体图案　　实例标本 |
|---|---|---|---|
| Aa 型 | Aa1 型 | 双线网格 |  <br>1 |
| Ab 型 | Ab3 型 | "菊科图案" |  <br>2　　　　3 |
| | | "类西阴纹" |  <br>4 |
| | Ab4 型 | "工"字形间隔纹 |  <br>5 |
| | | "花瓣形"底纹 | 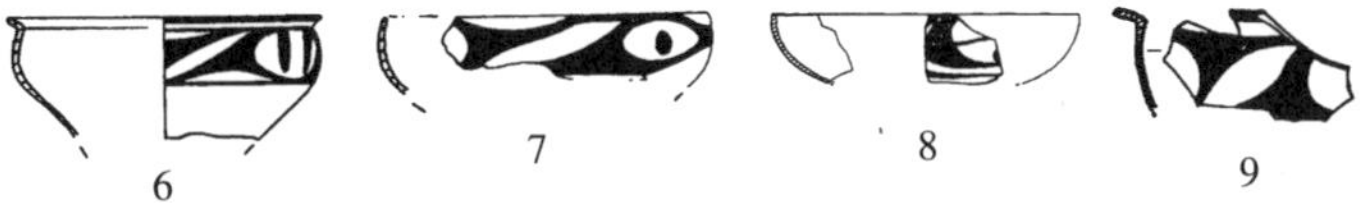 <br>6　　　7　　　8　　　9 |
| Ac 型 | | 圆点纹 |  <br>10 |
| Bb 型 | | 弧线几何化鱼纹 |  <br>11　　　12　　13 |
| 其他 | | 白彩勾边 |  <br>14　　15 |
| | | | 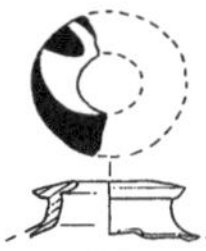 <br>16 |

图 2.85　临汾盆地其他遗址庙底沟文化彩陶概况

2. XG：71　3. H6：14　4. XG：117　6. XG：70　7. XG：58　8. H6：3　9、13. H2 内　10. 采：28　11. XG：67
14. SH1：1　15. JS46：2　16. XG：82　（1、5、12 为南卫采集　2、4、6、7、11、16 为光村采集
3、8 为垤上出土　9、13 为南撖出土　10 为褚村采集　14 为西尉村采集　15 为兴光村采集）

阴纹",如光村 XG：117。

Ab4 型"弧边三角风格":"工"字形间隔纹,如南卫采集标本;"花瓣形"底纹,如光村 XG：70、XG：58、垤上 H6：3 应为"单瓣式"底纹与圆形底纹组合,南撖 H2 内标本残见图案为"花瓣形",具体布局不详。

Ac 型"圆点风格":圆点纹,如褚村采：28。

Bb 型"象形风格":弧线几何化鱼纹,如光村 XG：67、南撖 H2 内标本、南卫

采集标本。

其中，南橄 H2 内出土典型重唇尖底瓶口、"铁轨形"夹砂罐口沿等庙底沟文化第一期典型器物，则 H2 内遗存应相当于庙底沟文化第一期。此外，南卫采集标本饰有双线网格纹，可能与庙底沟文化第三期所见较宽大的网格纹相当；光村采集口部施彩的小口壶，如 XG：82 与耿壁所见相似；少量标本，如西尉村 SH1：1、兴光村 JS46：2 等①有白彩勾边的作风。

5. 太原盆地

主要遗址有汾阳②峪道河③、段家庄、杏花村，孝义临水④等。彩陶标本如图 2.86。

段家庄 H2、H3 内出土典型的重唇尖底瓶口，浅弧腹钵，叠唇较平的叠唇盆，腹中部外鼓的敛口瓮、彩陶盆等，属于庙底沟文化第一期典型单位。H2：2 彩陶器盖，具体图案不详；H3：8 饰有"单瓣式"底纹与圆形底纹组合图案，"花瓣式"底纹内嵌入"线穿圆点"组合纹，圆形底纹内嵌入"÷"形组合纹；H3：16 残见图案，应为"蔷薇科图案"，从其中底纹部位嵌入有"底纹内组合纹"推测，相当于"泉Ⅲ期"。

杏花村 H262 出土退化重唇尖底瓶口，口沿贴附加堆纹的夹砂罐，属于庙底沟文化第三期典型单位。其中，彩陶残片 H262：6 为单瓣式二方连续图案，H262：14 为一"勾连形"图案中的底纹内组合纹，H262：15 可能为一"勾连形"图案中的"工"字形结构，应均为相对年代较早的标本。

其他采集标本中可见图案如下。

Aa1 型"线纹风格"：网格纹，如杏花村采集 011。

Ab3 型"组合弧线纹风格"：具体布局不明的"勾连形"图案，如临水采集标本、峪道河采集标本、段家庄采集 07。

Ab4 型"弧边三角风格"："花瓣形"底纹，如段家庄采集 08，为借瓣的"五瓣

① 中国社会科学院考古研究所山西工作队：《晋南考古调查报告》，《考古学集刊》（6），北京：中国社会科学出版社，1989 年。
② 国家文物局、山西省考古研究所、吉林大学考古学系：《晋中考古》，北京：文物出版社，1999 年。
③ 山西省考古研究所：《山西汾阳县峪道河遗址调查》，《考古》1983 年第 11 期。
④ 张德光：《临水和吉家庄遗址的调查》，《文物季刊》1989 年第 2 期。

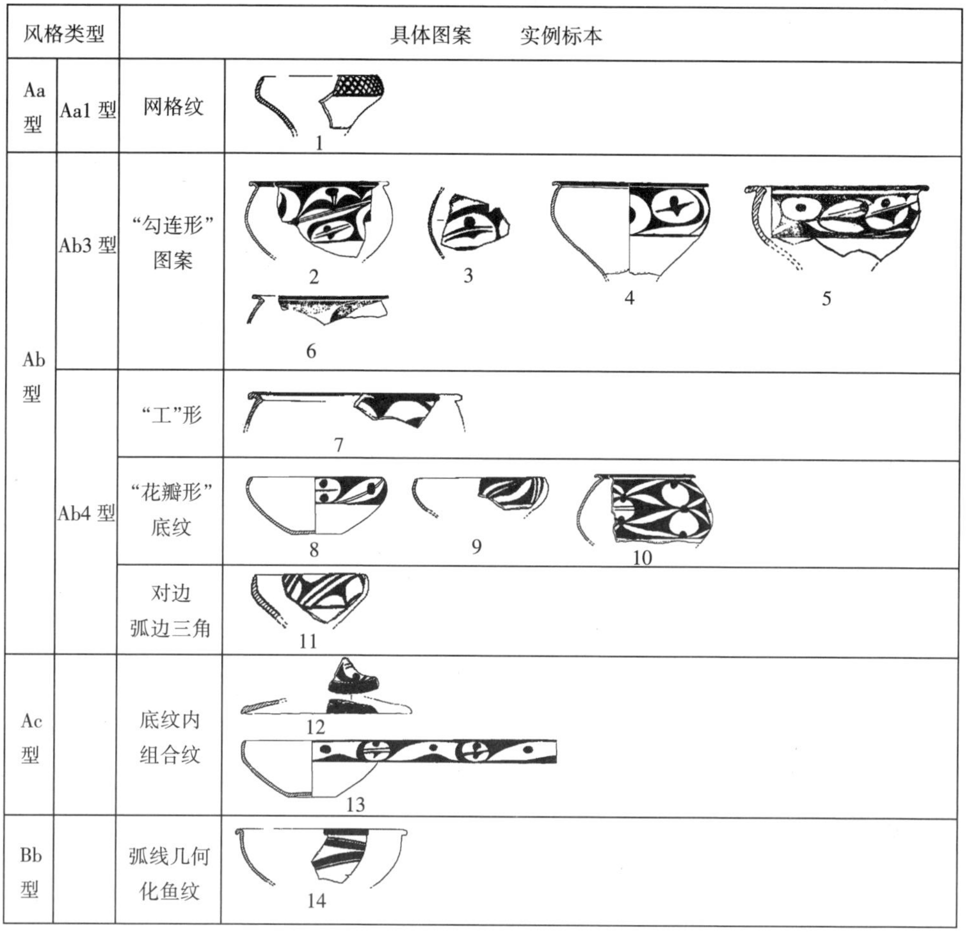

| 风格类型 | | | 具体图案　实例标本 |
|---|---|---|---|
| Aa型 | Aa1型 | 网格纹 | 1 |
| Ab型 | Ab3型 | "勾连形"图案 | 2　3　4　5　6 |
| | Ab4型 | "工"形 | 7 |
| | | "花瓣形"底纹 | 8　9　10 |
| | | 对边弧边三角 | 11 |
| Ac型 | | 底纹内组合纹 | 12　13 |
| Bb型 | | 弧线几何化鱼纹 | 14 |

图2.86　太原盆地庙底沟文化彩陶概况

1.011　2.H3：16　3.H262：14　4.07　7.H262：15　8.H3：8　9.H262：6　10.08　11.018　12.02
13.03　14.015　（1、3、7、9、11、14为杏花村采集　2、4、8、10、13为段家庄出土　5为临水采集
6、12为峪道河采集）

式"和"六瓣式"花朵形；对边弧边三角，如杏花村采集018，图案较罕见，弧边三角拉伸明显，"单瓣形"底纹不存。

Ac型"圆点风格"：底纹内组合纹，如峪道河采集器盖02残见一圆形底纹内"÷"形组合纹，段家庄采集03为基本"菊科图案"单体中b部分组合纹与"÷"形组合纹的间隔组合。

Bb型"象形风格"：弧线几何化鱼纹，如杏花村采集015。

### 6. 吕梁山区

主要遗址有吉县西村穆家咀①、沟堡②，吕梁市③（原离石县）吉家村、杨家坪、马茂庄，娄烦童子崖、庙湾。彩陶标本如图2.87。

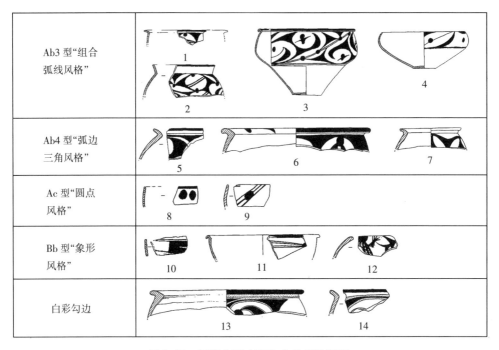

图 2.87　吕梁山区庙底沟文化彩陶概况

1. F1：9　2.03　3. F1：6　4. F3：3　5. T505⑥：16　6. C：14　7. T203⑦：10　8. T2④：4　9. T505⑥：18
10. LX045　11. LM015　12. T203⑦：4　13. C：11　14. C：2　　（1、2 为吉家村出土　3 为杨家坪出土
4 为童子崖出土　5－7、9、12－14 为穆家咀出土　8 为沟堡出土　10 为西街采集　11 为庙湾采集）

童子崖 F3、杨家坪 F1、吉家村 F1 为庙底沟文化第二期典型单位。童子崖 F3：3 为嵌入了"线穿圆点"的单瓣与 A 型Ⅱ式"西阴纹"的间隔组合；吉家村 F1：9 为一"勾连形"图案中的"底纹内组合纹"；杨家坪 F1：6 相当于庙Ⅱ式"复合花卉图案"。

① 山西省考古研究所：《吉县西村穆家咀新石器时代遗址发掘简报》，《三晋考古》（第四辑），上海：上海古籍出版社，2012 年。

② 山西省考古研究所：《吉县沟堡遗址发掘简报》，《三晋考古》（第三辑），太原：山西人民出版社，2006 年。

③ 国家文物局、山西省考古研究所、吉林大学考古学系：《晋中考古》。

其余另有少量标本："蔷薇科图案"，如吉家村采集03；"工"字形间隔纹，如穆家咀 T505⑥：16、C：14 残见部分；"花瓣形"底纹，如穆家咀 T203⑦：10；圆点纹，如沟堡 T2④：4；"线穿圆点"组合纹，如穆家咀 T505⑥：18；弧线几何化鱼纹，如西街 LX045、庙湾 LM015；蜥蜴类动物形象，如穆家咀 T203⑦：4。

此外，穆家咀遗址中多见白彩勾边的标本，多非原生单位出土。

7. 南阳盆地

主要遗址有西峡老坟岗①、邓州八里岗②、唐河茅草寺③。

老坟岗遗址位于南阳盆地西北，报告所分两期均属于庙底沟文化。其中，石棺墓、"田"字形房址等均非常见的庙底沟文化遗存。发掘区内文化堆积情况不同，各探方间的层位大多没有对应关系。根据平面图与层位描述进行推测，由北往南可以分为四个层位基本一致的区域：T12、T11、T10～8 和 T3、T1～2 和 T4～7。T11 内存在 T11③→T11④→T11⑤→T11⑥→T11⑦→H3 的层位关系。

T11④层及以上层位未见彩陶标本，④层发表少量庙底沟文化器物，如 T11④：59 为曲腹处较方折的钵，T11④：109 为卷沿附加小泥条弧腹罐，属于庙底沟文化第三期。T11⑤层内集中出土重唇口平底瓶，如 T11⑤：66，与庙底沟遗址 1956 年 H338：10 相似，其口部形态应来自于退化中的重唇尖底瓶口，相当于庙底沟文化第二期。T11⑥层中出土彩陶盆 T11⑥：106 所饰"菊科图案"的单体 b 部分"拱形弯钩"，至少已变为弧边三角，相当于"泉Ⅱ式"或"泉Ⅲ式"。T11⑦层出土彩陶盆 T11⑦：101，所饰"蔷薇科图案"应为"泉Ⅰ式"，其下灰坑 H3 出土彩陶盆 H3：5 腹中部外鼓，所饰"菊科图案"相当于"泉Ⅱ式"。因此，T11⑦及以下堆积相当于庙底沟文化第一期，T11⑥相当于庙底沟文化第二期。

---

① 河南省文物考古研究所、南阳市文物考古研究所：《河南西峡老坟岗仰韶文化遗址发掘报告》，《考古学报》2012 年第 2 期。

② 北京大学考古学系、南阳地区文物研究所：《河南邓州八里岗遗址的调查与试掘》，《华夏考古》1994 年第 2 期；北京大学考古学系、南阳地区文物研究所：《河南邓州市八里岗遗址 1992 年的发掘与收获》，《考古》1997 年第 12 期；北京大学考古实习队、河南省南阳市文物研究所：《河南邓州八里岗遗址发掘简报》，《文物》1998 年第 9 期。

③ 河南省文化局文物工作队：《河南唐河茅草寺新石器时代遗址》，《考古》1965 年第 1 期。

报告中属于第一期的房址由北往南，分别开口于 T12⑤、T11⑥、T2⑤、T5⑤、T6⑤等地层下。由于这些房址排列方向一致，T12 中 F12 与 T11 中 F13、14 的墙基几乎呈一条直线，有理由相信其开口层位一致，均属于庙底沟文化第二期遗存。报告中属于第二期的房址 F4－7 开口于 T5④下，从其中出土器物看，亦相当于庙底沟文化第二期。

T10～8 和 T3 的文化堆积较薄，T8④下出土一批积石墓，随葬钵、盆、平底瓶的器物组合稳定。其中平底瓶 M7：2、M8：6 可以代表两个不同的类型。M7：2 为 A 型瓶身呈橄榄状，器形接近 T11⑤：66，而 M8：6 为 B 型圆鼓腹，接近史家类型中常见的蒜头瓶。由此，可将 T8④的相对年代定于与 T11⑤相当，属于庙底沟文化第二期。稍晚的遗存中，平底瓶 T11④：58 为直腹，器身较矮，颈部退化；F8：1、T5④：13 为圆鼓腹，颈部更矮。应为 A、B 两型平底瓶并行发展所至。

T3②下 M1 为土坑墓，出土鼎、钵、盆、罐的随葬器物与 F4－7、T12⑤等单位内同类器形相似，相对年代接近。T8②下 M10 为积石墓，但其中随葬一对大口圜底缸的情况，则与灵宝西坡仰韶晚期墓葬特征一致，应归为仰韶晚期遗存。

综上，老坟岗遗址中相当于庙底沟文化第一期的单位有 T11⑦、H3；相当于庙底沟文化第二期的单位有 T12④－⑤、T11⑤－⑥、T8④下积石墓、T3②下 M1、T5④下 F4－7；相当于庙底沟文化第三期的单位有 T12③下 F8、T11④、T1～2 和 T4～7③－④。如图 2.88。

第一期彩陶标本除上述彩陶盆外，另有"西阴纹"钵 H3：3、H3：4，前者应为 A 型，与斜线纹间隔组合的情况较少见，后者与 B 型Ⅰ式相似。

第二期时，"西阴纹"图案较典型，如 T11⑤：96、T5⑤：48 为 A 型Ⅱ式；"间隔叠弧纹"，如器盖 T1⑤：76；"花瓣形"底纹，如器座 T1⑤：79；"工"字形间隔纹，如 T5⑤：50，应为"庙Ⅰ式"；"菊科图案"，如 T2⑤：109 相当于"泉Ⅱ式"或"泉Ⅲ式"。

第三期时，"西阴纹"标本 T4③：36、T4③：35 仍较典型，可能为扰入的第二期标本，或是图案沿用至第三期；底纹内组合纹，如 T2④：102，残见"线穿圆点"

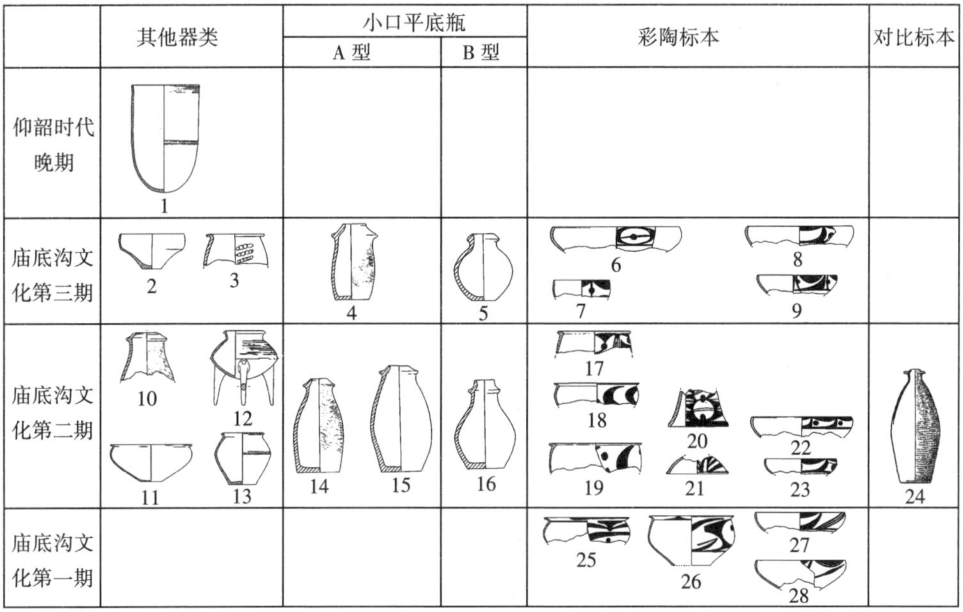

图 2.88　老坟岗遗址不同期别遗存及相应期别的彩陶标本

1. M10：2　2. T11④：59　3. T11④：109　4. T11④：58　5. F8：1　6. T2④：102　7. T4③：37　8. T4③：36
9. T4③：35　10. F4：7A　11. F5：14　12. M1：6　13. M1：1　14. T11⑤：66　15. M7：2　16. M8：6
17. T5⑤：50　18. T2⑤：109　19. T11⑥：106　20. T1⑤：79　21. T1⑤：76　22. T11⑤：96　23. T5⑤：48
24. 1956 年 H338：10　25. T11⑦：101　26. H3：5　27. H3：3　28. H3：4　　（除 24 为庙底沟出土外
其余均为老坟岗出土）

的组合；相背的"两边式"小半圆纹，如 T4③：37，单体间有"竖线穿圆点"的组
合纹。

　　邓州八里岗遗址处于南阳盆地中部，出土的庙底沟文化彩陶标本较为典型，如
图 2.89。其典型单位有 1992、1994、1996 三年度发掘资料中的 F36，出土彩陶曲腹
盆形态相当于庙底沟文化第二期。F36 ⑱：13 饰有 Ab3 型"菊科图案"、F36 ⑭：11
饰有 Ac 型大间隔圆点纹。此外，1991 年发掘简报中 T2④B：3 残见图案，也应属于
某种"勾连形"图案。

　　唐河茅草寺遗址亦处于南阳盆地中部，简报发表资料较少。据前人总结，其仰
韶时代早期遗存与淅川下王岗遗址相当。经上文分析，下王岗遗址仰韶时代早期遗
存存在谱系差异，则唐河茅草寺遗存的文化属性亦有可能并不单纯。

　　发表有零星彩陶标本，如图 2.89，属于白衣黑红复彩系，并非均属庙底沟文化
传统。其中 T5：53 左一标本，残见 Ab4 型"弧边三角风格"的"花瓣形"底纹，应

Ab3 型"组合弧线风格"　　　　　Ac 型"圆点风格"

Ab1 型"线纹风格"　　　Ab4 型"弧边三角风格"　　　Aa 型"直线几何纹风格"

图 2.89　八里岗遗址、茅草寺遗址彩陶标本
1. F36 ⑱：13　2. T2④B：3　3. F36 ⑭：11　4. T5：127　5. T5：53 左一　6. T4：1
（1 – 3 为八里岗出土　4 – 6 为茅草寺出土）

为庙底沟文化较为典型的四瓣式"铜钱形"图案；T4：1 残见图案分为三行，上下两行类似庙底沟遗址中 Ab1 型"线纹风格"的绞索纹，绞结中部为方形底纹，内点缀一圆点，中行图案为 Aa2 型"直边三角风格"的对顶填实的直边三角形；T5：127 为小口圆鼓腹彩陶罐类，非庙底沟文化典型彩陶器类，所饰"鱼头形"图案属于 Ab1 型"线纹风格"，其"鱼头"形象与半坡文化细小鱼纹的头部相似，但并不能肯定其一定简化自鱼的形象。

8. 伊洛盆地

洛阳市附近有洛阳王湾①、杨窑②、寨根③，新安高平寨④、槐林⑤、麻峪⑥、太

———————————

① 北京大学考古文博学院：《洛阳王湾——田野考古发掘报告》，北京：北京大学出版社，2002 年。

② 洛阳市第二文物工作队：《洛阳市杨窑遗址发掘简报》，《西部考古》（第三辑），西安：三秦出版社，2008 年。

③ 河南省文物局：《黄河小浪底水库考古报告》（二），郑州：中州古籍出版社，2006 年。

④ 郑州大学历史学院、洛阳市文物工作队：《洛阳新安高平寨遗址试掘简报》，《文物》2008 年第 8 期。

⑤ 河南省文物管理局、河南省文物考古研究所：《黄河小浪底水库考古报告》（一），郑州：中州古籍出版社，1999 年。

⑥ 河南省文物管理局、河南省文物考古研究所：《黄河小浪底水库考古报告》（一）。

涧①，偃师灰嘴②、高崖③、苗湾④，济源长泉⑤等遗址；伊川⑥附近有土门、水寨等遗址；郑州市附近有郑州大河村⑦、西山⑧、站马屯西⑨、后庄王⑩，荥阳点军台⑪、方斟寨⑫，巩县夹津口⑬，登封颍阳⑭等遗址；汝州市附近有中山寨⑮、洪山庙⑯、阎村⑰等遗址。

---

① 洛阳市文物工作队、新安县文物保护管理所：《河南新安县太涧遗址发掘简报》，《考古与文物》1998年第1期。

② 河南省文物研究所：《河南偃师灰嘴遗址发掘报告》，《华夏考古》1990年第1期；中国社会科学院考古研究所河南第一工作队：《2002－2003年河南偃师灰嘴遗址的发掘》，《考古》2010年第3期。

③ 中国科学院考古研究所洛阳发掘队：《伊河下游几处新石器遗址的调查》，《考古》1964年第1期；北京大学历史系洛阳考古实习队：《河南偃师伊河南岸考古调查试掘报告》，《考古》1964年第11期。

④ 中国科学院考古研究所洛阳发掘队：《伊河下游几处新石器遗址的调查》；北京大学历史系洛阳考古实习队：《河南偃师伊河南岸考古调查试掘报告》。

⑤ 河南省文物管理局、河南省文物考古研究所：《黄河小浪底水库考古报告》（一）。

⑥ 张怀银、杨海欣：《河南伊川发现两件彩陶缸》，《文物》1987年第4期；洛阳市第二文物工作队、伊川县文化馆：《伊川土门、水寨新石器时代遗址调查简报》，《中原文物》1987年第3期；河南省文物考古研究所：《河南省登封矿区铁路登封伊川段古遗址调查发掘报告》，《华夏考古》1998年第2期；洛阳市第二文物工作队：《洛阳伊川县大庄遗址发掘简报》，《西部考古》（第四辑），西安：三秦出版社，2009年。

⑦ 郑州市文物考古研究所：《郑州大河村》，北京：科学出版社，2001年。

⑧ 国家文物局考古领队培训班：《郑州西山仰韶时代城址的发掘》，《文物》1999年第7期。

⑨ 河南省文物考古研究所、河南省文物管理局南水北调文物保护办公室：《郑州市站马屯遗址仰韶文化遗存2009－2010年的发掘》，《考古》2011年第12期；中国社会科学院考古研究所河南新砦队、河南省文物局南水北调文物保护办公室：《郑州市站马屯西遗址新石器时代遗存》，《考古》2012年第4期。

⑩ 河南省文物研究所：《郑州后庄王遗址的发掘》，《华夏考古》1988年第1期。

⑪ 郑州市博物馆：《荥阳点军台遗址1980年发掘报告》，《中原文物》1982年第4期。

⑫ 郑州市文物考古研究所、荥阳市文物保护研究所：《荥阳方斟寨新石器时代遗址发掘简报》，《中原文物》1997年第3期。

⑬ 中国社会科学院考古研究所河南一队：《1984年河南巩县考古调查与试掘》，《考古》1986年第3期。

⑭ 郑州市文物工作队：《河南登封县几处新石器时代遗址的调查》，《考古》1995年第6期。

⑮ 临汝县博物馆：《河南临汝中山寨遗址调查简报》，《考古》1986年第6期；中国社会科学院考古研究所河南一队：《河南临汝中山寨遗址试掘》，《考古》1986年第7期；中国社会科学院考古研究所河南一队：《河南汝州中山寨遗址》，《考古学报》1991年第1期。

⑯ 河南省文物考古研究所：《汝州洪山庙》，郑州：中州古籍出版社，1995年。

⑰ 临汝县文化馆：《临汝阎村新石器时代遗址调查》，《中原文物》1981年第1期。

（1）洛阳市附近

新安槐林仰韶文化遗存属于庙底沟文化，文化堆积简单，全区使用的统一地层。表土下②层为扰土，③层为不连续的仰韶时代文化层。结合发表有器物线图的遗迹单位：在有③层分布的区域，层位关系可以概括为②→H5、H2→③→H3、H4、H7、H9、H10；在没有③层分布的区域，有②→H8→Y1，②→H19→Y1两组层位关系。

H3中尖底瓶口如H3∶36等，均为典型的重唇口，H5∶14则为退化程度较大的重唇口，时代特征明显。前者相当于庙底沟文化第一期，后者相当于庙底沟文化第三期。H3同层下开口的灰坑中，除H9∶1浅弧腹彩陶盆的器形相当于庙底沟文化第一期外，H4∶12平底瓶口、H7∶1高领曲腹罐、H10∶1折沿斜腹盆等器形均接近第三期，相对年代应接近H5。

②层下开口打破生土的灰坑中，H19、H8、Y1等出土器物与H3接近，H18出土的重唇尖底瓶口、直沿曲腹罐等则介于H3与H5的同类器形之间，相当于庙底沟文化第二期。

由此可见，槐林遗址包含庙底沟文化的三期遗存，如图2.90：第一期，H3、H8、H9、H14、H19、Y1；第二期，H18；第三期，H2、H4、H5、H6、H7、H10、③层。

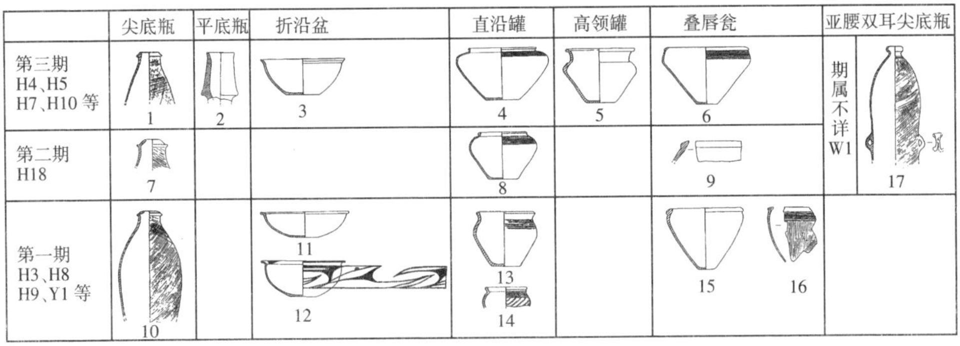

| | 尖底瓶 | 平底瓶 | 折沿盆 | 直沿罐 | 高领罐 | 叠唇瓮 | 亚腰双耳尖底瓶 |
|---|---|---|---|---|---|---|---|
| 第三期 H4、H5 H7、H10 等 | 1 | 2 | 3 | 4 | 5 | 6 | 期属不详 W1 17 |
| 第二期 H18 | 7 | | | 8 | | 9 | |
| 第一期 H3、H8 H9、Y1 等 | 10 | | 11 12 | 13 14 | | 15　16 | |

图2.90　槐林遗址庙底沟文化各期典型单位举例

1. H5∶14　2. H4∶12　3. H10∶1　4. H5∶3　5. H7∶1　6. H5∶6　7. H18∶25　8. H18∶5　9. H18∶23　10. H3∶36　11. Y1∶4　12. H9∶1　13. H3∶7　14. H9∶4　15. Y1∶5　16. H8∶16　17. W1∶1

此外，W1层位不详，出土W1∶1尖底瓶为矮杯形小包口亚腰附加双耳，并不属于庙底沟文化系统，而可能与半坡文化系统的杯形口双耳尖底瓶有关。

槐林庙底沟文化第一期遗存中，H9∶1、H8∶4、Y1∶1较完整，所饰图案相似，应属于Ab3型"组合弧线纹风格"的"菊科图案"，单体中可见与"菊科图案"a部分"对旋"、b 部分"拱形弯钩"相当的结构，但具体表现方式并不典型，如图 2.91。H3：25 残见图案亦似"菊科图案"b 部分"拱形弯钩"。

H8：7 所饰图案风格不明，左侧似 Ab3 型"组合弧线纹风格"的"蔷薇科图案"，右侧似 Ab4 型"弧边三角风格"的"单瓣形"底纹与圆形底纹的组合。

其他彩陶残片中：H3：26 应为 B 型 I 式"类西阴纹"；H3：16 应为借瓣的花朵形图案；H3：15、H14：10 等器底所饰图案为间隔填实的方格纹，于西阴村中可见同类标本。白衣黑红复彩系标本较常见，如 H3：17、H9：11 等。

第二期遗存较少，H18：18 应为 Ab3 型"组合弧线纹风格"的"勾连形"图案；H18：11 图案较特殊，以细小的黑彩三角形连缀成圆头长弯钩的形状，未见可类比的绘彩风格，而与以戳刺纹构成图案的表现方法有所相似。

第三期遗迹单位内彩陶标本较少，且多为第一、二期的标本。H2：5、T2③：24 等所饰图案可能简化自"菊科图案"，当属第三期标本。

新安麻峪第一期遗存为庙底沟文化，发表遗存较少，涉及一组层位关系：T2④→H69→T2⑤→T2⑥。由于 T1、T2、T3 三个探方层位统一，因此，遗存中的三件彩陶钵 H69：1、T3⑤：7、T2⑥：4 具有相对年代从晚到早的关系，如图 2.91。又由于 H69：1、T2⑥：4 均为直口鼓腹钵，器形相似，不具有明显的演变序列，则可认为三者大致同时。

H69：1 所饰图案属于 Ab3 型"组合弧线纹风格"的"勾连形"图案，相当于"泉 II 式""泉 III 式"或"庙 I 式"的"蔷薇科花卉纹"。T2⑥：4 布局不详，残见图案属于 Ab4 型"弧边三角风格"。T3⑤：7 所饰图案属于 Ab2 型"小半圆弧风格"的"对合半圆纹"，与庙底沟遗址庙底沟文化第二期 2002 年 H477：36，泉护村遗址庙底沟文化第三期 1997 年 H77：26 的"抽象鸟纹"局部图案相似，则 T3⑤：7 应不早于庙底沟文化第二期。由此，可将麻峪这三件彩陶器，补充新安地区庙底沟文化第二期的彩陶标本。

洛阳王湾遗址第一期（即第 I 段）属于仰韶时代早期。通过对比分别以 T28⑧与 T28⑦为代表的遗存，可将王湾一期细分为前后两个阶段。第一阶段的典型单位有 T28⑧、T252⑥、F15，第二阶段的典型单位有 T28⑦、T252⑤、H39、H421 等。典型器物对比如图 2.92 所示，可得如下认识。

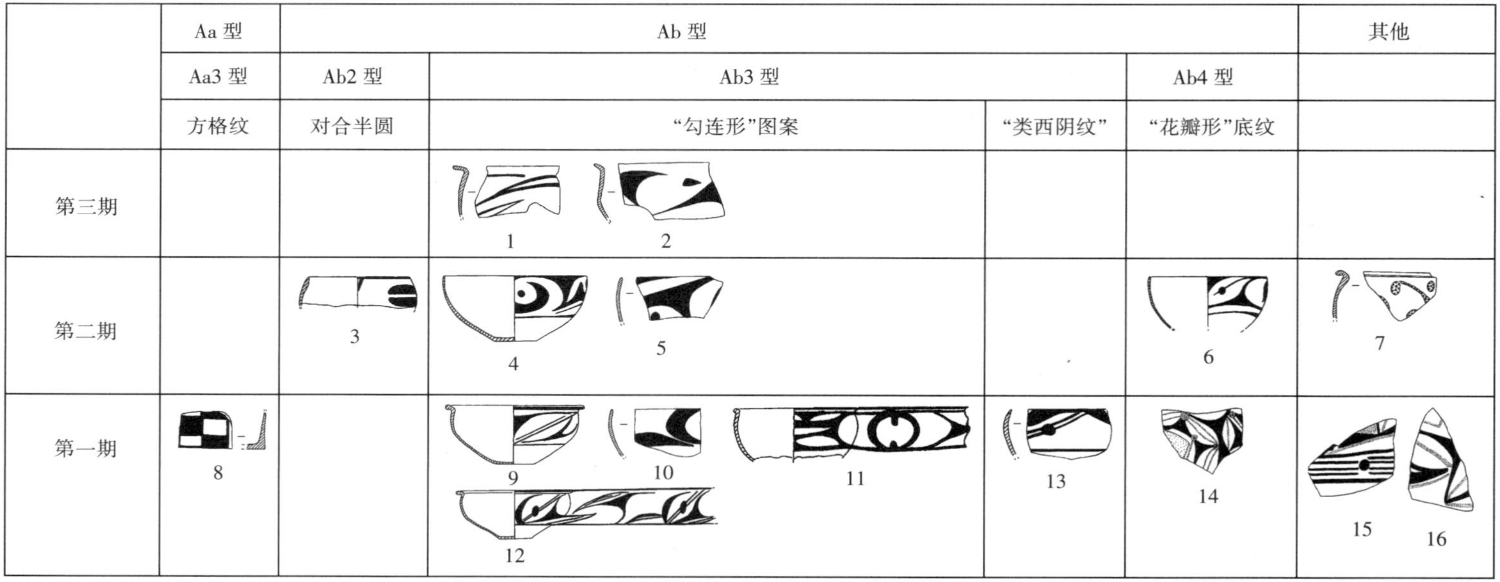

图 2.91　新安地区庙底沟文化各期彩陶风格类型和图案举例

1. H2：5　2. T2③：24　3. T3⑤：7　4. H69：1　5. H18：18　6. T2⑥：4　7. H18：11　8. H14：10　9. Y1：1　10. H3：25　11. H8：7　12. H8：4　13. H3：26

14. H3：16　15. H3：17　16. H9：11　（除 3、4、6 为麻峪出土　其余均为槐林出土）

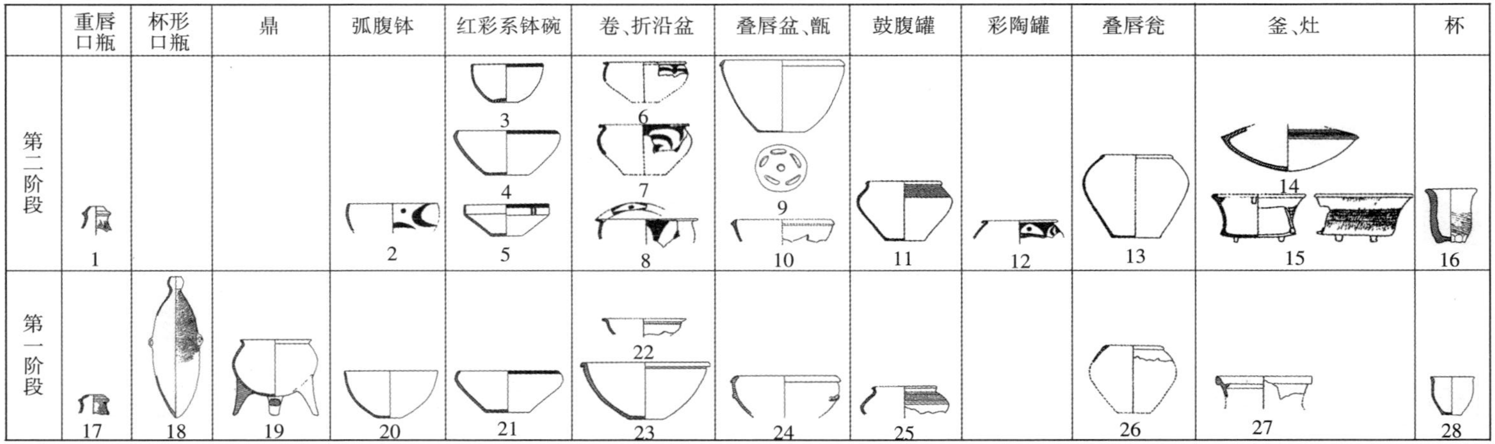

图 2.92　王湾一期第一、第二阶段遗存对比

1、2、8、10、12. T28⑦层出土　3. H421：12　4. H39：3　5. H39：1　6. T246⑤：118　7. H39：10　9. H421：118　11. H39：18　13. H206：16　14. H421：20　15. H421：7　16. H421：12　17、22、25. T28⑧层出土　18. F15：6　19. F15：2　20. F15：5　21. T252⑦层出土　23. F15：8　24. T252⑥：103　26、27. T252⑥出土　28. F15：1

一，器物组合中，重唇口尖底瓶、直口弧腹钵、敛口钵、折沿盆、叠唇盆、灶、折腹罐等器类属于庙底沟文化，在两个阶段中各有演化序列。第一阶段的杯形口双耳尖底瓶属于半坡文化，圆腹罐形鼎可能与后冈一期文化有关，两者未见于第二阶段。但尖底瓶 F15：6 圆杯形口长体的形态，可能与槐林 W1：1 存在演变关系。又由于槐林 W1：1 这种亚腰形态流行于仰韶时代晚期，则槐林 W1：1 相对年代应较王湾 F15：6 晚。

二，两个阶段的彩陶面貌不同：第一阶段仅见红色条带纹钵；第二阶段红色条带纹钵与庙底沟文化彩陶共存。由于庙底沟文化中未见红色单彩传统，此处的红彩系彩陶应当另有渊源。

三，从两个阶段的重唇尖底瓶口形态看，T28⑧与T28⑦的两件标本分别属于典型重唇口与退化中的重唇口，相当于庙底沟文化的第一期与第二期。

四，王湾第一期遗存内，包含有半坡、后冈、庙底沟三种不同谱系的考古学文化因素，而仅有庙底沟文化的演进序列，可以体现此期遗存的主要发展方向。

王湾报告发表庙底沟文化彩陶标本较少且残损严重，图案多为 Ab3 型"组合弧线纹风格"的"勾连形"图案。器形多为庙底沟文化第二期时，上腹部外鼓程度较大的折沿盆。如 T246⑤：118，所饰图案应为"蔷薇科图案"。

下图 T28⑦内彩陶钵，与槐林 H3：25 不甚典型的"菊科图案"接近，当为较早的庙底沟文化第一期标本。

济源长泉遗址位于距离槐林遗址不远的黄河北岸。由于未统一布方，探方多不连续，根据报告的分期方案，可将 T13⑤与其余探方④层视作相对年代相当的统一地层，其下叠压的不连续探方的文化层作为独立的遗迹单位看待。

1）T1、2、3、6 为连续探方，包含两组层位关系，第一组为 W1、H2、H9→F1，第二组为④→H45→H50→⑤。

第一组关系中 F1 出土器物组合与庙底沟文化差异较大，其中，红顶钵、侈口圆鼓腹罐等可能与后冈一期文化有关，与王湾一期的第一阶段基本同时，相当于庙底沟文化第一期。H2、H9 内出土庙底沟文化彩陶，均可见 Ab3 型"组合弧线纹风格"的四瓣式"铜钱形"图案，相当于庙底沟文化第二期。

第二组关系中，T6⑤出土典型重唇口尖底瓶 T6⑤：15，"菊科图案"彩陶盆 T6

⑤：7，相当于庙底沟文化第一期。H45 内重唇尖底瓶口 H45：3、H45：5 等出现不同程度的退化，直沿鼓腹罐 H45：7 上腹部鼓凸，相当于庙底沟文化第二期。

2）T9、13 为连续探方，包含三组层位关系，第一组为 T9④→H44→T9⑤→H55、H54，第二组为 H54→H61，第三组为 T13⑤→H72。

H55、H54 包含物内涵大致相同，从 H54 内曲腹盆腹部较深、鼓腹罐上腹部鼓凸的情况看，与 H45 接近，应不超出庙底沟文化第二期范畴。H44 内的重唇尖底瓶口，为刚刚发生退化的形态，但其共存的直沿鼓腹罐 H44：14，最大腹径已移至肩部，下腹斜收，与槐林第三期 H5：3 的形态相同。由此，H44 应相当于庙底沟文化第三期。H61 出土的矮杯形小包口，与槐林 W1：1 相似，较王湾 F15：6 晚，又因为其被 H54 打破，则应与庙底沟文化第二期相当。H72 内出土宽折沿夹砂折腹罐，折腹处饰附加堆纹且下腹内凹，接近泉护村庙底沟文化第三期同类器形。

3）T4、T5 为相互独立的探方。T4④层下灰坑 H22 仅出一件"菊科图案"彩陶盆 H22：1，从器形和"对旋"部分看，相当于庙底沟文化第一期。灰坑 H16 打破 T5④，其中鼓腹罐的形态已变为折腹，折腹处饰附加堆纹一道，罐类口沿处呈花边状，敛口曲腹瓮下腹内凹，表明 H16 已进入仰韶时代晚期。

4）T7、T8 为连续探方，包含层位关系为④层→W3、W4。其中，W4 出土敛口叠唇瓮 W4：2 与 T6⑤：13 接近，彩陶钵 W4：1 与麻峪 H69：1、槐林 H18：18 接近。W4 相当于庙底沟文化第二期。

综上，长泉遗址的仰韶时代遗存跨越仰韶时代早期与晚期，如图 2.93。仰韶时代早期的遗存主体包含有庙底沟文化第一至三期：第一期，H22、T6⑤；第二期，W1、W3、W4、H9、H10、H45、H54、H55、H61、T9⑤；第三期，H2、H44、H72，大多探方内④层。

第一期遗存中，彩陶盆 H22：1、T6⑤：7 所属"菊科图案"与槐林遗址中所见相似，"对旋"内及"拱形弯钩"上均无圆点。

第二期遗存中的彩陶标本较多，大多数为残片，图案难以分辨。除上述四瓣式"铜钱形"图案、"勾连形"图案外，另有 H54：14，为 Aa1 型"线纹风格"较宽大的网格纹，H45 出土的器底为网格纹与"花瓣形"底纹的间隔。H54：20 敛口瓮图案特殊，可见三个单独图案，可能具有的状物意义不明确，暂定为 Ba 型"符号风格"。

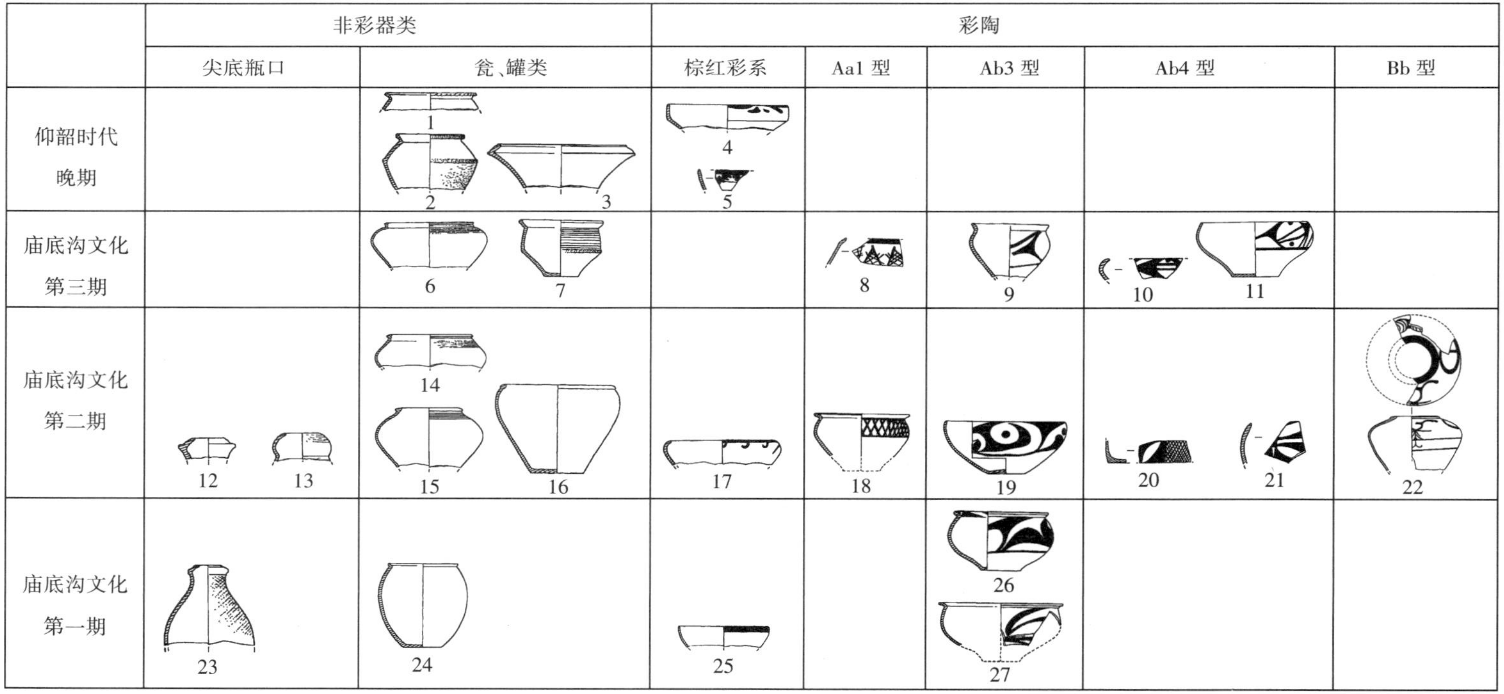

| | 非彩类 | | 彩陶 | | | | |
|---|---|---|---|---|---|---|---|
| | 尖底瓶口 | 瓮、罐类 | 棕红彩系 | Aa1 型 | Ab3 型 | Ab4 型 | Bb 型 |
| 仰韶时代晚期 | | 1　2　3 | 4　5 | | | 10　11 | 22 |
| 庙底沟文化第三期 | 12　13 | 6　7 | | 8 | 9 | 20　21 | |
| 庙底沟文化第二期 | | 14　15　16 | 17 | 18 | 19 | | |
| 庙底沟文化第一期 | 23 | 24 | 25 | | 26　27 | | |

图 2.93　长泉遗址各期遗存与相应的彩陶标本

1. H16：8　2. H16：1　3. H16：6　4. H16：2　5. H16：4　6. H44：14　7. H72：1　8. H72：5　9. T9④：2　10. T8④：1　11. T9④：1　12. T6⑤：17　13. H61：3
14. H54：26　15. H45：7　16. W4：2　17. H54：12　18. H54：14　19. W4：1　20. H45 内出土　21. H9 内出土　22. H54：20　23. T6⑤：15　24. F1：1　25. F1：21
26. T6⑤：7　27. H22：1

H54 内共出的 H54:12 为红彩系,所饰图案为一行细小的弯钩,与庙底沟文化彩陶风格迥异。

第三期遗存中,H44:8 的"类西阴纹"、H44:23 的"线穿圆点"组合纹、T9④标本残见的"绞索纹"与"列三角"纹等,应属于庙底沟文化第二期。而 T8④:2、T9④:1、T9④:10 等标本所饰图案属于 Ab4 型"弧边三角风格",从构图看应为"单瓣形"底纹与圆形底纹的间隔,与核心地区流行于庙底沟文化第二期的此类图案相比,这些图案欠规整,呈现简化趋势,图案中的"弧边三角"拉伸程度较大,应为第三期特点。T9④:2 所饰图案应为简化的"菊科图案"。H72:5 为敛口的瓮罐类,残见图案为三个"笋"状三角形,属于 Aa1 型"线纹风格",可能并非庙底沟文化传统。

洛阳附近其余遗址中,罕见相当于庙底沟文化第一期的典型单位;第二期单位有太涧 H17、杨窑 H2、寨根 W1、高平寨 T2④、灰嘴 1959 年 H27 等;第三期单位有杨窑 H13,高平寨 H7、H17,灰嘴 H131、H132 等。彩陶标本如图 2.94。

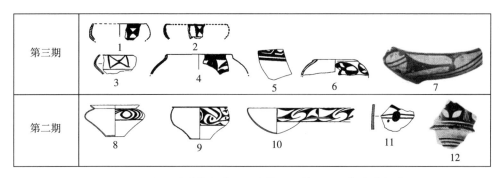

图 2.94 洛阳附近其余遗址庙底沟文化第二、三期彩陶标本
1. H7:1 4. H17:8 5. H131:6 6. H13:2 8. 1959 年 H27:1 9. H17:1 10. W1:1 11. T2④:8
(1、4、11 为高平寨出土 2、12 为高崖采集 3、7 为苗湾采集 5、8 为灰嘴出土 6 为杨窑出土 9 为太涧出土)

第二期单位出土的彩陶标本,如太涧 H17:1 可见一"双旋"结构,推测其为"蔷薇科图案"或"复合花卉图案";寨根 W1:1 所饰"菊科图案"应由槐林 H9:1 这类图案演变而来;高平寨 T2④:8 残见图案,可能为 B 型"类西阴纹";灰嘴 59 年 H27:1 残见横置的"间隔叠弧纹"与圆圈,具体不详。

第三期单位出土的彩陶标本,如杨窑 H13:2、高平寨 H17:8 为敛口鼓肩的瓮罐类器形,于庙底沟文化核心地区少见。前者所饰图案应为"井"字形界隔内间隔填实的圆圈，以二方连续构图，其单体最早见于泉护村遗址庙底沟文化第一期1958年H351∶01，后者残见一"对合半圆纹"，具体图案不详。高平寨 H7∶1 残见一组 Aa2型"直边三角风格"的对顶实彩三角。灰嘴 H131∶6 残见"绞索纹"。

偃师高崖、苗湾等地采集的彩陶残片，多见第三期标本，如对顶实彩三角、"弧边三角"拉伸程度较大的"花瓣形"底纹等。

（2）伊川附近

伊川土门、水寨、槐庄等遗址均有采集器物发表，如图2.95。

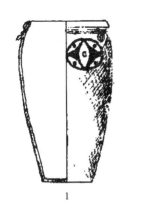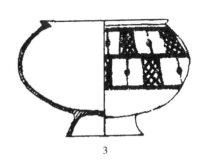

图2.95　伊川附近采集彩陶标本
1、2 为土门采集　3 为水寨采集

土门遗址有十几个集中出土的瓮棺葬，与汝州洪山庙瓮棺丛葬现象类似。其中，两件瓮棺的图案（原图一：1、2）虽为白衣红褐彩，但庙底沟文化彩陶图案风格突出。其一为"底纹内组合纹"，圆圈中绘有一对弧边三角，并于间隙处点缀圆点；另一件线图不甚清晰，根据简报介绍，为一周十二个"贝"状图案的连续，则应属于"小半圆弧风格"的"对合半圆纹"。

水寨遗址发表的彩陶簋形器（原图二：2），并非庙底沟文化典型器。所饰图案属于 Aa1 型"线纹风格"，图案分两行，网格带之间的方块内绘有"竖线穿圆点"组合纹。图案元素具有庙底沟文化风格，但构图罕见。

（3）郑州市附近

大河村遗址第一、第二期遗存属于庙底沟文化。报告发表器物以地层内出土为主，其中 T11、T37、T57、T59 等探方内地层叠压关系明确。两期遗存的典型器物对比如图 2.96 所示。

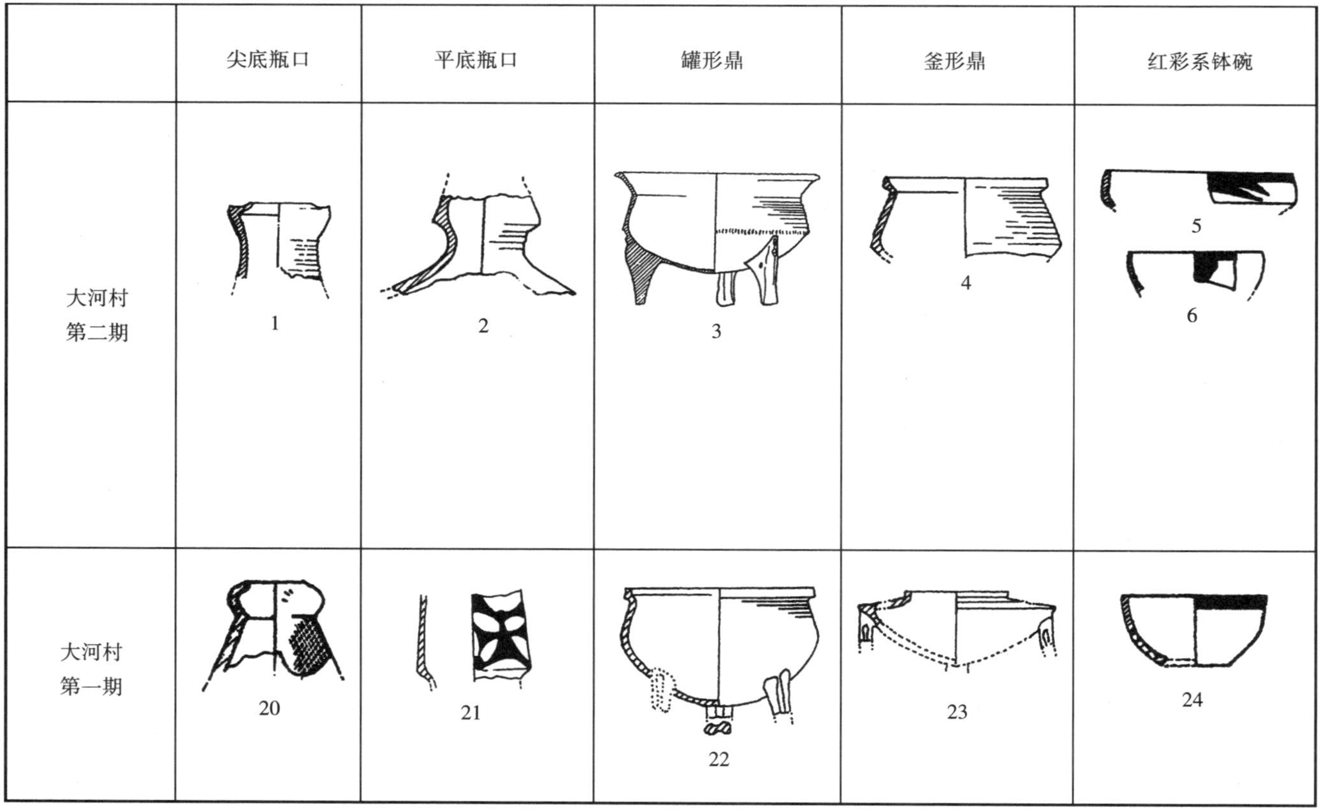

图2.96a　大河村第一、第二期遗存对比

1.T11⑤A:88　2.T11⑤A:90　3.T21⑤:18　4.T37⑬:14　5.T11⑤A:81　6.T11⑤C:141　7.采:56　8.T11⑤A:83　9.T11⑤A:80　10.T59⑫:3　11.T57⑬:16　12.T39⑭:19
13~17、19.第二期无编号标本　18.T11⑤A:84　20.T11⑥B:114　21.T39⑭:46　22.T11⑥D:112　23.T11⑥A:112　24.T11⑥B:111　25.T11⑥B:112　26.T11⑥B:110
27.T11⑥D:113　28.T39⑭:11　29.T11⑥B:115　30.T11⑥B:72

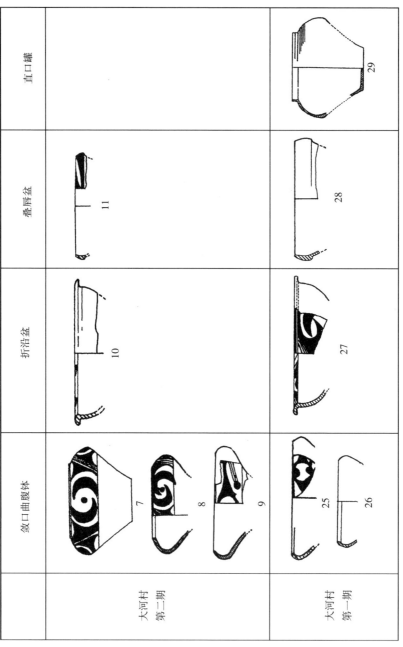

图 2.96b

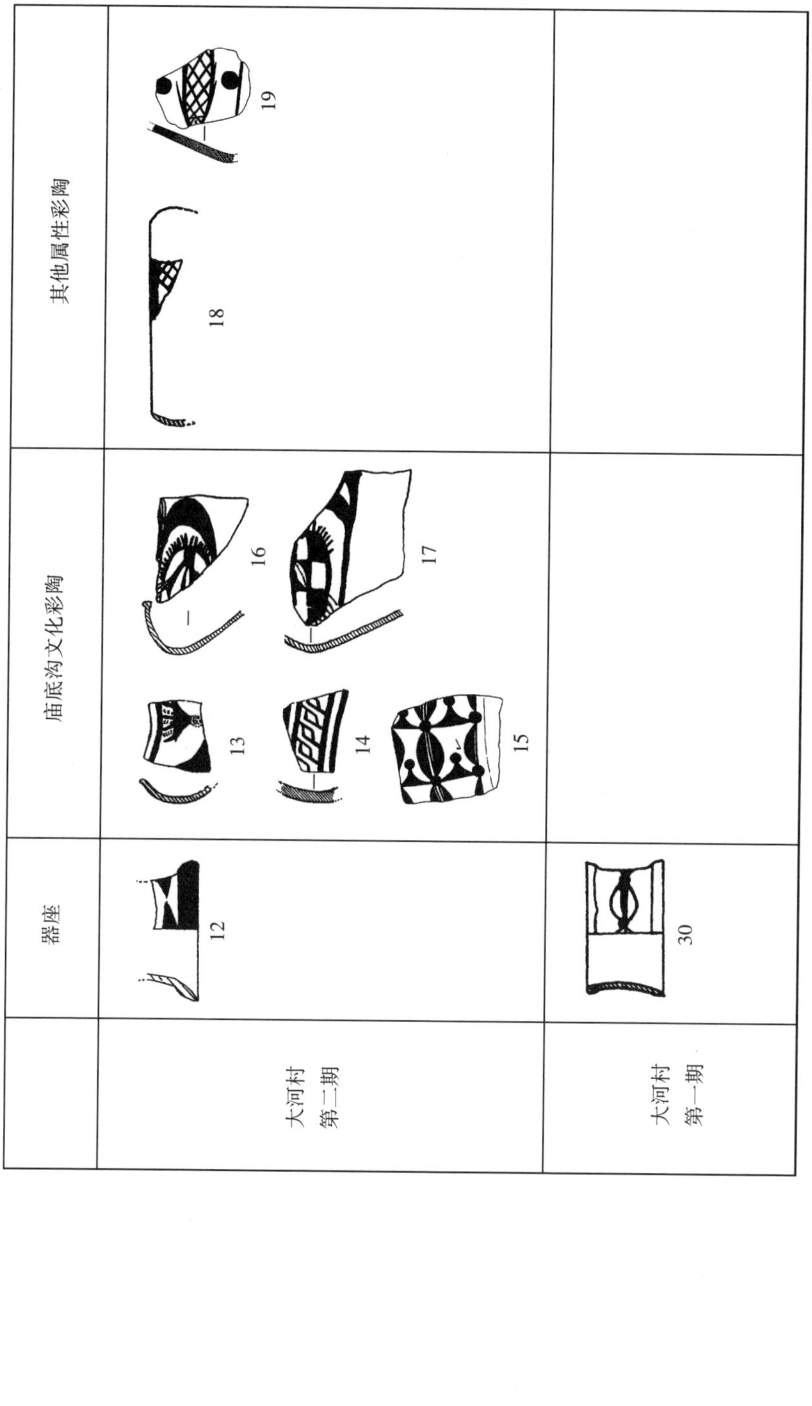

图 2.96c

　　其中，第一期出土的矮杯形小包口、直口鼓腹罐、直口弧腹碗、敛口钵等多见于洛阳附近的庙底沟文化第二期，与王湾遗址相比，应与其第一期第二阶段相当。大河村第一期中的罐形鼎，当与王湾遗址第一期第一阶段的鼎属于同一序列。第二期遗存中，退化形态的重唇口、曲腹很深的敛口钵、敛口瓮等应相当于庙底沟文化第三期，发表彩陶标本较少。属于庙底沟文化第二期的彩陶图案，如 T11⑥B：111 残见弧边三角组成的圆形底纹；T11⑥D：113 残见图案可能为"菊科图案"的"对旋"；T39⑭：46 为一施彩的平底瓶口部，为弧边三角组成的"花朵形"图案；T11⑥B：72 为一白衣红褐彩器座，饰有"连贝形"弧线与圆点的组合纹。属于庙底沟文化第三期的彩陶图案，如 T11⑤A：83、采：56 所饰图案为弧边三角组成的区域内，绘入"双旋"结构；T11⑤A：80，残见拉伸程度较大的弧边三角；T11⑤A：84 残见"田"字形菱格纹，并非庙底沟文化传统，而与豫东、皖北的同期考古学文化有关。

　　另有一些大河村遗址第二期的彩陶标本无层位，图案包括"绞索纹""底纹内组合纹""鱼纹""两边式"小半圆纹等。其中，"底纹内组合纹"包括圆点与弧边三角组合纹、四瓣式"铜钱形"纹、"井"字形界隔圆圈纹等，多饰有"毛边"。

　　郑州西山遗址的发掘简报，将西山仰韶时代遗存分为从早到晚七组，各组发表的典型单位无层位关系可检索。简报认为，其中第二、三、四组属于庙底沟文化的遗存，可分别与大河村遗址的第一、二、三期对应。

　　基于对大河村遗址文化内涵的主流认识，大河村遗址第三期已进入仰韶时代晚期，属于秦王寨文化，因此，西山第四组遗存的文化属性值得商榷。

　　第四组的典型单位有 H1818 和 W141。根据孙祖初的《秦王寨文化分期》[①]，H1818 出土鼎、罐及尖底缸的形态已接近秦王寨文化第二、三期。而 W141：2 亚腰双耳尖底瓶，与第三组同类器 W136：1 具有演变关系，如图 2.97。W136：1 为矮杯形小包口，与槐林 W1：1 接近，相当于庙底沟文化第二期。鉴于 W141：2 的口部，接近庙底沟文化中重唇尖底瓶口的退化形态，则 W141 应相当于庙底沟文化第三期。因此，西山第四组遗存内涵并不单纯，混杂了庙底沟文化第三期遗存和秦王寨文化遗存。

①　孙祖初：《秦王寨文化研究》，《华夏考古》1991 年第 3 期。

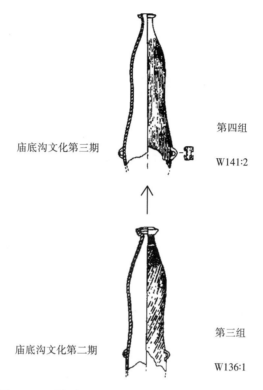

第四组

庙底沟文化第三期

W141:2

庙底沟文化第二期

第三组

W136:1

图 2.97　西山遗址亚腰双耳尖底瓶的演化

西山遗址简报中，庙底沟文化彩陶标本较少，主要见于第二、三组，如图 2.98。

第二组遗存相当于庙底沟文化第一期，彩陶残片 H1888∶7，所饰具体图案不详，残见 Ab2 型"小半圆弧"风格图案。

第三组遗存相当于庙底沟文化第二期，H1757 发表四件红彩系陶钵，与庙底沟文化彩陶风格有别。W136∶2 为白衣黑彩系，饰有二方连续的菱形网格纹，在庙底沟文化彩陶图案中亦不常见。

另外，封面处彩陶钵 T5141CK∶5 亦为白衣黑彩系，图案布局与大河村遗址第二期 T11⑤A∶83 相似，属于 Ab4 型"弧边三角风格"，在两组弧边三角间的区域内，所绘装饰"毛边"的四瓣式"铜钱形"图案，亦见于大河村遗址第二期。因此，彩陶钵 T5141CK∶5 属于庙底沟文化第三期，与西山第四组中 W141 年代相当。

点军台遗址的第一、第二期遗存分别与大河村第一、第二期对应，属于庙底沟文化。彩陶标本如图 2.99。

第一期遗存相当于庙底沟文化第二期，典型器物有 W6 内矮杯形小包口亚腰尖底

| | 白衣黑彩系 | 红彩系 |
|---|---|---|
| 庙底沟文化<br>第三期 |  <br>1 | |
| 庙底沟文化<br>第二期 | 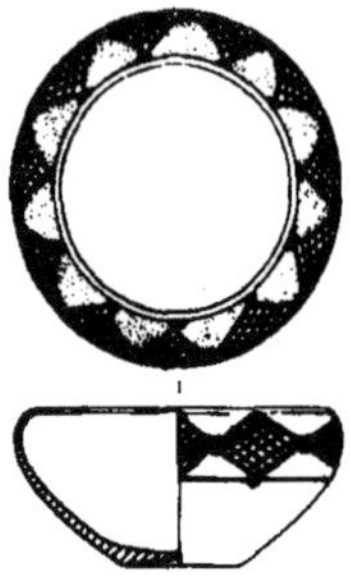 <br>1<br>2 |  3 <br>4 |
| 庙底沟文化<br>第一期 |  <br>5 | |

图 2.98　西山遗址庙底沟文化彩陶标本

1. T5141CK：5　2. W136：2　3. H1757：7　4. H1757：9　5. H1888：7

| | 庙底沟文化彩陶 | | | 红彩系彩陶 |
|---|---|---|---|---|
| 庙底沟文化<br>第三期 |  <br>1 <br>2  | 3  | 4  | 5 | |
| 庙底沟文化<br>第二期 | <br>6<br>8 | 7<br>9 | | 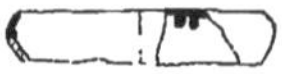 10 |

图 2.99　点军台遗址庙底沟文化彩陶标本

1. T4⑦：93　2. 原图十：13　3. 原图十：10　4. 原图十：12　5. 原图十：11　6. F3：6　7. F3：7
8. 原图八：11　9. 原图八：13　10. 原图八：23

瓶。彩陶器多属于 Ab3 型"组合弧线纹风格"，如 F3：6 所饰图案简化自"蔷薇科图案"，F3：7 残见"菊科图案"的对旋部分，原图八：11、13 残见图案亦与"蔷薇科图案"有关。此外，红彩系彩陶钵，如原图八：23，与庙底沟文化彩陶风格有别。

第二期遗存相当于庙底沟文化第三期。彩陶器有 Aa1 型"线纹风格"，如 T4⑦：93，饰有较宽大的网格纹，原图十：13 饰有二方连续的菱形网格纹；Ab4 型"弧边三角风格"，如原图十：11，以弧边三角形成区间，与大河村 T11⑤A：83 相似，如原图十：10、12，以"工"字形间隔形成区间，绘有装饰"毛边"的圆形图案。

郑州附近其他遗址中，庙底沟文化第一期单位有后庄王 M229；第二期单位有站马屯 M30、方靳寨遗址③、④层、H5 等；第三期单位有站马屯 M69、W21，后庄王 H259 等。彩陶标本多为地层内出土或采集，如图 2.100。

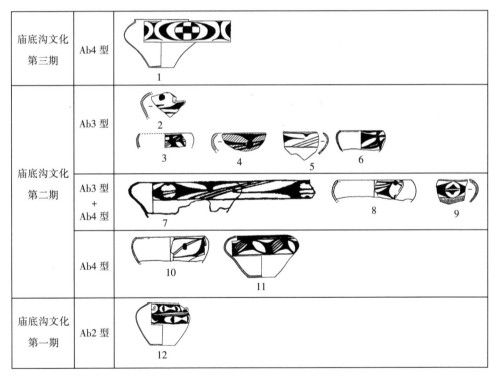

图 2.100　郑州附近其余遗址庙底沟文化各期彩陶标本

1. W21：1　2. T0304⑤：80　3. T15③：5　4. T0506⑤：5　5. 017　6. 166　7. 022　8. H5：013　9. 016　10. H5：08　11. 采：43　12. M229：1　（1 为站马屯出土　2、4 为站马屯西出土　3、11、12 为后庄王出土　5、9 为夹津口采集　6、7 为颍阳采集　8、10 为方靳寨出土）

　　庙底沟文化第一期彩陶，如后庄王 M229：1，属于 Ab2 型"小半圆弧风格"，与西山遗址同期标本风格一致。

　　庙底沟文化第二期彩陶，如站马屯西 T0304⑤：80 残存图案，则可能为"菊科图案"局部。后庄王 T15③：5、站马屯西 T0506⑤：5、夹津口 017、颍阳 166 等残片，与"蔷薇科图案"局部图案相似，而在颍阳 022 曲腹钵所饰图案中，上述局部图案处于整体上属于 Ab4 型"弧边三角风格"的图案中。其他属于"弧边三角风格"的标本，如：方靳寨 H5：08，残见较肥厚的单瓣形图案；方靳寨 H5：013、夹津口 016 为"单瓣形"底纹与圆形底纹组合；后庄王采：43 为"八"字形双瓣式连续，底纹内间隔绘有平行线。

　　庙底沟文化第三期彩陶，如站马屯 W21：1，属于 Ab4 型"弧边三角风格"，在"工"字形间隔组成的区间内，绘有"井"字形界隔圆圈纹。

　　通过对郑州附近地区庙底沟文化彩陶遗存的分析，有一类属于 Ab4 型"弧边三角风格"的彩陶图案值得重视，如：大河村 T11⑤A：83、采：56，西山 T5141CK：5，点军台原图十：10、11、12，站马屯 W21：1 等。以上所饰图案并非庙底沟文化典型图案，本文将其定为 Ab4 型"弧边三角风格"，主要是基于图案的整体结构中，保留了庙底沟文化常见的"弧边三角风格"元素。

　　如大河村 T11⑤A：83 的结构，可能演化自"单瓣形"底纹与圆形底纹的组合图案，保留了构成"单瓣形"底纹的一对弧边三角，而圆形底纹的位置，演变为一个长椭圆形区间，嵌入了"双旋"结构；如站马屯 W21：1 的结构，则可能演化自"工"字形间隔纹，"工"字形间的长椭圆形区间内，"双旋"结构的旋心圆点置换为"圆形风格"的"底纹内组合纹"。这种置换旋心的做法，具有明显的庙底沟文化彩陶特征，如图 2.101。

　　此类彩陶器形为敛口鼓肩钵，始见于庙底沟文化第二期，如庙底沟 1956 年 T68：02，泉护村 1997 年 H107③a：82、1958 年 H177：595 等。其曲腹的形态与庙底沟文化典型的曲腹盆、曲腹钵相似，敛口的形态则与庙底沟文化典型的鼓肩瓮相似。因此，从器形角度亦可证明其文化属性。由此，一些混入秦王寨文化早期遗存的彩陶标本，如王湾二期的 T238④：5、高崖采集标本、大河村三期的 T44⑩：30 等，相对年代应早至庙底沟文化第三期，如图 2.102。

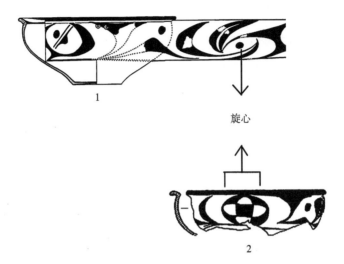

图 2.101 庙底沟文化"置换旋心"的绘彩方法标本举例

1、2 均为泉护村遗址出土

（4）汝州市附近

中山寨遗址做过多次调查与发掘，主要资料可以发掘简报为准。简报内的第三期遗存属于庙底沟文化，发表彩陶标本较少，如图 2.103，主要图案如下。

Aa1 型"线纹风格"：网格纹，如 H57：3，应为其他图案中的网纹间隔带。

Ab1 型"线纹风格"：绞索纹，如 T102②：11，其下应为四瓣式"铜钱形"图案。

Ab3 型"组合弧线纹风格"："勾连形"图案，如 T203②B：8 及一采集标本①。

Ab4 型"弧边三角风格"："花瓣形"底纹，如 T104②：3，图案分行，单体为正倒"三瓣式"侧视花朵形。

Ac 型"圆点风格"：圆点纹，如 H22：3、H48：5；独立组合纹，如 T205②B：6，残见图案并不包含圆点。

洪山庙遗址特大型瓮棺合葬墓 M1，出土大量绘有多种奇特图案的彩陶缸，与阎村出土的彩陶罐性质相同，故一并讨论，如图 2.104。陶缸器形虽非庙底沟文化常见的彩陶器类，但其中包含的如下几种图案，具有明确的庙底沟文化风格。

Ab3 型"组合弧线纹风格"："菊科图案"，如 W31：1，笔道凌乱、结构错综，

---

① 方孝廉：《河南临汝中山寨新石器时代遗址》，《考古》1978 年第 2 期。

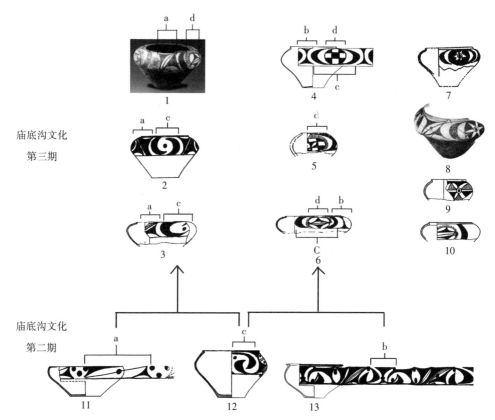

图 2.102　郑洛地区庙底沟文化第三期敛口鼓腹彩陶钵来源推测
庙底沟文化第三期标本：1 为西山出土　2 为大河村出土　3、5、6 为点军台出土　4 为站马屯出土
庙底沟文化第二期标本：11 为泉护村出土　12、13 为庙底沟出土
混入秦王寨文化的庙底沟文化第三期标本：7. 王湾 T238④：5　8. 高崖采集　9. 大河村 T44⑩：30
10. 大河村 T43⑧：1

但仍能分辨出其中"对旋""单旋""拱形弯钩"等结构；A 型"类西阴纹"，如 W28：1。

Ab4 型"弧边三角风格"：如 W17：1，为半圆形底纹与圆形底纹的组合；W83：1 为"花瓣形"与圆形的组合，可能由于弧边三角内未填实，而形成了白描的效果；阎村出土者，如原简报封二：1，可见圆形底纹。

Ac 型"圆点风格"：底纹内组合纹，如 W14：1，为"井"字形界隔内间隔填平行线的单独圆圈纹。

从庙底沟文化"菊科图案"的演变情况看，W31：1 的潦草图案，大约可置于庙底沟文化第三期时"菊科图案"的简化趋势中。由此，本文将洪山庙 M1 的相对年代

| 风格类型 | | 具体图案 | 实例标本 |
|---|---|---|---|
| Aa 型 | Aa1 型 | 网格纹 | 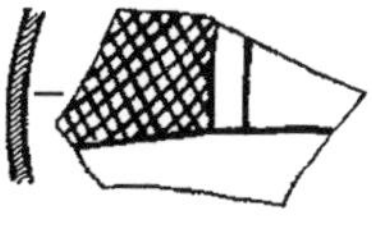 <br>1 |
| Ab 型 | Ab1 型 | 绞索纹 | 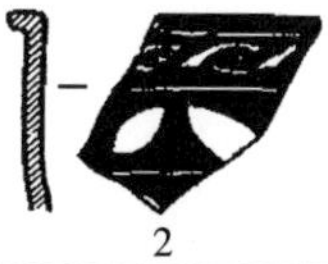 <br>2 |
| | Ab3 型 | "勾连形"图案 |  <br>3　　　　4 |
| | Ab4 型 | "花瓣形"底纹 |  <br>5 |
| Ac 型 | | 圆点纹 | 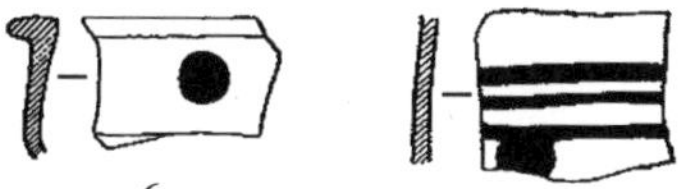 <br>6　　　7 |
| | | 独立组合纹 |  <br>8 |

图 2.103　中山寨遗址庙底沟文化彩陶概况

1. H57：3　2. T102②：11　3. T203②B：8　4. 采集　5. T104②：3　6. H22：3　7. H48：5　8. T205②B：6

定于庙底沟文化第三期。

其他图案多见 Aa1 型 "线纹风格"、Ac 型 "圆点风格"、Ba 型 "符号风格" 与 Bb 型 "象形风格"。

Aa1 型 "线纹风格"：平行线纹，如 W13：1 为较简单的平行线，如 W45：1 似 "栅栏状"。

Ac 型 "圆点风格"：如 W40：1，展开图所饰甲乙丙丁四个圆圈形内，绘有相背

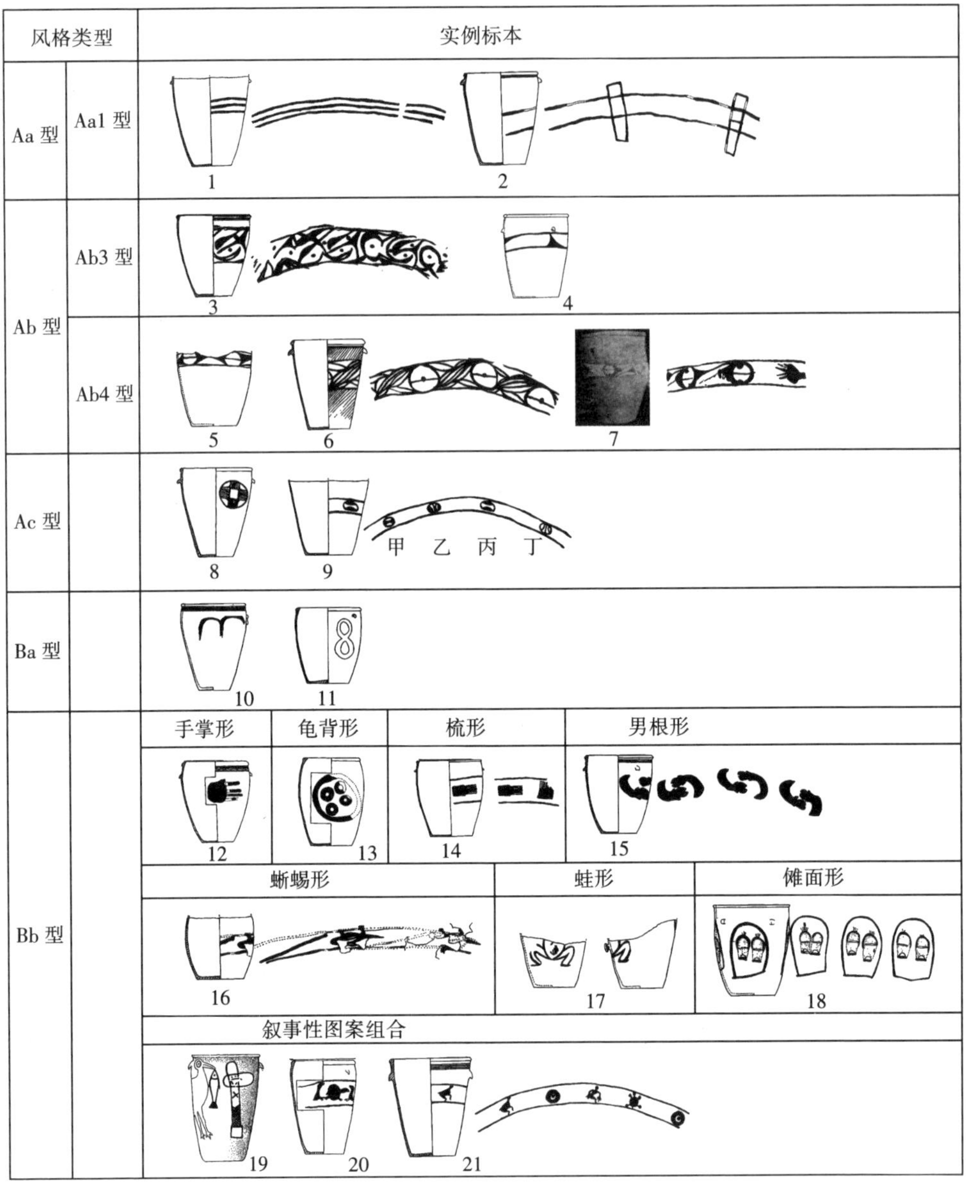

| 风格类型 | | 实例标本 |
|---|---|---|
| Aa 型 | Aa1 型 | 1　2 |
| Ab 型 | Ab3 型 | 3　4 |
| | Ab4 型 | 5　6　7 |
| Ac 型 | | 8　9　甲 乙 丙 丁 |
| Ba 型 | | 10　11 |
| Bb 型 | | 手掌形　龟背形　梳形　男根形<br> 12　13　14　15<br>蜥蜴形　蛙形　傩面形<br> 16　17　18<br>叙事性图案组合<br> 19　20　21 |

图 2.104　洪山庙、阎村庙底沟文化彩陶缸

1. W13：1　2. W45：1　3. W31：1　4. W28：1　5. W17：1　6. W83：1　7. 封二：1　8. W14：1　9. W40：1
10. W59：1　11. W60：1　12. W104：1　13. W118：1　14. W32：1　15. W10：1　16. W128：1　17. W39：1
18. W71：1　19. 插图一：1　20. W84：1　21. W42：1　（除7、19 为阎村出土外，其余均为洪山庙出土）

的"两边式"小半圆纹，乙、丁图案中部多一道竖线，特殊之处在于，甲丙、乙丁
两组内的填实方式，互为阴阳。

　　Ba 型"符号风格"："M"字形纹，如 W59：1；"8"字形纹，如 W60：1。

Bb 型"象形风格"："手掌形"，如 W104：1；"龟背形"，如 W118：1；"梳形"，如 W32：1；"男根形"，如 W10：1；"傩面形"，如 W71：1；"蛙形"，如 W39：1；"蜥蜴形"，如 W128：1。

另有几件陶缸为"象形图案"的组合，具有耐人寻味的叙事性。其中，最为著名的"国之瑰宝"，为阎村出土的"鹳鱼石斧图"彩陶罐；洪山庙出土者为龟、鸟、人、兽中若干形象的组合，如 W42：1、W84：1。

总体上，在庙底沟文化分布的主要地区，装饰有 Aa1 型"线纹风格"的分段网格纹、Ab3 型"组合弧线风格"的各类"勾连形"图案、Ab4 型"弧边三角风格"的"花瓣形"或圆形底纹、Bb 型"象形风格"的弧线几何化鱼纹等庙底沟文化典型图案的彩陶器，构成了主要地区各地理分区内，较为一致的彩陶遗存之主干。尤其是在与核心地区交通便利，且庙底沟文化进程与泉护村、庙底沟遗址基本同步的关中盆地中西部、临汾盆地靠近黄河东岸处、伊洛盆地西端的新安附近。

其他地理单元内的彩陶图案与核心地区相比，则在风格类型的侧重、具体图案种类及同类图案的表现形式等方面，体现出较为显著的差异。

一，秦岭山区、临汾盆地东部的 Ab2 型"对合圆弧纹"，是半坡文化甘肃东部分布区内的主流图案。

二，临汾盆地、吕梁山区普遍存在以白彩为黑彩图案勾边的做法，在核心地区仅有零星发现。由于此类标本多为残片，因此，白彩勾边的具体图案风格不详。

三，郑洛之间相当于庙底沟文化第一期的遗存中，半坡文化及后冈一期文化因素比重较大，并呈现与庙底沟文化结合且并行发展的状态。与庙底沟文化彩陶相始终的红彩系彩陶源头有别，通过与同期及更早的各考古学文化彩陶风格对比，应为直接继承自前仰韶时代的红彩系传统。庙底沟文化典型图案的流行，始于庙底沟文化第二期。至第三期时，与核心地区彩陶图案的简化趋势不同，郑洛间新增的 Ab4 型"弧边三角风格"敛口鼓腹彩陶钵（如图 2.102），伊川、汝州地区出现的彩陶瓮棺，极具区域特色。

### （三）边缘地区彩陶图案分析

边缘地区可细分为甘青东部区、河套区、晋北区、冀中北区、江汉区，包含地理单元有民和盆地、陇西盆地、陇东高原、呼包盆地、大同盆地、忻定盆地、华北平原太行山东麓、鄂北丘陵。

1. 陇西盆地及陇东高原

陇西盆地主要遗址位于葫芦河流域①、西汉水上游②、白龙江流域③，有天水师赵村和西山坪④，秦安大地湾⑤，静宁县番子坪⑥，西和县宁家庄⑦，礼县高寺头⑧，武都县寺背坪⑨，张家川⑩圪垯川、店子、坪桃源，崇信⑪梁坡、鲁家塬子等；陇东高原主要遗址位于泾河上游，有正宁宫家川⑫、吴家坡⑬，宁县董庄⑭等。此外，六盘山东麓地区的陕西陇县原子头⑮遗址，可归入此区内一并讨论。

大地湾遗址是庙底沟文化西部边缘最为重要的地点。上文"半坡文化"一节分析的大地湾遗存，主要为该遗址的第二期，报告定为半坡文化的遗存。其中，与半坡文化典型彩陶共存的大量 Ab 型风格彩陶，包括的"组合弧线图案"、"花瓣形"底纹等，明显具有庙底沟文化的彩陶特征，但在具体图案上与庙底沟文化典型图案尚有一定的区别。该遗址的第三期，报告定为庙底沟文化的遗存，出土彩陶图案与核心地区庙底沟文化典型图案风格一致。具体图案如图 2.105，分述如下。

（1）Ab2 型"小半圆弧风格"以间隔叠弧纹为主，如 H703：P36 为竖置的叠弧，

① 北京大学考古系、甘肃省文物考古研究所：《甘肃省葫芦河流域考古调查》，《考古》1992 年第 11 期。

② 甘肃省文物考古研究所、中国国家博物馆、北京大学考古文博学院、陕西省考古研究院、西北大学文博学院：《西汉水上游考古调查报告》，北京：文物出版社，2007 年。

③ 赵雪野、司有为：《甘肃白龙江流域古文化遗址调查简报》，《考古与文物》1993 年第 4 期。

④ 中国社会科学院考古研究所：《师赵村与西山坪》。

⑤ 甘肃省文物考古研究所：《秦安大地湾——新石器时代遗址发掘报告》。

⑥ 北京大学考古系、甘肃省文物考古研究所：《甘肃省葫芦河流域考古调查》。

⑦ 中国社会科学院考古研究所甘肃工作队：《甘肃天水地区考古调查纪要》，《考古》1983 年第 12 期。

⑧ 中国社会科学院考古研究所甘肃工作队：《甘肃天水地区考古调查纪要》；甘肃省文物考古研究所：《甘肃礼县高寺头新石器时代遗址发掘报告》，《考古与文物》2012 年第 4 期。

⑨ 张强禄：《白龙江流域新石器时代文化谱系的初步研究》，《考古》2005 年第 2 期。

⑩ 张家川县文化局、张家川县文化馆：《甘肃张家川县原始文化遗址调查》，《考古》1991 年第 12 期。

⑪ 陶荣：《甘肃崇信古文化遗址调查》，《考古》1995 年第 1 期。

⑫ 庆阳地区博物馆、正宁县文化馆：《甘肃正宁县宫家川新石器时代遗址调查记》，《考古与文物》1988 年第 1 期。

⑬ 李红雄：《试论泾河上游地区新石器时代文化》，《考古与文物》1988 年第 3 期。

⑭ 庆阳地区博物馆：《甘肃宁县董庄新石器时代遗址试掘简报》，《史前研究》1987 年第 4 期。

⑮ 宝鸡市考古工作队、陕西省考古研究所：《陇县原子头》。

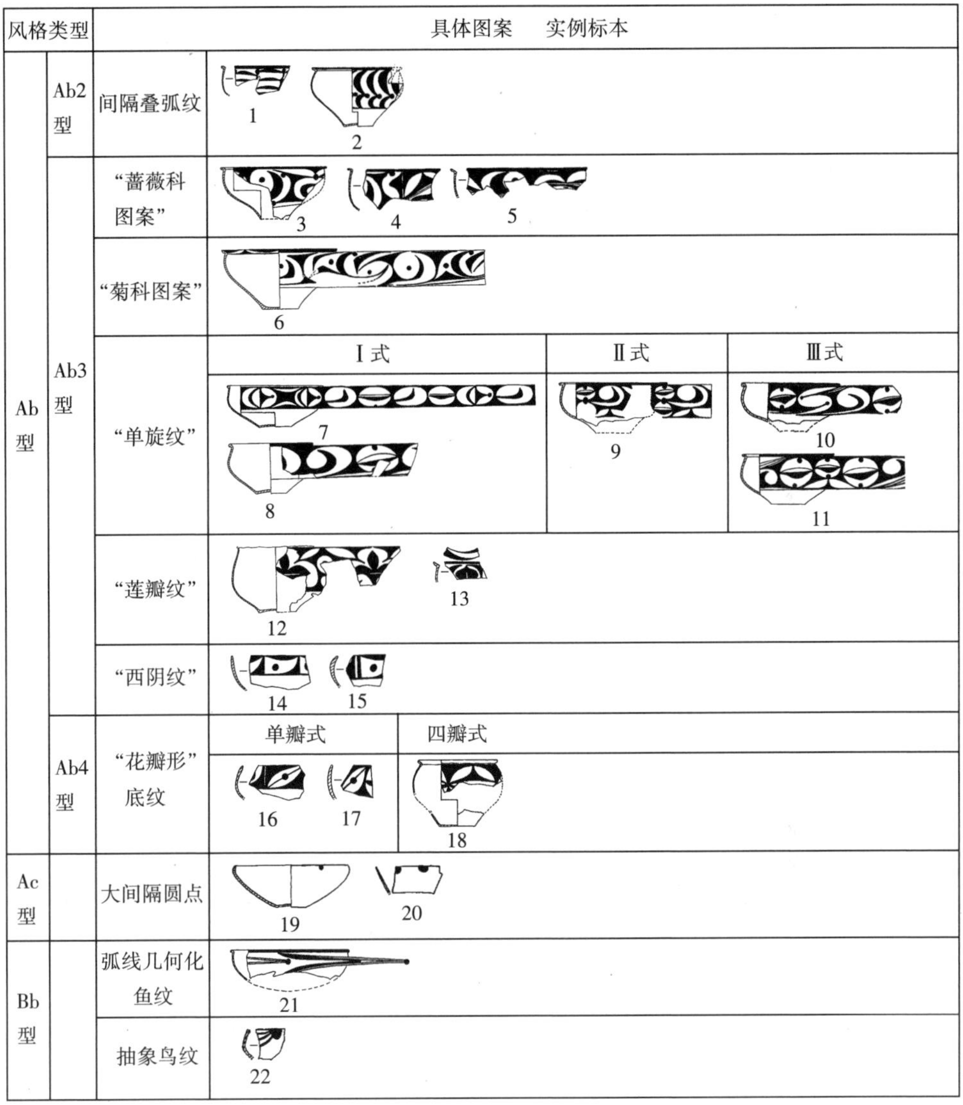

| 风格类型 | | | 具体图案　实例标本 | | |
|---|---|---|---|---|---|
| Ab型 | Ab2型 | 间隔叠弧纹 | 1　2 | | |
| | Ab3型 | "蔷薇科图案" | 3　4　5 | | |
| | | "菊科图案" | 6 | | |
| | | "单旋纹" | Ⅰ式 7　8 | Ⅱ式 9 | Ⅲ式 10　11 |
| | | "莲瓣纹" | 12　13 | | |
| | | "西阴纹" | 14　15 | | |
| | Ab4型 | "花瓣形"底纹 | 单瓣式 16　17 | 四瓣式 18 | |
| Ac型 | | 大间隔圆点 | 19　20 | | |
| Bb型 | | 弧线几何化鱼纹 | 21 | | |
| | | 抽象鸟纹 | 22 | | |

图 2.105　大地湾遗址庙底沟文化彩陶概况

1. H703∶P36　2. H302∶5　3. H302∶6　4. T304③∶P42　5. T4③∶P10　6. T309③∶11　7. F330∶24
8. F330∶40　9. F330∶46　10. F704∶14　11. TG3③∶1　12. T314③∶16　13. T341③∶P42
14. H700∶P45　15. T309③∶P23　16. H392∶P20　17. T605①∶P21　18. TG5③∶20　19. T339③∶55
20. H307∶P6　21. T107②∶3　22. QD0∶P31

间以圆点，H302∶5 为横置的叠弧，间以圆点。

（2）Ab3 型"组合弧线纹风格"在第三期中主要包含五种具体图案："蔷薇科图案""菊科图案""单旋纹""莲瓣纹""西阴纹"。

"蔷薇科图案"，如 H302∶6、T304③∶P42、T4③∶P10 等，残见的局部图案较典型，大致与"泉Ⅱ式""泉Ⅲ式"或"庙Ⅰ式"相当。

"菊科图案"，如 T309③：11，为比较典型的"泉Ⅱ式"。

"单旋纹"：此类图案在核心地区未见，但在大地湾遗址中表现形式较多。如 F330：24、F330：40，从曲腹盆形看相当于庙底沟文化第一期，所饰图案与第二期"对合圆弧纹"风格接近，含有大量的卵圆形结构。前者于个别卵圆形结构中绘入一向上弯钩，形成一不甚标准的同向"单旋"，后者图案中的单旋结构则非常典型，唯旋心处无圆点。与"单旋"相邻的卵圆形底纹中，嵌入各类庙底沟文化的 Ac 型风格"底纹内组合纹"。由于上述标本共存，本文将其统称为"单旋纹"Ⅰ式。而如 F330 内另一件标本 F330：46，同向"单旋"下部增加一对"花瓣形"底纹，且单体间嵌入的"底纹内组合纹"分为两行。基于这种变化，暂将其定为Ⅱ式。如 F704：14、TG3③：1 的图案中，Ⅰ、Ⅱ式正置的"工"字形出现倾斜，甚至增加穿插斜线，"单旋"仍未施圆点，但出现方向相对者，图案效果与"蔷薇科图案"比较接近。暂将其统一定为Ⅲ式。

"莲瓣纹"，图案多残，如 T314③：16、T341③：P42、F321：P20 等，图案似侧视的大朵莲花，以其顶部呈现的"莲瓣"形状命名。

"西阴纹"：如 H700：P45、T309③：P23、H320：P30、T339③：55 等，应为泉护村 A 型Ⅱ式。

（3）Ab4 型"弧边三角风格"的"花瓣形"底纹：如 H392：P20、T344③：P23、T344③：P25、T605①：P21 等为"单瓣形"底纹，嵌入圆点或"线穿圆点"组合纹，有的单体间可见"两边式"小半圆纹作为间隔；如 TG5③：20，为四瓣式"铜钱形"图案。

（4）Ac 型"圆点风格"中的"底纹内组合纹"在上述各类图案中，作为嵌入图案的使用情况普遍。大间隔的圆点纹较少见，如 T339③：55、H307：P6 等。

（5）Bb 型"象形风格"中的"鱼纹"为弧线几何化鱼纹 T107②：3，在上节中已经讨论了其与大圆眼鱼纹可能存在的发展演变关系。抽象鸟纹标本较少见，如 QD0：P31。

其中，"蔷薇科图案""菊科图案""西阴纹"抽象鸟纹等，可与核心地区同类图案直接比较，大致与庙底沟文化第二、三期相当，且 T309③：11、H302：6 等彩陶盆形态也与庙底沟文化第二期接近；"单旋纹"图案未见于核心地区，而从 F330 若干"单旋纹"彩陶盆形态来看，大致与庙底沟文化第一期相当。

原子头遗址报告所分第四期遗存，为典型的庙底沟文化。发表彩陶标本较少，主要包含 Ab3 型"组合弧线纹风格"、Ab4 型"弧边三角风格"、Bb 型"象形风格"的图案，如图 2.106。如 H112：2 残见的"工"字形图案，可能为大地湾常见的"单旋纹"局部；H99：1 所饰弧边三角明显简化，组成的圆形底纹中饰有"∴"形组合圆点，其两侧常见的"单瓣形"底纹不存，左侧则饰有一"花苞状"图案，与上一节"半坡文化"中涉及的同类图案不同之处在于"花苞"前端出尖；H104：6、H99：8 残见"泉 II 式"鸟纹，H112：1 所饰图案则为抽象鸟纹中的"俯身单鸟"。

由此可见，原子头遗址第四期内的庙底沟文化彩陶应不早于核心地区庙底沟文化第二期，大致与第二、三期相当。

其他遗址中庙底沟文化彩陶图案种类如图 2.106。

Aa1 型"线纹风格"：网格纹，如高寺头采集平底瓶 LG 采：010，腹中部分段网格纹为庙底沟文化典型图案，其下饰有 Ab4 型"弧边三角风格"的"花瓣形"底纹，高寺头 T102④：9 残见较宽大的网格纹。

Ab2 型"小半圆弧风格"：间隔叠弧纹，如高寺头 T101②：2、西山坪 T1⑤：3、梁坡采集标本为横置的叠弧。

Ab3 型"组合弧线纹风格"："蔷薇科图案"，如师赵村 T113④：72；"菊科图案"，如宫家川采集者接近"泉 I 式"，高寺头 H104：18 接近"庙 II 式"；"单旋纹"，如店子、圪垯川等遗址采集；其他"勾连形"图案如店子、坪桃源、宁家庄、董庄、寺背坪等遗址采集者；"西阴纹"，如西山坪 T1⑤：5，相当于泉护村 A 型 II 式，如寺背坪采集者，可能相当于庙底沟 B 型 II 式。

Ab4 型"弧边三角风格"："工"字形间隔纹，如高寺头 T104④：9，并嵌入横置的叠弧纹、对边三角形；"花瓣形"底纹，如番子坪采集。

Ac 型"圆点风格"：圆点纹，如西山坪 T1⑤：1、鲁家塬子采集标本为间隔圆点纹，西山坪 T1⑤：4 为密集圆点纹。

Bb 型"象形风格"：弧线几何化鱼纹，如西山坪 T1⑤：7；抽象鸟纹，如吴家坡采集彩陶盆，似以"鸟羽"象征的抽象鸟纹，同遗址内采集的彩陶钵，似以一"鸟爪"象征的抽象鸟纹与一弧线化鱼纹嘴部的抽象图案组合。

| 风格类型 | | 具体图案 | 实例标本 |
|---|---|---|---|
| Aa型 | Aa1型 | 网格纹 |  1　2 |
| Ab型 | Ab2型 | 间隔叠弧纹 |  3　4　5 |
| | Ab3型 | "蔷薇科图案" |  6 |
| | | "菊科图案" |  7　8 |
| | | "单旋纹" |  9　10　11 |
| | | 其他"勾连形" |  12　13 |
| | | "西阴纹" |  14　15 |
| | Ab4型 | "工"字形间隔纹 |  16 |
| | | 圆形底纹 |  17 |
| | | "花瓣形"底纹 |  18 |
| Ac型 | | 圆点纹 |  19　20　21 |
| Bb型 | | 弧线几何化鱼纹 |  22 |
| | | 侧视鸟纹 |  23　24 |
| | | 抽象鸟纹 | 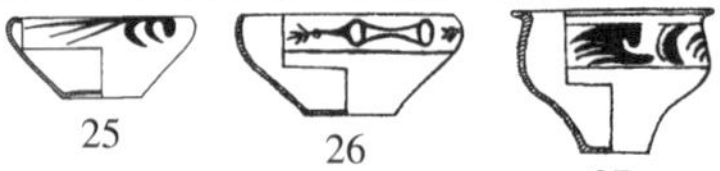 25　26　27 |

图2.106　原子头及甘肃东部其他遗址庙底沟文化彩陶概况

1. T102④：9　2. LG采：010　3. T101②：2　4. T1⑤3　6. T113④：72　8. H104：18　9. H112：2
14. T1⑤：5　16. T104④：9　17. H99：1　19. T1⑤：1　21. T1⑤：4　22. T1⑤：7　23. H104：6　24. H99：8
25. H112：1　（1－3、8、16为高寺头出土　4、14、19、21、22为西山坪出土　5为梁坡采集
6为师赵村出土　7为宫家川采集　9、17、23－25为原子头出土　10为店子采集　11为圪垯川采集
12为坪桃源采集　13、15为寺背坪采集　18为番子坪采集　20为鲁家塬子采集　26、27为吴家坡采集）

## 2. 民和盆地

主要遗址有民和阳洼坡①、胡李家②，其中，除包含庙底沟文化遗存外，亦包含有仰韶时代晚期的考古学文化遗存。胡李家遗址 T1000、T1001②A→H15→③→F3 的层位关系，为仰韶时代晚期灰坑 H15 打破庙底沟文化房址 F3，反映出青海东部地区仰韶时代考古学文化的序列关系。

庙底沟文化彩陶器类，以盆、钵、罐为主，具体图案如图 2.107。

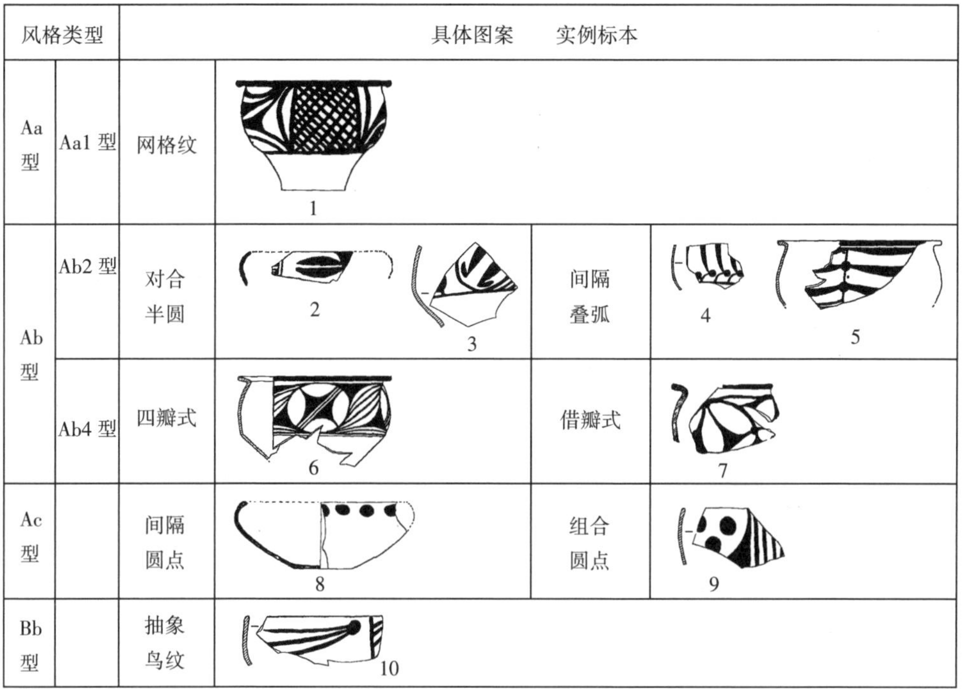

| 风格类型 | | | 具体图案 | 实例标本 | | |
|---|---|---|---|---|---|---|
| Aa 型 | Aa1 型 | 网格纹 | 1 | | | |
| Ab 型 | Ab2 型 | 对合半圆 | 2 3 | 间隔叠弧 | 4 | 5 |
| | Ab4 型 | 四瓣式 | 6 | 借瓣式 | 7 | |
| Ac 型 | | 间隔圆点 | 8 | 组合圆点 | 9 | |
| Bb 型 | | 抽象鸟纹 | 10 | | | |

图 2.107　民和盆地庙底沟文化彩陶标本

1. T1②∶1　3. T1006②∶5　4. H6∶10　5. 采∶4　6. H14∶2　9. F3∶10　10. T2189②∶4
（1、3-6、9、10 为胡李家出土　2、7、8 为阳洼出土）

Aa1 型 "线纹风格"：网格纹，如胡李家 T1②∶1 为方形网格，与成对的弧边三角相间隔。

Ab2 型 "小半圆弧风格"：对合半圆纹，如阳洼坡原图五∶16、胡李家 T1006②∶

---

① 青海省文物考古队：《青海民和阳洼坡遗址试掘简报》，《考古》1992 年第 11 期。

② 中国社会科学院考古研究所甘青工作队、青海省文物考古研究所：《青海民和县胡李家遗址的发掘》，《考古》2001 年第 1 期。

5；间隔叠弧纹，如胡李家 H6∶10、采∶4。

Ab4 型"弧边三角风格"："花瓣形"底纹，如阳洼坡原图五∶6、胡李家 H14∶2。

Ac 型"圆点风格"：间隔圆点纹，如阳洼坡原图五∶11；"∴"形组合圆点纹，如胡李家 F3∶10。

Bb 型"象形风格"：抽象鸟纹，如胡李家 T2189②∶4。

胡李家 F3 中共出的重唇尖底瓶口 F3∶11，为退化中的形态，相当于核心地区庙底沟文化第二期。而在宝鸡以西的分布区中，重唇口的退化更加缓慢①，至仰韶时代晚期仍可见大量退化重唇口，如胡李家 H15∶14、H13∶91 等。由此可见，民和地区的庙底沟文化遗存已接近仰韶时代晚期。

3. 呼包盆地及大同盆地

主要遗址有山西大同马家小村②，商都章毛勿素③，内蒙古凉城王墓山坡下④、狐子山⑤、清水河县白泥窑子⑥、庄窝坪⑦、后城嘴⑧、准格尔旗鲁家坡⑨、官地⑩，

---

①　朱雪菲：《试论西阴文化与半坡四期文化的交替》，《中山大学硕士学位论文》，2011 年。

②　山西省考古研究所、大同市博物馆：《山西大同马家小村新石器时代遗址》，《文物季刊》1992 年第 3 期。

③　内蒙古文物考古研究所、乌兰察布博物馆、商都县文物管理所：《商都县章毛勿素遗址》，《内蒙古文物考古文集》（第二辑），北京：中国大百科全书出版社，1997 年。

④　内蒙古文物考古研究所、北京大学中国考古学研究中心"聚落演变与早期文明"课题组：《岱海考古（三）——仰韶文化遗址发掘报告集》。

⑤　内蒙古文物考古研究所、北京大学中国考古学研究中心"聚落演变与早期文明"课题组：《岱海考古（三）——仰韶文化遗址发掘报告集》。

⑥　崔睿、斯琴：《内蒙古清水河白泥窑子 C、J 点发掘简报》，《考古》1988 年第 2 期；内蒙古社会科学院历史研究所考古研究室：《清水河县白泥窑子遗址 A 点发掘报告》，《内蒙古文物考古文集》（第二辑），北京：中国大百科全书出版社，1997 年。

⑦　乌兰察布博物馆、清水河县文物管理所：《清水河县庄窝坪遗址发掘简报》，《内蒙古文物考古文集》（第二辑），北京：中国大百科全书出版社，1997 年。

⑧　内蒙古文物考古研究所：《清水河县后城嘴遗址》，《内蒙古文物考古文集》（第二辑），北京：中国大百科全书出版社，1997 年。

⑨　内蒙古文物考古研究所：《准格尔旗鲁家坡遗址》，《内蒙古文物考古文集》（第二辑），北京：中国大百科全书出版社，1997 年。

⑩　内蒙古文物考古研究所：《准格尔旗官地遗址》，《内蒙古文物考古文集》（第二辑），北京：中国大百科全书出版社，1997 年。

包头西园①、阿善②等。

在上文的"半坡文化"节中，该地区部分遗址的庙底沟文化遗迹单位内，包含半坡文化彩陶的情况已有述及，并概括出 Aa 型、Ab 型、Bb 型三种彩陶风格类型，如图 2.108。参照上文对庙底沟文化彩陶图案的分析，其中，Ab 型风格的 Ab2 型"对合半圆纹"、Ab4 型"花瓣形"底纹更有可能与庙底沟文化有关："对合半圆纹"标本另有庄窝坪 H19：2、白泥窑子 BJT21②：03、西园 T1⑥：107 等；"花瓣形"底纹标本另有王墓山坡下Ⅰ F8：9、Ⅰ F12：14、Ⅰ H26：1，后城嘴 Y1：1、采：2，庄窝坪 F3：4 等，多为正倒的"双瓣式"花叶形，又如官地 H26：9，"花瓣形"底纹内嵌入"线穿圆点"的组合纹，更具有庙底沟文化的彩陶特征。

其他 Ab 型风格的图案如图 2.108。

Ab3 型"组合弧线风格"：如白泥窑子 BJT9②：01，所饰"菊科图案"大致相当于"庙Ⅱ式"；白泥窑子 BJT28②：57 残见图案应为"蔷薇科图案"；白泥窑子其他采集标本③，均为"勾连形"图案；白泥窑子 BJ 采：92 残见图案应为 B 型"类西阴纹"。

Ab4 型"弧边三角风格"：白泥窑子 A 地点 F2：2 似圆形果实与两瓣"叶形"的组合，暂称其为"花果纹"，单体左右颠倒；如章毛勿素 F1：4，图案分行，为弧边三角和小半圆纹组合的倒"拱桥形"图案，与原子头 H84：1 图案相似；狐子山 C：6、马家小村 F3：6，亦为小半圆弧与弧边三角组合，具体图案不详；马家小村 F3：3，图案不甚规则，所见三个单体均不相同，有弧边三角、半圆弧线、直边三角组合而成。

此外，另有属于 Aa1 型"线纹风格"的庙底沟文化彩陶标本，如王墓山坡下Ⅰ F5：5、Ⅰ F6：13，尤其前者的分段网格纹，为庙底沟文化典型图案。

4. 忻定盆地

可见资料主要为忻州游邀④遗址采集的庙底沟文化彩陶标本，具体图案如

① 西园遗址发掘组：《内蒙古包头市西园新石器时代遗址发掘简报》，《考古》1990 年第 4 期；内蒙古社会科学院历史研究所、包头市文物管理处：《内蒙古包头市西园遗址 1985 年的发掘》，《考古学集刊》(8)，北京：中国社会科学出版社，1994 年。

② 内蒙古社会科学院蒙古史研究所、包头市文物管理所：《内蒙古包头市阿善遗址发掘简报》，《考古》1984 年第 2 期。

③ 汪宇平：《内蒙古清水河县白泥窑子村的新石器时代遗址》。《文物》1961 年第 9 期。

④ 吉林大学边疆考古研究中心、山西省考古研究所、忻州地区文物管理处：《忻州游邀考古》，北京：科学出版社，2004 年。

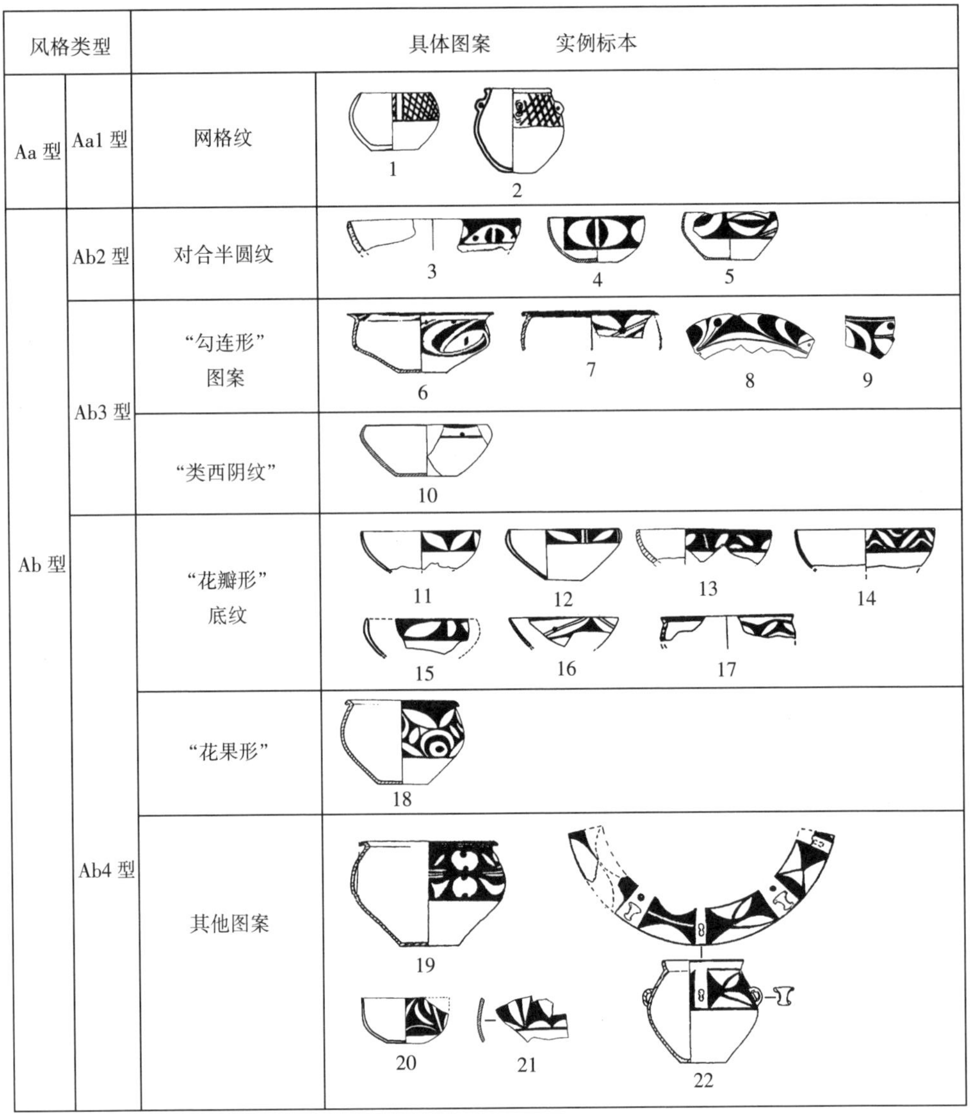
风格类型
具体图案 实例标本
Aa 型
Aa1 型
网格纹
1
2
Ab 型
Ab2 型
对合半圆纹
3
4
5
Ab3 型
“勾连形”
图案
6
7
8
9
“类西阴纹”
10
Ab4 型
“花瓣形”
底纹
11
12
13
14
15
16
17
“花果形”
18
其他图案
19
20
21
22

图 2.108 呼包盆地及大同盆地庙底沟文化彩陶标本

1. ⅠF5∶5 2. ⅠF6∶13 3. H19∶2 4. BJT21②∶03 5. T1⑥∶107 6. BJT9②∶01 7. BJT28②∶57 10. BJ 采: 92 11. ⅠF8∶9 12. ⅠF12∶14 13. F3∶4 14. 采: 2 15. ⅠH26∶1 16. H26∶9 17. Y1∶1 18. F2∶2 19. F1∶4 20. C∶6 21. F3∶6 22. F3∶3 （1、2、11、12、15 为王墓山坡下出土 3、13 为庄窝坪出土 4、6－10、18 为白泥窑子出土 5 为西园出土 14、17 为后城嘴出土 16 为官地出土 19 为章毛勿素出土 20 为狐子山采集 21、22 为马家小村出土）

图 2.109。

Aa1 型“线纹风格”：网格纹，如 0∶26，图案欠规整；平行线纹，如 0∶34。

Ab3 型“组合弧线纹风格”：“勾连形”图案，如 0∶29、0∶27 等可能为某种

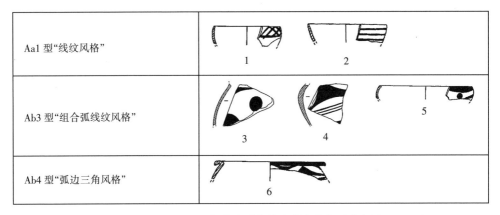

| Aa1 型"线纹风格" | 1　　　2 |
| --- | --- |
| Ab3 型"组合弧线纹风格" | 3　　4　　5 |
| Ab4 型"弧边三角风格" | 6 |

图 2.109　忻州游邀遗址采集的庙底沟文化彩陶标本
1.0∶26　2.0∶34　3.0∶29　4.0∶27　5.0∶20　6.0∶24

"勾连形"图案的局部;"类西阴纹",如 0∶20。

Ab4 型 "弧边三角风格":"花瓣形" 底纹,如 0∶24。

5. 华北平原太行山东麓

华北平原西缘为庙底沟文化分布区的西至,南部郑州附近仍属于庙底沟文化的主要分布区,而北部太行山东麓,则主要为后冈一期文化分布区,部分遗址包含庙底沟文化遗存,如正定南杨庄①、平山西李坡石疤沟②、保定曲阳钓鱼台③、蔚县三关④等。

彩陶标本均为残片,器形以曲腹盆、直口弧腹钵、敛口曲腹钵为主。残见图案以 Ab3 型 "组合弧线纹风格"、Ab4 型 "弧边三角风格" 为主,如图 2.110。

南杨庄 H108∶1、H108∶5,三关 79YSGF1∶1、79YSGF5∶2、79YSGF2∶6 - 2、79YSGF1∶2,石疤沟采集等属于 Ab3 型 "勾连形" 图案,其中三关 79YSGF2∶6 - 2、79YSGF1∶2 残见的 "工" 字形,可能属于大地湾遗址中常见的 "单旋纹" 图案局部;三关 79YSGH5∶9、79YSGH12∶4 - 1,钓鱼台采集,南杨庄 H75∶3 等属于 Ab4 型 "花瓣形" 底纹;三关 79YSGT6②∶8 - 2 的两侧,可能有 Ab2 型 "小半圆弧" 风格的图案;南杨庄 T72③∶3 残见 Bb 型弧线几何化鱼纹。

总的来看,太行山东麓地区的庙底沟文化彩陶,图案种类与规整程度接近核心

---

① 河北省文物研究所:《正定南杨庄——新石器时代遗址发掘报告》,北京:科学出版社,2003 年。

② 河北省文物研究所:《河北平山县考古调查简报》,《文物春秋》1990 年第 3 期。

③ 赵印堂、杨建豪:《曲阳附近新发现的古文化遗址》,《考古》1955 年第 1 期。

④ 张家口考古队:《一九七九年蔚县新石器时代考古的主要收获》,《考古》1981 年第 2 期。

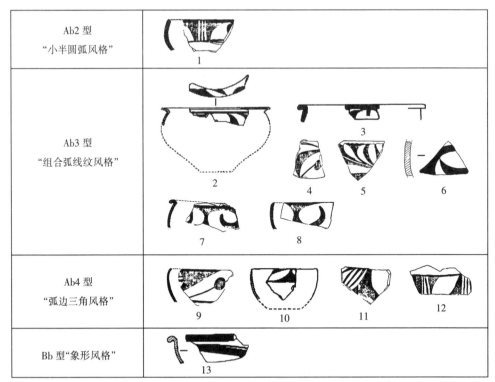

图 2.110    华北平原太行山东麓地区庙底沟文化彩陶标本

1. 79YSGT6②：8-2    2. H108：1    3. H108：5    4. 79YSGF1：1    5. 79YSGF5：2    7. 79YSGF2：6-2
8. 79YSGF1：2    9. 79YSGH5：9    10. H75：3    11. 79YSGH12：4-1    13. T72③：3    （1、4、5、7-9、
11 为三关出土    2、3、10、13 为南杨庄出土    6 为石疤沟采集    12 为钩鱼台采集）

地区同类标本，与河套至晋北等庙底沟文化北部边缘区所见彩陶相似，而与分布于
郑州附近的庙底沟文化彩陶差异显著。

关于该地区庙底沟文化遗存的相对年代，参照三关遗址中出土的典型器，如
79YSGF3：7 典型重唇口的无耳尖底瓶，79YSGF5：7 肩部外鼓圆缓的敛口瓮，79YSGT4
②：31 叠唇较平的叠唇盆等，均为庙底沟文化第一期时的形态特征，如图 2.111。由
此，本文推测该地区至少存在着相当于核心地区庙底沟文化第一期的遗存。

6. 鄂北丘陵

该地区包含庙底沟文化遗存的遗址，主要有郧县大寺①、房县羊鼻岭②、随州西花

---

① 中国社会科学院考古研究所：《青龙泉与大寺》；湖北省文物考古研究所、湖北省文物局南水北调办公
室：《湖北郧县大寺遗址 2006 年发掘简报》，《考古》2008 年第 4 期。

② 湖北省博物馆、房县文化馆、武汉大学考古专业七六级：《房县羊鼻岭遗址调查简报》，《江汉考古》
1982 年第 1 期。

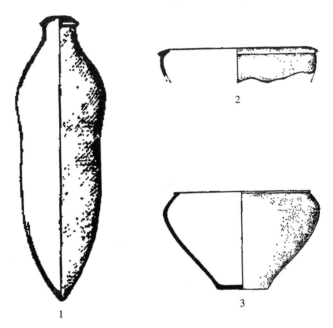

图 2.111 三关遗址庙底沟文化第一期典型器物
1. 79YSGF3：7 2. 79YSGT4②：31 3. 79YSGF5：7

园①、枣阳雕龙碑②等。

雕龙碑遗址是该地区最为重要的仰韶时代遗址。根据层位堆积状况，报告将其仰韶时代遗存分为三期。尽管学界对这三期遗存的文化属性持有多种不同的意见，但是，对于其第一、第二期相当于仰韶时代早期，第三期相当于仰韶时代晚期的划分，则意见基本统一。彩陶标本如图 2.112。

雕龙碑第一期遗存较少，其中包含有庙底沟文化尖底瓶底、平底瓶口、灶腿及彩陶残片。彩陶以黑彩系为主，少量黑红复彩。主要图案有：Ab2 型"小半圆弧风格"的"对合半圆纹"，如 T2209⑤：14；Ab3 型"组合弧线风格"的"勾连形"图案，如 T2208⑤：12、15、18 等；Ab4 型"弧边三角风格"的四瓣式"铜钱形"图案，如 T2808⑤：20。参照"铜钱形"图案流行的时期，雕龙碑第一期遗存大致相当

① 武汉大学历史系考古教研室、襄樊市博物馆、随州市博物馆：《西花园与庙台子》，武汉：武汉大学出版社，1993 年。
② 中国社会科学院考古研究所：《枣阳雕龙碑》，科学出版社，2006 年；湖北省襄樊市炎黄文化研究会、北京画中画文化艺术交流中心编，王仁湘、王杰主编：《雕龙碑史前彩陶》。

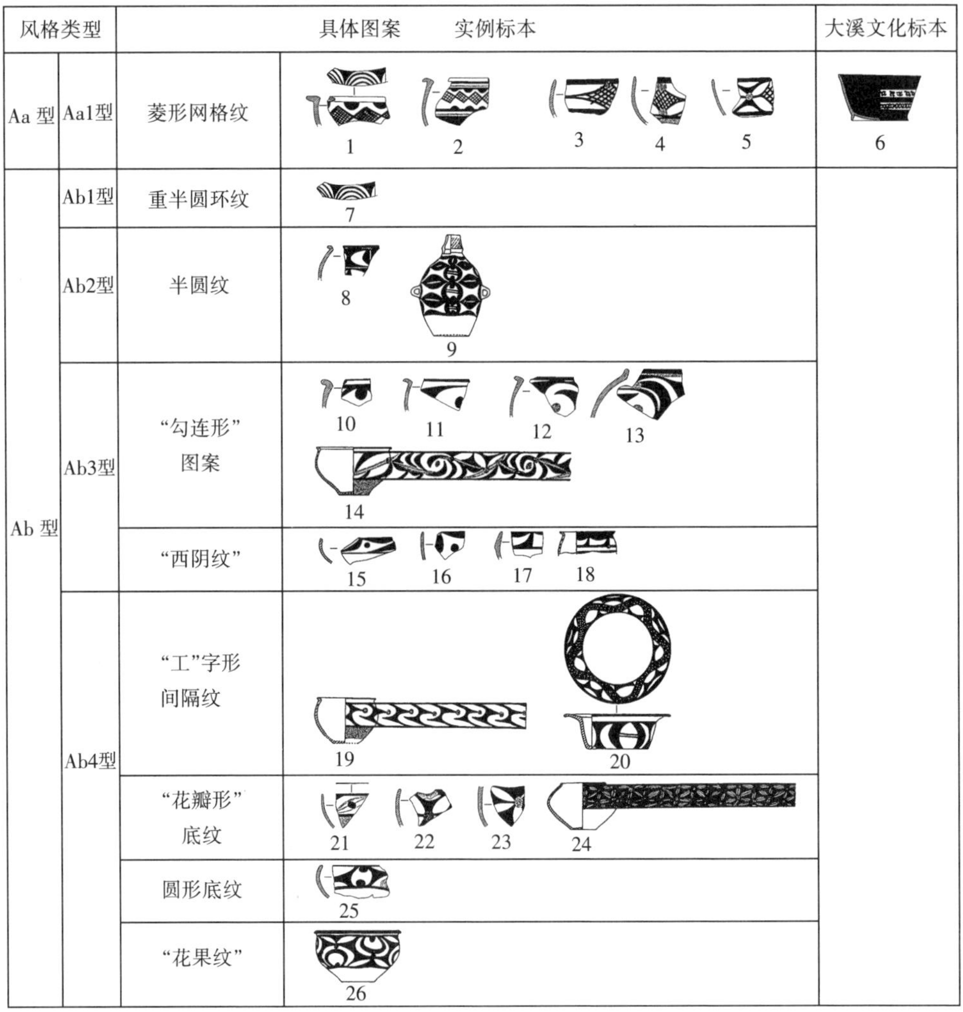

| 风格类型 | | | 具体图案    实例标本 | 大溪文化标本 |
|---|---|---|---|---|
| Aa 型 | Aa1型 | 菱形网格纹 | <br>1　　　2　　　3　4　5 | <br>6 |
| Ab 型 | Ab1型 | 重半圆环纹 | <br>7 | |
| | Ab2型 | 半圆纹 | <br>8<br>9 | |
| | Ab3型 | "勾连形"图案 | <br>10　11　12　13<br>14 | |
| | | "西阴纹" | <br>15　16　17　18 | |
| | Ab4型 | "工"字形间隔纹 | <br>19　　　　20 | |
| | | "花瓣形"底纹 | <br>21　22　23　24 | |
| | | 圆形底纹 | <br>25 | |
| | | "花果纹" | <br>26 | |

图 2.112　雕龙碑遗址庙底沟文化第二期彩陶概况

1、7. T2618④A：9　2. T2616③：4　3. T2114④A：4　4. T2209④B：11　5. T2810③：2　6. T2214④A：16
8. T2209⑤：14　9. F12：5　10. T2208⑤：18　11. T2208⑤：12　12. T2207④B：37　13. T2115④A：3
14. T2314④A：121　15. T2307④B：8　16. T2208④B：38　17. T2405④A：1　18. H52：17　19. T2314④A：122
20. F12：4　21. M9：1　22. T2808⑤：20　23. T2215②A：10　24. T2215④A：51　25. T2208④B：42
26. H52：24

于核心地区庙底沟文化第二期。

　　雕龙碑第二期遗存主体为大溪文化，大溪文化彩陶与庙底沟文化彩陶共存，风格差异明显。彩陶以白衣黑红复彩系为主，有少量红彩勾边，出现个别黄彩，从彩色上看，较第一期丰富。第三期遗存中，包含有屈家岭文化、秦王寨文化因素，出现了大量与秦王寨文化类似的彩陶风格，应属于仰韶时代晚期遗存。而发表的资料中，不乏扰入晚期层位的庙底沟文化彩陶标本，与第二期所见者图案相似。现一并讨论，主要图案种类如下。

Aa1 型"线纹风格"：网状菱格条带纹，如 T2618④A：9、T2616③：4，与相背的小半圆纹组错缝排列；凹边菱形网纹，如 T2114④A：4、T2209④B：11 顶点处饰有红彩圆点，如 T2810③：2 则填绘于四瓣式"铜钱形"图案内。

Ab1 型"线纹风格"：重半圆环纹，如 T2618④A：9 的沿面图案。

Ab2 型"小半圆弧风格"："四边式"半圆纹，如平底瓶 F12：5，正面图案可视作一列包含上下四个单体的两列"四边式"半圆纹，中间形成的圆形底纹内嵌入"÷"形组合纹。

Ab3 型"组合弧线纹风格"："蔷薇科图案"，如 T2207④B：37、T2115④A：3 残见的"旋纹"结构可能为"蔷薇科图案"局部，如 T2314④A：121 展开图所示，可视为典型"蔷薇科图案"的变体；"西阴纹"，如 T2307④B：8、T2208④B：38 为泉护村 A 型 Ⅱ 式，缺少圆点的 T2405④A：1、H52：17 应为同类图案。

Ab4 型"弧边三角风格"："工"字形间隔纹，如 T2314④A：122 为斜置的"工"字形连续，各单体中组合一圆点；F12：4 为宽沿直腹盆，与汝州中山寨 T104②：3 器形相似，应非庙底沟文化典型彩陶器类，主体与沿面图案为多见"工"字形结构，但沿面所饰一周五角星状条带纹，则与宿松黄鳝咀遗址出土的宽沿折腹盆沿面的戳印纹相似。

Ab4 型"弧边三角风格"："花瓣形"底纹，如 M9：1 残见"单瓣形"；T2215④A：51、T2215②A：10 为借瓣的"六瓣式"或"五瓣式"花朵形；T2208④B：42 残见由弧边三角组成的圆形底纹；H52：24 为单体左右颠倒的"花果纹"。

由于第二期图案种类，并未超出核心地区庙底沟文化第二期范畴，则此期遗存亦应与庙底沟文化第二期相当。

第三期遗存中，还包含有个别彩陶标本属于庙底沟文化第三期。如敛口鼓肩钵 T1806③：2（图2.113：1），所饰图案属于类似大河村 T11⑤A：83 等的 Ab4 型"弧边三角风格"，以弧边三角组成区间并嵌入其他图案。T1806③：2 中嵌入的密集圆点纹，虽非庙底沟文化典型图案，但亦非孤例。

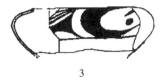

图 2.113　雕龙碑 T1806③：2 与郑洛之间同类图案比较

1. 雕龙碑 T1806③：2　2. 大河村 T11⑤A：83　3. 点军台出土

该地区其他遗址中，典型的庙底沟文化彩陶图案如图 2.114。

Aa1 型"线纹风格"：网格纹，如西花园 T21③B：81，应为分段网格纹。

Ab1 型"线纹风格"：绞索纹，如西花园 T4④：94、T21③A：58。

Ab2 型"小半圆弧风格"：对合半圆纹，如大寺 H98：4、羊鼻岭原图二：2。

Ab3 型"组合弧线纹风格"："蔷薇科图案"，如羊鼻岭原图二：1，当为"泉 I 式"；"菊科图案"，如大寺 H85：3，b 部分组合纹结构较典型。

Ab4 型"弧边三角风格"："花瓣形"底纹，如西花园 T21③B：25、T4④：93，应为"四瓣式"花朵形。

Ac 型"圆点风格"：独立组合纹，如西花园 T13④：18，为"领结形"。

Bb 型"象形风格"：弧线几何化鱼纹，如大寺 T0201④：1。

此外，少量属于 Aa2 型"直边三角风格"的图案，如西花园 T16④A：13 的对顶直边三角形，T21③B：79 的齿状三角形条带等，在庙底沟文化中并不占有主流地位。

综上，在庙底沟文化分布的边缘地区，典型图案的种类与可见标本数量明显减少，其典型程度与主要地区相比也有所下降。

在核心地区的西、北方向上，属于 Ab2 型"小半圆弧风格"的"对合半圆"或"对合圆弧"类图案，极其常见，在文化属性上存在的"或半坡""或庙底沟"的争议，尚未有明确的判断。

在核心地区的南方，尤其是"随枣走廊"这一文化地带，属于 Aa2 型"直边三角风格"、Ab1 型"线纹风格"的图案种类，基本涵盖了庙底沟文化中为数不多的同类风格图案。而与其毗邻的南阳盆地东南部，唐河茅草寺遗址中所见彩陶标本，恰体现出"随枣走廊"图案种类的这种区域性特征。

从相对年代上看，边缘地区东北端的太行山东麓，庙底沟文化遗存较早，彩陶标本较少且残碎严重，具体图案不详。边缘地区最西端的民和盆地、南部的"随枣

| 风格类型 | | 具体图案 | 实例标本 |
|---|---|---|---|
| Aa 型 | Aa1 型 | 网络纹 | 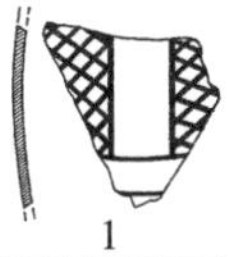 1 |
| | Aa2 型 | 直边三角 | 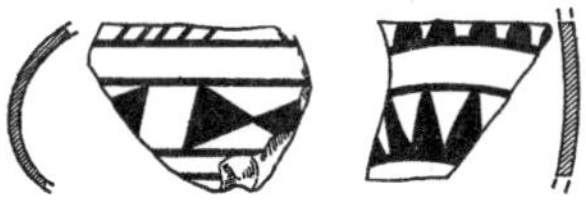 2 3 |
| Ab 型 | Ab1 型 | 绞索纹 | 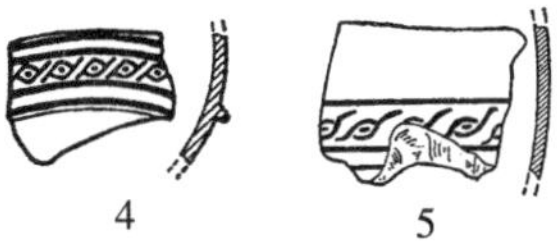 4 5 |
| | Ab2 型 | 对合半圆纹 | 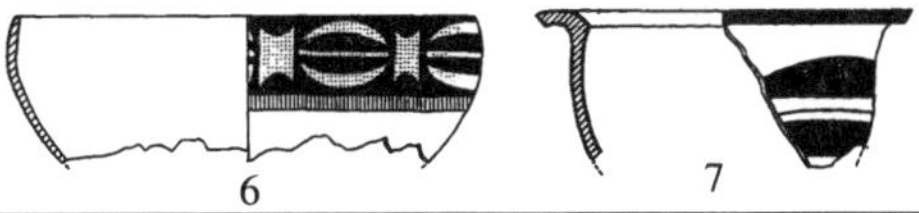 6 7 |
| | Ab3 型 | “勾连形”图案 | 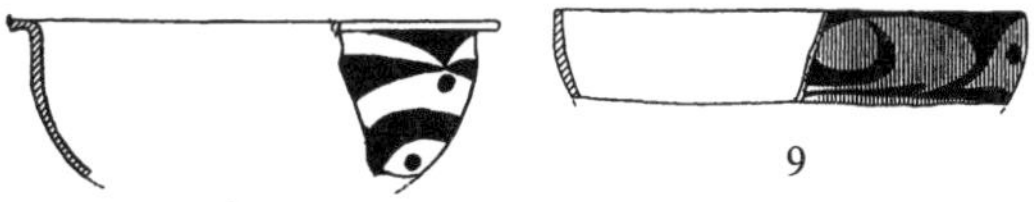 8 9 |
| | Ab4 型 | “花瓣形”底纹 | 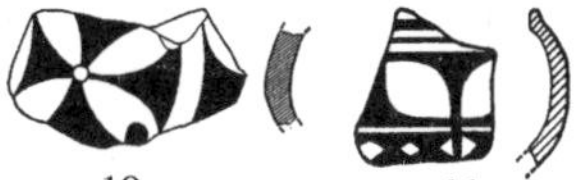 10 11 |
| Ac 型 | | “领结形”独立组合纹 | 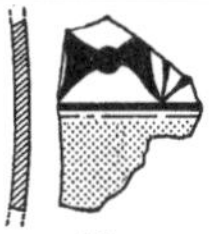 12 |
| Bb 型 | | 弧线几何化鱼纹 | 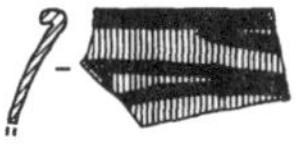 13 |

图 2.114 鄂北地区其他遗址出土庙底沟文化彩陶标本

1. T21③B：81 2. T16④A：13 3. T21③B：79 4. T4④：94 5. T21③A：58 6. H98：4 9. H85：3 10. T21③B：25 11. T4④：93 12. T13④：18 13. T0201④：1 （6、9、13 为大寺出土 7、8 为羊鼻岭采集 其余为西花园出土）

走廊”庙底沟文化遗存较晚，甘肃东部地区庙底沟文化遗存亦持续至最晚期，这些地区的庙底沟文化彩陶，与当地仰韶时代晚期考古学文化的彩陶遗存，呈现出很强的相关性，甚至在图案风格上很大程度重合，种类上很大程度相似。

## 四　小结

### （一）庙底沟文化彩陶格局

关于庙底沟文化彩陶具体图案的演变规律，本文已在泉护村、庙底沟遗址的彩陶分析中做出归纳。虽然仅针对了 Ab3 型风格的各类"勾连形"图案，"西阴纹"，"类西阴纹"，Ab4 型风格的"工"字形间隔纹，Bb 型风格的鸟纹等少数图案种类，但根据泉护村、庙底沟遗址的文化分期，庙底沟文化第一至三期的彩陶面貌基本清晰。

庙底沟文化第一期时，彩陶的典型风格即已形成，典型图案完全成熟。泉Ⅰ至Ⅲ式的"蔷薇科图案"、泉Ⅰ式"菊科图案"以及弧线几何化鱼纹，是此期最具标识意义的图案，在庙底沟文化主要分布区以内的西、北大部分地区普遍存在，并在边缘地区的秦安大地湾、郧县大寺、正定南杨庄等遗址中亦有发现。然而，自郑洛间向南，至南阳盆地、"随枣走廊"一线，除临近陕豫鄂三省交界的西峡老坟岗遗址中可见较典型的庙底沟文化第一期彩陶标本外，整个庙底沟文化的第一期遗存，基本处于缺失状态。

庙底沟文化第二期时，全境内的彩陶风格较为统一。但由于具体图案种类的空前繁荣，尤其是 Ab3 型与 Ab4 型风格图案的表现形式多样化，泉护村、庙底沟遗址彩陶面貌在统一中出现分野。以泉护村遗址中流行"∵"形底纹内组合纹、A 型"西阴纹"、鸟纹，庙底沟遗址中流行"÷"型底纹内组合纹、B 型"西阴纹"与"类西阴纹"分别作为标识，可将庙底沟文化彩陶区分为"泉护村群"与"庙底沟群"。泉护村遗址以西，"泉护村群"彩陶明显占据主流；泉护村与庙底沟遗址之间的南北一线，从河津固镇至秦岭山区，两群彩陶面貌错杂，不相伯仲；庙底沟遗址以东，"庙底沟群"彩陶于洛阳市以西的新安附近有少量分布。此外，"庙底沟群"区别于"泉护村群"的图案还有对顶直边三角纹、绞索纹等。这些图案属 Aa2 型或 Ab1 型风格，与庙底沟文化彩陶主流风格差异较大，虽在泉护村遗址以东至郑洛间均有所发现，但在"随枣走廊"附近的分布更为集中。然而，倘若将此视作庙底沟文化南部边缘性特征向核心地区的渗透，则证据仍显不足。

庙底沟文化第三期时，核心地区的彩陶面貌明显衰弱，可供参考的典型图案，多为Ab3型、Ab4型图案的简化形式，"勾连形"图案仅以简单的弯钩草草勾画，"花瓣形"底纹中不见规则的二方连续。此期彩陶标本的图案种类，在伊洛盆地所见者最为特殊，一类是彩陶瓮棺葬具，一类是Ab4型风格敛口鼓腹钵，分别自成体系。

综上，在幅员辽阔的分布区内，庙底沟文化彩陶格局总体稳定。以崤山、熊耳山、伏牛山等秦岭东段支脉为界，以西、以北地区的庙底沟文化彩陶发展进程，始终与其以东、以南地区的彩陶发展进程有别。这一现象大概与庙底沟文化分布区东、南面分布有其他谱系的考古学文化有关。

在庙底沟文化分布区的东、南面，东至山东半岛、东南至太湖流域西侧、南至澧阳平原的半月形地带中，庙底沟文化因素所至之处，可统称为"辐射地区"，如图2.115。而辐射地区的庙底沟文化因素，则正以其彩陶而显著，如图2.116。

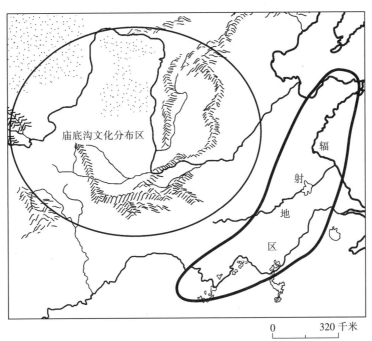

图2.115 庙底沟文化辐射地区示意图

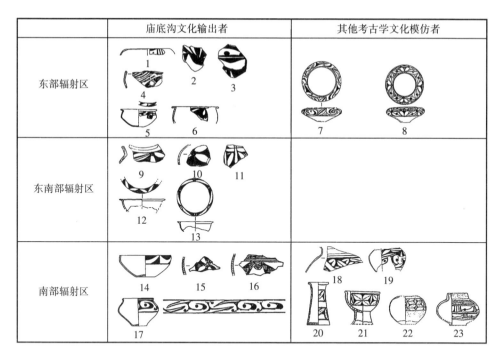

| 庙底沟文化输出者 | | 其他考古学文化模仿者 |
| --- | --- | --- |
| 东部辐射区 | 1　2　3　4　5　6 | 7　8 |
| 东南部辐射区 | 9　10　11　12　13 | |
| 南部辐射区 | 14　15　16　17 | 18　19　20　21　22　23 |

图2.116　辐射地区的庙底沟文化风格彩陶

1－3. 武庄 T103⑥A：61、T103⑥A：72、T103④：70　4. 蜊岔埠采集　5. 大汶口 H411：132⑥：132　6. 王因 T415④A：17　7、8. 大墩子 M288：6、M33：8　9、10. 青墩采集　11. 古梗 H2：16　12、13. 三星村 T1622③：11、T1622②：1　14. 城头山 H210：3　15、16. 油子岭 T3④、T1④B　17. 螺蛳山 M1　18、19. 中堡岛 T0106A⑩：151、T0302⑫：238　20－23. 关庙山 F26：43、T51⑤A：192、T34④：9、T51⑤A：171

　　豫东鹿邑武庄①T103⑥A：61 残见"西阴纹"，T103⑥A：72 残见蛙纹，T103④：70 残见一组"底纹内组合纹"，均为庙底沟文化彩陶典型图案。

　　烟台市海阳县蜊岔埠②采集黑褐色红衣彩陶片，残见"勾连形"图案局部，应为庙底沟文化彩陶遗存。

　　鲁南苏北地区大汶口文化早中期，存在一批模仿 Ab3 型、Ab4 型风格图案的黑红复彩系彩绘陶③，应为受庙底沟文化影响的结果。而在泰安大汶口④、兖州王

①　河南省文物考古研究所：《河南鹿邑县武庄遗址的发掘》，《考古》2002 年第 3 期。

②　王洪明：《山东省海阳县史前遗址调查》，《考古》1985 年第 12 期。

③　南京博物院：《江苏邳县大墩子遗址第二次发掘》，《考古学集刊》（1），北京：中国社会科学出版社，1981 年。

④　山东省文物管理处、济南市博物馆：《大汶口——新石器时代墓葬发掘报告》；山东省文物考古研究所：《大汶口续集——大汶口遗址第二、三次发掘报告》，北京：科学出版社，1997 年。

因①等大汶口文化典型遗址中，亦可见少量残见"弧边三角""勾连形"图案的庙底沟文化彩陶遗存。

海安青墩遗址②崧泽文化层中，出土若干白衣黑彩的"花瓣形"底纹陶片，为庙底沟文化彩陶遗存。

金坛三星村③遗址中，折沿弧腹盆 T1622③：11、T1622②：1 沿面图案，在庙底沟文化中较常见。

肥西古梗④遗址彩陶片 H2：16，为淡黄色陶衣黑彩，图案为构成"米"字形的"花瓣形"底纹，为庙底沟文化彩陶遗存。

宜昌中堡岛⑤大溪文化地层中出土泥质橙红陶黑彩陶罐 T0106A⑩：151、T0302⑫：238，与大溪文化彩陶风格差异明显。从器形上看，推测为束颈圆鼓腹，并非庙底沟文化彩陶典型器形。T0106A⑩：151 所饰图案似为连续纹样，虽可见弧边三角与弧线的组合，但具体不详，就残存图像看，与庙底沟文化 Ab4 型风格中弧边三角的常见组合不同。T0302⑫：238 残见图案与"蔷薇科图案"极其相似，花叶、穿插斜线和"单旋"结构明显，但在典型的庙底沟文化中，未见此类图案装饰陶罐的先例。

枝江关庙山⑥遗址大溪文化遗存中筒形瓶 F26：43、豆 T51⑤A：192、圆腹罐 T37④：9 三件标本所饰图案为 Ab4 型"花瓣形"底纹。F26：43 保留红陶底色，施黑彩，T51⑤A：192、T37④：9 施白衣，虽然底色不同，但"单瓣形"中以红彩施"叶脉"的做法一致。直口扁圆腹壶形器 T51⑤A：171，为白衣棕红色彩，主体图案分行，两行图案内容一致，上下错置，单体图案与"西阴纹"相似。

京山油子岭⑦遗址第一期，即大溪文化地层 T3④、T1④B 中，各出土一件彩陶残片，器形不明。所饰图案残见"花瓣形"底纹、圆点等，具有庙底沟文化风格，应

---

①　中国社会科学院考古研究所：《山东王因——新石器时代遗址发掘报告》，北京：科学出版社，2000 年。

②　南京博物院：《江苏海安青墩遗址》，《考古学报》1983 年第 2 期。

③　江苏省三星村联合考古队：《江苏金坛三星村新石器时代遗址》，《文物》2004 年第 2 期。

④　安徽省文物考古研究所：《安徽肥西县古梗新石器时代遗址》，《考古》1985 年第 7 期。

⑤　国家文物局三峡考古队：《朝天嘴与中堡岛》，北京：文物出版社，2001 年。

⑥　中国社会科学院考古研究所湖北工作队：《湖北枝江县关庙山新石器时代遗址发掘简报》，《考古》1981 年第 4 期；中国社会科学院考古研究所湖北工作队：《湖北枝江关庙山遗址第二次发掘》，《考古》1983 年第 1 期。

⑦　湖北省荆州地区博物馆：《湖北京山油子岭新石器时代遗址的试掘》，《考古》1994 年第 10 期。

为庙底沟文化彩陶遗存。

黄冈螺蛳山①遗址见庙底沟文化细泥红陶黑彩陶罐一件，出土于大溪文化较早时期的墓葬 M1 中，所饰图案接近"菊科图案"，其器形与庙底沟遗址第二期的鼓腹彩陶盆形态接近，仅口部略小而成罐形，应为庙底沟文化遗物。

澧县城头山②遗址应为目前所见庙底沟文化彩陶的最南端，彩陶钵 H210：3 为泥质橙黄色陶施黑彩，图案与 A 型"西阴纹"相似，唯缺少圆点。

综合"辐射地区"所见庙底沟文化风格的彩陶标本，根据其是否为庙底沟文化典型彩陶器形、是否为庙底沟文化典型彩陶图案、是否为庙底沟文化典型绘彩方法三个方面，可以大致分为两类：鲁南苏北地区的大汶口文化遗址、宜昌附近的大溪文化遗址中，部分施彩陶器具有模仿或借鉴庙底沟文化彩陶图案的做法，应为本地生产；其他遗址中的庙底沟文化彩陶标本，很有可能是庙底沟文化分布区内的直接输出者。

### （二）彩陶视角下的庙底沟文化谱系相关问题

1. 庙底沟文化溯源——兼论半坡文化与庙底沟文化的关系

上文针对庙底沟文化的分布区，所做由核心到边缘的"同心圆式"划分，是以可见的考古发掘资料为基础，以遗址分布的空间特点及遗存面貌的典型程度为依据而做出的。选择泉护村与庙底沟两地作为典型遗址，是由于其出土器物对于反映庙底沟文化的发展序列具有标尺性作用。因此，这种"同心圆式"的分布规律，虽能反映出庙底沟文化具有一定程度的"向心性"，但并不表示庙底沟文化一定具有核心地区发源、辐射式扩展的文化发展规律。从彩陶的格局中也能看出，核心地区、主要地区、边缘地区的彩陶遗存，并非存在着层级的差异，甚至不如秦岭东段为界的"西部、北部"与"东部、南部"的差异那么明显。

关于庙底沟文化的发展谱系，势必与庙底沟文化的溯源息息相关。究竟主流学界的"半坡文化发展说"③，与近些年时兴的"晋南起源推测说"④，哪一种观点更有

---

① 中国科学院考古研究所湖北发掘队：《湖北黄冈螺蛳山遗址的探掘》，《考古》1962 年第 7 期。

② 湖南省文物考古研究所：《澧县城头山——新石器时代遗址发掘报告》，北京：文物出版社，2007 年。

③ 张忠培：《试论东庄村和西王村遗存的文化性质》，《考古》1979 年第 1 期；严文明：《论半坡类型和庙底沟类型》，《考古与文物》1980 年第 1 期。

④ 山西省考古研究所：《翼城枣园》；宋建忠、薛新民：《北橄遗存分析——兼论庙底沟文化的渊源》，《考古与文物》2002 年第 5 期；赵春青：《山西芮城东庄村仰韶遗存再分析》，《考古》2000 年第 3 期。

理据？归根究底，关键仍在这个长期以来困扰着学界的"半坡文化与庙底沟文化的关系问题"。

近年来，以彩陶为视角讨论这组关系的代表性论著，如王仁湘的《庙底沟文化鱼纹彩陶论（上、下）》①，张宏彦的《从仰韶文化鱼纹的时空演变看庙底沟类彩陶的来源》②。两者的分析方法基本一致，通过对半坡文化鱼纹的拆解，以局部图案类比庙底沟文化彩陶图案，认为其中存在的相似性，即为庙底沟文化各类彩陶图案源于半坡鱼纹的证据。由此强化了半坡文化从谱系上发展出庙底沟文化的认识。然而，这种图案的演变方法，尽管从逻辑上可以成立，但还是缺乏实质性的层位学证据。况且，一些经过拆解的鱼纹，如大地湾 K707：1、原子头 F33：4、原子头 H12：5 等（参见图 2.31），被拆解下的"花瓣形"底纹、弧边三角、圆点、底纹内组合纹等局部图案，为庙底沟文化典型图案。不能排除可能是由于半坡文化与庙底沟文化的共存，而形成庙底沟文化典型图案与半坡鱼纹共饰一器的现象。

以彩陶视角研究半坡文化与庙底沟文化的关系，需以明确辨识两者的彩陶图案为基础。否则，模棱两可的图案种类很容易催生出"过渡文化"的认识。由于大量遗址中兼有半坡文化与庙底沟文化遗存，导致了无明确层位关系支持的发掘资料中，两者的彩陶图案有相互混淆的可能，从而造成分辨两者彩陶图案的障碍。鉴于此，本文暂以两种考古学文化核心地区典型遗址的彩陶风格类型和具体图案，分别作为两者的彩陶特征代表。从中可见，A 型几何纹风格中，Aa 型"直线几何纹风格"与 Ab 型"弧线几何纹风格"，是半坡文化与庙底沟文化彩陶图案的最大分野。相反，半坡文化彩陶对于"弧线"的运用，基本均与 Bb 型"象形图案"有关；而庙底沟文化彩陶对于"直线"的运用，往往只起到辅助主体图案的作用，唯一常见的 Aa1 型"网格纹"图案，也与半坡文化的同类图案明显区别。

然而，在半坡文化边缘地区，王墓山坡下、大地湾、原子头、下王岗、东庄村等遗址中，Aa 型"直线几何纹风格"与 Ab 型"弧线几何纹风格"大量共存。尤其是部分遗迹单位内两种风格的彩陶器共出、部分彩陶器上两种风格的组合的现象，

① 王仁湘：《庙底沟文化鱼纹彩陶论（上）》，《四川文物》2009 年第 2 期；王仁湘：《庙底沟文化鱼纹彩陶论（下）》，《四川文物》2009 年第 3 期。
② 张宏彦：《从仰韶文化鱼纹的时空演变看庙底沟类彩陶的来源》，《考古与文物》2012 年第 5 期。

更加模糊了半坡文化与庙底沟文化彩陶图案的分野。现按遗址分述如下。

（1）王墓山坡下

王墓山坡下遗址是一处仰韶时代早期聚落址，包括第③层及其下开口的遗迹单位。发掘报告将其仰韶时代早期遗存分为前后三段，但涉及层位关系的单位间并没有发表可作为分期依据的典型器物。遗址中发表线图较完备的单位以房址为主，包括个别室内窖穴，出土器物组合较稳定。从重唇口尖底瓶、"铁轨式"口沿夹砂罐、叠唇盆高频率组合的现象看，其主体遗存应属于庙底沟文化。而从具体器物形态看，宽带纹钵、彩陶盆、尖底瓶、弦纹罐、绳纹罐、大口瓮等数量较多的器物，形态上有一定的变化幅度，稍有不同的形态反复共存。因此，遗址中各单位可视作大体同时，没有区分更小段别的必要。

Aa 型"直线几何纹风格"与 Ab 型"弧线几何纹风格"的彩陶在王墓山坡下共存的情况以遗址内共存为主。两者均以彩陶钵的出土频率最高：Aa 型风格的彩陶图案，为 Aa1 型细斜线纹与 Aa2 型错缝三角的组合；Ab 型风格的彩陶图案，为 Ab2 型"小半圆弧"组成的圆形底纹或 Ab4 型"花瓣形"底纹。

在遗址中部路 L1 东西两侧较集中分布的房址中，F11、F6、F12、F13、F4、F5 六座房址的分布最为紧密，排列较有规律。如果以两两邻近为一组，则 F11·F6 组、F12·F13 组、F5·F4 组中，分别各有一座房址出土 Aa 型图案彩陶钵，另一座房址出土 Ab 型图案彩陶钵。而且，在路东侧门道向西一字排开的 F11、F6、F12、F13 四座房址中，出土 Aa 型、Ab 型图案彩陶钵的单位相互间隔。

具体分布如图 2.117 所示。

一般来说，房址内出土的器物可能有两种性质：第一，房屋废弃后当作垃圾坑使用的情况下，房屋内多器物残片；第二，房屋自然废弃，其中很可能遗留有房屋居住者的日常生活用品。王墓山坡下遗址的情况，显然属于后者。在这种情况下，房屋内出土器物，具有与墓葬内随葬品程度相似的特定人群指向性。如果假设上述 Aa 型、Ab 型图案彩陶钵分属不同的人群，则 L1 东西两侧的六座房址，极有可能是不同人群的两两相邻。

王墓山坡下遗址主体遗存属于庙底沟文化，则人群主体也应具有庙底沟文化背景，而遗址中的 Aa 型图案彩陶钵，Bb 型弧线化鱼纹盆，明显具有半坡文化的特点。

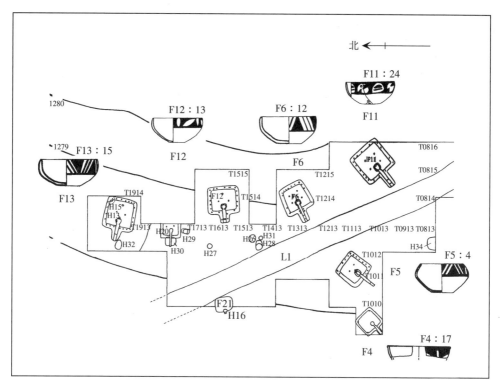

图 2.117　遗址中部 L1 两侧房址分布情况

因此，王墓山坡下遗址如果包含有两种不同文化背景的人群，则两者应分属半坡文化与庙底沟文化。结合上述不同人群房址两两相邻的现象，F6、F13、F5 内出土 Aa 型图案彩陶钵，指示着其中居民具有半坡文化背景，而 F11、F12、F4 内出土 Ab 型图案彩陶钵，指示着其中居民具有庙底沟文化背景。由于各房址内日用器物组合的庙底沟文化特征显著，则具有半坡文化背景的人群，从生活习惯上可能已与庙底沟文化人群趋同。而 F1 室内窖穴 H1 内，弧线化鱼纹盆ⅠH1∶2 与沿面饰 "花瓣形" 底纹的ⅠH1∶6 共存，F5 内 Aa2 型图案彩陶钵ⅠF5∶4 与 Aa1 型分段网格纹钵ⅠF5∶5 共存，F8 内间隔填实的直边三角形钵ⅠF8∶10 与 "花瓣形" 底纹钵ⅠF8∶9 共存，这些半坡文化彩陶器与庙底沟文化彩陶器在单位内共存的现象，也说明了王墓山坡下聚落中，分属半坡文化与庙底沟文化背景的人群，总体上已经融合。

对王墓山坡下遗址作上述分析，有助于加深对半坡文化与庙底沟文化彩陶图案分野的理解。由此观之，前文图 2.31、35、36、37 等，所见 Ab 型风格的图案应归入庙底沟文化范畴。

关于王墓山坡下遗址的相对年代，需与庙底沟文化典型遗址进行类比才能确定，如图2.118。由于遗址中出土的尖底瓶，如Ⅰ F1：21、Ⅰ F13：18、Ⅰ H34：2 等，均具有明显的台阶状重唇形态，则其相对年代应与上亳遗址 H321 所代表的遗存接近。上亳遗址 H321 等单位，在层位上早于庙底沟文化第一期，王墓山坡下遗址与其年代相当，则丰富了此类遗存的内涵。由于其庙底沟文化特征明显，本文将其命名为"庙底沟文化早一期"。同时，由于Ⅰ H1：2 所饰弧线化鱼纹，在半坡文化中具有较强的相对年代指征性，则"庙底沟文化早一期"大致与半坡文化第三期Ⅱ段年代相当。

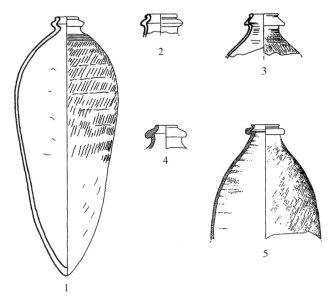

图 2.118　王墓山坡下、上亳遗址"庙底沟文化早一期"尖底瓶举例
1-3. 王墓山坡下Ⅰ F13：18、Ⅰ H34：2、Ⅰ F1：21　4、5. 上亳 H321：22、Y301：1

（2）下王岗

据上节分析，Aa 型"直线几何纹风格"与 Ab 型"弧线几何纹风格"的彩陶，在下王岗遗址仰韶二期墓地内共存的情况，以遗址内共存为主，兼有墓内共存，如 M686；与组合装饰一器者，如 M10：2、M302：1、M302：3、M203：3。

其中，Aa 型图案中细斜线与错缝三角组合者少见，而间隔填实的直边三角形普遍，恰与王墓山坡下对 Aa 型图案的选用倾向相反；Ab 型图案则仅见"花瓣形"底纹及其翻转后的变体。随葬的彩陶器类以钵、器座为主，因装饰图案的不同，可区分为 Aa 型、Ab 型以及"Aa·Ab 型"组合图案三个系列，如图2.119。

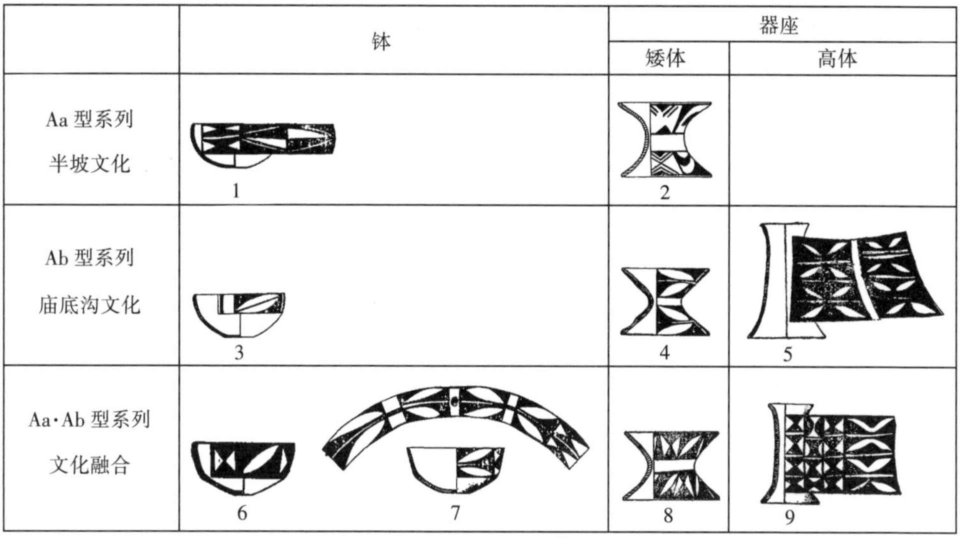

| | 钵 | | 器座 | |
|---|---|---|---|---|
| | | | 矮体 | 高体 |
| Aa 型系列<br>半坡文化 | 1 | | 2 | |
| Ab 型系列<br>庙底沟文化 | 3 | | 4 | 5 |
| Aa·Ab 型系列<br>文化融合 | 6 | 7 | 8 | 9 |

图 2.119　下王岗三系列随葬彩陶器

1. M239：7　2. M326：2　3. M82：6　4. M686：2　5. M177：1　6. M10：2　7. M302：3　8. M302：1
9. M203：3

　　参照王墓山坡下遗址中对于 Aa 型、Ab 型图案文化属性的认定，可以认为下王岗遗址仰韶二期墓地，同时流行着半坡文化 Aa 型系列、庙底沟文化 Ab 型系列，以及融合了两种文化背景的"Aa·Ab 型"系列随葬彩陶器。但由于两遗址相距较远，且一为居址、一为墓地的遗存性质差距较大，无法直接类比典型器物以确定下王岗二期墓地的相对年代。

　　下王岗报告中仰韶三期遗存叠压于二期地层上，可见遗迹主要是连间排房。其中，房基 F39 内出土双耳尖底瓶、折沿曲腹盆具有相对年代指征性，如图 2.120。尖底瓶 F39：1 附有双耳，属于半坡文化系统，但其口部为侈口罐形且罐腹起棱，为庙底沟文化第二期以后的平底瓶口常见形态，瓶身修长且略呈亚腰状并附带双耳，则为郑洛间庙底沟文化第二期以后的半坡文化系统尖底瓶特点，如槐林 H3：36。曲腹盆 F39：7 较深，且曲腹程度较大，亦为庙底沟文化第二期以后特征。因此，F39 相对年代应相当于庙底沟文化第二期偏晚或庙底沟文化第三期，则下王岗二期墓地应早于庙底沟文化第二期。沟湾 W72：1 与下王岗 F39：1 形态相似，底部的实足尖为半坡文化第三期时特征，如图 2.120。经过王墓山坡下遗址的分析，"庙底沟文化早一期"大致与半坡文化第三期Ⅱ段年代相当，即庙底沟文化第一期及以后遗存，应晚于半坡文化第三期Ⅱ段，则下王岗 F39：1 应由沟湾 W72：1 演变而来。但从两者

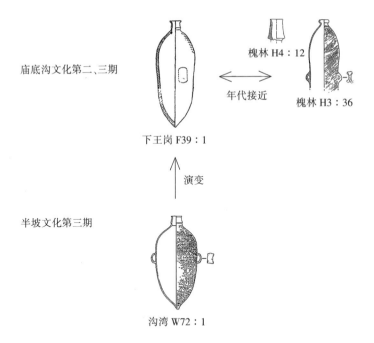

庙底沟文化第二、三期

槐林 H4：12

年代接近

槐林 H3：36

下王岗 F39：1

演变

半坡文化第三期

沟湾 W72：1

图 2.120　下王岗 F39：1 尖底瓶与相关标本比较

形态差距上看，半坡文化第三期与庙底沟文化第二期之间，不至于相距太远。因此，半坡文化第三期Ⅱ段与庙底沟文化第一期，应更加接近。

下王岗二期墓地呈现出与王墓山坡下相似的彩陶面貌，应为早于庙底沟文化第一期的遗存。在无法证明其与王墓山坡下遗存之间相对年代关系的情况下，至少可以认为下王岗二期墓地不会晚于"庙底沟文化早一期"。

（3）大地湾与原子头

根据前文分析，大地湾遗址半坡文化遗存及原子头遗址的仰韶文化第二、三期遗存，未超出典型半坡文化第三期范畴：大地湾Ⅰ区、Ⅲ区内部分探方④层下，原子头仰韶文化第二期为半坡文化第三期Ⅰ段的少量遗存；大地湾Ⅰ区、Ⅲ区内部分探方③层下，Ⅳ区、Ⅷ区④层下，原子头仰韶文化第三期则为半坡文化第三期Ⅱ段遗存。大地湾Ⅰ区 F2→F1→④→M18、F11 以及原子头 F37→F27 等层位关系，提供了半坡文化第三期Ⅱ段与第三期Ⅰ段相对年代关系的层位证据。

目前，除了大圆眼鱼纹的弧线化进程在半坡文化第三期Ⅰ、Ⅱ段间表现得较为明确以外，其余图案是否具有Ⅰ、Ⅱ段的式别区分，则由于层位明确的Ⅰ段标本较少，而尚不明朗。如大地湾Ⅰ区 T10④下开口的 M18、F11 分别出土 Aa2 型对顶三角纹彩陶钵 M18∶1、Ab4 型"花瓣形"底纹彩陶盆 F11∶3，为第三期 I 段的彩陶标本（如图 2.23）。这两种图案的共存，与下王岗二期墓地情况相似。因此，本文将下王岗二期墓地定为与半坡文化第三期 I 段相当，且其中包含有庙底沟文化因素的遗存，定为"庙底沟文化早二期"。而大地湾、原子头遗址中，文化面貌相似的半坡文化遗存主体为半坡文化第三期 II 段，大大丰富了"庙底沟文化早一期"中具有庙底沟文化 Ab 型风格特点的彩陶图案种类。

与庙底沟文化核心地区典型图案相比，大地湾、原子头遗址中包含庙底沟文化第二、三期的图案较为典型：如大地湾 T309③∶11 的泉 II 式"菊科图案"、大地湾 H302∶5 的横置间隔叠弧纹，属于庙底沟文化第二期；原子头 H112∶1 抽象鸟纹、原子头 H99∶1 的简化弧边三角纹，属于庙底沟文化第三期。在大地湾 T301、T303、T304③→H302→F303→T301④→Y301，原子头 H99→H100 这两组层位关系中，相当于"庙底沟文化早一期"的单位，大地湾 Y301 和原子头 H100，分别与庙底沟文化第二期单位大地湾 H302、庙底沟文化第三期单位原子头 H99 发生叠压打破。而大地湾遗址中，相当于庙底沟文化第一期的 F330 涉及层位关系不可用，属于庙底沟文化第一期的弧线几何化鱼纹盆 T107②∶3 非原生单位出土。

综上，大地湾、原子头遗址仰韶时代早期遗存经"庙底沟文化早二期""庙底沟文化早一期"发展至庙底沟文化第一、二、三期的文化序列，除庙底沟文化第一期外，由层位关系的串联得以基本建立，主要图案的演变序列如图 2.121。

半坡文化第三期 I 段，Aa2 型风格的对顶直边三角纹、Bb 型风格的大圆眼鱼纹为半坡文化彩陶图案，而 Ab4 型风格的"花瓣形"底纹图案为庙底沟文化彩陶图案，属于"庙底沟文化早二期"遗存。

半坡文化第三期 II 段，Bb 型风格的大圆眼鱼纹演变为弧线化鱼纹。而 Aa2 型、Ab4 型风格的图案种类增多，则与标本量的丰富程度有直接的关系，尚不能证明是图案发展演变的结果。然而，Ab2 型"小半圆弧"风格、Ab3 型"组合弧线风格"的图案为此段新增。与此前的半坡文化彩陶相比，风格差别迥异；与"庙底沟文化早二期"遗存仅就"花瓣形"底纹颠来倒去的"炒冷饭"式表现方法相比，图案种类推陈出新。这些新增的 Ab2 型、Ab3 型风格，为庙底沟文化第一期遗存所继承；这些风格的具体图案，如小半圆弧组成的"工"字形结构、穿插斜线的组合弧线图案、

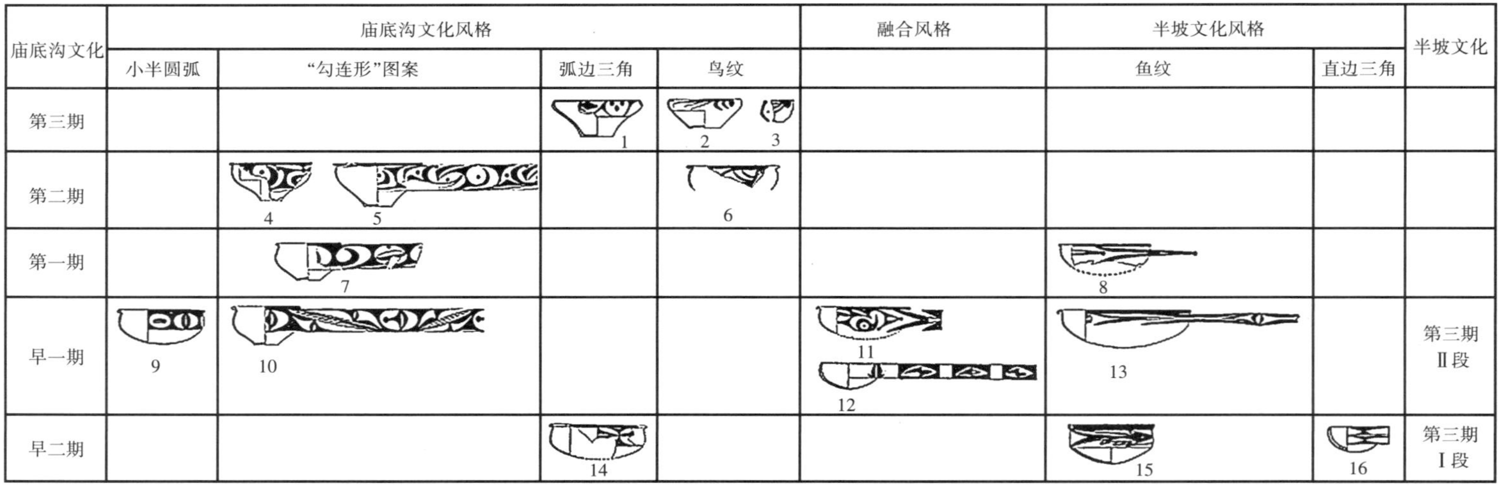

图2.121　大地湾、原子头遗址主要彩陶图案演变序列

1. H99：1　2. H112：1　3. QD0：P31　4. H302：6　5. T309③：11　6. H104：6　7. F330：40　8. T107②：3　9. H379：156　10. F1：4　11. K707：1　12. H227：29　13. F1：2　14. F11：3　15. F27：8　16. M18：1　（1、2、6、15为原子头出土　其余为大地湾出土）

圆形底纹内组合图案、对合小半圆组成的"花苞状"图案等，都具有了庙底沟文化第一期部分主要彩陶图案的雏形。因此，这些彩陶图案属于"庙底沟文化早一期"遗存。同时，大地湾、原子头遗址中，分属半坡文化与庙底沟文化的彩陶图案，在遗迹单位内共出者较多，如大地湾H379、F310，原子头H100等，共饰一器者亦较常见，如大地湾H227∶29、K707∶1、F360∶14、T339③∶53，原子头F33∶4、H12∶5等。

庙底沟文化第一期，半坡文化风格的彩陶图案，仅见Bb型风格的弧线几何化鱼纹。庙底沟文化风格的彩陶标本较少，典型者有F330内Ab3型风格的"单旋纹"彩陶盆。其中的"单旋"结构，为此期新增的图案元素，是庙底沟文化成熟的"勾连形"图案中重要的组成部分之一。而此期的"单旋纹"图案，尚未形成"回旋勾连"的布局，且"单旋纹"Ⅰ至Ⅲ式的演变，均未超出庙底沟文化第一期范畴。这与庙底沟文化核心地区的第一期彩陶遗存有别。

庙底沟文化第二期，半坡文化风格的彩陶图案消失殆尽，庙底沟文化风格的彩陶图案与核心地区接轨。

庙底沟文化第三期，典型彩陶标本较少。原子头H99∶1所饰图案，显示出Ab2型对合半圆构成的"花苞纹"与Ab4型弧边三角构成的圆形底纹更进一步的演化形态；H112∶1的抽象俯身鸟纹，也与庙底沟文化主要地区的同期抽象鸟纹形态接近。

（4）北橄

翼城北橄遗址仰韶时代早期的第一至四期遗存，在发掘简报中，被认为属于同种考古学文化。但不可否认的是，北橄第一、二期遗存中存在Aa2型风格的彩陶图案，与第三、四期流行的Ab2型、Ab3型、Ab4型彩陶图案，并不存在发展演变关系，即将北橄四期遗存视作同一文化的演变，并不妥当。

如第一节中所述，北橄第一期地层中的小平底瓶壶类器T1502⑥∶1，相对年代或可早至半坡文化第一期。且第一期H34中出土的小包口双耳尖底瓶，也与庙底沟文化的典型尖底瓶形态有异。与第一期面貌总体相承的第二期遗存中，出土台阶状重唇尖底瓶口H32∶8、T1302④∶6，斜直腹小平底盆H32∶1等，与王墓山坡下、大地湾遗址的"庙底沟文化早一期"遗存中同类器形相似。H32内共出的杯形小包口，则应属于半坡文化。第三期遗存中的尖底瓶口，如采H2∶7、T1403②∶1，仍为台阶状重唇口，则表示第三期遗存尚未进入庙底沟文化第一期。因此，北橄第二、三期遗存，应属于"庙底沟文化早一期"，并可能存在段别之分。由此推知，北橄第一期应相当于"庙底沟文化早二期"。

北橄第一期的彩陶标本较少，典型图案有 Aa1 型的细斜线纹、Aa2 型的间隔填实直边三角、Ab4 型"花瓣形"底纹以及个别特殊图案。总体上，与前述"庙底沟文化早二期"风格吻合。

北橄第二、三期的彩陶标本，与前述"庙底沟文化早一期"风格吻合，尤其是第三期中新增了 Ab2 型对合半圆纹与 Ab3 型风格图案，由于标本残碎，具体图案不详。

北橄第四期遗存，出土典型的重唇尖底瓶口 H10：4，弧线几何化鱼纹彩陶片 T5⑦：2，曲腹程度较小的弧腹彩陶盆 T8⑨：1、H10：8 等，具有庙底沟文化第一期遗存的特点。个别单位如采 H1，则可能晚至庙底沟文化第二期。第四期的彩陶图案，主要继承了第三期中 Ab2 型、Ab3 型、Ab4 型风格，与庙底沟文化核心地区相比，未见成熟的"勾连形"图案。可视作与大地湾遗址中，庙底沟文化第一期遗存的彩陶图案发育程度接近。

典型标本如图 2.122 所示。

（5）东庄村

赵春青的《山西芮城东庄村仰韶遗存再分析》[①]一文（以下简称"赵文"），将东庄村仰韶时代早期遗存区分为 A、B、C 三群。以 C 群为一期Ⅰ段，B 群为二期Ⅱ段，A 群为二期Ⅲ段的分期方案中，A、B 群的相对年代是以 H115→H116 这组层位关系为依托的。

然而，H116 内仅发表三件不甚典型的标本。其中，尖底瓶口 H116：2：16 的浅杯形特征与半坡文化接近，而杯形口部出现的台阶状凸棱则与"庙底沟文化早一期"的重唇特点相似。H115 内无同类标本与之比较，出土多件彩陶残片的图案以 Ab2 型、Ab4 型风格为主，少量 Ab1 型的细斜线纹，Ab2 型的小半圆弧风格尚未形成，仅见少量小半圆弧纹用于"花瓣形"底纹间，不见 Ab3 型风格。由此观之，H115 内出土彩陶，与"庙底沟文化早二期"的风格更加接近。层位上更早的 H116：2：16，可

---

① 赵春青：《山西芮城东庄村仰韶遗存再分析》，《考古》2000 年第 3 期。

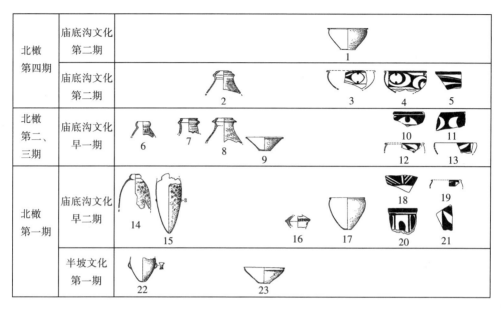

图 2.122　北橄遗址仰韶时代早期遗存分析

1. 采 H1：1　2. H10：4　3. H10：8　4. T8⑨：1　5. T5⑦：2　6. H32：14　7. H32：8　8. ⅡT1403②：1　9. H32：1　10. ⅡT402②：8　11. ⅡT403③：2　12. 采 H2：19　13. H44：1　14. H34：27　15. H34：5　16. T503⑥：5　17. H34：37　18. H38：10　19. H25：5　20. T503⑥：6　21. H38：11　22. T1502⑥：1　23. T1502⑦：1

能为早于"庙底沟文化早一期"台阶状重唇口的瓶口形态，且不晚于"庙底沟文化早二期"。由于其他作为东庄村二期Ⅱ段的器物没有明显的指征性，则本文将不再区分"赵文"中 A、B 群的相对年代早晚。两群遗存，应均属于"庙底沟文化早二期"。

"赵文"作为一期Ⅰ段的 C 群中，双耳尖底瓶 H113：1：7 为残缺的鼓腹罐形口，底部没有明显的收缩，但亦可见较长的实足尖，相当于甘肃东部区常见的半坡文化第三期罐形口尖底瓶形态，而应较大地湾"庙底沟文化早一期"的 F2：14 为早。C 群中可见的彩陶图案，亦未超出"庙底沟文化早二期"的范畴。

H117 内台阶状重唇口 H117：1：1，为"庙底沟文化早一期"的形态，深杯形口 H117：1：8 与之共存，也是"庙底沟文化早一期"时半坡文化与庙底沟文化融合状态的表现。东庄村遗址内，同期遗存较少，彩陶标本不见。

东庄村简报中发表的第二地点出土器物较少，其⑤层内出土的若干彩陶标本具有庙底沟文化特点。如 T209：5：1 所饰图案为 A 型"西阴纹"，其尾部较细长的形态特点，与王家嘴遗址内的标本接近，T213：5：014 为罐类器，饰有"多瓣式"的花朵状图案，两者已进入庙底沟文化第一期。

因此，东庄村的仰韶时代早期遗存可分为三期，如图2.123：

| 第三期 | 典型<br>庙底沟文化 |  |
| 第二期 | 庙底沟文化<br>早一期 |  |
| 第一期 | 庙底沟文化<br>早二期 | 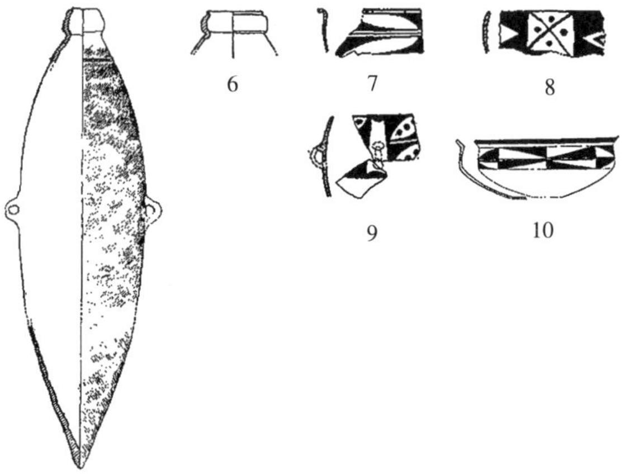 |

图 2.123　东庄村遗址仰韶时代早期遗存分期
1. T209：5：1　2. T213：5：014　3. H117：1：8　4. H117：1：1　5. H113：1：7　6. H116：2：16
7. H109：2：12　8. H115：1：6　9. H115：4：33　10. H104：4：11

第一期，为"庙底沟文化早二期"，以 H113、H115 等单位为代表；

第二期，为"庙底沟文化早一期"，以 H117 等少量遗存为代表；

第三期，为典型庙底沟文化，具体期属不详，以第二地点⑤层为代表。

其中，"庙底沟文化早二期"遗存，为东庄村遗址主要遗存。与下王岗同期遗存相比，两地的彩陶风格接近。东庄村的彩陶图案中，尤其注重在底纹区域内填绘大量组合圆点的技法，也见于下王岗墓地，如 M248：1。至于这一技法在两地的流行程度不同，以及施彩器类、具体图案选用的不同，则应是由墓地与遗址的遗存性质差别导致的。

以此检视豫西晋南地区，与东庄村"庙底沟文化早二期"彩陶面貌相似的遗存，有三门峡南交口遗址①以第一期 H68、H70、H72、H78、T33⑤等遗迹单位所代表的遗存。其中包含的尖底瓶为半坡文化的深杯形口尖底瓶，如 H78：19、H55：1。并且，如 H78：18 瓶底出尖的情况，与半坡文化第三期相当。与东庄村"庙底沟文化早一期"相似的台阶状重唇口标本，有南交口第二期 H26：1、H90：1，三门峡南家庄② H14：16，彩陶标本以南家庄 H14、H13 为例，延续了"庙底沟文化早二期"的风格，而未见"庙底沟文化早一期"的典型特征。

（6）泄湖

根据泄湖遗址第二次发表的发掘简报，其⑥、⑦、⑧、⑨为仰韶时代由晚到早的文化层，分别属于"西王村类型""庙底沟类型""史家类型""半坡类型"。然而，根据文化层内出土遗物的相对年代，上述认识需要更正。

⑨层出土彩陶片 T2⑨：9、T2⑨：17，所饰图案应为 Bb 型弧线几何化鱼纹，属于庙底沟文化第一期，如图 2.124。由于同层内出有截尖杯形口尖底瓶，表明此处当存在半坡文化较早时期的遗存，只是其原生单位尚未发现。

简报中，关于涉及层位关系的仰韶时代早期遗迹单位 F3、M13，并未使用科学准确的描述，而表述为"位于某层中"。⑦层中房址 F3 出土退化中形态的重唇尖底瓶口 F3：2，为庙底沟文化第二期遗物，⑧层中瓮棺葬 M13 出土弧线几何化鱼纹盆 M13：1、腹部微鼓的夹砂罐 M13：2，为庙底沟文化第一期遗物，符合 F3→M13 的层位关系。正因为 M13"位于⑧层中"，则应有 M13→⑧的关系，⑧层的相对年代应为庙底沟文化第一期，如图 2.124。

⑧层内葫芦瓶口 T2⑧：5 的长口形态，葫芦瓶腹片 T1⑧：8 的残见图案，与姜寨遗址"M205 组"相似，为半坡文化第四期时的"史家类型"遗存。而同层中的 Aa2 型、Ab2 型风格彩陶标本，相当于半坡文化第三期Ⅱ段时半坡文化与"庙底沟文化早一期"的混合遗存，相对年代较早，并非此层中的原生遗存。

F3"位于⑦层中"，而⑦层中出土附加堆纹瓮 T4⑦：29，属于仰韶时代晚期遗存，如图 2.124。若表示为 F3→⑦层，则与相对年代关系不符。因此，若非 F3 的相对年代应该更晚的话，则就是⑦层的划分有误。⑦层内出土的庙底沟文化彩陶图案，

---

① 河南省文物考古研究所：《三门峡南交口》。

② 河南省文物考古研究所：《三门峡南交口》。

| 遗迹单位 | 文化期别 | 指征性器物 | 备注 |
|---|---|---|---|
| ⑦层 F3 | 庙底沟文化第二期 |  1 | 若非 F3 相对年代过早，则⑦层的划分有误 |
| ⑦层遗物 | 仰韶时代晚期 | 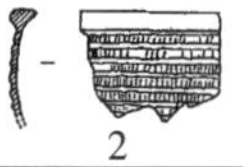 2　3　4　5 | ⑦层内庙底沟文化遗产 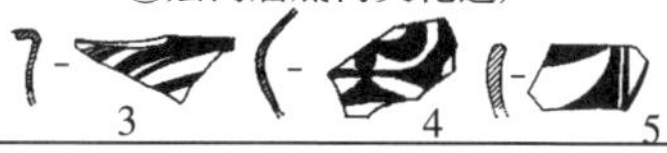 |
| ⑧层 M13 | 庙底沟文化第一期 |  6　7 | |
| ⑧层遗物 | 半坡文化第四期"史家类型" | 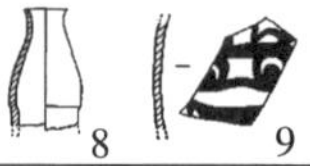 8　9 | 半坡文化第四期与庙底沟文化第一期同时 |
| ⑨层遗物 | 庙底沟文化第一期 |  10　11 | |

图 2.124　泄湖遗址⑨－⑦层堆积文化期别判定

1. F3：2　2. T4⑦：29　3. T2⑦：26　4. T4⑦：28　5. T4⑦：26　6. M13：1　7. M13：2　8. T2⑧：5
9. T1⑧：8　10. T2⑨：9　11. T2⑨：17

如"勾连形"图案、A 型"西阴纹""花瓣形"底纹等，均为庙底沟文化第一期以后的典型图案，表明了⑦层的划分，未能将庙底沟文化堆积与仰韶时代晚期堆积区别开。

（7）下孟村

除了上述遗址中半坡文化与庙底沟文化彩陶共存的情况外，下孟村 F1 内器物组合①也是半坡文化与庙底沟文化共存的经典例证，如图 2.125。遗憾的是，F1 内属于半坡文化的杯形口尖底瓶底部残缺，属于庙底沟文化的平底瓶口部残缺，对认定两种遗存的各自期属，造成了很大的障碍。通过与同遗址 F2 内器物组合比对，由于 F2 内尖底瓶出实足尖，如图 2.125，则至少证明了下孟村遗址含有半坡文化第三期遗存，正处于上文中与庙底沟文化发生融合的时期。然而，F1 内敛口折肩瓮、曲腹钵的形态特征，已远远超出"庙底沟文化早二期、早一期"范畴，而相当于核心地区庙底沟文化第三期，明显晚于共出的半坡文化器物的相对年代。因此，关于下孟村

---

① 陕西省社会科学院考古研究所泾水队：《陕西邠县下孟村仰韶文化遗址续掘简报》，《考古》1962 年第 6 期。

F1 的文化性质，已不宜用"半坡文化与庙底沟文化的共存现象"来解释，而更像是庙底沟文化第三期遗存中扰入了早期遗存。

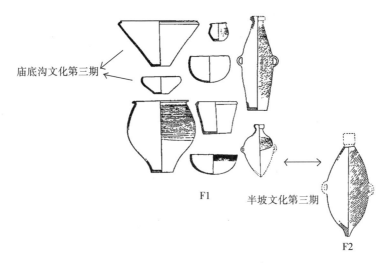

图 2.125　下孟村 F1 器物组合

通过上述分析，在半坡文化第三期之时，庙底沟文化分布的核心地区以外，可辨认出与半坡文化发生明显交集的"庙底沟文化早二期"和"庙底沟文化早一期"遗存。倘若继续向前追溯，目前还没有发现庙底沟文化更早更直接的源头，半坡文化第一、二期所处年代，仍是庙底沟文化与前仰韶时代之间的缺环。至于《翼城枣园》报告中认为枣园文化是庙底沟文化直接源头的观点，仍然缺乏更直接的层位学与类型学支持。相反，枣园文化与半坡文化之间可能存在的谱系关系，已有层位关系和器物演变序列可循。

王墓山坡下、下王岗、大地湾、原子头、北橄、东庄村六处遗址中，"庙底沟文化早二期"和"庙底沟文化早一期"遗存对应关系如表 2.3。

表 2.3　六遗址中庙底沟文化前两期遗存对应关系

|  | 王墓山坡下 | 下王岗 | 大地湾 | 原子头 | 北橄 | 东庄村 |
|---|---|---|---|---|---|---|
| 庙底沟文化早一期 | √ |  | √ | √ | √ | √ |
| 庙底沟文化早二期 |  | √ | √ | √ | √ | √ |

综上，庙底沟文化彩陶经历了前后共五期的发展历程。其广阔疆域造成的后三期彩陶图案区域性差异，在前文的分区研究中已详细展示，实无再汇总之必要。前

两期遗存的彩陶，可以上述六处遗址为代表。由于大地湾和原子头遗址的庙底沟文
化遗存综合后，具有最完整的文化发展序列，则庙底沟文化各期彩陶图案的主要特
点，可参考图2.121。

2. 半坡文化、"史家类型"、庙底沟文化三者的关系（见表2.4）

**表2.4　半坡文化、"史家类型"、庙底沟文化关系示意**

| 半坡文化 | 史家类型 | 庙底沟文化 |
|---|---|---|
| 因素遗留 | | 第三期 |
| | | 第二期 |
| 第四期（内涵实为"史家类型"第二期）第二期 | | 第一期 |
| 第三期Ⅱ段 | 第一期 | 早一期 |
| 第三期Ⅰ段 | | 早二期 |
| 第二期 | | |
| 第一期 | | |

　　传统认识上，"史家类型"属于半坡文化系统。但从彩陶角度上看，"史家类型"
自始至终都擅长以弧线造型表现Bb型图案，与半坡文化彩陶风格存在分野，以鱼纹的
表现最为显著：葫芦瓶上的大圆眼鱼纹具有演变序列，如姜寨M238：4、ZHM168：3，
尤其后者与同期的"史家类型"彩陶葫芦瓶艺术风格统一。因此，在半坡文化的众
多鱼纹图案中，第三期突然出现的弧线造型"大圆眼鱼纹"，可能来自"史家类型"；
而源于第二期的各种直线造型鱼纹，才是半坡文化的原创。同时，个别葫芦瓶上也
使用了半坡文化的直边三角与直线造型的张口鱼纹，如姜寨ZHH467：1。

　　由此观之，与半坡文化第三期时，半坡文化与庙底沟文化的关系相似，"史家类
型"亦与半坡文化有所并列、有所融合。因此，除了作为半坡文化派生的文化分支外，
"史家类型"也有可能是一支独立起源的遗存。若如此，则所谓的"半坡文化第四期"，
实为"史家类型"第二期。由于"庙底沟文化早一期"与庙底沟文化第一期承接紧
密，"史家类型"第二期应与庙底沟文化第一期同时，而"史家类型"第一期应与
"庙底沟文化早二期、早一期"同时。进入庙底沟文化第一期后，半坡文化的核心器
物组合基本消失，以双耳尖底瓶为代表的半坡文化因素，在局部地区有所保留。

　　"史家类型"与庙底沟文化均始于半坡文化第三期，且最初的面貌均与半坡文化

有所融合，当非偶然。然而，"史家类型"的分布与半坡文化核心地区重合，并延伸至西部边缘；"庙底沟文化早二期、早一期"的分布，则始于半坡文化东南边缘，进而沿边缘地区环绕半坡文化核心，并少量地波及核心。因此，半坡文化对于"史家类型"与庙底沟文化的生成所起的作用，应有所区别。在"史家类型"的生成中，半坡文化具有关键作用，甚至是其直接源头，考虑到彩陶风格的差异，可能是其源头之一。而在庙底沟文化的生成中，半坡文化的主体遗存非但没有起到重要作用，反而更像是一股抵制其进入核心的势力。

"史家类型"彩陶图案中出现鸟首、对合半圆等庙底沟文化常见图案，说明两者有所沟通，至少在以弧线造型的绘图技法上，存在一定程度的相互影响。由于"史家类型"与庙底沟文化不可能在源头上互为影响，则"史家类型"的产生，可能是半坡文化与庙底沟文化碰撞的结果，反之，庙底沟文化的产生，可能是源自"史家类型"的启发。这两种可能性是非此即彼的关系，但目前尚无法证实。

庙底沟文化的彩陶萌芽于"庙底沟文化早二期"简单的 Ab4 型"花瓣形"底纹，并从"早二期"至"早一期"，发展迅速。"史家类型"尚未能区分出与半坡文化第三期Ⅰ、Ⅱ段分别对应的遗存，因而，"史家类型"第一期彩陶发展阶段不详。从目前的材料来看，至少在进入第二期以前，"史家类型"彩陶图案的复杂程度，如姜寨 M262：1，已在同期庙底沟文化之上。然而，在进入第二期以后，"史家类型"图案并不比庙底沟文化第一期时成熟的彩陶图案更高超。从这种彩陶发展角度看，"史家类型"与庙底沟文化的彩陶遗存，应是具有不同发展方向和发展阶段的两种体系。因此，不能排除这两类遗存另外各有源头的可能。而半坡文化第一、二期的存在，应视作这两类遗存生成的文化背景的重要交集。

# 第三节 后冈一期文化的彩陶遗存

## 一 考古学文化基础研究

### （一）文化分布

后冈一期文化的分布以太行山东麓华北平原为核心，南达南阳盆地、西至太行山西麓、西北及河套平原、东抵胶东半岛（如图 2.126）。核心地区的安阳后冈①、永年石北口②、武安赵窑③、正定南杨庄④等典型遗址，包含较单纯的后冈一期文化。核心地区以外的大量遗址，如郑州大河村⑤、洛阳王湾⑥、淅川下王岗⑦、太古上土河⑧、蔚县四十里坡⑨、凉城石虎山⑩、滕县北辛⑪、胶东白石村⑫等，多见后冈一期文化因素与周边同期考古学文化遗存共存。

## （二）文化分期

关于后冈一期文化的分期研究，张忠培、乔梁的《后冈一期文化研究》⑬ 和陈光的《试论后冈一期文化》⑭，基于典型遗址的层位关系，得到了基本一致的器物发展规律。两文均以安阳后冈遗址的分段为纲。前文分后冈遗址为三段，代表后冈一期文化的第一至三期。后文分后冈遗址为四段，代表后冈一期文化中、晚期，并以层位上更早的"镇江营组"遗存，作为后冈一期文化的早期。由于镇江营遗址的发掘对于研究后冈一期文化的来源具有重要意义，而"镇江营组"遗存的识别，是新增研究资料对后冈一期文化分期的修正。因此，本文采用陈光的分期方案，如图 2.127。

---

① 中国科学院考古研究所安阳发掘队：《1958～1959 年殷墟发掘简报》，《考古》1961 年第 2 期；中国科学院考古研究所安阳发掘队：《1971 年安阳后冈发掘简报》，《考古》1972 年第 3 期；中国社会科学院考古研究所安阳工作队：《1972 年春安阳后冈发掘简报》，《考古》1972 年第 5 期；中国社会科学院考古研究所安阳工作队：《安阳后冈新石器时代遗址的发掘》，《考古》1982 年第 6 期。

② 河北省文物研究所、邯郸地区文物管理所：《永年县石北口遗址发掘报告》，《河北省考古文集》（一），北京：东方出版社，1998 年。

③ 河北省文物研究所、河北文化学院：《武安赵窑遗址发掘报告》，《考古学报》1992 年第 3 期。

④ 河北省文物研究所：《正定南杨庄——新石器时代遗址发掘报告》。

⑤ 郑州市文物考古研究所：《郑州大河村》。

⑥ 北京大学考古文博学院：《洛阳王湾——田野考古发掘报告》。

⑦ 河南省文物研究所、长江流域规划办公室考古队河南分队：《淅川下王岗》。

⑧ 张忠培、乔梁：《后冈一期文化研究》，《考古学报》1992 年第 3 期。

⑨ 张家口考古队：《蔚县考古纪略》，《考古与文物》1982 年第 4 期。

⑩ 内蒙古文物考古研究所/日本京都中国考古学研究会岱海地区考察队：《石虎山遗址发掘报告》，《岱海考古（二）——中日岱海地区考察研究报告集》，北京：科学出版社，2001 年。

⑪ 中国社会科学院考古研究所山东队、山东省滕县博物馆：《山东滕县北辛遗址发掘报告》，《考古学报》1984 年第 2 期。

⑫ 严文明：《胶东原始文化初论》，《山东史前文化论文集》，济南：齐鲁书社，1986 年。

⑬ 张忠培、乔梁：《后冈一期文化研究》。

⑭ 陈光：《试论后冈一期文化》，《苏秉琦与当代中国考古学》，北京：科学出版社，2001 年。

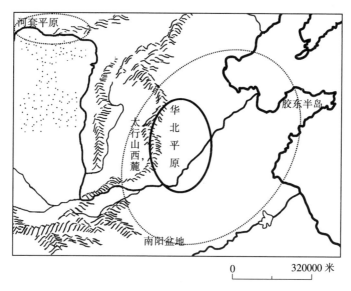

图 2.126　后冈一期文化分布范围示意图

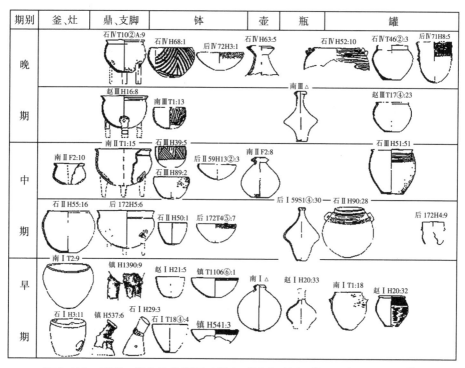

图 2.127　后冈一期文化分期图（引自《试论后冈一期文化》原图一二①）

①　陈光：《试论后冈一期文化》，《苏秉琦与当代中国考古学》，312 页。

后冈一期文化第一期，以镇江营遗址"镇江营组"、南杨庄遗址第一期遗存、石北口遗址早期一、二段遗存为代表。器形饱满、流行圜底的特征具有指征性，如小口球腹壶肩颈一体、腹部圆鼓，小口长颈壶腹部外鼓。器物群组合的典型特征为釜与鼎两类炊器共存、与釜组合使用的灶与支脚共存，并包含有前仰韶时代的遗留因素，如小口双肩耳壶、镂孔舌形鼎足等。

后冈一期文化第二期，以后冈遗址Ⅰ、Ⅱ段遗存、南杨庄遗址第二期遗存、石北口遗址中期三、四段遗存为代表。器形的饱满程度降低，小口球腹壶呈溜肩，小口长颈壶腹部折鼓，鼎为尖圜底、三足贴附于腹中部偏下。

后冈一期文化第三期，以后冈遗址Ⅲ、Ⅳ段遗存、南杨庄遗址第三期遗存、石北口遗址中期五、六段遗存为代表。壶类颈部瘦削、此前的蒜头状口部退化，鼎底部较平、三足贴附处下移，敛口深腹钵器形圆鼓。

## 二 后冈一期文化彩陶综述

### （一）彩陶图案的风格类型

后冈一期文化彩陶属于单彩系，兼用红或紫红色彩、黑彩，仅见器表施彩者。施彩器类较单调，以钵、罐为主，见个别器盖、小口壶等。

彩陶图案风格单一，主要为 A 型"直线几何纹风格"中的 Aa1 型"线纹风格"。

### （二）各期别彩陶遗存分析

陈光在《试论后冈一期文化》中，将武安赵窑遗址 H21 定为第一期，使得此期文化中出现了目前可见唯一的图案类彩陶残片 H21：9，与同期遗存中流行"红顶器"而未见真正意义上施彩陶器的情况不符。赵窑 H21 内共出小口球腹壶 H21：7，与石北口中期 H41：23 器形接近，属于溜肩的壶型，为第二期典型特征。因此，赵窑 H21 的相对年代应为后冈一期文化第二期。

根据典型器物特征以及与各期典型器共存的情况，后冈一期文化第二期包含彩陶遗存的遗迹单位主要有：赵窑 H21，石北口 H41，南杨庄 F2①、H137。由于南杨庄遗址层位关系不可用，又罕有器物组合发表，且定为第二期遗存的彩陶标本多非指

---

① 河北省文管处：《正定南杨庄遗址试掘记》，《中原文物》1981 年第 1 期。

征性标型器，因此，其第二期大多数彩陶标本的相对年代不可靠。

上述四个单位各出一件彩陶标本，主体图案均为"人"字形交叉的平行斜线组，如图 2.128。其中，石北口 H41 出土者与南杨庄 F2：4，图案笔道明显不匀整。南杨庄 H137：10，从俯视图观察，尚未形成等分器身的图案布局规范。

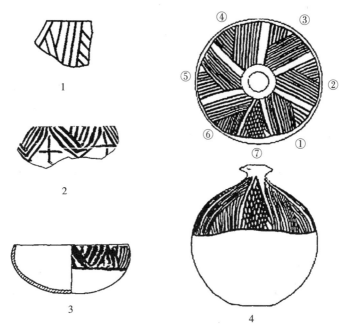

图 2.128　后冈一期文化第二期彩陶标本
1. 赵窑 H21：9　2. 石北口 H41　3、4. 南杨庄 F2：4、H137：10

将南杨庄 H137：10 的俯视图按逆时针划分为七个区间。从一至六，均是统一的"人"字形斜线组。而第七区间内，线段组相交成三角形网格，且所占图案跨度远小于其他单体。这可能是由于绘彩过程中，对图案布局缺少事先的规划而造成的。

后冈一期文化第三期包含彩陶遗存的遗迹单位主要有：后冈 1971 年 H2、1971 年 H8、1959 年 TD4④、1959 年 TA2③，石北口 H12、H38、H39、H52、H54、H56、H63、H64、H71、T6⑤等，邓底① F3、F7。南杨庄遗址第二、三期的大量彩陶标本，可能均为此期遗存。具体图案以"人"字形斜线组、竖线组、斜线纹三角形为主，兼有少量波折纹、网格纹、低端露锋的竖线纹等，如图 2.129。

---

① 河北省文物研究所、邯郸市文物研究所、永年县文物保护管理所：《永年县邓底遗址发掘报告》，《河北省考古文集》（四），北京：科学出版社，2011 年。

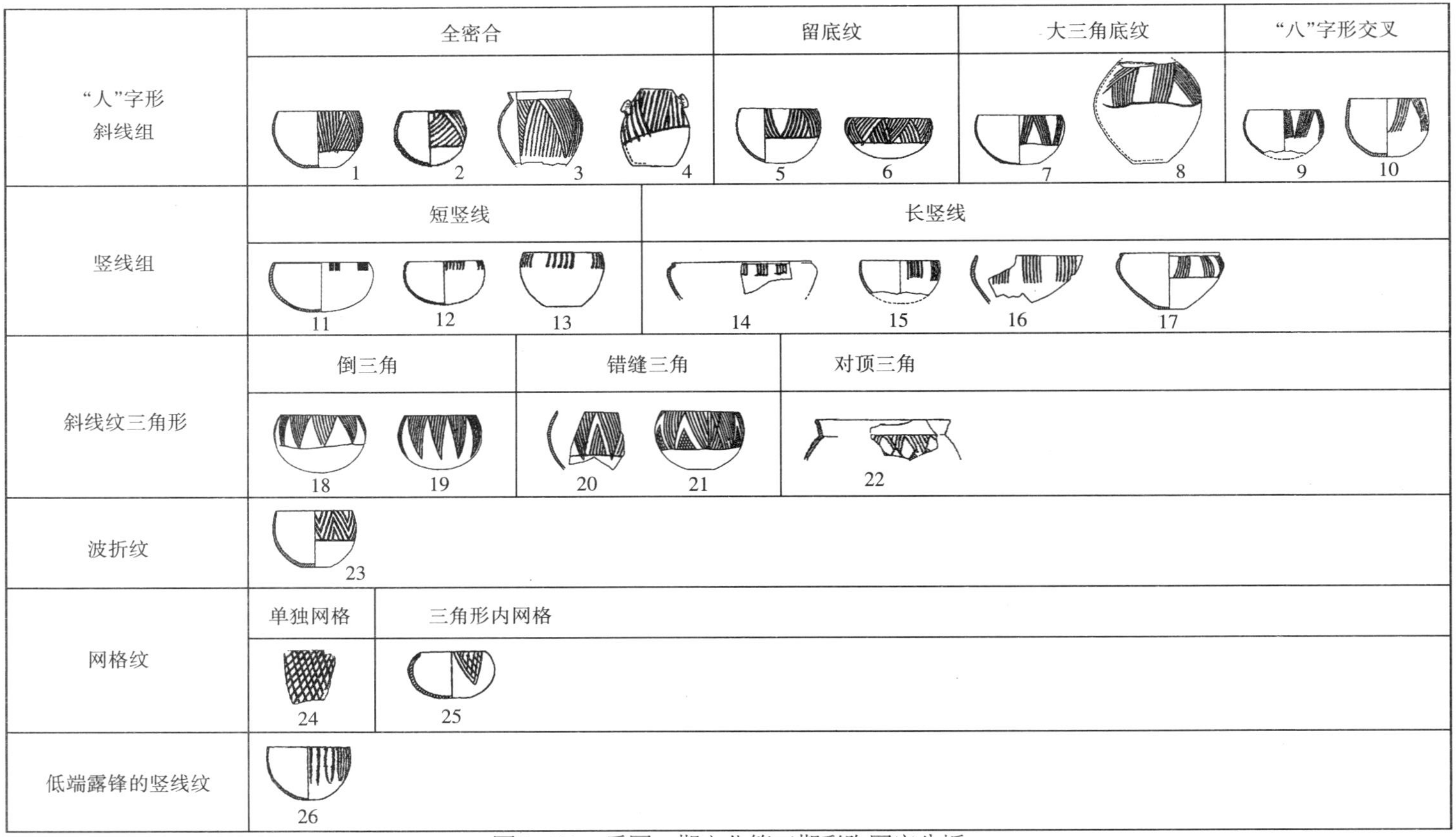

图2.129　后冈一期文化第三期彩陶图案分析

1. T6⑤：11　2.1971年H2：1　3. T6⑤：17　4. T28②：36　5. H38：14　6. H55：9　7. H56：4　8. T45②：15　9. H63：8　10. H71：21　11. F7：1　12.1971年H8：4　13. H67：1　14. H52：11　15. H72：10　16. T11②：2　17. H71：9　18. T11③：1　19. T58②：4　20. T68③：28　21. T43②：6　22. T6④：8　23. H12：6　34. H61　25. H87：9　26. H39：2（1、3、5、7～10、14、15、17、22～24、26为右北口出土　2、12为后冈出土　4、6、13、16、18～21、25为南杨庄出土　11为邓底出土）

"人"字形斜线组有交叉线间密合程度的不同：石北口 T6⑤：11、T6⑤：17，后冈 1971 年 H2：1，南杨庄 T28②：36 等，交叉斜线间不留空隙，有"席纹"效果；石北口 H38：14、南杨庄 H55：9 等，交叉斜线间留有底纹小三角；石北口 H56：4、T45②：15 等，留有底纹区域更大；石北口 H63：8、H71：21，南杨庄 T68③：1 等，则呈"八"字形相交。

竖线组有长短之分：如后冈 1971 年 H8：3、1971 年 H8：4、1959 年 TA2③：1，石北口 H52：11，南杨庄 H67：1，邓底 F7：1 等，竖线组较短；如石北口 H71：9、H72：10，南杨庄 T11②：2 等，竖线组较长。

斜线纹三角形有排列形式的不同：如南杨庄 T11③：1、T58②：4，石北口 T11②内出土残片，饰有单行倒置的三角形，三角形内填绘平行斜线；如南杨庄 T68③：28、T43②：6，饰有错缝三角形；石北口 T6④：8 残见图案，为两行上下对顶的三角形。

波折线纹罕见，如石北口 H12：6；单独的网格纹较少，如石北口 T30①、H61 出土残片，填绘于三角形中的情况稍多，如南杨庄 H87：9 图案中，填绘于倒置的三角形中；低端露锋的竖线纹，如石北口 H39：2 及共出残片。

综上，后冈一期文化第一期流行的"红顶碗"，可能为其后红彩宽带纹之滥觞。真正的彩陶产生于第二期，第二期中不仅以红黑宽带纹彩陶为流行，并且出现了以交叉线段为主要元素的图案类彩陶。发展至第三期时，图案种类有所增加，但并没有出现新的风格，在艺术表现力上也没有明显的进展。

## 三　小结

### （一）后冈一期文化与同期考古学文化的关系（如图 2.130）

作为区域性时代概念的仰韶时代早期，包含有枣园文化、半坡文化、庙底沟文化和后冈一期文化。从文化发展谱系上看，枣园文化从源头上与半坡文化、庙底沟文化均有不同程度的相关性，其红彩间隔波折纹图案，又为半坡文化彩陶的正源。而后冈一期文化在仰韶时代早期与前三种文化的年代对应关系，缺乏直接的层位依据。

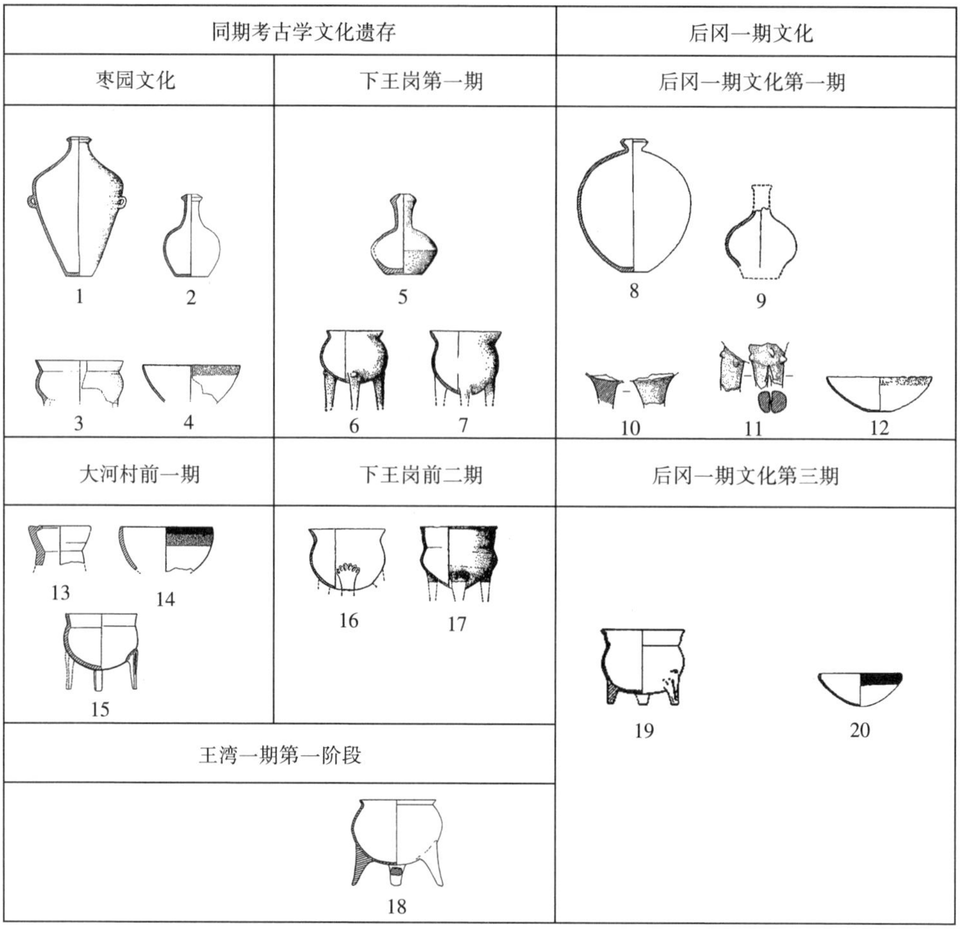

图 2.130    枣园文化、王湾一期第一阶段、大河村遗址前一期、下王岗仰韶时代
第一第二期遗存与后冈一期文化典型器物对比

1. H1：2    2. F1：43    3. T5④：1    4. T1④：1    5. M259：3    6. M404：1    7. M282：1    8. H3：1    9. H20：30
10. FZH1390：7    11. FZH1390：9    12. H20：17    13. T38⑰：122    14. T38⑰：24    15. T58⑯：1    16. M653：1
17. T3③：34    18. F15：2    19. 1971 年 H2：3    20. 1971 年 H8：1    （1－4 为枣园出土    5－7、16、17 为下
王岗出土    8、12 为石北口出土    9 为赵窑出土    10、11 为镇江营出土    13－15 为大河村出土    18 为王湾
出土    19、20 为后冈出土）

后冈一期文化与枣园文化是前仰韶时代的直接继承者。两者典型器物组合相似，
文化关系密切。然而，从具体器类上看，后冈一期文化以流行小口球腹壶为指征，
枣园文化则以流行小口双耳橄榄形平底瓶为指征，是两文化特征的明显分野。因此，
后冈一期文化与枣园文化，可以视作具有一定亲缘关系的两个分支文化。枣园文化
终其整个发展过程，均流行"红顶器"，罕见彩陶标本，与后冈一期文化第一期情况
相似，当为仰韶时代初期的时代风格。

因此，本文认为枣园文化应与后冈一期文化第一期相当。从此时的分布范围上看，两者基本隔太行山东西对峙，分布范围未见重合。至于晋中地区可见太古上土河、娄烦童子崖等翻越太行山的后冈一期文化遗存，从出土彩陶残片的情况推测，应不早于后冈一期文化第二期。这时的枣园文化已经终结，后继的半坡文化亦尚未出现在晋南地区。

后冈一期文化与半坡文化或庙底沟文化分布有所重合的区域，多在核心分布区外围。其中，具有直接层位关系的遗址，见于郑洛之间者，如洛阳王湾、郑州大河村、郑州西山、长葛石固等；见于汉水中游者，如淅川下王岗、淅川沟湾、郧县大寺等；个别地点进入豫东平原，如尉氏县椅圈马。

根据前文的分析：王湾一期第一阶段，相当于庙底沟文化第一期的遗存中，半坡文化、庙底沟文化、后冈一期文化因素共存；大河村遗址中，前三期至前一期的后冈一期文化遗存，直接叠压于庙底沟文化第二期遗存之下；下王岗遗址中，后冈一期文化遗存，直接叠压于"庙底沟文化早二期"遗存之下。

王湾一期第一阶段相当于庙底沟文化第一期，与之相当的半坡文化第四期遗存，实为"史家类型"第二期。因此，王湾一期第一阶段的杯形口双耳尖底瓶，当为半坡文化因素的遗留。圆腹罐形鼎 F15∶2 的形态，则接近后冈一期文化第三期。

大河村遗址前三期至前一期遗存，接近后冈一期文化第二、三期。前一期遗存中，小口球腹壶多为溜肩，蒜头状口部呈现退化形态，鼎腹底部圆缓，当为后冈一期文化第三期特征。此期中共出有半坡文化第三期 Aa2 型风格彩陶标本（如图2.40），表明后冈一期文化第三期与半坡文化第三期大致相当。

下王岗遗址地处汉水中游，后冈一期文化分布范围的东南边缘处。距后冈一期文化核心地区较远，而距枣园文化分布区更近。下王岗仰韶时代第一期墓葬中，随葬的小口长颈壶腹部圆鼓的特点，鼎腹部圆缓、三足接腹处没有明显的按窝纹，与枣园文化、后冈一期文化第一期特征均较接近。由此，下王岗仰韶时代第一期遗存具有枣园文化、后冈一期文化之共性，具体文化属性不甚明朗，相对年代应与枣园文化、后冈一期文化第一期相当。

下王岗仰韶时代第二期遗存包含半坡文化第三期、庙底沟文化早二期的遗存。其中共出的鼎，不仅与第一期的鼎具有发展演变关系，且与后冈一期文化第三期的鼎形态趋同。由此，下王岗仰韶时代第二期遗存，应与后冈一期文化第三期大致相当。其与第一期遗存间的时代缺环，则应为与后冈一期文化第二期相当的阶段。按照半坡文化的发展谱系看，这一缺环正与半坡文化第一、二期年代相当。

至此，枣园文化、半坡文化、庙底沟文化、后冈一期文化的对应关系总结如表2.5。

#### 表 2.5　仰韶时代早期考古学文化对应关系表

|  |  | 庙底沟文化第三期 |  |
|---|---|---|---|
|  |  | 庙底沟文化第二期 |  |
|  | 半坡文化第四期 | 庙底沟文化第一期 | 后冈一期文化第三期 |
|  | 半坡文化第三期 | 庙底沟文化早一期 |  |
|  |  | 庙底沟文化早二期 |  |
|  | 半坡文化第一、二期 |  | 后冈一期文化第二期 |
| 枣园文化 |  |  | 后冈一期文化第一期 |

#### （二）后冈一期文化彩陶的形成与发展格局

从上表中可得，下王岗仰韶时代第一期的彩陶标本，与枣园文化内零星可见者年代相当，可以补充仰韶时代初期的彩陶遗存资料，如图 2.131。下王岗敞口扁腹壶 M421∶1、敞口弧腹瓶 T6⑤∶26 均饰有 Aa1 型红彩系线纹图案。前者于器腹施纵向的不规则波折线，后者于颈部及鼓腹处各施一周波折线，中部为平行线组。两者均以波折线为主要元素，与枣园 G1∶30 的红彩系间隔波折纹风格统一。

图 2.131　仰韶时代初期的彩陶遗存
1、2. 下王岗 M421∶1、T6⑤∶26　3. 枣园 G1∶30

　　枣园 G1∶30 的图案为半坡文化直接继承，瓶壶类彩陶器形自半坡文化第一期始即已流行。因此，枣园、下王岗遗址的彩陶标本所代表的仰韶时代初期彩陶遗存，应为半坡文化彩陶的源头。若与后冈一期文化彩陶相比，虽然上述标本的具体图案和施彩器类在后冈一期文化中并无同类，但由于风格统一，且红彩系为后冈一期文化所继承，则上述标本也有可能为后冈一期文化彩陶的源头。因此，具有枣园文化、后冈一期文化第一期遗存之共性的下王岗仰韶时代第一期遗存，在彩陶的发展谱系上，可能为半坡文化和后冈一期文化第二期以后彩陶遗存的共祖。

　　经历了半坡文化第一期的过渡，半坡文化第二期时开始流行 Aa1 型风格与 Aa2 型风格相结合的"细斜线纹"图案；后冈一期文化第二期中，开始流行"人"字形斜线组。两类图案表现形式极其相似。至半坡文化第三期时，"细斜线纹"图案继续流行，交叉线间的密合程度有所不同，与后冈一期文化第三期时情况相似。按照目前的分析，暂可推断出半坡文化第一、二期与后冈一期文化第二期年代相当，但无证据表明两文化间这两类相似图案的产生孰先孰后，即从相对年代上无法判断是半坡文化的此类图案影响了后冈一期文化，还是后冈一期文化的此类图案影响了半坡文化。然而，半坡文化第一、二期与后冈一期文化第二期遗存的分布范围，基本局限于两者各自的核心地区，并无交集，因此，不能排除这两类图案分别在两地独立形成的可能。

　　综上，尽管"镇江营一期文化"中已出现极细的红彩网格纹（图 2.132），但后冈一期文化形成之始，并未从其这一文化源头处继承彩陶风格，形成使用彩陶的文化传统。其范围所及已至河套凉城老虎山、豫西南淅川下王岗等地，远远超出其核心地区，但彩陶遗存仅见下王岗遗址的个别标本。至后冈一期文化第二期以后，彩陶的分布局限于太行山东麓的华北平原，在这一区域外，与半坡文化、庙底沟文

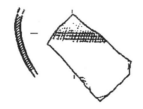

图 2.132　镇江营一期文化红彩网格纹
　　　　　标本 FZH1387∶7

图 2.133　泉护村遗址 1997H67∶3

化有所重合的遗址内，为后冈一期文化的彩陶所未及，而半坡文化或庙底沟文化的彩陶较为流行。至后冈一期文化终结后，作为在后续庙底沟文化中遗留下的文化因素，其彩陶风格，跟随庙底沟文化的流布，出现在了庙底沟文化核心地区，如泉护村遗址庙底沟文化第二期的标本 1997H67：3（图 2.133），即为后冈一期文化典型图案施用于庙底沟文化彩陶器形之例。

# 第三章　仰韶时代晚期的彩陶遗存

仰韶时代晚期的考古学文化分布于黄土高原地带，地理位置分布如图3.1所示。

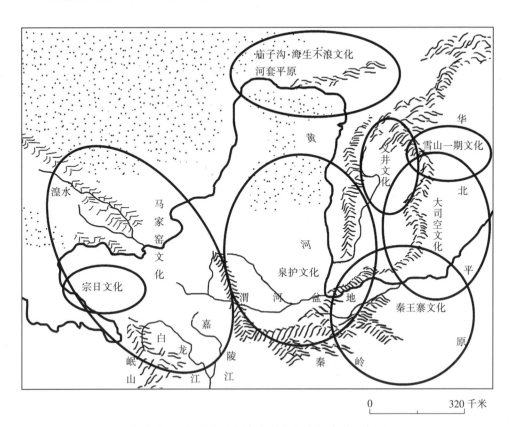

图 3.1　仰韶时代晚期考古学文化空间分布示意图

# 第一节　秦王寨文化的彩陶遗存

## 一　考古学文化基础研究

### （一）文化分布

秦王寨文化的分布以伊洛盆地为核心，东至豫东平原、西及华山之阴，北渡黄河可达豫北，南倚伏牛山北麓（如图 3.1）。核心地区典型遗址分布密集，如郑州大河村①、郑州西山②、荥阳点军台③、洛阳王湾④、偃师二里头⑤、孟津妯娌⑥、新安马河⑦、长葛石固⑧、禹县谷水河⑨、临汝北刘庄⑩等。核心地区往东南，包含秦王寨文化遗存的遗址有尉氏县椅圈马⑪、郸城段寨⑫、淮阳王禅冢⑬、杞县鹿台岗⑭等；往西北有夏县东下冯⑮、垣曲东关⑯、垣曲上亳⑰、襄汾杨

---

① 郑州市文物考古研究所：《郑州大河村》。

② 国家文物局考古领队培训班：《郑州西山仰韶时代城址的发掘》，《文物》1999 年第 7 期。

③ 郑州市博物馆：《荥阳点军台遗址 1980 年发掘报告》，《中原文物》1982 年第 4 期。

④ 北京大学考古文博学院：《洛阳王湾——田野考古发掘报告》。

⑤ 中国社会科学院考古研究所二里头工作队：《偃师二里头遗址发现仰韶文化遗存》，《考古》1985 年第 3 期。

⑥ 河南省文物局：《黄河小浪底水库考古报告》（二）。

⑦ 河南省文物管理局、河南省文物考古研究所：《黄河小浪底水库考古报告》（一）。

⑧ 河南省文物考古研究所：《长葛石固遗址发掘报告》，《华夏考古》1987 年第 1 期。

⑨ 河南省博物馆：《河南禹县谷水河遗址发掘简报》，《考古》1979 年第 4 期。

⑩ 河南省文物研究所：《河南临汝北刘庄遗址发掘报告》，《华夏考古》1990 年第 2 期。

⑪ 郑州大学考古系、开封市文物工作队、尉氏县文物保管所：《河南尉氏县椅圈马遗址发掘简报》，《华夏考古》1997 年第 3 期。

⑫ 曹桂岑：《郸城段寨遗址试掘》，《中原文物》1981 年第 3 期。

⑬ 中国社会科学院考古研究所河南二队、河南省周口地区文物管理委员会：《河南周口地区考古调查简报》，《考古学集刊》（4），北京：中国社会科学出版社，1984 年。

⑭ 郑州大学文博学院、开封市文物工作队：《豫东杞县发掘报告》，北京：科学出版社，2000 年。

⑮ 中国社会科学院考古研究所、中国历史博物馆东下冯考古队、山西省文物工作委员会：《山西夏县东下冯龙山文化遗址》，《考古学报》1983 年第 1 期。

⑯ 中国历史博物馆考古部、山西省考古研究所、垣曲县博物馆：《垣曲古城东关》。

⑰ 山西省考古研究所：《垣曲上亳》。

威①等；往西有渑池笃忠②、平陆盘南村③、华阴横阵④、华县泉护村⑤等；往北有新乡洛丝潭⑥、安阳鲍家堂⑦、武陟东石寺⑧、辉县孟庄⑨、武乡东村⑩等。

**（二）文化分期**

关于秦王寨文化的分期研究，孙祖初《秦王寨文化研究》⑪ 提出的"六期说"和许永杰《黄土高原仰韶晚期遗存的谱系》⑫（下文简称《黄土高原》）提出的"五期说"，尽管存在分期尺度的不同，但均以典型遗址中的层位关系为基础，并在秦王寨文化发展趋势的认识上基本一致。如鼎类的腹部逐渐加深；罐、瓮、缸类腹部收窄，器形渐高，最大腹径上移；彩陶图案逐步简化，至最晚期时消失。

由于上述两种分期方案内，各典型遗址中秦王寨文化遗存的期属对应关系并不统一，对于大量遗址内出土的秦王寨文化彩陶器而言，没有直接的分期标尺可比照。因此，秦王寨文化彩陶的发展序列，有必要单独讨论。

## 二　大河村遗址的彩陶遗存分析

根据《黄土高原》的"五期说"分期方案，大河村遗址的第三、四期遗存，覆

---

① 山西省考古研究所：《襄汾杨威遗址发掘报告》，《三晋考古》（第四辑上），太原：山西人民出版社，2012 年。

② 武志江：《河南渑池笃忠遗址 2006 年发掘简报》，《华夏考古》2010 年第 3 期。

③ 黄河水库考古工作队河南分队：《山西平陆新石器时代遗址复查试掘简报》，《考古》1960 年第 8 期。

④ 中国社会科学院考古研究所陕西工作队：《陕西华阴横阵遗址发掘报告》，《考古学集刊》（4），北京：中国社会科学出版社，1984 年。

⑤ 北京大学考古学系：《华县泉护村》。

⑥ 新乡地区文管会、新乡县文化馆：《河南新乡县洛丝潭遗址试掘简报》，《考古》1985 年第 2 期。

⑦ 中国社会科学院考古研究所安阳队：《安阳鲍家堂仰韶文化遗址》，《考古学报》1988 年第 2 期。

⑧ 新乡地区文管会、武陟县博物馆：《河南武陟东石寺遗址调查简报》。《考古》1990 年第 3 期。

⑨ 袁广阔：《孟庄龙山文化遗存研究》，《考古》2000 年第 3 期；河南省文物考古研究所：《辉县孟庄》，郑州：中州古籍出版社，2003 年。

⑩ 山西省考古研究所：《武乡东村新石器时代遗址发掘简报》，《三晋考古》（第四辑上），太原：山西人民出版社，2012 年。

⑪ 孙祖初：《秦王寨文化研究》，《华夏考古》1991 年第 3 期。

⑫ 许永杰：《黄土高原仰韶晚期遗存的谱系》。

盖了秦王寨文化的完整序列。并且,其中包含的彩陶遗存也基本涵盖了秦王寨文化
中大部分的彩陶种类。本文即以大河村遗址为例,讨论秦王寨文化彩陶的风格类型、
典型图案与发展进程。

### (一) 彩陶图案的风格类型

秦王寨文化彩陶属于红、白、黑多彩系,白衣彩,红、黑单彩,红黑复彩
的使用占有相当的比重。器表施彩,器类广泛,如壶、钵、盆、罐、缸、器
座等。

与仰韶时代早期彩陶图案流行的单行二方连续构图相比,秦王寨文化的彩
陶图案流行分行分栏构图,各区间内填绘不同的单体图案,使得难以从整体上
进行图案命名。本文选取彩陶主体图案中具有指征性的局部单体,从风格上加
以区分。

由此,彩陶图案风格可亦分为 A 型"几何风格"和 B 型"图像风格"。A 型以
Aa1 型"线纹风格"、Ab1 型"线纹风格"、Ac 型"圆点风格"为主,B 型以 Ba 型
"符号风格"为主。

### (二) 彩陶遗存的层位学分析

1. 大河村遗址 T1、4、6、7 内存在③→W8、M19→④→F1、F2、W11 的层位关
系,涉及装饰同类图案的大口鼓腹罐,如图 3.2。

其中,F1:27 与 W11 出土者器形接近,敛口、卷沿、鼓腹且腹最大径远大于底
径,图案亦相似,共分三行,施于腹中部及以上。F1:27 自上而下依次为 Aa1 型网
纹带、空白与 Ba 型"ᒧ"形符号图案。W11 依次为 Aa1 型网纹带、Aa1 型竖线组与
Ba 型"ᒧ""人""X"形符号图案。"ᒧ"形符号的画法接近,笔道舒展圆润。T1
④:17 为敛口折沿,鼓腹收窄呈弧腹,最大腹径近口部,较底径稍大,图案减少为
两行,施于上腹部,依次为 Aa1 型网纹带与 Ba 型"X"形符号。"X"形笔道局促,
棱角分明,邻近的另一个符号不清晰,符号间有用细小短线皴成的条带状地纹。W8
:1 为敛口卷沿,腹中部外鼓略带折腹,图案亦为两行,施于中上部,依次为 Aa1 型
竖线组与 Ba 型"ᒧ"形符号图案。"ᒧ"形笔道局促,棱角分明。由此可见,此类
彩陶罐的图案演变大致与器形演变同步:随着鼓腹程度减小,最大腹径上移,彩陶
图案亦向上移,由三行减为两行,符号类图案由圆润舒展向局促拘谨的方向发展。

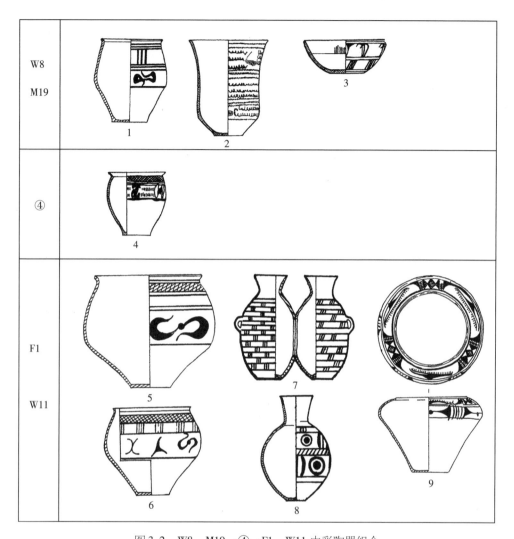

图 3.2　W8、M19→④→F1、W11 中彩陶器组合

1. W8：1　2. W8：2　3. M19：1　4. T1④：17　5. F1：27　6. W11　7. F1：29　8. F1：30　9. F1：26

按照这一演变规律，F1：27 与 W11 出土者应为最早，W8：1 稍晚，T1④：17 最晚。然而，由于后两者具有 W8 打破④层的层位关系，则 W8 的相对年代不早于④层，但有可能使用了年代较早的器物作为葬具。因此，这几件彩陶罐的演变序列可修正为图 3.3 所示。而由于 M19 亦打破④层，M19 内出土 Ba 型 "穗形" 符号彩陶碗的相对年代，可暂时认为较④层晚。

2. T23 内②→H107→④→⑧→⑨的层位关系显示出，H107 内出土 Ba 型 "穗形" 符号彩陶碗 H107：2 的相对年代，当晚于⑧、⑨层彩陶残片，如图 3.4。T23⑨

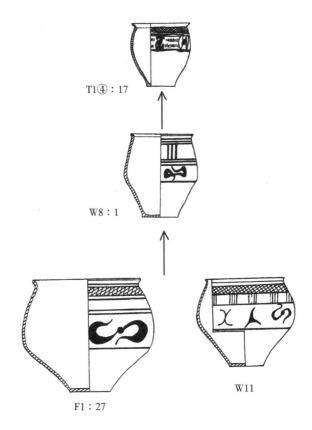

T1④：17

W8：1

F1：27

W11

图3.3    彩陶罐演变序列调整

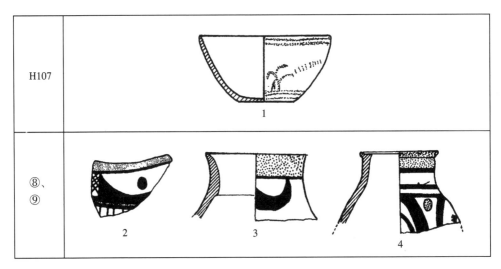

图3.4    T23②→H107→④→⑧→⑨中典型彩陶标本
1. H107：2   2. T23⑨层出土   3. T23⑨：20   4. T23⑧：11

层出土残片图案分两行，上行可见填绘圆点的"弯月形"底纹截取自庙底沟文化的 Ab2 型风格彩陶图案，嵌于 Aa1 型网格带中，下行残见竖线组。T23⑨：20 残见"钩形"符号、T23⑧：11 残见 Ab1 型弧线纹组合图案，均施于壶类器颈肩部。

3. T47 内②→H205→③→④→⑤→⑥→⑦的层位关系中，H205：42 与 T47⑤：38 均为敞口深腹罐残片，饰有 Ab1 型细曲线纹与 W8：2 相似，则 H205 至⑤层的相对年代当与 W8：2 相当，如图 3.5。由于报告中 T47②至⑤层均为第四期遗存，且这种 Ab1 型细曲线纹从 T47⑤：38 到 H205：42，没有明显的差别。因此，H205 至⑤层、W8：2 年代接近。T3④：8 彩陶钵上 Ab1 型细曲线纹与 Ba 型三线"人"字形符号纹组合，表明这两类图案的流行时代接近。因此，T47②：18 与 T47③：3 饰有 Ba 型三线"人"字形符号纹，表明 T47②至⑤层接近。

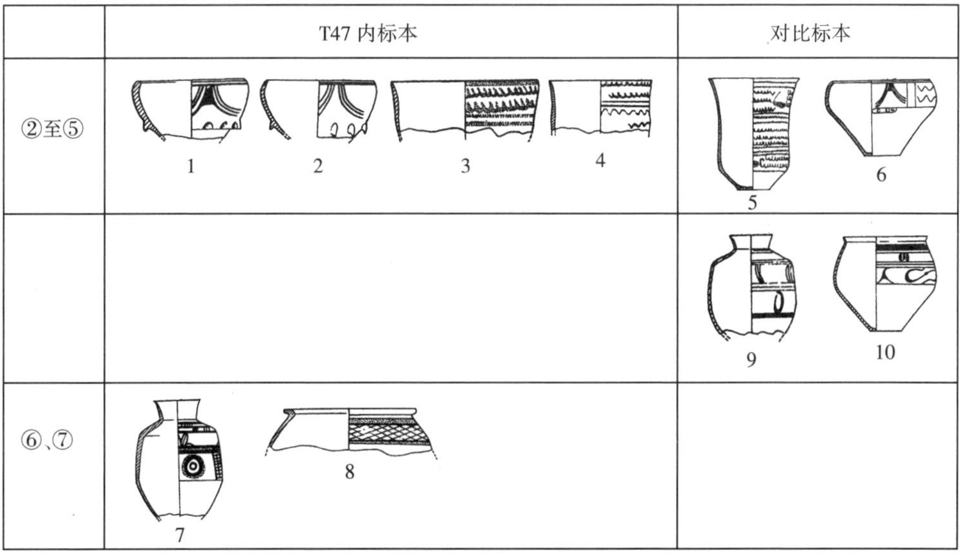

| | T47 内标本 | | | | 对比标本 | |
|---|---|---|---|---|---|---|
| ②至⑤ | 1 | 2 | 3 | 4 | 5 | 6 |
| | | | | | 9 | 10 |
| ⑥、⑦ | 7 | 8 | | | | |

图 3.5　T47②→H205→③→④→⑤→⑥→⑦中典型彩陶标本与对比标本
1. T47②：18　2. T47③：3　3. H205：42　4. T47⑤：38　5. W8：2　6. T3④：8　7. T47⑥：11
8. T47⑦：10　9. F20：26　10. F19：5

折肩彩陶壶 T47⑥：11 与 F20：26 器形接近，而连间房址 F19、F20 出土彩陶器组合与 F1 相似。然而，T47⑥：11 的构图从上往下分为四行，第一、二行饰 Aa1 型竖线组，第三行饰 Bb 型花叶纹，第四行饰 Ac 型靶心纹与 Aa1 型竖直网状间隔条带。F20：26 则简洁许多，为三行构图，第一行空白，第二行为略弯曲的竖线组，第三行仅见 Ba 型"O"形符号。T47⑥层为第三期最上部的地层，而 F20 为打破第三期地层的单位。因此，T47⑥:11 的相对年代可能稍早，符合分行逐步减少的演变规律。彩陶罐 T47⑦:10 仅剩口沿，残见第一行网格纹，从口沿形态及鼓腹趋势看，应早于 F1:27、F19:5 等同类鼓腹罐。

4. T30 内 H154→④→⑤→⑥→⑦→……→⑫，T30⑤:22 饰有 Ba 型三线"人"字形符号纹，T30⑥:10 为饰有 Ba 型"X"形符号的鼓腹罐，与 T1④:17 相似，如图 3.6。在上述 W8→T1、4、6、7④的层位关系中，细曲线纹敞口深腹罐 W8:2 有可能不早于④层的年代。则 Ab1 型细曲线纹、Ba 型三线"人"字形符号纹的出现，不早于流行使用 Ba 型多行构图的符号纹鼓腹罐的相对年代。

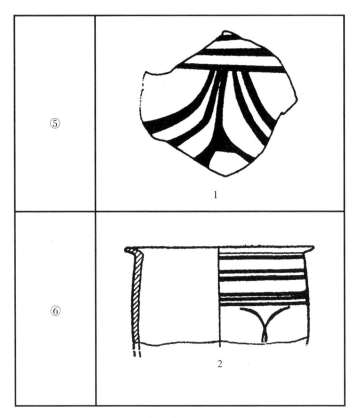

图 3.6  T30⑤、⑥层中典型彩陶标本
1. T30⑤:22    2. T30⑥:10

5. T41、42 内存在③→H174、H178→H173、H177、H180→④→⑤→⑥→⑦→⑧和③→H179→④的层位关系。

H178、H179 均出 Ba 型"穗形"符号彩陶碗，且 H177、H180 中口部施红彩线条者，可能均为此类彩陶碗残片，年代应与 H107 接近。壶、罐类颈部多见 Aa1 型网纹带，应为 T42④：20、T42④：118、T42⑦：64 等器物的第一行图案。T42④：10 为细曲线纹敞口深腹罐口部，残见 Ba 型逗点纹符号。T42⑦：64 的网纹带中嵌入 Ac 型靶心纹，与 T23⑨：20 的构图技法相似，且靶心纹图案与 T47⑥：11 一致。如图3.7。由此，T42⑦：64、T47⑥：11、T23⑨：20 的相对年代大致相当。

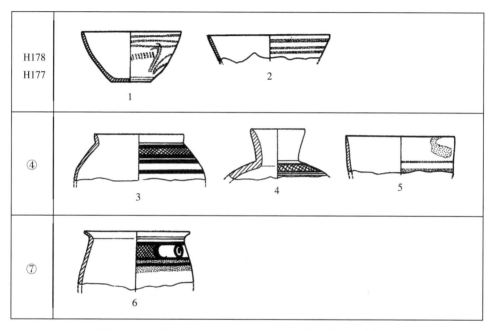

图 3.7　T42③→H178→H177→④→…→⑦中典型彩陶标本
1. H178：23　2. H177：12　3. T42④：20　4. T42④：118　5. T42④：10　6. T42⑦：64

　　6. T43、44 内④→⑤→F36→⑦→⑧→⑨→⑩→⑪→⑫→⑬→⑭。T43⑤出土者（如原图一八八：12）与 F36：6 饰有 Ba 型单线"人"字纹，与上述三线"人"字纹图案相比，更接近 T43⑨：24 所饰 Ba 型"人"字弯钩，可能较三线"人"字纹图案早。T43⑤：20 鼓腹程度接近 F1：27，图案为双行，第一行饰 Aa1 型竖线组，第二行较宽应为主体画面，却留作空白，可能为图案简化的结果，但亦不排除因故漏绘的可能。参考报告 T43⑤层属于报告所分第四期遗存，可以认为 T43⑤：20 较 F1：27 稍晚，而与 W8：1 大致同时。⑦层及以下均属于报告所分第三期遗存，除 T43⑦：108 外，不见图案完整者。T43⑦：108 为单行构图，饰 Aa1 型竖线组以及重叠的斜线与竖线组，器腹中部外鼓，接近 F1：27。⑦层下图案以单行构图与双行构图者较多，

可见局部单体有：Aa1 型竖线组、网格纹，Aa2 型对顶三角纹，Ab2 型弯月形纹、半
月形夹竖线组，Ab3 型对弧边三角，Ac 型靶心纹，Ba 型符号纹，Bb 型花叶纹、抽象
鸟纹等。总体风格与 T42⑦：64、T47⑥：11、T23⑨：20 相似，年代应大致相当。如
图 3.8。

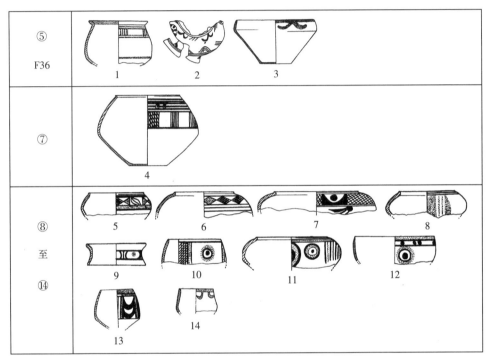

图 3.8　T43、44⑤→F36→⑦→…→⑭中典型彩陶标本

1. T43⑤　2. T43⑤：20　3. F36：6　4. T43⑦：108　5、8. T44⑧　6. T44⑧：11　7. T43⑭：10　9. T43⑭：17
10. T44⑧：10　11. T44⑩：29　12. T43⑨：22　13. T44⑨：14　14. T43⑨：24

　　7. T33、34、35 内 F32→T33②。T33②层为第三期最上部的地层，F32 为打破第
三期地层的单位。F32 内出彩陶背壶 F32：8，所饰图案至少为四行构图、图案繁复，
局部的 Ac 型靶心纹单体，与 T43⑨：22、T47⑥：11 等相同。考虑到 T33②层上的更
晚地层堆积可能已被破坏殆尽，F32 的相对年代可能较 F1、F19、F20 稍早，而与
T43⑨：22、T47⑥：11 等相当。T34 与 35 出土彩陶片的层位均属于报告所分第三期。
其中，敛口钵 T35⑥：10 为双行构图，与 F1：26 相似，不同处在于第一行图案中未
出现 Bb 型"睫毛形"图案，可能稍早。如图 3.9。其余局部单体图案接近 T41－42
⑦⑧层、T43－44⑦～⑬层等地层内出土者。

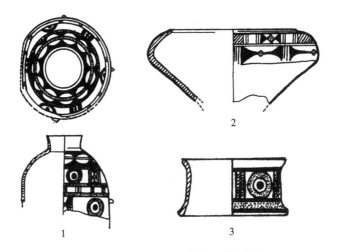

图 3.9　T33、34、35 内典型彩陶标本
1. F32∶8　2. T35⑥∶10　3. T35⑥∶11

8. T54 内 H232、W156→③→⑤。W156 出土腹部较直的彩陶罐 W156∶2，为双行构图，依次为 Aa1 型网纹带与斜线组，应是 F1∶27 那类彩陶罐发展所至的图案最简阶段。应与出土 Ba 型"穗形"符号彩陶碗四件的 H232 年代相当。③层出 T54③∶15饰有 Ba 型三线"人"字纹、T54③∶7 饰有 Ab1 型细曲线纹，则稍早。⑤层所出 T54⑤∶8 彩陶盆饰有 Aa1 型半圆节点折线纹，与 T15②∶16、T30⑨∶21 图案相同，年代相当。同层 T54⑤∶16 饰有细曲线造型的符号类图案，与③层内细曲线纹风格接近。如图 3.10。

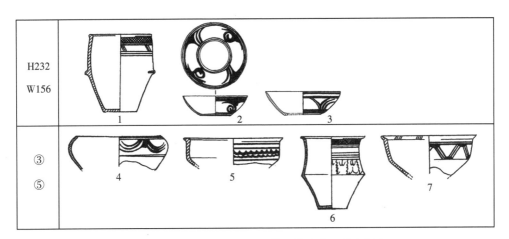

图 3.10　T54H232、W156→③→⑤中典型彩陶标本
1. W156∶2　2. H232∶3　3. H232∶11　4. T54③∶15　5. T54③∶7　6. T54⑤∶16　7. T54⑤∶8

9. 展厅基槽④→⑤。基槽鼓腹罐④∶18 与 W156∶2 相似，基槽⑤∶20 与 T3④∶8 相似。基槽⑤∶20 中 Ab1 型细曲线纹，Ba 型三线"人"字形符号纹、逗点纹，共饰一器，表明这三类图案的流行年代一致。如图 3.11。

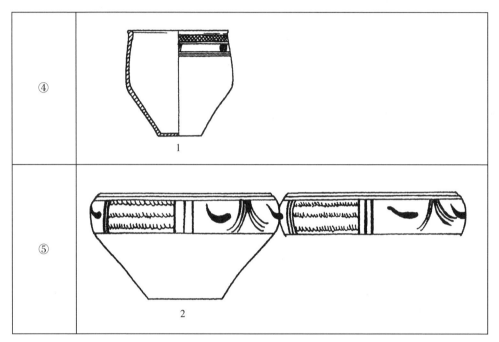

图 3.11　展厅基槽④→⑤中典型彩陶标本
1. 基槽⑤∶18　2. 基槽⑤∶20

根据以上分析中各类图案的相对年代对应关系，可得大河村遗址中秦王寨文化彩陶的五个发展阶段，典型图案如图 3.12 所示。

## 三　秦王寨文化彩陶综述

### （一）核心地区彩陶图案分析

1. 郑州附近其他遗址中可见秦王寨文化彩陶标本以西山、后庄王[1]、站马屯西[2]遗址出土者为例，如图 3.13。

---

[1]　河南省文物研究所：《郑州后庄王遗址的发掘》，《华夏考古》1988 年第 1 期。

[2]　中国社会科学院考古研究所河南新砦队、河南省文物局南水北调文物保护办公室：《郑州市站马屯西遗址新石器时代遗存》，《考古》2012 年第 4 期。

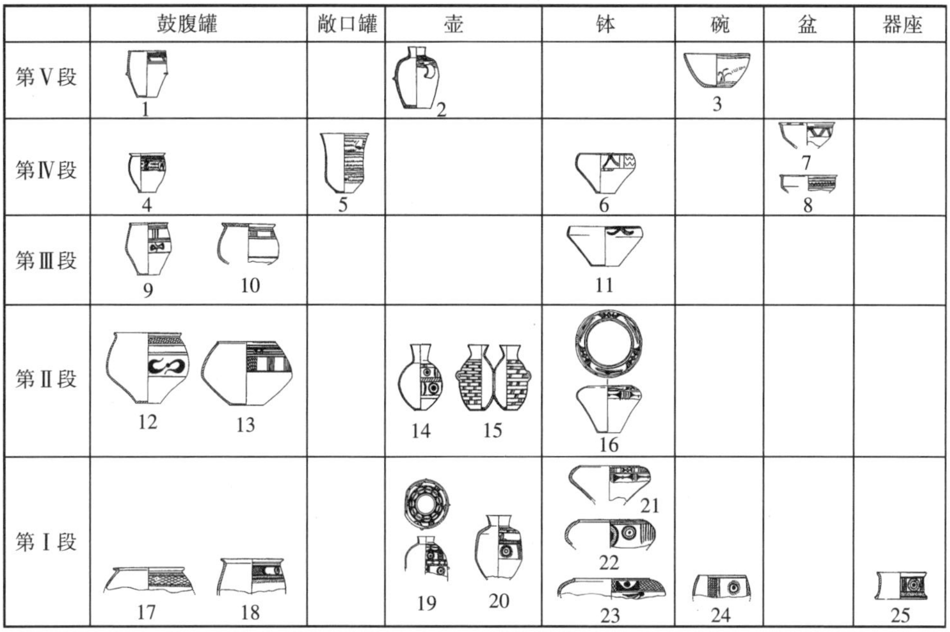

| | 鼓腹罐 | | 敞口罐 | 壶 | 钵 | 碗 | 盆 | 器座 |
|---|---|---|---|---|---|---|---|---|
| 第V段 | 1 | | | 2 | | 3 | | |
| 第IV段 | 4 | | 5 | | 6 | | 7 8 | |
| 第III段 | 9 | 10 | | | 11 | | | |
| 第II段 | 12 | 13 | | 14 15 | 16 | | | |
| 第I段 | 17 | 18 | | 19 20 | 21 22 23 | 24 | | 25 |

图 3.12　大河村遗址秦王寨文化彩陶各发展阶段典型标本汇总
2 为 M9：1　其余标本器物号参照插图 3.2 至 3.11

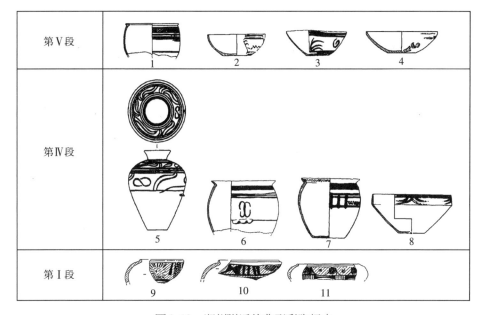

图 3.13　郑州附近的典型彩陶标本
1. H1041：11　2. H1041：8　3. 采 331　4. H123：41　5. H757：6　6. 采 368　7. 采 365　8. M17：1
9. T10102⑤：6　10. T0506⑤：1　11. T0507④：15　（1、2、5 为西山出土　3、6 - 8 为后庄王出
土　4、9 - 11 为站马屯西出土）

西山遗址第五组单位属于秦王寨文化，H757 与 H1041 中发表有彩陶器。其中，H757：6 壶的所饰图案位于器腹中部偏上，主体部位可见 Ba 型 "ᄾᄼ" 形符号和 "流线型" 符号图案，整体风格与第Ⅳ段 T1④：17 接近。H1041：8 为第Ⅴ段典型的 Ba 型 "穗形" 符号彩陶碗，H1041：11 为第Ⅴ段的简化图案鼓腹罐。

后庄王遗址上层遗存属于秦王寨文化，发表四件彩陶标本中，三件为采集品。采 368 与采 365 两件鼓腹罐相当于第Ⅳ段，采 331 为第Ⅴ段 Ba 型 "穗形" 符号彩陶碗。M17 为使用尖底缸的上层瓮棺，M17：1 所绘 Ba 型双线 "人" 字形符号纹，接近第Ⅳ段的三线 "人" 字形符号纹。

站马屯西遗址第二、三期遗存属于秦王寨文化。第二期中敛口钵 T0102⑤：6、T0506⑤：1、T0507④：15 残见局部单体，属于第Ⅰ段。第三期 H123 内出土 Ba 型 "穗形" 符号彩陶碗 H123：41，应为第Ⅴ段。

2. 郑洛间可见秦王寨文化彩陶标本以荥阳点军台、方斫寨①，巩义滩小关②、里沟③，汝州北刘庄、中山寨④，伊川孙村⑤、大庄⑥等遗址出土者为例。另有部分采集标本，如图 3.14。

点军台遗址第三期遗存属于秦王寨文化，部分彩陶标本未注明出土单位。原图十：9、原图十四：30 等，残见局部单体为第Ⅰ段的典型图案。鼓腹罐 T1③：56 腹部较直，与西山 H1041：11、大河村 W156：2 等相似，饰有第Ⅴ段的简化图案。T2

---

① 郑州市文物考古研究所、荥阳市文物保护研究所：《荥阳方斫寨新石器时代遗址发掘简报》，《中原文物》1997 年第 3 期。

② 河南省文物考古研究所：《河南巩义市滩小关遗址发掘报告》，《华夏考古》2002 年第 4 期；河南省社科院河洛文化研究所、河南省巩义市文物保护管理所：《河南巩义市洛汭地带古代遗址调查》，《考古学集刊》(9)，北京：中国社会科学出版社，1995 年。

③ 郑州市文物工作队、巩义市文物保管所：《河南巩义市里沟遗址发掘简报》，《考古》1995 年第 6 期；郑州市文物考古研究所、巩义市文物保护管理所：《河南巩义市里沟遗址 1994 年度发掘简报》，《华夏考古》2001 年第 4 期。

④ 中国社会科学院考古研究所河南一队：《河南临汝中山寨遗址试掘》，《考古》1986 年第 7 期；中国社会科学院考古研究所河南一队：《河南汝州中山寨遗址》，《考古学报》1991 年第 1 期。

⑤ 河南省文物考古研究所：《河南省登封矿区铁路登封伊川段古遗址调查发掘报告》，《华夏考古》1998 年第 2 期。

⑥ 洛阳市第二文物工作队：《洛阳市伊川县大庄遗址发掘简报》，《西部考古》(第四辑)，西安：三秦出版社，2009 年。

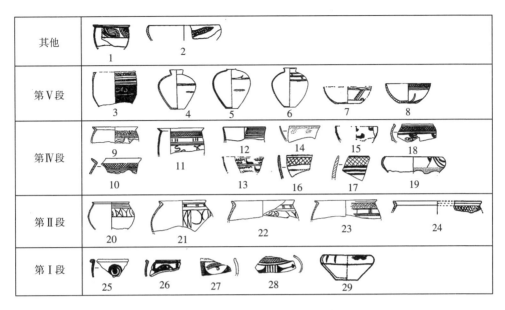

| 其他 | | | |
|---|---|---|---|
| 第Ⅴ段 | | | |
| 第Ⅳ段 | | | |
| 第Ⅱ段 | | | |
| 第Ⅰ段 | | | |

图 3.14　郑洛间的典型彩陶标本

1. H03：102　2. T104③：39　3. T1③：56　4. H6：9　5. H31：1　6. H47：5　7. T2②：33　8. H26：12
9. H2：5　10. H45：26　11. WX：21　12. T2②：06　13. TG：39　14. H2：18　15. TG：65　16. H53：3
17. H28：4　18. T5⑦：48　19. H2：14　20. H8：1　21. H26：3　22. H32：2　23. G2④：1　24. T104④：4
25. T16⑤：3　26. T16⑤：4　29. T17⑤：3　（1 为里沟出土　2 为孙村出土　3、7、27、28 为点军台
出土　4、5、8、25、26、29 为北刘庄出土　6、10、16 为中山寨出土　9、14、18、19 为滩小关出土
11、13、15 为坞罗河流域采集　12 为方斳寨出土　17、21－23 为大庄出土　20、24 为孙村出土）

②：33 为扰入龙山时代文化层的标本，与第Ⅴ段 Ba 型"穗形"符号彩陶碗构图相
似。方斳寨遗址 T2②：06 应为第Ⅳ段敞口深腹罐，残见其口部的平行线纹。

滩小关 H2 出土彩陶钵 H2：18 饰有 Ba 型红彩逗点纹，彩陶钵 H2：14 饰有 Ba 型
三线"人"字纹，鼓腹罐 H2：5 图案分行，主体部位饰有 Ba 型对称"流线型"符号
图案，由此 H2 应为第Ⅳ段的单位。其中包含多角星纹残片，当为扰入的早期标本。
滩小关 T5⑦：48、里沟 H10：3、坞罗河采集①WX：21 等，与 H2：5 大致同时。坞罗
河采集 TG：39、TG：65 饰有 Ba 型逗点纹、Ab1 型细曲线纹，亦为第Ⅳ段标本。特殊
图案有里沟 H03：102，单体为 Ab1 型多线"互"字纹。

汝州北刘庄遗址④、⑤两层属于秦王寨文化。原报告将遗址分为三期，第一期
彩陶标本均为⑤层出土，第二期标本均为④层下灰坑出土，两期标本层位关系明确，

---

① 巩义市文管所：《巩义市坞罗河流域仰韶文化遗址调查》，《中原文物》1992 年第 4 期。

面貌差异较大。第一期标本中 T16⑤：3 残见 Ac 型靶心纹，为第 I 段图案。T16⑤：4 残见 Bb 型蛙纹，T17⑤：3 饰有 "八" 字形抽象的展翅鸟纹，尚有庙底沟文化的彩陶图案风格，应与第 I 段相当。其中，"八" 字形抽象鸟纹，可能与秦王寨文化常见的 Ba 型多线 "人" 字纹存在演变关系。第二期标本如 H26：12 为 Ba 型 "穗形" 符号彩陶碗，属于第 V 段。H6：9、H31：1 图案相似，为 Aa1 型平行线纹，后者平行线中部起 "倒刺状"，从图案精简程度上看，应与第 V 段相当。

汝州中山寨遗址原报告所分第四、第五期属于秦王寨文化。第五期单位 H43 叠压第四期单位 H47。H47：4 所饰 Aa1 型平行线纹属于第 V 段，H43：9 中卷勾纹图案，常见于仰韶时代早期大溪文化中，当为扰入的早期标本。H47 同层下灰坑中出土彩陶标本，如 H45：26、H53：3 等，多见 Aa1 型网带纹与平行线纹，相对年代应较 H47：4 早。

登封矿区铁路伊川段孙村遗址有一组简单的层位关系：T104③→T104④→H8。鼓腹罐 H8：1 腹中部外鼓与第 II 段同类器形接近，主体图案为单行，可见 Ba 型 "Y" 形、"对顶三角" 形等若干符号类图案。T104④：4 残见 Aa1 型网带纹较普遍，从鼓腹趋势看，接近第 II、III 段同类器形。T104③：39 的剑锋形图案较罕见，无可类比者。

大庄遗址有两组层位关系涉及彩陶标本：H28→H26；H32→G2。H26：3 腹中部外鼓，残见图案为 Ba 型 "X" 形、三角形符号类图案，其 "X" 形笔道圆润，应为第 II 段。H28：4 口沿红色网纹与平行线，为第 II 至 IV 段的流行图案。G2⑤：2 残见多角星纹，当为伊洛盆地庙底沟文化第三期彩陶标本。彩陶罐 G2④：1、H32：2 的构图应与 H26：3 相似，分为二至三行，鼓腹程度接近第 II 段同类标本。

3. 洛阳附近遗址中可见秦王寨文化彩陶标本以洛阳王湾、洛阳南陈①、偃师二里头、偃师高崖②、孟津妯娌、新安马河等遗址出土者为例，如图 3.15。

王湾遗址第二期遗存属于秦王寨文化。第二期 II 段彩陶见于 H215。H215：164、H215：157、H215：10 所饰图案，为庙底沟文化 Ab4 型弧边三角图案、Aa2 型对顶三

① 河南省文物考古研究所：《洛阳市南陈遗址仰韶文化遗存的发掘》，《中原文物》2008 年第 2 期。
② 洛阳市第二文物工作队、偃师县文物管理委员会：《洛阳市偃师县高崖遗址发掘报告》，《华夏考古》1996 年第 4 期。

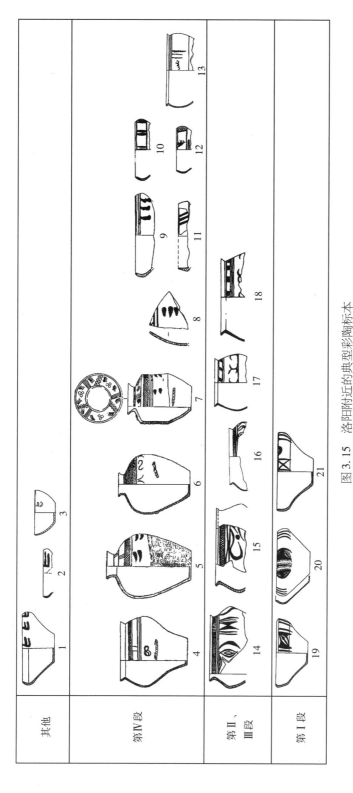

图 3.15　洛阳附近的典型彩陶标本

2. GD∶33　3. H5∶3　4. F2∶3　5. F2∶2　6. H168∶16　7. F2∶1　8. H23∶17　9. F2∶10　10. H7∶1　11. F11∶14　12. H7∶2　13. H149∶52　14. H215∶144　15. H215∶196　16. F11∶5　17. T4B④A∶26　19. H215∶164　20. H215∶157　21. H215∶10（1 为高崖采集　2 为坞罗河流域采集　3 为马河出土　4－7、9 为二里头出土　8 为南陈出土　10、12、17、18 为高崖出土　11、16 为妯娌出土　13－15、19－21 为王湾出土）

角图案与后冈一期文化 Aa1 型竖线组图案的组合，属于第Ⅰ段。鼓腹罐 H215：144、H215：196 的腹中上部外鼓程度较大，与大河村 F1：27 器形接近，属于第Ⅱ段。所饰图案均为双行，H215：144 主体图案为 Ba 型"果核"形、"对顶三角"形的符号类图案，H215：196 主体图案可见 Ba 型"☾"形符号，笔道圆润。Ⅳ段单位 H149打破Ⅲ段单位 H168。H168：16 饰有简化的符号类图案，H149：70 饰有细曲线纹，均属于第Ⅳ段。

偃师高崖遗址发表彩陶线图的遗迹单位，涉及层位关系 T1C③→T4B ④A→H7→T4A ④B。H7 出土彩陶钵 H7：1 饰有 Aa1 型竖线组、H7：2 饰有 Aa2 型细曲线纹，属于第Ⅳ段。T1C③非仰韶时代原生地层，其中出土的两件彩陶器，原报告图一一：10和原报告图十七：4 重号。原报告图一一：10 与 T4B ④A：26 均为鼓腹罐，腹中部外鼓，图案分两行，主体图案仅见 Ba 型"X"型符号纹，从器形特征看，应属于第Ⅱ、Ⅲ段，当为扰入较晚地层中的较早期遗存。原报告图十七：4 饰有 Ba 型"匕"字形符号纹，与坞罗河流域采集 GD：33、马河 H5：3 等标本相似，段别指征性不强。

其他遗址中，洛阳南陈遗址 H23：17、H45：4 残见 Ba 型逗点纹，属于第Ⅳ段。偃师二里头秦王寨文化 F2 发表一批共存的彩陶器，如 F2：1、F2：2、F2：3 等，图案分行，流行 Aa1 型网带纹、短竖线纹，Ba 型逗点纹，属于第Ⅳ段。孟津妯娌遗址F11 发表彩陶标本若干，如 F11：5 为第Ⅱ、Ⅲ段鼓腹彩陶罐，F11：14 饰有 Aa1 型短斜线纹，相当于第Ⅳ段。另外，多角星纹敛口钵 F11：7，当属庙底沟文化第三期标本。新安马河 H10 内发表红色网纹口沿 H10：2，与大庄 H28：4 相似。

4. 许昌地区遗址中可见秦王寨文化彩陶标本以长葛石固、禹县谷水河遗址出土者为例，如图 3.16。

石固遗址第七、第八期遗存属于秦王寨文化。第七期流行白衣复彩，发表彩陶标本四件。其中，BH1：2 残见 Ac 型靶心纹，T31⑫24 残见 Ab2 型"弯月形"底纹，79 采集：5 饰有 Aa1 型网纹间隔带与"X"形线间隔带，为第Ⅰ段典型图案。78 采集：167 应为庙底沟文化第三期标本。第八期简化为单彩，流行 Aa1 型平行线纹，如BH2：3、BH2：1、BH2：24、BH2：2 等，为第Ⅴ段标本。

谷水河遗址第一、第二期遗存属于秦王寨文化。两期面貌并无太大差距，且同为 Y2 出土的器物被分别归入一、二两期中描述。因此，可以合并讨论。Y1 出土彩

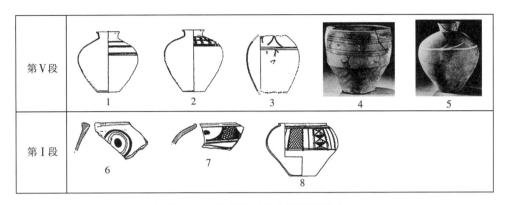

图 3.16    许昌地区的典型彩陶标本

1. BH2：2    2. BH2：1    3. BH2：24    4. Y2：35    5. Y2：62    6. BH1：2    7. T31㈤：24    8.79 采集：5（4、5 为谷水河出土    其余为石固出土）

陶器两件属于第Ⅴ段，Y2：35 为腹部较直的鼓腹罐，所饰分行图案已经简化，Y2：62 所饰图案与北刘庄 H31：1 相似，为起"倒刺"的平行线纹。

**（二）边缘地区彩陶图案分析**

1. 东南边缘遗址中可见秦王寨文化彩陶图案，个别为第Ⅰ段标本，如椅圈马 T0609②：1，图案分行，上行为 Aa1 型连续菱形网格纹，下行为 Ab4 型弧边三角组成的图案；大多为第Ⅳ或 Ⅴ段标本，如椅圈马 M4：1Ba 型逗点纹、M2：1Aa1 型折线纹，郸城段寨 H15：1Ba 型"流线型"符号纹，淮阳王禅冢 HW：11 和杞县鹿台岗 H75：76，腹部较直的鼓腹罐的网带纹口沿残片。如图 3.17。

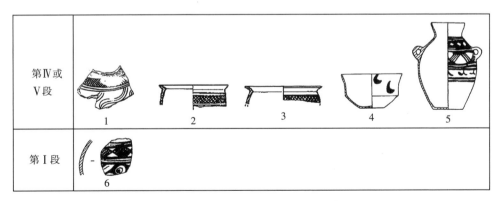

图 3.17    东南边缘的典型彩陶标本

1. H15：1    2. HW：11    3. H75：76    4. M4：1    5. M2：1    6. T0609②：1    （1 为段寨出土    2 为王禅冢采集 3 为鹿台岗出土    4－6 为椅圈马出土）

2. 西北边缘遗址中可见秦王寨文化彩陶标本，多为鼓腹罐的网带纹口沿残片，如图 3.18。如东下冯 H215∶1、东关 H28∶7、垣曲上亳 H11∶32 等，从鼓腹趋势看，相当于第Ⅲ、Ⅳ段；杨威 H17∶19 的腹部近直，相当于第Ⅴ段。

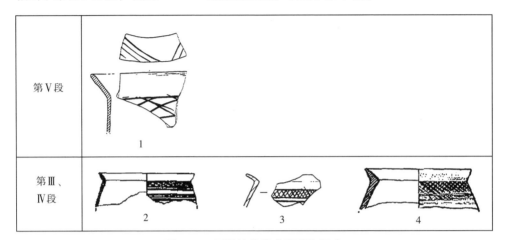

图 3.18　西北边缘的典型彩陶标本
1. 杨威 H17∶19　2. 东下冯 H215∶1　3. 东关 H28∶7　4. 上亳 H11∶32

3. 西部边缘遗址中可见秦王寨文化彩陶图案，多为第Ⅳ、Ⅴ段标本，如图3.19。如横阵 H91 出土者，为腹部较直的鼓腹罐的网带纹口沿残片；泉护村 H1035∶242，为 Ba 型 "穗形" 符号彩陶碗。盘南村 H1、笃忠 H98∶5 与庙底沟①采∶13，为深腹彩陶盆，罕见于秦王寨文化核心地区，腹中部以上施单行 Aa1 型三线交叉线纹，器形特点接近第Ⅴ段腹部较直的鼓腹罐，大约为同期遗存。

图 3.19　西部边缘的典型彩陶标本
1. 横阵 H91　2. 泉护村 H1035∶242　3. 盘南村 H1　4. 笃忠 H98∶5　5. 庙底沟采∶13

———————

① 中国科学院考古研究所：《庙底沟与三里桥》。

4. 北部边缘遗址中，洛丝潭与鲍家堂遗址的秦王寨文化彩陶与大司空文化彩陶共存，如图 3.20。洛丝潭以秦王寨文化彩陶第 Ⅱ 至 Ⅳ 段图案为主。其中，T3H1：1、采：26 等饰有 Ab1 型细曲线纹；采：14 饰有 Ba 型"睫毛形"符号纹；采：3、采：2、H13：9、H13：10 等鼓腹罐，腹部略鼓，图案多分为三行，主体部位多见符号纹。鲍家堂遗址典型秦王寨文化彩陶，仅见 H108、H5、H7 中出土。如 H108④：3 为腹部圆鼓的彩陶罐，图案分三行，主体部位可见 Ba 型"⌒"形符号纹，虽然笔道圆润，但简化程度与第 Ⅳ 段接近。H5：4 为第 Ⅳ 段时的典型鼓腹罐，所饰图案与彩陶盂 H7：6 相似，其流线型线条似 Ba 型"睫毛形"符号纹的一半，颇具符号意味。H7：7、H7：8 为第 Ⅴ 期流行的 Ba 型"穗形"符号彩陶碗，主体图案与 H5：4 的流线型符号纹相似。

安阳殷墟发掘所得唯一的仰韶时代彩陶片[1]，为白衣红黑复彩，残见图案为 Aa1 型网纹间隔带与 Ac 型靶心纹组合，属于秦王寨文化彩陶第 Ⅰ 段典型图案，如图 3.20。

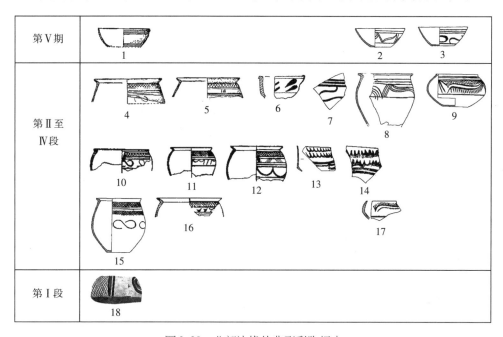

图 3.20　北部边缘的典型彩陶标本

1. 采：39　2. H7：7　3. H7：8　4. 采：51　5. 采：50　8. H5：4　9. H7：6　10. 采：3　11. H13：9
12. H13：10　13. T3H1：1　14. 采：26　15. H108④：3　16. 采：2　17. 采：14（1、4–7 为东石寺采集
2、3、8、9、15 为鲍家堂出土　10–14、16、17 为洛丝潭出土　18 为殷墟出土）

---

① 见《李济文集·卷三》彩图插页 6。

武陟东石寺的采集标本为比较单纯的秦王寨文化彩陶，图案集中属于第Ⅲ至Ⅴ段。如 Aa1 型网带纹罐口沿，Ba 型逗点纹、"X"形等符号类图案，与 Ba 型"穗形"符号彩陶碗等，如图 3.20。

## 四　小结

### （一）秦王寨文化彩陶发展进程

根据上文各遗址中彩陶图案的分析，秦王寨文化五个阶段的彩陶发展进程可以合并为四期。

第一期：第Ⅰ段。彩陶器以敛口钵、壶为主。图案流行分行、分栏的构图：按不同器类腹部的宽窄，钵类图案常见分两行者，壶类图案多分三至四行；主体部位的各个单体多以竖线组或网纹带间隔。局部单体图案的风格类型多样：Aa1 型网格纹，Aa2 型对顶三角纹，Ab2 型弯月形纹，Ab3 型对弧边三角，Bb 型花叶纹、抽象鸟纹等多截取自庙底沟文化彩陶图案；Aa1 型竖线组与后冈一期文化的彩陶风格接近。

第二期：第Ⅱ、Ⅲ段。流行的彩陶器种类增加鼓腹罐。构图延续第一期传统，图案分两至三行者较普遍。局部单体图案的风格类型以 Aa1 型平行线纹、网格纹，Ba 型符号类图案为主。

第三期：第Ⅳ段。彩陶器类新增敞口深腹罐。构图方式、风格类型上均与第二期统一。新增 Aa1 型以半圆为节点的折线纹，Ab1 型细曲线纹，Ba 型逗点纹、三线"人"字形符号纹等。

第四期：第Ⅴ段。彩陶器流行施红彩的 Ba 型"穗形"符号彩陶碗，壶、罐等施彩部位上移至颈肩部。图案明显简化。

参考上述两种分期方案，以上四期所代表的彩陶发展阶段，伴随着秦王寨文化的生成与发展，亦可代表秦王寨文化第一至四期。第四期后，还有一个不使用彩陶的阶段，可作为秦王寨文化最晚期。

### （二）秦王寨文化彩陶溯源

秦王寨文化的彩陶图案，以流行"๑"形、"X"形、"睫毛形""穗形"等 Ba

型符号纹为其显著特征。这些图案的源头均可追溯至庙底沟文化中。

1. "〓"形符号纹

"〓"形符号纹为鼓腹罐主体部位图案中常见的局部单体之一。大河村遗址 T1、4、6、7 内 W8→④→F1、W11 的层位关系，即显示了此类图案在秦王寨文化中的发展规律。其中，F1：27 为最早的形象，形似以圆点为旋心的"双旋纹"，与大河村遗址庙底沟文化第三期敛口彩陶钵 T11⑤A：83 的"双旋纹"相似。此类"双旋纹"截取自庙底沟文化典型"蔷薇科图案"的"双旋"结构，是 Ab3 型"勾连形"图案的重要组成部分，如图 3.22。

2. "X"形符号纹

"X"形符号纹亦为鼓腹罐主体部位图案中常见的局部单体之一。在秦王寨文化中的形象可以大河村 W11 出土者为例。

在 1986 年第 6 期《考古》所刊中山寨①遗址调查报告上，原图三：29 为一件采集的泥质红陶敛口钵，施白衣黑彩。器形与庙底沟文化第三期、秦王寨文化第一期的同类器形相似，其双行构图兼具庙底沟文化与秦王寨文化特征。主体图案可见两个 Ba 型"X"形符号，中部为带内向毛边的 Bb 型五瓣花朵状。"X"形与大河村 W11 者相似，而主体图案的布局方式与庙底沟文化第三期的站马屯 W21：1②相似。比较两者主体图案，中山寨彩陶钵的"X"形符号，与站马屯 W21：1 的"工"字形位置相当，应是由这类 Ab4 型风格的对顶弧边三角发展而来的，如图 3.22。

3. "睫毛形"符号纹

"睫毛形"符号纹为敛口钵主体部位图案中常见的局部单体之一。按照大河村遗址概括得到的各期彩陶特点，敛口钵 H240：1 属于第一期，所饰"睫毛形"符号纹应为秦王寨文化中的最早形象。而鲍家堂 H5：4、H7：7 所见"流线形"符号纹，与半条"睫毛"的弧度相似，可能为此类图案发展的最晚形态。

张朋川在《中国彩陶图谱》中，将此类图案归为"变体鸟纹"的一种，主要是

---

① 临汝县博物馆：《河南临汝中山寨遗址调查简报》，《考古》1986 年第 6 期。

② 河南省文物考古研究所、河南省文物管理局南水北调文物保护办公室：《郑州市站马屯遗址仰韶文化遗存 2009－2010 年的发掘》，《考古》2011 年第 12 期。

图3.21　"变体鸟纹"
的演变

基于从倒置的正面鸟纹至"睫毛形"符号纹，存在着如图3.21①所示的逻辑顺序。然而，秦王寨文化第一期之后的此类图案，与庙底沟文化中似"禽鸟"形象的"圆点、弧边三角、短竖线"组合纹已有质的不同。此外，庙底沟文化中另有与此类似的图案，如2002年H166:13所饰Ac型"目"形独立组合纹，也有可能是"睫毛形"符号纹的源头，如图3.22。

4. "穗形"符号纹

"穗形"符号纹为敞口浅腹碗主体部位的固定图案，具体表现形式不一。如左右对称型、不对称型、"中间有茎"型、一边倒型、"异形"型等，如图3.22。其于第四期中大量流行，恰逢各类"人"字形符号纹的消失。然而，"穗形"符号纹与倒置的"人"字形符号纹较为相似。倘若存在演变序列的话，应由"人"字形符号纹倒置所得。而"人"字形符号纹与庙底沟文化第三期流行Bb型"抽象鸟纹"相似。因此，"穗形"符号纹可能由庙底沟文化"抽象鸟纹"演变而来。

由此可见，除了秦王寨文化第一期中流行大量直接截取自庙底沟文化典型图案的局部单体外，秦王寨文化的主要Ba型符号纹图案，亦发源自庙底沟文化中晚期的Ab3、Ab4、Ac、Bb型风格典型图案。因此，庙底沟文化彩陶应为秦王寨文化彩陶的重要源头。

同时，自秦王寨文化第一期起，彩陶图案流行以竖线组分栏的构图，可能与后冈一期文化的Aa1型风格重新兴起有关。尤其是属于秦王寨文化第一期的王湾H215:157彩陶钵口沿处的竖线组，与属于后冈一期文化第三

---

① 张朋川：《中国彩陶图谱》，162页。

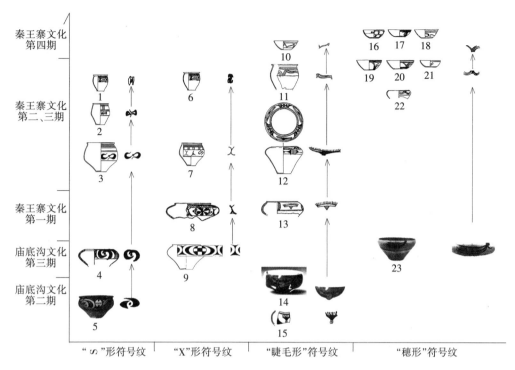

图 3.22　秦王寨文化四类符号纹的演变

1、6. T1④：17　2. W8：1　3. F1：27　4. T11⑤A：83　5. 1956 年 H10：131　7. W11　8. 采集　9. W21：1　10. H7：7　11. H5：4　12. F1：26　13. H240：1　14. 2002 年 H166：13　15. 采集　16. M19　17. H232：3　18. H7：8　19. H232：10　20. H232：11　21. T62⑤：2　22. T54③：15　23. T101A：4：42（5、14 为庙底沟出土　8 为中山寨采集　9 为站马屯西出土　10、11、18 为鲍家堂出土　23 为西关堡出土　其余为大河村出土）

期的后冈 1971 年 H8：4 口沿图案相似，如图 3.23。因此，后冈一期文化彩陶应为秦王寨文化彩陶的另一源头。

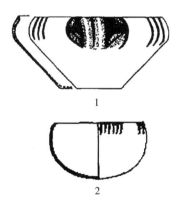

图 3.23　后冈一期文化彩陶风格的体现
1. 王湾 H215：157　2. 后冈 1971 年 H8：4

秦王寨文化的分布与庙底沟文化东部分布区、后冈一期文化南部分布区基本重合，其文化堆积大多直接叠压于庙底沟文化遗存之上。该区域内，后冈一期文化终结后，以用鼎传统为代表的大量文化因素，仍遗留于本地的庙底沟文化中。因此，从考古学文化谱系上，庙底沟文化、后冈一期文化同为秦王寨文化的源头，正是其彩陶形成的文化背景。

## 第二节　大司空文化的彩陶遗存

### 一　考古学文化基础研究

#### （一）文化分布

大司空文化典型遗址集中于太行山东侧豫北冀南（如图3.1）。豫北地区，如安阳大司空村①、大正集老磨岗②、大寒南岗③、鲍家堂④等；冀南地区，如邯郸百家村⑤、峰峰电厂⑥、磁县界段营⑦、磁县下潘汪⑧、武安城二庄⑨、永年洺关⑩，邢台柴庄⑪、西黄村西⑫等。豫北冀南以外，以彩陶为主要标识的大司空文化因素，向北

---

① 中国科学院考古研究所安阳发掘队：《1958－1959年殷墟发掘简报》，《考古》1961年第2期。

② 中国社会科学院考古研究所安阳队：《河南安阳洹河流域的考古调查》，《考古学集刊》（3），北京：中国社会科学出版社，1983年；中国科学院考古研究所安阳发掘队：《安阳洹河流域几个遗址的试掘》，《考古》1965年第7期。

③ 中国科学院考古研究所安阳发掘队：《安阳洹河流域几个遗址的试掘》。

④ 中国社会科学院考古研究所安阳队：《安阳鲍家堂仰韶文化遗址》，《考古学报》1988年第2期。

⑤ 罗平：《河北邯郸百家村新石器时代遗址》，《考古》1965年第4期。

⑥ 河北省文物研究所、邯郸市文物研究所、峰峰矿区文物保管所：《邯郸市峰峰电厂义西遗址发掘报告》，《文物春秋》2001年第1期。

⑦ 河北省文物管理处：《磁县界段营发掘简报》，《考古》1974年第6期。

⑧ 河北省文物管理处：《磁县下潘汪遗址发掘报告》，《考古学报》1975年第1期。

⑨ 河北省文物管理处、邯郸地区文物保管所、邯郸市文物保管所：《河北武安洺河流域几处遗址的试掘》，《考古》1984年第1期。

⑩ 河北省文物研究所：《河北永年县洺关遗址试掘简报》，《文物春秋》1990年第4期。

⑪ 唐云明：《河北邢台柴庄遗址调查》，《考古》1964年第6期。

⑫ 河北省文物复查队邢台分队：《河北邢台县考古调查简报》，《文物春秋》1995年第1期。

可至冀中容城附近、向西可由晋南至晋中、向南可至新乡－焦作－新安一线，与当地其他考古学文化共生。参考本文在庙底沟文化分布范围中，对"辐射地区"的划分，豫北冀南这一核心地区的西北部外沿，可以视作大司空文化的辐射地区。

**（二）文化分期**

关于大司空文化的分期，继陈冰白《略论"大司空类型"》①（简称《略论》）一文后，尚未见更多具有分期意义的层位关系被发现。

根据《略论》一文，大司空文化的指征性器物为盆及钵碗类彩陶器，因此，文中提供的三期五段文化分期，即相当于大司空文化彩陶的发展阶段。随着弧腹盆、敞口或敛口的弧腹钵向折腹方向演变的序列，彩陶图案在种类上并无太大差异。

## 二　大司空文化彩陶综述

**（一）彩陶图案的风格类型**

大司空文化彩陶属于红彩系，以器表彩为主，部分器物口沿内施彩。器类以盆、钵碗类为主，少量罐类，标本以残片为主。

彩陶图案风格可分为 A 型"几何风格"和 Ba 型"符号风格"。其中，A 型以Ab1 型"线纹风格"与 Ab4 型"弧边三角风格"的组合图案为主，多见较完整的构图，另有少量 Aa1 型"线纹风格"图案，多见局部单体。

**（二）典型彩陶图案分析——以核心地区为例（如图 3.24）**

1. Ab1 型"线纹风格"与 Ab4 型"弧边三角风格"的组合图案，根据图案中"弧边三角形"的绘制方式不同，可分为两种结构。

第一种，由正置的"对顶弧边三角形"构成横"工"字形，单体间填绘一组密集的细曲线纹，如鲍家堂 H4：5。第二种，由斜置的"对边弧边三角形"构成近似"花瓣形"底纹，单体间填绘一组密集的细曲线纹，如老磨岗 H7：32。

2. Ab1 型"线纹风格"、Ab4 型"弧边三角风格"与 Ba 型"符号风格"的组合图案，亦具有上述两种结构。在第一种结构的"工"字形上下半圆形底纹、第二种

① 陈冰白：《略论"大司空类型"》，吉林大学考古系编：《青果集——吉林大学考古专业成立二十周年考古论文集》，北京：知识出版社，1993 年。

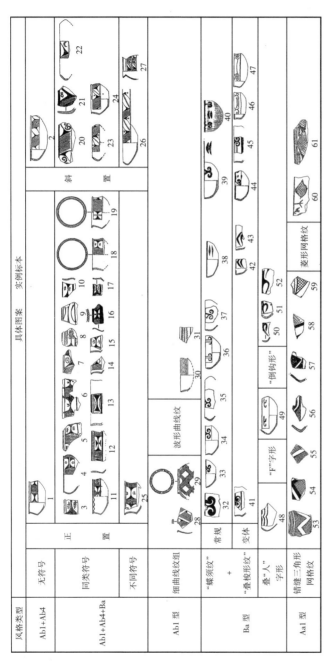

图 3.24　大司空文化典型彩陶图案汇总

1. H4：5　2. H7：32　3. T2④：6　4. H114：2　5—7,20. H4　8,9. H103　11. T3③：26　12. T1③：30　13. T2③：9　14. H3：279　15. H1：5　18. H99：3
19. T50④a：42　21. T1③：26　22. H183：194　23. T33④a：20　24. H99：2　25. T2004②：6　26. H35：4　27. H10：8　28. T4④：11　29. T32④：36
30. T22④a：4　31. H22　33. H21：1　34. H10：1　35. H1：40　36. H99：1　37. H74：102　38. T2001③：5　39. H35：5　40. H6：69　41. T2⑤：24　54. T3②：24　为老磨岗
42. H1：30　43. F1：4　45. T1③：28　46. T2：57　47. H1：42　48. H1：7　49. T33④a：17　50. H99：10　51. T1：4　52. H104　53. T2③：24　54. T3③：25
55. T1③：35　56. H9：2　57. H28：1　59. H5：52　60. H22　61. T2⑤(1,3~8,20,25,31,32,38,42,48,51~53,60~61 为西黄村西两采集　2,14,40,46,47,59 为老磨岗
出土　10,17 为百家村采集　11~13,21,41,45,54,55 为洛关出土　15,43 为大粪南岗出土　16 为西黄村两采集　18,19,22~24,28~30,36,37,49,50 为下潘汪出土
26,27,33,34,39 为界段营出土　35 为城二庄出土　38 为鲍家堂出土
44,58 为柴庄采集　56,57 为峰峰电厂出土）

结构的"花瓣形"底纹及其两侧的半圆形底纹中，填绘有各种细小的图案，大多具有"符号风格"。因此，本文将这些细小图案统归为符号类图案。

第一种：如鲍家堂 T2④：6 为"栅栏形"符号，H114：2 为"小圆圈形"符号，H4 出土有"梳形"符号、"U"字形、"靶形"符号，H103 出土者有"三连同心圆"符号、"弧线"符号；泷关 T3③：26 为"网格三角"符号，T1③：30 为"实心三角"符号，T2③：9 为"带刺弧线"符号；下潘汪 H99：3 为"m"形符号，T50④a：42 为叠"折角"形符号；百家村采集有双"叠U"字形符号、"三连圆圈"符号；大寒南岗 H1：5 为"山"字形符号；老磨岗 H3：279 为"睫毛形"符号；西黄村西采集有"对顶实心三角"符号。个别标本不同底纹中图案不同，如鲍家堂 T2004②：6。

第二种：如鲍家堂 H4 出土者有横"S"形符号；泷关 T1③：26 为横"8"字形符号；下潘汪 H183：194 为"睫毛形"符号。另有不同底纹中填绘不同的符号类图案者：如界段营 H35：4、H10：8 的"花瓣形"底纹中为带刺的"叶脉形"符号，两侧底纹中为"6"字形符号；下潘汪 H99：2、T33④a：20 的"花瓣形"底纹中为"曲线"符号，两侧底纹中为"小圆圈形"符号。

3. Ab1 型"线纹风格"图案，主要有密集的"细曲线纹组"和"波形曲线纹"。其中，"细曲线纹组"除了在上述两种结构中填绘于弧边三角单体之间外，还见于表现错缝三角形、"井"字形的结构，如下潘汪 T4④：11、T32④：36 等。"波形曲线纹"多见于器物沿面、口沿内侧或口沿外平行线间，装饰主体部位者较少，如下潘汪 T22④a：4、鲍家堂 H22 出土者等。

4. Ba 型"符号风格"图案，以单独的符号类图案装饰器表，常见符号有"蝶须纹""叠梭形纹"两种，少量"F"字形符号、"倒钩形"符号、"叠回力镖形"符号、叠"人"字形符号等，与上述的细小符号类图案并无重复。

可见"蝶须纹"的标本，如鲍家堂 H4 出土者，界段营 H21：1、H10：1，城二庄 H1：40，下潘汪 H99：1、H74：102 等；可见"叠梭形纹"的标本，如鲍家堂 T2001③：5。由于在界段营 H35：5、老磨岗 H6：69 等标本上，"蝶须纹"与"叠梭形纹"间隔组合，推测其他标本也可能由两类图案共同装饰。

泷关 T3③：25 为倒置同向"蝶须纹"，同类图案较少。柴庄采集标本（如原图二：1）"蝶须纹"间的"二"字形图案，应与"叠梭形纹"图案相关，可能为其简化形式。洛关 T1③：28，老磨岗 T2：57、H1：42 等标本的"蝶须纹"间以一至三道数量不等的细线或细曲线连接，可能与"叠梭形纹"意义相当。鲍家堂 H1：30、大寒南岗 F1：4 所见"叠回力镖形"符号，亦可能与"叠梭形纹"图案相关，两者演化方向不明。

另外，鲍家堂 H1：7 为叠"人"字形符号，下潘汪 T33④a：17 为横"F"形符号，下潘汪 H99：10、鲍家堂 T1：4、H104 出土者为"倒钩形"符号。

5. Aa1 型"线纹风格"图案以网格纹为主，多为残片上的局部单体，施用器类多为罐类。其中，"错缝三角形网格纹"在大司空文化核心地区分布广泛，如鲍家堂 T2⑤：24，洛关 T3②：24、T1③：35，峰峰电厂 H9：2、H28：1，柴庄采集，老磨岗 H5：52 等。另有少量菱形网格纹，如鲍家堂 H22 出土、T2⑤出土者。

### （三）大司空文化与秦王寨文化的彩陶图案区分

大司空文化与秦王寨文化的彩陶，存在大量风格类似的图案。如 Aa1 型风格的菱形网格纹，Ab1 型风格的细曲线纹，Ab4 型风格的弧边三角纹，Ba 型风格的横"S"形、"人"字形符号纹等，如图 3.25。因此，在脱离具体器形、脱离具体构图的部分彩陶残片中，单以局部图案区分文化属性难以做出准确的判断。

根据前文对大司空文化与秦王寨文化彩陶典型图案的分析，以下图案虽有类似的风格，但在两种文化中的具体表现形式有别。

第一，菱形网格纹。秦王寨文化中的菱形网格纹，多为敛口钵口沿外侧的装饰图案，菱格规整，单体间无其他点缀图案。大司空文化中的菱形网格纹标本，仅见鲍家堂出土彩陶残片，菱格不规整，单体间连续或有较大间隔。鲍家堂 T2⑤出土标本的菱形网格纹，绘于平行线与波形线间隔的口沿处装饰以下，并可见大司空文化流行的"梳形"符号点缀其间。因此，此类不规整菱形网格纹，应为大司空文化的彩陶图案。

第二，细曲线纹。秦王寨文化的细曲线纹，施用于敞口深腹罐、敛口钵等特定器形，与"逗点纹"、三线"人"字纹等符号类图案为固定组合。曲线似连续的小写"u"字，每一笔向上带起时露出笔锋。大司空文化的细曲线纹密集地排列于弧边三角单体之间，亦为固定的图案结构。

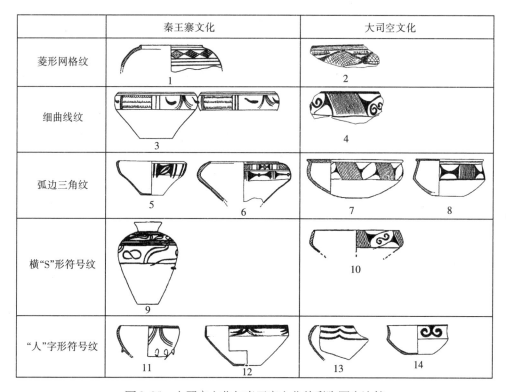

图 3.25 大司空文化与秦王寨文化的彩陶图案比较

1. T44⑧：11 2. H22 3. 基槽⑤：20 4. H4 5. T2：10 6. T35⑥：10 7. H7：32 8. H4：5 9. H757：6
10. T50④a：262 11. T47③：3 12. M17：1 13. H1：7 14. H10：1 （1、3、6、11 为大河村出土
2、4、8、13 为鲍家堂出土 5 为王湾出土 7 为老磨岗出土 9 为西山出土 10 为下潘汪出土
12 为后庄王出土 14 为界段营出土）

第三，弧边三角纹。一类为对边弧边三角纹形成的"花瓣形"底纹，秦王寨文化的此类图案仅有个别标本，保留了其在庙底沟文化图案中的原有形态；另一类为单体间夹密集线段组的"工"字形对顶弧边三角图案，秦王寨文化中，此类图案多见于敛口鼓肩钵双行图案中的第二行，行距较窄、图案较扁。而这两类弧边三角纹，即为大司空文化中，Ab1 型与 Ab4 型风格图案组合的两种结构。

第四，横"S"形符号类图案。秦王寨文化中，横"S"形符号固定用于鼓腹罐主体部位的一行图案中，应为"ᓀ"形符号演变形态之一，线条无过多修饰。大司空文化中，横"S"形符号固定用于"花瓣形"底纹中，两端多卷起，似后代习见的"卷云纹"。

第五，"人"字形符号类图案。秦王寨文化中，"人"字形符号纹由单线至三线不等，有对称或不对称者。按照前文的分析，部分可能是由庙底沟文化的"抽象鸟纹"发展而来。大司空文化中，一种"人"字形符号纹为两边较宽的叠"人"字形结构，另一种"人"字形符号纹两端卷起呈"卷云"状，即为大司空文化典型的"蝶须纹"符号类图案。结合横"S"形符号类图案的对比推测，以"卷云"状修饰曲线的绘图技法，在大司空文化中较为流行。

**（四）大司空文化辐射地区的相关彩陶遗存**

豫北冀南以外，大司空文化辐射至雪山一期文化、泉护文化、义井文化、秦王寨文化等考古学文化的分布区。不同地理单位内，大司空文化彩陶的典型程度并不相同。彩陶标本如图 3.26。

晋东山地临近冀南邯郸地区的黎城东阳关①遗址，出土大司空文化彩陶图案最为典型，如简报原图二中发表的折腹盆、折腹钵、敛口钵等，均饰有 Ab1 型与 Ab4 型风格的组合图案。长治小神②遗址折腹盆采：11 饰有间隔组合的"蝶须纹"和"梳形"符号纹，折腹盆 T9h1：5 饰有"F"形符号纹，H82：60 饰有错缝三角网格纹，H68：22 饰有"叠梭形纹"，H2：8 残见"卷云"状涡纹，均为较明显的大司空文化彩陶风格。

豫北安阳至新乡－焦作－新安一线，是秦王寨文化分布的北部边缘，安阳鲍家堂、新乡洛丝潭③、辉县孟庄④、沁阳圪垱坡⑤、新安麻峪⑥等遗址中，秦王寨文化与大司空文化因素共存。其中，鲍家堂遗址为大司空文化典型遗址，包含大量典型图案。洛丝潭、孟庄等遗址仰韶时代晚期遗存主体为秦王寨文化，包含大司空文化彩陶标本：如洛丝潭 T3⑥：6、T3⑥：5，孟庄标本（图 3.26：12）等为 Ab1 型与 Ab4 型风格的组合图案；洛丝潭采：19、H13：15、T3⑥：9、T3④：3、T2H9：37，麻峪 T2④：27，孟庄标本（图 3.26：13）等为 Ba 型"蝶须纹"图案。根据大司空文化与

---

① 山西省考古研究所晋东南工作站：《山西黎城古文化遗址调查报告》，《文物季刊》1998 年第 4 期。

② 山西省考古研究所晋东南工作站：《山西长治小神村遗址》，《考古》1988 年第 7 期；山西省考古研究所晋东南工作站：《长治小常乡小神遗址》，《考古学报》1996 年第 1 期。

③ 新乡地区文管会、新乡县文化馆：《河南新乡县洛丝潭遗址试掘简报》，《考古》1985 年第 2 期。

④ 袁广阔：《孟庄龙山文化遗存研究》，《考古》2000 年第 3 期；河南省文物考古研究所：《辉县孟庄》。

⑤ 刘习祥、张新斌：《新乡地区新石器时代文化初探》，《考古与文物》1985 年第 6 期；中国社会科学院考古研究所河南一队、焦作市文物工作队：《河南焦作地区的考古调查》，《考古》1996 年第 11 期。

⑥ 河南省文物管理局、河南省文物考古研究所：《黄河小浪底水库考古报告》（一）。

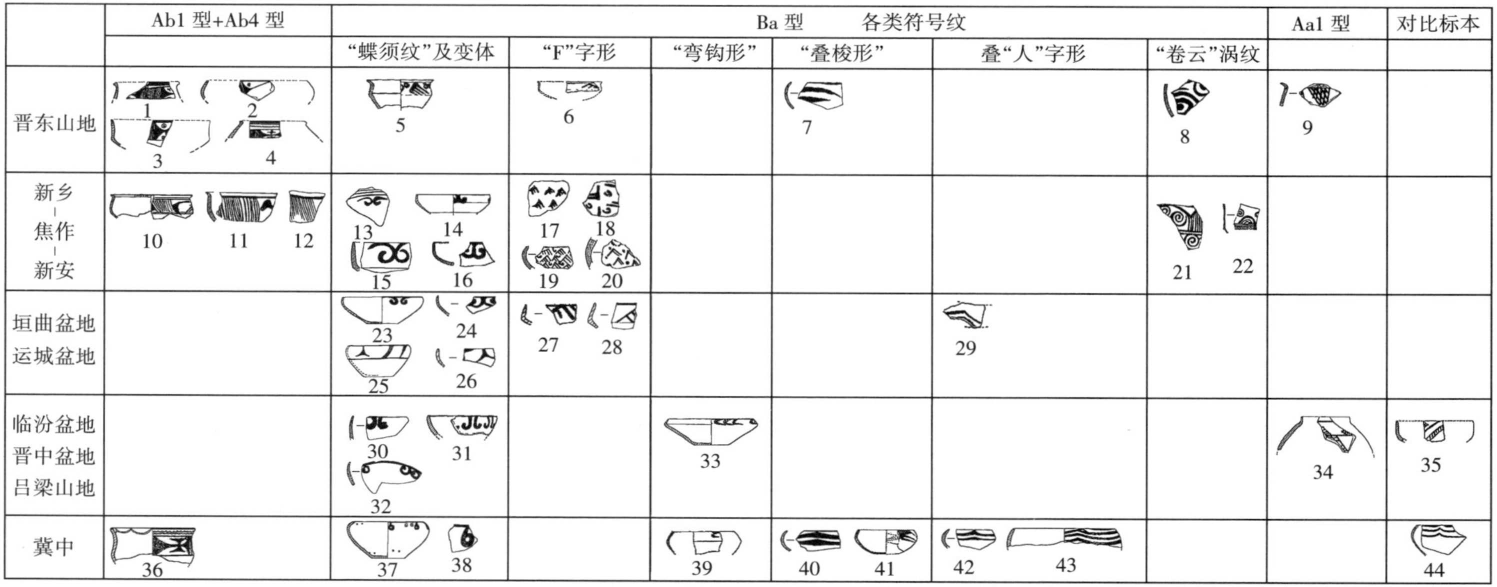

图 3.26　辐射地区的大司空文化彩陶标本

晋东山地　东阳关：1. H：2　2. H：4　3. H：3　4. H：1　小神：5. 采：11　6. T9h1：5　7. H68：22　8. H2：8　9. H82：60
新乡－焦作－新安　挖档坡：17、18、19、20　洛丝潭：10. T3⑥：6　11. T3⑥：5　15. 采：19　16. T3⑥：9　21. T3④：1　22. T1②：1　孟庄：12、13　嵊峪：14. T2④：27
晋南盆地　东关：23. I H261：1　24. II H34：6　25. I H173：1　26. I F9：61　27. I H56：78　28. I H41：13　西王村：29. H2：1：2
临汾盆地、晋中盆地、吕梁山地　小陈：30. H3：91　都沟：32. T103H10：38　34. GH2：42　陈郭村：33
冀中　朴要村：36. H47：05　37. H47：06　43. H278：113　任家堡：31.　坡底：38　牛方：39. T6②：287　41. T6②：276　南杨庄：40. T21③：36　中贾壁：42. H32：13
对比标本　洛关：35. T3③：22　鲍家堂：44. H1：7

秦王寨文化的彩陶图案区分，洛丝潭T3④：1中可见"卷云"状的涡纹，T1②：1中重环纹与"卷云"状涡纹组合，应属于大司空文化的彩陶风格。

圪垱坡遗址出土彩陶图案比较特殊，如原图三①：6、8、9，原图二②：7、9等残片，多采用简单图案的四方连续构图，在仰韶时代各类考古学文化中均较罕见。其单体图案是Ba型"F"形与"弯钩形"符号类图案，弯钩形也有退化成圆点的可能。这些符号类图案均见于大司空文化，则圪垱坡的此类彩陶应为大司空文化彩陶遗存。

晋南垣曲盆地、运城盆地属于泉护文化分布区，除了包含个别秦王寨文化彩陶标本外，亦可见大司空文化彩陶标本。如古城东关③Ⅰ H261：1、Ⅱ H34：6等饰有"蝶须纹"，Ⅰ H56：78、Ⅰ H41：13残见"F"形符号纹，具有大司空文化风格。个别被定为庙底沟文化的单位，应已进入仰韶时代晚期范畴：如Ⅰ F9内亦出土"蝶须纹"标本Ⅰ F9：61；Ⅰ H173内出土Ⅰ H173：1"人"字形符号纹，两端尚未形成"卷云"状。芮城东庄村④ H2：1：2叠"人"字形符号纹，与鲍家堂H1：7风格相似。

临汾盆地、晋中盆地、吕梁山地仰韶时代晚期考古学文化面貌复杂，考古学文化因素并不单纯。大司空文化典型彩陶图案较罕见，如襄汾小陈⑤ H3：91、任家堡采集04⑥、清徐都沟T103H10：38⑦饰有"蝶须纹"或其变体；陈郭村采集敛口钵标本⑧，口沿饰有三连"弯钩形"图案，与大司空文化常见的"倒钩形"符号方向相

---

① 刘习祥、张新斌：《新乡地区新石器时代文化初探》，《考古与文物》1985年第6期。

② 中国社会科学院考古研究所河南一队、焦作市文物工作队：《河南焦作地区的考古调查》，《考古》1996年第1期。

③ 中国历史博物馆考古部、山西省考古研究所、垣曲县博物馆：《垣曲古城东关》。

④ 中国科学院考古研究所山西工作队：《山西芮城东庄村和西王村遗址的发掘》，《考古学报》1973年第1期。

⑤ 山西省考古研究所：《襄汾小陈新石器时代遗址发掘报告》，《三晋考古》（第三辑），太原：山西人民出版社，2006年。

⑥ 国家文物局、山西省考古研究所、吉林大学考古学系：《晋中考古》。

⑦ 山西省考古研究所：《清徐都沟遗址发掘简报》，《三晋考古》（第三辑），太原：山西人民出版社，2006年。

⑧ 山西省考古研究所、襄汾县博物馆：《山西襄汾陈郭村新石器时代遗址与墓葬发掘简报》，《考古》1993年第2期。

反。个别彩陶标本所饰图案在大司空文化核心地区可见少量同类者，如都沟 GH2：42
的 Aa1 型"长梯状"图案，与洺关 T3③：22 相似。晋中地区此时流行有自成体系的
彩陶图案，其中，Aa1 型风格"错缝三角网格纹"与 Ab1 型风格"细曲线纹"，可能
与大司空文化或河套地区的庙子沟·海生不浪文化有关（详见本章第六节）。

　　冀南向北至冀中容城附近，为雪山一期文化分布区中南部。临城补要村① H47：
05 折腹钵，饰有 Ab1 型与 Ab4 型风格的组合图案，半圆形底纹内填绘"实心三角
形"符号纹，为大司空文化典型彩陶器。此外，其余与大司空文化有关的彩陶标本，
与典型图案有一定的差距。容城午方② T6②：276、南杨庄③ T21③：36 残见"叠梭
形纹"具有大司空文化风格；午方 T6②：287，饰有"倒钩形"符号类图案，与大司
空文化常见形象方向相反；平山中贾壁④ H32：13、补要村 H278：113 饰有叠"人"
字形符号纹，与鲍家堂 H1：7 风格相似；补要村 H47：06、平山坡底采集者⑤所饰
"吊环形"符号，似单条"蝶须"的形状，可能与大司空文化有关。

　　综上，在大司空文化因素辐射地区，大司空文化彩陶图案的典型程度以晋东山
地为最，新乡－焦作－新安一线及晋南地区次之，临汾－晋中及冀中地区最次。由
此推测，晋东山地的相关彩陶标本属于大司空文化，包含于大司空文化遗存中；新
乡－焦作－新安一线及晋南地区的相关彩陶标本亦属于大司空文化，包含于以当地
考古学文化为主的遗存中；临汾－晋中及冀中地区的相关彩陶标本，除个别属于大
司空文化外，应为受大司空文化彩陶风格影响下的当地考古学文化的产物。

## 三　小结——大司空文化彩陶溯源

　　《略论》⑥ 一文已指出，大司空文化的彩陶是由庙底沟文化与后冈一期文化两种

① 北京大学考古文博学院、河北省文物局、邢台市文物管理处、临城县文化旅游局：《河北临城县补要
村遗址北区发掘简报》，《考古》2011 年第 3 期。
② 河北省文物研究所：《河北容城县午方新石器时代遗址试掘》，《考古学集刊》（5），北京：中国社会
科学出版社，1987 年。
③ 河北省文物研究所：《正定南杨庄——新石器时代遗址发掘报告》。
④ 滹沱河考古队：《河北滹沱河流域考古调查与试掘》，《考古》1993 年第 4 期。
⑤ 滹沱河考古队：《河北滹沱河流域考古调查与试掘》。
⑥ 陈冰白：《略论"大司空类型"》，《青果集——吉林大学考古专业成立二十周年考古论文集》，79 页。

风格的彩陶图案融合而成，如图 3.27 所示。恰与秦王寨文化彩陶形成的文化背景相似。

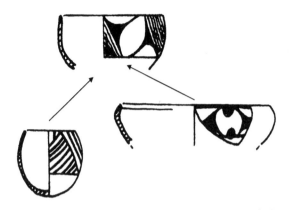

图 3.27　"大司空类型"彩陶来源图解（引自《略论"大司空类型"》原图三）

从具体图案看来，大司空文化 Ab1 型与 Ab4 型风格的组合图案，与庙底沟文化 Ab4 型"花瓣形"底纹图案最为接近，如图 3.28。成对的弧边三角本身即为庙底沟文化典型图案，且按"正置"与"斜置"弧边三角，形成的两种不同结构，在庙底沟文化中均有体现。"正置"者如庙底沟遗址 2002 年 H9∶46，"斜置"者如庙底沟遗址 2002 年 H20∶1。

大司空文化"细曲线纹组"置换了其中"÷"形底纹内组合纹。而"细曲线纹组"与后冈一期文化流行的 Aa1 型直线风格图案，虽有风格上的差异，但图案效果接近，可视作对后冈一期文化的继承。

从彩系上看，大司空文化为较单纯的红彩系，与后冈一期文化兼用红、黑单彩的情况不同，而与伊洛盆地的庙底沟文化中，流行一系列红彩系彩陶的情况相似（参见图 2.92、93、99 等）。并且，这些与庙底沟文化并行发展的红彩系彩陶，图案以 Ba 型符号类图案为主，如济源长泉[1] H54∶12、郑州西山[2] H1757∶7 饰有"小钩形"符号纹，长泉 H16∶4 饰有斜"栅栏形"符号纹，长泉 H16∶2 饰有"八"字形符号纹，西山 H1757∶9 饰有"爪形"符号纹等，如图 3.28。因此，大司空文化的符号类红彩图案，可能与这类遗存有谱系关系。

---

[1]　河南省文物管理局、河南省文物考古研究所：《黄河小浪底水库考古报告》（一）。

[2]　国家文物局考古领队培训班：《郑州西山仰韶时代城址的发掘》，《文物》1999 年第 7 期。

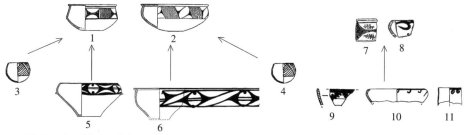

图 3.28 大司空文化彩陶来源详解

1、7、8. 鲍家堂 H4∶5、T2④∶6、T1∶4 2. 老磨岗 H7∶32 3、4. 后冈 1971 年 H2∶1
5、6. 庙底沟 2002 年 H9∶46、2002 年 H20∶1 9、10. 长泉 H16∶4、H54∶12 11. 西山 H1757∶7

由此看来，伊洛盆地的庙底沟文化，应为大司空文化彩陶图案形成的直接源头，而后冈一期文化的源头意义远不如庙底沟文化明显。

# 第三节 庙子沟·海生不浪文化的彩陶遗存

## 一 考古学文化基础研究

### （一）关于文化命名

根据目前学界的研究成果，内蒙古中南部地区仰韶时代晚期遗存，可区分为三种面貌有所差异的遗存，分别以察右前旗庙子沟、托克托县海生不浪和包头阿善遗址为代表。魏坚《试论庙子沟文化》[1] 将这三种遗存合称为"庙子沟文化"，并区分出"庙子沟类型""海生不浪类型""阿善二期类型"这三种文化类型，以表示同一文化的地域性差异。许永杰《黄土高原仰韶晚期遗存的谱系》[2]，则认为"阿善二期类型"的内涵实与"海生不浪类型"相同，属于同种遗存，而阿善遗址的第三期遗存，可作为典型遗存命名一种新的考古学文化——"阿善文化"，相对年代晚于"庙子沟类型"与"海生不浪类型"。

① 魏坚：《试论庙子沟文化》，《青果集——吉林大学考古专业成立二十周年考古论文集》。
② 许永杰：《黄土高原仰韶晚期遗存的谱系》。

由于该地区仰韶时代晚期的彩陶遗存，见于"庙子沟类型"与"海生不浪类型"中，彩陶器类与图案风格大体相同，而至"阿善文化"时为横篮纹、附加堆纹等装饰方法所代替。因此，本文暂以"庙子沟·海生不浪文化"指代这一地区彩陶遗存的文化归属。

### （二）文化分布

庙子沟·海生不浪文化的分布（如图 3.1），以"乌兰察布盟岱海·凉城区""南下黄河两岸区""包头·巴彦淖尔区"这三个小区为代表的河套盆地为核心，主要遗址有察右前旗庙子沟与大坝沟①，凉城红台坡上②，托克托县海生不浪③，清水河县白泥窑子④、岔河口⑤、台子梁⑥，准格尔旗张家圪旦⑦、周家壕⑧、白草塔⑨、

① 内蒙古文物考古研究所：《庙子沟与大坝沟》，北京：中国大百科全书出版社，2003 年。
② 内蒙古文物考古研究所、北京大学中国考古学研究中心"聚落演变与早期文明"课题组：《岱海考古（三）——仰韶文化遗址发掘报告集》。
③ 内蒙古历史研究所：《内蒙古中南部黄河沿岸新石器时代遗址调查》，《考古》1965 年第 10 期；吉发习：《内蒙古托克托县新石器时代遗址调查》，《考古》1978 年第 6 期；北京大学考古系、内蒙古自治区文物考古研究所，呼和浩特市文物事业管理处：《内蒙古托克托县海生不浪遗址发掘报告》，《考古学研究》（三），北京：科学出版社，1997 年；中国社会科学院考古研究所内蒙古工作队：《内蒙古中南部古代遗址调查简报》，《考古学集刊》（12），北京：中国社会科学出版社，1999 年。
④ 汪宇平：《内蒙古清水河县白泥窑子村的新石器时代遗址》，《文物》1961 年第 9 期；洲杰：《内蒙古中南部考古调查》，《考古》1962 年第 2 期；内蒙古历史研究所：《内蒙古清水河县白泥窑子遗址复查》，《考古》1966 年第 3 期；崔璇：《白泥窑子考古纪要》，《内蒙古文物考古》1986 年第 4 期；崔睿：《内蒙古清水河白泥窑子 L 点发掘简报》，《考古》1988 年第 2 期；内蒙古社会科学院历史研究所考古研究室：《清水河县白泥窑子遗址 D 点发掘报告》，《内蒙古文物考古文集》（第二辑），北京：中国大百科全书出版社，1997 年；内蒙古社会科学院历史研究所考古研究室：《清水河县白泥窑子遗址 K 点发掘报告》，《内蒙古文物考古文集》（第二辑），北京：中国大百科全书出版社，1997 年；内蒙古社会科学院：《清水河县白泥窑遗址 E 点和 F 点调查简报》，《草原文物》2013 年第 2 期。
⑤ 内蒙古文物考古研究所：《清水河县岔河口新石器时代遗址调查》，《内蒙古文物考古》2003 年第 2 期。
⑥ 汪宇平：《清水河县台子梁的仰韶文化遗址》，《文物》1961 年第 9 期。
⑦ 内蒙古文物考古研究所、伊克昭盟文物工作站：《内蒙古准格尔煤田黑岱沟矿区文物普查述要》，《考古》1990 年第 1 期。
⑧ 内蒙古文物考古研究所：《准格尔旗周家壕遗址仰韶晚期遗存》，《内蒙古文物考古文集》（第一辑），北京：中国大百科全书出版社，1994 年。
⑨ 内蒙古文物考古研究所：《准格尔旗白草塔遗址》，《内蒙古文物考古文集》（第一辑），北京：中国大百科全书出版社，1994 年。

南壕①，包头西园②，达拉特旗瓦窑村③，伊金霍洛旗朱开沟④、架子圪旦⑤等。此外，南下黄河西岸至陕北、东岸至晋中，东越太行至华北平原中北部，由于均可见与庙子沟·海生不浪文化风格相似的彩陶遗存，可以视作其辐射地区。

### （三）文化分期

张忠培、关强《"河套地区"新石器时代遗存的研究》⑥ 建立的河套地区从后冈一期文化至青铜时代的考古学文化谱系中，第5至8段为河套第四期，属于流行彩陶的庙子沟·海生不浪文化。从其所涉及层位关系中，无法得到关于彩陶遗存的演变规律。随着考古发现的增多，更多遗址发表的层位关系，并未增加可用的重要层位。至许永杰的《黄土高原》，在对大量层位关系的全面运用与典型单位的详细分析基础上，将"庙子沟类型"与"海生不浪类型"划分为相互对应的三段，亦无法直接反映彩陶遗存的发展演变。由此，本文对庙子沟·海生不浪文化彩陶的研究，以图案风格的类型划分和具体图案种类的分析为主，不做演变规律的探讨。

## 二 庙子沟·海生不浪文化彩陶综述

### （一）彩陶图案的风格类型

庙子沟·海生不浪文化彩陶属于红、黑多彩系，兼有黑色单彩、红黑复彩，红彩彩色偏紫红。器表彩为主，除部分器物口沿内施彩外，另有少量内壁施彩者。器类以盆、钵、壶、罐类为主。施彩部位中，除腹部常见大面积图案外，小口双耳壶颈部图案通常也占有显著地位，可视作主体图案。

---

① 内蒙古文物考古研究所：《准格尔旗南壕遗址》，《内蒙古文物考古文集》（第一辑），北京：中国大百科全书出版社，1994年。

② 西园遗址发掘组：《内蒙古包头市西园新石器时代遗址发掘简报》，《考古》1990年第4期；内蒙古社会科学院历史研究所、包头市文物管理处：《内蒙古包头市西园遗址1985年的发掘》，《考古学集刊》（8），北京：中国社会科学出版社，1994年。

③ 内蒙古文物考古研究所：《达拉特旗瓦窑村遗址》，《内蒙古文物考古文集》（第三辑），北京：科学出版社，2004年。

④ 田广金：《内蒙古伊金霍洛旗朱开沟遗址七区考古纪略》，《考古》1988年第6期。

⑤ 伊克昭盟文物工作站：《伊金霍洛旗架子圪旦遗址发掘简报》，《内蒙古文物考古》1994年第2期。

⑥ 张忠培、关强：《"河套地区"新石器时代遗存的研究》，《江汉考古》1990年第1期。

彩陶图案以 A 型"几何风格"为主。主体图案大多属于单独的 Aa 型"直线几何纹风格"或 Ab 型"弧线几何纹风格",部分属于 Aa、Ab 两型混合风格。由于施彩面积大、图案元素丰富是庙子沟·海生不浪文化彩陶的显著特征,其 Aa 型风格图案,通常融合了 Aa1 型"线纹风格"、Aa2 型"直边三角风格"和 Aa3 型"四边形风格"。Ab 型风格图案,则以 Ab1 型"线纹风格"为主,少量 Ab4 型"弧边三角风格"。

**(二) 典型彩陶图案分析——以核心地区为例 (如图 3.29)**

1. Aa 型"直线几何纹风格"图案

第一种,Aa1 型"线纹风格"。

斜线组:如西园 F5∶30、F21∶10,反向倾斜且不相交。如白泥窑子 B822 采∶08,相交呈"席纹"。

网格纹:以错缝三角表现网格纹者,器表彩如庙子沟 H163∶2、西园 H7∶1、瓦窑村Ⅱ H1∶31 等,内彩如西园 F4∶18;以菱形表现网格纹者,如大坝沟Ⅱ H18∶11、海生不浪 H34∶29、西园 T4⑤B∶92 等。

第二种,Aa2 型"直边三角风格"。

堆垒小三角纹:如台子梁、海生不浪等遗址采集残片。多为壶类颈部残片,在完整图案中,与其他风格可能的组合情况不详。

第三种,Aa3 型"四边形风格"。

间隔填实的菱格纹:如庙子沟 H91∶4、海生不浪 qH7∶4。

第四种,Aa1 型"线纹风格"与 Aa2 型"直边三角风格"的组合。

如大坝沟Ⅰ H66∶9,为直线组与对顶实彩三角形的组合;如大坝沟Ⅰ H96∶3,为网格纹与填实彩三角形的组合,其中,与网格三角形错缝的三角中填实彩,或绘成"堆垒小三角纹"。

第五种,Aa1 型"线纹风格"与 Aa3 型"四边形风格"的组合。

如庙子沟器盖 H22∶5,绘有"回"形纹、折线纹、平行线等多种 Aa1 型图案,顶部间隔填实的菱格纹与海生不浪 qH7∶4 相似。如庙子沟 F5∶2、F15∶54,红台坡上 G1∶13,架子圪旦采∶18 等,为网格纹与填实彩菱形纹的组合,通过改变其网格的大小、宽窄和实彩菱形的数量、排列等,可得多种表现形式。

2. Ab 型"弧线几何纹风格"图案

单独装饰主体部位者,仅见 Ab1 型"线纹风格"。

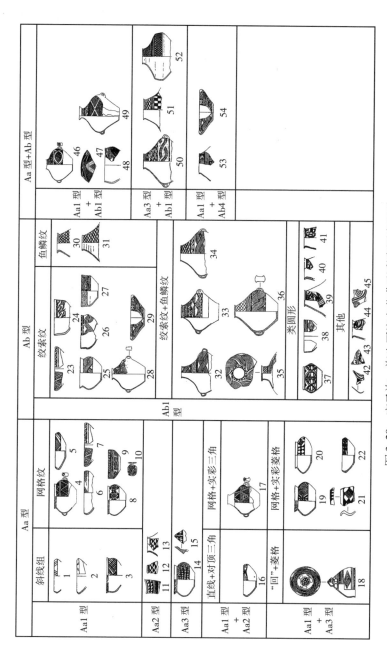

图 3.29　庙子沟·海生不浪文化典型彩陶图案汇总

1. F5：30　2. F21：10　3. B822 采：08　4. H163：2　5. H7：1　6. IIH1：31　7、23. F4：18　8. IIH18：11　9. H34：29　10. T4⑤B：92　14. H91：4　15. qH7：4
16. I H66　17. I H96：3　18. H22：5　19. F5：2　20. F15：54　21. G1：13　22. 采：18　24. G1：12　25. I F9：3　26. F7004：16　27. C：11　28. H77：1
29、54. I F10：1　30. 采：1　31. F5：3　32. I H2：3　33. G1：17　34. F22：3　35. H6：7　36. H40：12　37. F21：1　38. H11：1　39. qH7：2　40. T1409③：15
42. I F17：1　44. T1210②：3　45. I H2：7　46. F8：6　47. TS10：1　48. G1：14　49. I H2：1　50. H1：6　51. F5：2　52. F2：1　53. B81 采：69（1、2、5、
7、10、23 为西圆出土　3、30、33、53 为海生不浪出土　4、14、18－20、28、35、36、46 为庙子沟出土　8、16、17、25 为大坝沟出土　26 为朱开沟出土
9、13、15、39－41、43、44、47 为海生不浪出土　11、12 为台子梁采集　21、24、27、48、52 为红台坡上出土　22 为架子圪旦出土　50 为张家圪旦出土
29、32、42、45、49、54 为南壕出土　31 为孤子山出土　34、37 为白草塔出土　38、51 为周家壕出土）

绞索纹：一类图案由上下对合的双钩，形成绞索效果，暂称其为"双钩绞索"，如包头西园 F4：18 器表口沿处所饰图案与红台坡上 G1：12；另一类图案为多股实线组相互绞合而成，暂称其为"实线绞索"，如大坝沟 I F9：3、朱开沟 F7004：16、红台坡上 C：11 等。此外，如庙子沟 H77：1 器表残见图案，为"实线绞索"向四方连续发展，形成上下相错层层叠叠的"祥云"效果。如南壕 I F10：1 的内彩，为"双钩绞索"与"实线绞索"的组合。

鱼鳞纹：以半圆弧组成的四方连续图案，如白泥窑子 E 地点采：1、狐子山 F5：3 等，多为壶类颈部残片。与同风格其他图案组合的情况较多见，如南壕 IH2：3，鱼鳞纹图案绘于颈部与腹部的"实线绞索"之间；白泥窑子 L 点 G1：17 口沿处绘"双钩绞索"，腹部的鱼鳞纹图案绘于三角形结构中；白草塔 F22：3，从颈部向下，依次为鱼鳞纹、"双钩绞索""实线绞索"；庙子沟 H6：7、H40：12 与前者相似，省略了中部的"双钩绞索"。

类圆形：如白草塔 F21：1、周家壕 H11：1，以不规则的圆圈造型；海生不浪 qH7：2、T1409③：15、部分采集标本，残见圆圈与圆点间隔盘曲的图案。

此外，另有一些 Ab1 型局部图案仅见彩陶残片，如双边带刺曲线纹、复彩曲线等，在完整图案中的表现方式不详。

3. Aa、Ab 两型混合风格图案

第一种：Aa1 型与 Ab1 型组合。如庙子沟 F8：6，为网格纹填绘于相交曲线形成的结构中。如海生不浪内彩 TS10：1、南壕 I H2：1、红台坡上 G1：14，可见错缝三角网格纹或菱形网格与"双钩绞索"组合。

第二种：Aa3 型与 Ab1 型组合。如张家圪旦 H1：6 从颈部向下，依次为"双钩绞索"、间隔填实方格纹、"实线绞索"；周家壕 F5：2、红台坡上 F2：1 从颈部向下，依次为鱼鳞纹、间隔填实方格纹。

第三种：Aa1 型与 Ab4 型组合。如白泥窑子 B81 采：69 与南壕 I F10：1 口沿图案，可见对弧边三角中夹竖线组的图案。

**（三）庙子沟·海生不浪文化辐射地区的相关彩陶遗存（如图 3.30）**

1. 陕北地区

榆林市①采集的仰韶时代晚期彩陶残片，具有庙子沟·海生不浪文化的风格。典

---

① 康宁武：《榆林市的仰韶时期遗存》，《考古与文物》2013 年第 4 期。

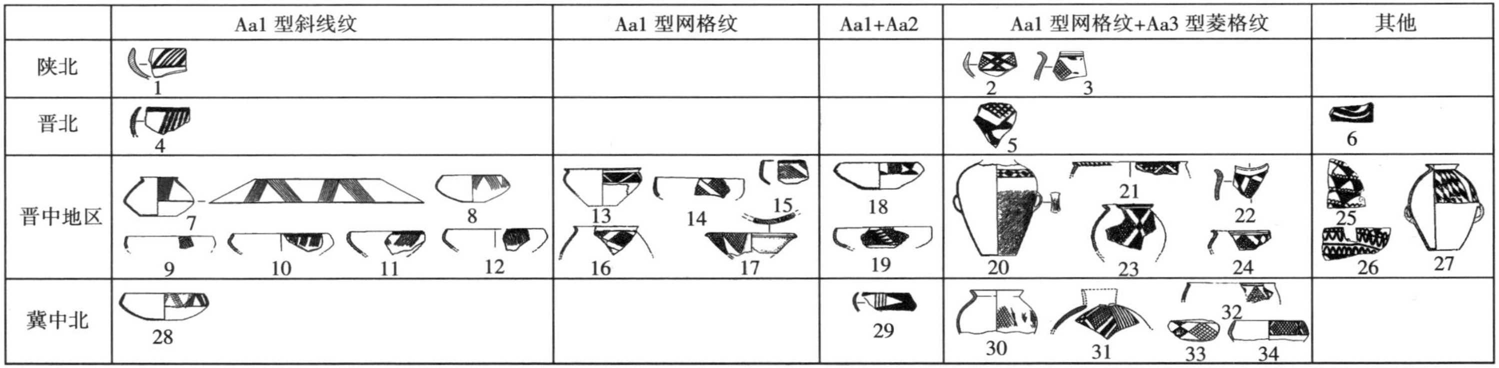

图 3.30　辐射地区的庙子沟·海生不浪文化彩陶标本

陕北：1. 门对帐采：1　2. 剑轩梁采：1　3. 沙地后头采：3
晋北：4. 水头出土　5、6. 阳白 TC201③：5、T1202③：2
晋中地区：7、8、9、14、22. 都沟 T103H10：55、T103H2：1、T104①：1、GH2：19、GH2：33　25、26. 都沟出土　10、13. 杏花村采 026、H11：2
11、16、17、23、24. 都沟 T103H3：5、H1：4、T2⑤：6、H1：5、H4：8　12、19. 庙湾 LM029、LM014　15. 峪道河采集
18、20. 白燕 H262：1、H288：1　21. 任家堡 T1④：6　27. 又井出土
冀中北：28、31、32. 午方 T5②：271、T10③：403、T6②：401　29、33. 中贾壁 H32：12、H32：10　30、34. 朴要村 H163：01、H227：03

型图案有 Aa1 型斜线组、网格纹，Aa1 型·Aa2 型的网格纹与实彩菱形组合。

2. 晋北地区

晋北地区仰韶时代晚期彩陶遗存仅有个别残片可参考。偏关县水头遗址①出土的红褐彩斜线纹钵残见 Aa1 型斜线组图案。五台县阳白遗址②出土的棕红彩陶残片 T1202③：2 残见 Ab1 型曲线组，具体图案不详，TG201③：5 残见 Aa1 型·Aa2 型的网格纹与实彩菱形组合。

3. 晋中盆地、吕梁山地

关于该地区仰韶时代晚期遗存的文化归属，本文参考海金乐《晋中地区仰韶晚期文化遗存研究》③的命名方案，使用"义井文化"这一命名。

该地区仰韶时代晚期的彩陶遗存较丰富。其中，Aa 型"直线几何纹风格"的彩陶在风格类型与具体图案上，与庙子沟·海生不浪文化高度一致。

Aa1 型"线纹风格"：

斜线组：如清徐都沟④ T103H10：55、T103H2：1 为反向倾斜不相交的斜线组；都沟 T104①：1 为相交呈"席纹"的斜线组。至于杏花村⑤采 026、马茂庄⑥ H3：5、庙湾⑦ LM029 等斜曲线组图案，可能为斜线组图案在大司空文化影响下的变体。

网格纹：多为错缝三角表现网格纹者，器表彩如杏花村 H11：2、都沟 GH2：19、峪道河采集⑧等，内彩如马茂庄 T2⑤：6⑨；个别以菱形表现网格纹，如马茂庄 H1：4。

① 北京大学考古系、雁北地区文物工作站、偏关县博物馆：《山西大同及偏关县新石器时代遗址调查简报》，《考古》1994 年第 12 期。

② 山西大学历史系考古专业、忻州地区文物管理处、五台县博物馆：《山西五台县阳白遗址发掘简报》，《考古》1997 年第 4 期。

③ 海金乐：《晋中地区仰韶晚期文化遗存研究》，《山西省考古学会论文集》（二），太原：山西人民出版社，1994 年。

④ 山西省考古研究所：《清徐都沟遗址发掘简报》，《三晋考古》（第三辑），太原：山西人民出版社，2006 年。

⑤ 国家文物局、山西省考古研究所、吉林大学考古学系：《晋中考古》。

⑥ 国家文物局、山西省考古研究所、吉林大学考古学系：《晋中考古》。

⑦ 国家文物局、山西省考古研究所、吉林大学考古学系：《晋中考古》。

⑧ 山西省考古研究所：《山西汾阳县峪道河遗址调查》，《考古》1983 年第 11 期。

⑨ 海金乐：《晋中地区仰韶晚期文化遗存研究》，《山西省考古学会论文集》（二）。

Aa2 型 "直边三角风格"：

堆垒小三角纹：如都沟出土者，其中，实心三角的同一边附有曲线花边，同类图案较罕见。

Aa3 型 "四边形风格"：

间隔填实的菱格纹：如义井出土者。

Aa1 型与 Aa2 型的组合风格：如白燕①H262：1，为直线组与对顶实彩三角形的组合，与大坝沟同类图案者器形一致。如庙湾 LM014，为错缝三角网格纹间填绘一列实彩尖角。

Aa1 型与 Aa3 型的组合风格：如白燕 H288：1，都沟 GH2：33，任家堡②T1④：6，马茂庄 H1：5、H4：8 等，为网格纹与实彩菱形纹的组合。其中，任家堡 T1④：6 为错缝三角表现的网格纹与间隔实彩菱形格纹。

4. 华北平原中北部

该地区属于雪山一期文化的分布范围，出土彩陶遗存比较有限。如容城午方③T5②：271，为 Aa1 型反向倾斜不相交的斜线组；平山中贾壁④H32：12，为 Aa1 型·Aa2 型直线组与对顶实彩三角形的组合图案；午方 T10③：403、T6②：401，中贾壁 H32：10，临城补要村⑤H227：03、H163：01，为 Aa1 型·Aa3 型网格纹与实彩菱形纹的组合图案。

## 三　小结

### （一）庙子沟·海生不浪文化彩陶遗存格局

在 "岱海·凉城区" "南下黄河两岸区" "包头·巴彦淖尔区" 为代表的庙子

① 晋中考古队：《山西太谷白燕遗址第一地点发掘简报》，《文物》1989 年第 3 期。

② 国家文物局、山西省考古研究所、吉林大学考古学系：《晋中考古》。

③ 河北省文物研究所：《河北容城县午方新石器时代遗址试掘》，《考古学集刊》（5），北京：中国社会科学出版社，1987 年。

④ 滹沱河考古队：《河北滹沱河流域考古调查与试掘》，《考古》1993 年第 4 期。

⑤ 北京大学考古文博学院、河北省文物局、邢台市文物管理处、临城县文化旅游局：《河北临城县补要村遗址北区发掘简报》，《考古》2011 年第 3 期。

沟·海生不浪文化核心地区，流行彩陶风格总体一致，但不同小区内尚有一定的差异。从彩陶遗存的丰富程度上"包头·巴彦淖尔区"明显不如另外两区。从图案流行的程度上，"岱海·凉城区""南下黄河两岸区"流行庙子沟·海生不浪文化中绝大部分图案，尤其多见复杂的组合图案，而"包头·巴彦淖尔区"图案简单，以Aa1 型"线纹风格"为主。

比较核心地区与辐射地区的彩陶图案种类，可得以下认识：第一，辐射地区的相关彩陶图案，总体上与"包头·巴彦淖尔区"更为接近；第二，Aa1 型"错缝三角网格纹"为核心地区与晋中地区所共有，但具体表现形式略有不同；第三，Aa 型"直线几何纹风格"中，"不相交斜线组""直线组与对顶实彩三角形组合""网格纹与实彩菱形纹组合"这三种图案为这些地区所共有，虽出土地点相距遥远，却极其相似。

### （二）试论部分彩陶器类的文化归属

从器类角度分析核心地区与辐射地区的彩陶遗存。庙子沟·海生不浪文化的典型彩陶器有小口双耳壶、折沿鼓腹盆、沿内施彩或施内彩的敛口曲腹钵等。

以"不相交斜线组""直线组与对顶实彩三角形组合"这两类共有图案装饰的器物，为敛口弧腹钵，并非庙子沟·海生不浪文化的指征性器类，而为义井文化、雪山一期文化、小河沿文化、大司空文化等多种考古学文化共有。因此，"不相交斜线组""直线组与对顶实彩三角形组合"这两类图案应非庙子沟·海生不浪文化原生，具体文化归属以义井文化或雪山一期文化的可能较大。

以"网格纹与实彩菱形纹组合"这类共有图案装饰的器类，各地区所见情况如下：核心地区以折沿鼓腹盆、敛口弧腹钵为主；晋中地区可见篮纹双耳壶、圆腹罐、折沿鼓腹盆；冀中北地区可见小口球腹壶、圆腹罐、小侈口盆、敛口弧腹钵等。由此可见，装饰此类图案的器物组合以晋中、冀中北地区所见者更完善，暗示着此类图案在义井文化和雪山一期文化中，可能更普遍地运用于日常生活。因此，这类图案亦可能归属义井文化或雪山一期文化。

以"错缝三角网格纹"装饰的器类，在核心地区与晋中地区亦不完全一致。核心地区各类器形均见此类图案，且用于内彩。晋中地区则多见于敛口弧腹钵，个别为盆类标本，表现形式较多变体，流行口沿附加宽带的做法。同期的大司空文化中亦包含有此类图案，由于均为残片，鉴于个别标本的图案中可见细曲线、平行线等辅助图案。则大司空文化中的错缝三角纹，应与上述两地所见者文化属性不同。因此，这类图案应为庙子沟·海生不浪文化、义井文化共有，但并不排除两者在个别器物上有所交叉。如达拉特旗瓦窑村ⅡH1：31，可能即为晋中地区的产物。

　　综上，庙子沟·海生不浪文化中 Ab 型"弧线几何纹风格"的彩陶图案，更具有其地方特色。而 Aa 型"直线几何纹风格"中的"不相交斜线组""直线组与对顶实彩三角形组合""网格纹与实彩菱形纹组合"三种图案，应并非庙子沟·海生不浪文化原生，如图 3.31。这些所施器类如敛口弧腹钵，应由义井文化或雪山一期文化直接输出；折沿鼓腹盆，则可能深受义井文化或雪山一期文化的影响。

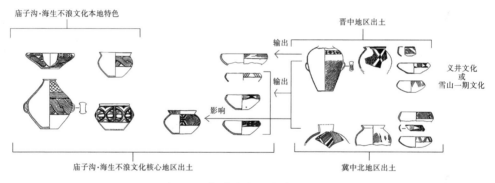

图 3.31　部分彩陶器类的文化归属

# 第四节　马家窑文化的彩陶遗存

## 一　考古学文化基础研究

### （一）关于文化内涵

　　本文使用"马家窑文化"这一概念，命名甘青东部地区与黄河中游的仰韶时代晚期年代相当的遗存，除包含"马家窑类型"代表的遗存外，亦包括"石岭下类型"。目前，习惯上称为"石岭下类型"① 的遗存，主要是以一群面貌介于庙底沟文

────────────

① 　谢端琚：《论石岭下类型的文化性质》，《文物》1981 年第 4 期。

化与马家窑文化之间的彩陶所代表的遗存，完整器物群面貌不详。并且，用以命名
"石岭下类型"的武山县石岭下遗址，并未经过正式发掘。至于《从马家窑类型驳瓦
西里耶夫的"中国文化西来说"》图一，天水罗家沟地层剖面①，所示"石岭下类
型"地层与马家窑类型、庙底沟类型地层的叠压关系，也无器物组合的印证。许永
杰《黄土高原仰韶晚期遗存的谱系》中，以经过正式发掘的大地湾遗址出土"石岭
下类型"彩陶为据，以包含泉护文化与马家窑文化两种文化因素的"大地湾类型"，
取代了"石岭下类型"这一称谓②。因此，本文将所谓的"石岭下类型"一并纳入
"马家窑文化"的讨论范畴。

### （二）文化分布

马家窑文化的分布，与庙底沟文化的西部边缘分布区大致重合而稍有扩大（如
图 3.1）。以天水——兰州一线的陇西盆地为中心，北至宁夏海原县、东至六盘山丘
陵山地、南至白龙江流域、西至青东民和盆地、西北至武威的范围，可视作其核心
地区。天水至兰州附近，主要遗址有秦安大地湾③、山王家④，天水师赵村和西山
坪⑤，甘谷毛家坪⑥，武山灰地儿⑦、傅家门⑧，兰州王保保城⑨、雁儿湾⑩、西坡坬⑪、

---

① 甘肃省博物馆、北京大学历史系考古专业：《从马家窑类型驳瓦西里耶夫的"中国文化西来说"》，
《文物》1976 年第 3 期，25 页。

② 许永杰：《黄土高原仰韶晚期遗存的谱系》。

③ 甘肃省文物考古研究所：《秦安大地湾——新石器时代遗址发掘报告》。

④ 甘肃省文物考古研究所：《秦安县几处新石器时代遗址调查简报》，《辽海文物学刊》1988 年第
2 期。

⑤ 中国社会科学院考古研究所：《师赵村与西山坪》。

⑥ 甘肃省文物工作队、北京大学考古系：《甘肃甘谷毛家坪遗址发掘报告》。《考古学报》1987 年第 3
期。

⑦ 马承源：《甘肃灰地儿及青岗岔新石器时代遗址的调查》，《考古》1961 年第 7 期。

⑧ 中国社会科学院考古研究所甘青工作队：《武山傅家门遗址的发掘与研究》，《考古学集刊》（16），北
京：中国社会科学出版社，2006 年。

⑨ 甘肃省博物馆文物工作队：《兰州马家窑和马厂类型墓葬清理简报》，《文物》1975 年第 6 期。

⑩ 甘肃省博物馆：《甘肃古文化遗存》，《考古学报》1960 年第 2 期；甘肃省文物管理委员会：《兰州新
石器时代的文化遗存》，《考古学报》1957 年第 1 期；严文明、张万仓：《雁儿湾与西坡坬》，《考古学
文化论集》（三），北京：文物出版社，1993 年。

⑪ 甘肃省博物馆：《甘肃兰州西坡坬遗址发掘简报》，《考古》1960 年第 9 期；严文明、张万仓：《雁儿
湾与西坡坬》，《考古学文化论集》（三）。

白道沟坪①、曹家咀②，临洮马家窑－瓦家坪③，临夏东乡林家④等；宁夏南部主要遗址有海原曹洼⑤、马缨子梁⑥、切刀把⑦，隆德页河子⑧等；六盘山地主要遗址有陇县原子头⑨；甘南地区主要遗址有武都大李家坪⑩，岷县山那⑪；青海东部主要遗址有民和阳洼坡⑫、胡李家⑬、核桃庄⑭、乐都脑庄⑮，大通上孙家寨⑯，同德宗日⑰等；河西走廊主要遗址有武威塔儿湾⑱、五坝山⑲等。沿河西走廊往西至酒泉，是其分布的边缘地区，目前可见酒泉照壁滩⑳的采集标本。川西北岷江上游是其辐射地区，主

① 甘肃省文物管理委员会：《兰州新石器时代的文化遗存》，《考古学报》1957 年第 1 期。

② 甘肃省博物馆：《兰州曹家咀遗址的试掘》，《考古》1973 年第 3 期。

③ 甘肃省文物管理委员会：《甘肃临洮、临夏两县考古调查简报》，《考古》1958 年第 9 期。

④ 甘肃省文物工作队、临夏回族自治州文化局、东乡族自治县文化馆：《甘肃东乡林家遗址发掘报告》，《考古学集刊》（4），北京：中国社会科学出版社，1984 年。

⑤ 北京大学考古实习队、固原县博物馆：《宁夏海原曹洼遗址发掘简报》，《考古》1990 年第 3 期。

⑥ 宁夏文物考古研究所、中国历史博物馆考古部、北京大学考古学系：《宁夏菜园——新石器时代遗址、墓葬发掘报告》，北京：科学出版社，2003 年。

⑦ 宁夏文物考古研究所、中国历史博物馆考古部、北京大学考古学系：《宁夏菜园——新石器时代遗址、墓葬发掘报告》。

⑧ 北京大学考古实习队、宁夏固原博物馆：《宁夏隆德县页河子新石器时代遗址发掘简报》，《考古》1990 年第 4 期。

⑨ 宝鸡市考古工作队、陕西省考古研究所：《陇县原子头》，北京：文物出版社，2005 年。

⑩ 北京大学考古学系、甘肃省文物考古研究所：《甘肃武都县大李家坪新石器时代遗址发掘报告》，《考古学集刊》（13），北京：中国社会科学出版社，2000 年。

⑪ 杨益民：《甘肃岷县山那新石器时代遗址调查简报》，《考古与文物》1983 年第 5 期。

⑫ 青海省文物考古队：《青海民和阳洼坡遗址试掘简报》，《考古》1992 年第 11 期。

⑬ 中国社会科学院考古研究所甘青工作队、青海省文物考古研究所：《青海民和县胡李家遗址的发掘》，《考古》2001 年第 1 期。

⑭ 青海省考古队：《青海民和核桃庄马家窑类型第一号墓葬》，《文物》1979 年第 9 期。

⑮ 青海省文物考古队：《青海乐都县脑庄发现马家窑类型墓》，《考古》1981 年第 6 期。

⑯ 青海省文物管理处考古队：《青海大通县上孙家寨出土的舞蹈纹彩陶盆》，《文物》1978 年第 3 期。

⑰ 青海省文物管理处、海南州民族博物馆：《青海同德县宗日遗址发掘简报》，《考古》1998 年第 5 期；陈洪海、格桑本：《宗日遗址文物精粹及论述选集》，成都：四川科学技术出版社，1999 年。

⑱ 甘肃省文物考古研究所：《武威塔儿湾新石器时代遗址及五坝山墓葬发掘简报》，《考古与文物》2004 年第 3 期。

⑲ 甘肃省文物考古研究所：《武威塔儿湾新石器时代遗址及五坝山墓葬发掘简报》。

⑳ 李水城、水涛、王辉：《河西走廊史前考古调查报告》，《考古学报》2010 年第 2 期。

要遗址有茂县营盘山①，汶川姜维城②、理县箭山寨③等。

**（三）文化分期——马家窑文化彩陶遗存分期研究**

以"马家窑类型"为代表的马家窑文化遗存，以居址为主，多调查采集标本，部分地点清理个别墓葬，少有层位关系理想、器物组合完备的系统性发掘资料。针对出土所谓"石岭下类型"彩陶的大地湾、师赵村、西山坪、傅家门等遗址，《黄土高原》中以共存的泉护文化典型器物为标尺所做的分期，亦无法直接借鉴于阐述马家窑文化彩陶的发展演变规律。

由于"马家窑类型"与"石岭下类型"均以彩陶器为指征，本文试从彩陶图案角度着手，根据目前个别遗址中检索可得的层位关系与典型单位，进行马家窑文化彩陶遗存的分期研究。

1. 大地湾遗址

（1）T418②层下F410与T418④层下H402，存在F410→H402的层位关系。F410内出土长颈瓶口F410：4饰有密集的环带纹，其中一行间以上下相错的圆点，是"马家窑类型"的典型图案。H402出土折沿盆H402：16残见弧边三角，具有明显的庙底沟文化遗风。根据层位关系，两者应存在相对年代早晚。本文暂将两者分别命名为"F410组"和"H402组"。T418②层出土沿微向下卷的内彩盆T418②：4，残见密集的成组曲线，亦为"马家窑类型"风格，属于"F410组"。

（2）T812②层下H842、③层下H857、④层下F820，存在H842→H857→F820→⑤的层位关系。H842：20为"马家窑类型"环带纹长颈瓶口，与F410：4相似，属于"F410组"。H842中共出的三件折沿盆：H842：26残见对弧边三角为庙底沟文化遗风，但三角尖端出曲线，对合相旋，接近"马家窑类型"的风格；H842：25残见"实线绞索"与上述海生不浪文化中所见同类图案相似；H842：7"猫眼状"圆形底纹嵌入网格纹中，更接近庙底沟文化的网格纹传统。由此，三件折沿盆中，至少H842：7属于更早的"H402组"。H857：4为侈口深腹罐，残见对弧边三角中绘"转

---

① 成都市文物考古研究所、阿坝藏族羌族自治州文管所、茂县博物馆：《四川茂县营盘山遗址试掘报告》，《成都考古发现》（2000年），北京：科学出版社，2002年。

② 徐学书：《岷江上游新石器时代文化的初步研究》，《考古》1995年第5期。

③ 徐学书：《岷江上游新石器时代文化的初步研究》。

盘形"圆圈，虽同类图案少见，但类似庙底沟文化的"铜钱形"，可归属于"H402组"。F820：15 矮颈圆腹壶，一面饰网身蛙纹，一面饰对凸边的弧边三角，尖端缀圆点，似庙底沟文化"投掷器"状的独立组合纹；F820：10 侈口鼓腹盆饰"四瓣式"花朵纹，相比庙底沟文化的同类图案而言，弧边略带转折；⑤层内出土敛口钵 T812⑤：47，饰"两瓣式"叶形纹，完全继承自庙底沟文化风格。以上三件均属"H402组"。

F820 中共存的尖底瓶 F820：17，为枣核形瓶身、无耳，在泉护文化尖底瓶分期体系中见于较早期别。参照平唇上保留尖棱的尖底瓶 F400：7，属于大地湾遗址仰韶时代晚期最早期的情况，器身相似的 F820：17 应与其年代相当。

（3）T810②→③→H853→④的层位关系中，侈口鼓腹盆 T810④：53 与 F820：10相似，年代相当。平折沿盆 T810③：65 残见图案可能为弧边三角间梭形网格纹，风格较庙底沟文化稍远。由于 H853 中出土平唇尖底瓶口 H853：8，唇面微凹，为平唇口向圆唇喇叭口演变的中间形态，则 T810③：65 也应介于庙底沟文化遗风浓重的"H402 组"与"马家窑类型"风格典型的"F410 组"之间。

参照 H374 中尖底瓶与彩陶壶共存的情况。H374：21 为平唇喇叭口与 H853：8 年代相当。H374：28 为长颈圆腹壶，颈部环带纹较疏松，腹部主体图案仍保留了与庙底沟文化中弧边三角构成的"花瓣形"底纹、圆形底纹相当的结构。但"花瓣形"底纹填绘倒"爪"形、圆形底纹处填绘梭形网格纹、弧边三角中心留白并填绘圆点的做法，已远非庙底沟文化的图案风格可类比，而距典型的"马家窑类型"尚有差距。因此，暂将 T810③：65、H374：28 命名为"H374 组"。

（4）T806②→H836→③→H815 的层位关系中，T806③：49 残见弧边三角尖端相旋，以圆点为旋心的图案；侈口鼓腹 H815：18 残见弧边三角构成的"猫眼状"圆形底纹；H815：16 残见倒"垂弧纹"。其中，H815：18 的"猫眼状"圆形底纹与H842：7 相同，且根据 H402：16 的残见图案分析，其弧边三角也可能构成了同类结构的圆形底纹。因此，H815：18 应属于"H402 组"。又由于这组关系中，圆唇喇叭口双耳尖底瓶 H836：6，应为大地湾遗址仰韶时代晚期的最晚形态，则 T806③：49有可能属于"H374 组"。

（5）T808②→H834、H839→③→H859 的层位关系中，T808②：15、T808②：26

为"马家窑类型"典型长颈瓶,属于"F410组"。H859:5为"两瓣式"叶形纹折沿盆,属于"H402组",共存的H859:7饰有"单股底纹绞索"。H834:31残见弧边三角构成的"猫眼状"圆形底纹,亦可能属于"H402组"。H839:15残见图案不详,有可能介于"F410组"和"H402组"之间。

(6)T800、801内,存在③→H802→④→H826的层位关系。圆唇喇叭口双耳尖底瓶H802:11与H836:6相似,为大地湾遗址仰韶时代晚期最晚形态。H826:11为圆腹壶腹部,残见图案包含带齿弧线、带钩网格尖角、带"爪"平行线,风格接近"H374组",与其风格相似者另有H366甲:15、H269:3、T205①:4等。

根据秦安山王家H1出土器物组合,尖底瓶H1:2与大地湾F820:17器身相似,年代应相当。彩陶壶H1:1所饰图案分两行,上部与T806③:49图案相似,下部则包含H815:18的"猫眼状"圆形底纹。由此,这两类图案应同属"H402组",相当于大地湾遗址仰韶时代晚期最早期。

上述三组彩陶标本对比,如图3.32。

2. 傅家门遗址

傅家门遗址的材料以《考古学集刊》(16)发表者为准。在可证实为原生单位的遗迹单位中,T128③→T128H2的层位关系可用。

T128H2出土侈口鼓腹罐、束颈罐、折沿盆等彩陶器。T128H2:28、T128H2:29等可见尖端相旋、圆点为旋心的弧边三角。T128H2:24、T128H2:35等可见弧边三角构成的圆形与"花瓣形"底纹结构。T128H2:36的组合图案分三行,自上而下依次为尖端相旋的弧边三角、"猫眼状"圆形底纹和"花瓣形"底纹、四个尖端相旋的弧边三角与圆形底纹内的"对旋"间隔组合。T128H2中所见图案庙底沟文化遗风明显,均属大地湾"H402组",如图3.33。T125H6出土彩陶器与T128H2面貌相当,共出的T125H6:33为退化重唇的无耳尖底瓶,上唇保留尖棱的形态,与大地湾F400:7相似,年代应相当。

T128③出土沿面斜向下的折沿盆T128③:1,敛口钵T128③:3。T128③:1所饰图案中含有"H374组"风格的带齿曲线。共出的平唇喇叭口、耸肩、无耳尖底瓶T128③:2,为退化重唇口向圆唇喇叭口过渡的中间形态。因此,T128③内出土遗存应属大地湾"H374组",如图3.33。

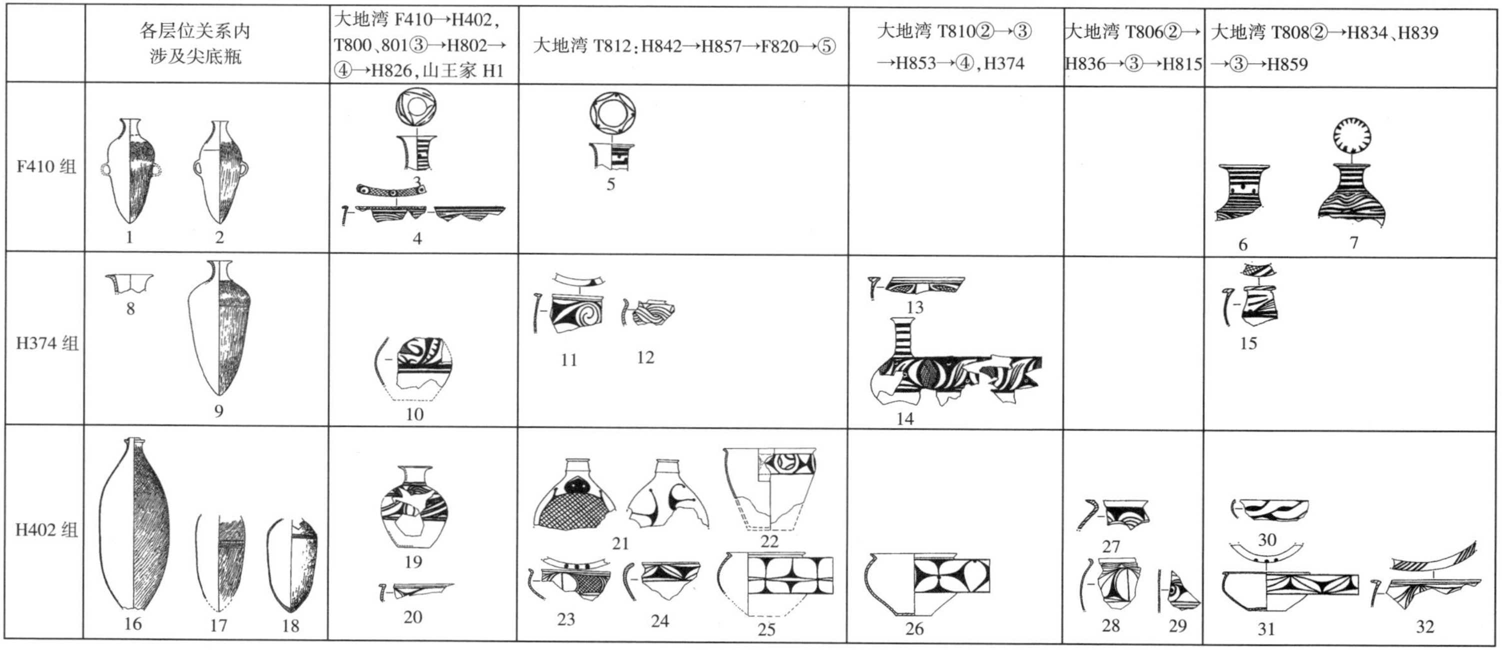

| 各层位关系内涉及尖及底瓶 | 大地湾 F410→H402,T800、801③→H802→④→H826,山王家 H1 | 大地湾 T812：H842→H857→F820→⑤ | 大地湾 T810②→③→H853→④,H374 | 大地湾 T806②→③→H815 | 大地湾 T808②→H834,H839→③→H859 |
|---|---|---|---|---|---|
| F410 组 | 1　2 | 5 | | | 6　7 |
| | 4　8 | | 13 | | 15 |
| H374 组 | 3　9 | 11　12 | 14 | | 30　31 |
| | 10 | 23　21　24 | 26 | 27　28　29 | 32 |
| H402 组 | 16　17　18　19　20 | 22　25 | | | |

图 3.32　大地湾、山王家遗址 "H402" "H374" "F410" 三组彩陶对比

1. H836：6　2. H802：11　3. F410：4　4. T418②：4　5. H842：20　6. T808②：15　7. T808②：26　8. H853：8　9. H374：21　10. H826：11　11. H842：26
12. H842：25　13. T810③：65　14. H374：28　15. H839：15　16. F400：7　17. F820：17　18. H1：2　19. H1：1　20. H402：16　21. F820：15　22. H857：4
23. H842：7　24. T812⑤：47　25. F820：10　26. T810④：53　27. H815：16　28. H815：18　29. T806③：49　30. H859：7　31. H859：5
32. H834：31　（除18、19 为山王家出土外　其余为大地湾出土）

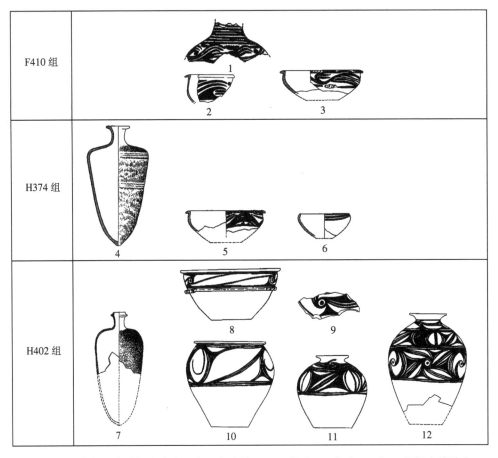

图 3.33　傅家门遗址与大地湾、山王家遗址 "H402" "H374" "F410" 三组相当的遗存
1. T101③：28　2. T106③：59　3. T116②：19　4. T128③：2　5. T128③：1　6. T128③：3　7. T125H6：33
8. T128H2：28　9. T128H2：29　10. T128H2：24　11. T128H2：35　12. T128H2：36

　　另外，原简报定为"马家窑类型"的彩陶遗存中，如 T106③：59、T101③：28、

T116②：19 等标本，饰有"马家窑类型"常见图案，应属于大地湾"F410组"，如

图 3.33。

　　3. 东乡林家遗址

　　（1）T16 - 19③→F8→T16 - 19④→F9 这组层位关系中，F8、F9 内发表器物较典

型。F8 出土长颈双耳瓶 F8：12、F8：3，所饰图案以密集的环带纹为主，为"马家窑

类型"典型彩陶器，属于大地湾"F410组"。F9 出土侈口鼓腹罐 F9：22，饰有尖端

蜷曲成涡纹的横"S"形网格纹，中心留白并填绘圆点的弧边三角，属于大地湾

"H374组"。如图 3.34。

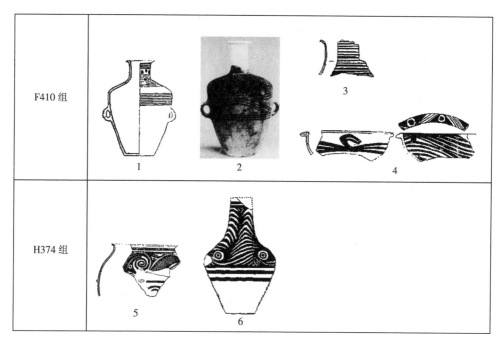

图 3.34　东乡林家遗址与大地湾 "H374" "F410" 两组相当的遗存
1. F8：12　2. F8：3　3、4. H31　5. F9：22　6. F19：11

（2）H31→F19 这组层位关系中，H31 出土长颈瓶颈部饰密集环带纹，折沿盆饰有间隔 "摆柳状" 图案的波形纹外彩，为 "马家窑类型" 风格，属于大地湾 "F410组"。F19：11 与大地湾长颈圆腹壶 H374：28 器形相似，腹部斜收，肩略耸，所饰图案与尖端相旋、圆点为旋心的弧边三角有明显的演变关系，颈部弧线呈现密集的特点，总体上看，应属于大地湾 "H374 组"。如图 3.34。

由此可得，F8、H31 的相对年代应晚于 F9、F19，这与报告中将 F8 定为上层房址、F9、F19 定为下层房址所体现的相对年代关系一致。

综合上述三个遗址中相关层位关系的分析，马家窑文化的彩陶可分为从早到晚依次由大地湾 "H402 组" "H374 组" "F410 组" 所代表的三个阶段。且三个阶段均可通过年代相当的尖底瓶，与渭河盆地的泉护文化分期①对应。据此，可将这三个阶段视作马家窑文化的三期，其中，第一期的彩陶遗存即为习惯上所谓的 "石岭下类

① 可参照许永杰《黄土高原仰韶晚期文化的谱系》、朱雪菲硕士论文《试论西阴文化与半坡四期文化的交替》两文中，关于宝鸡福临堡遗址仰韶时代晚期遗存的分期。

型"，第三期的彩陶遗存即为"马家窑类型"。而第二期的彩陶遗存，在此前的研究中尚未得以区分，其应为"石岭下类型"彩陶发展至"马家窑类型"彩陶的中间环节。然而，由于大量遗址中没有可用的层位关系，第二期遗存是否客观存在，尚无从验证。下文仅以"H374 组"彩陶标本所体现的风格特征，初步辨识出一些可能属于此期的标本。

## 二　马家窑文化彩陶综述

### （一）彩陶图案的风格类型

马家窑文化彩陶属于黑彩系单彩。器表彩为主，并流行一定数量的内彩。施彩器类广泛，涉及瓶、壶、钵、碗、盆、罐等常见器形大类。

彩陶图案以 Ab 型"弧线几何纹风格"、Ac 型"圆点风格"与 Bb 型"象形风格"为主。Ab 型包括 Ab1 型"线纹风格"和 Ab4 型"弧边三角"风格。

从第一期至第三期，以单一的具体图案构成器物主体图案的情况逐渐减少，复合图案增多，尤其是在分行的构图中。复合图案有同类风格中不同图案的组合与不同风格图案的组合。

马家窑文化中少量 Aa 型"直线几何纹风格"图案，有 Aa1 型风格的分段平行线、网格纹，Aa3 型风格的"城堞形"纹等。由于在器物的主体图案中，Aa 型图案作为元素存在的意义大于装饰效果，则不单列为风格类型。至于第三期时流行的环绕器身的密集环带纹，本文根据其装饰效果，归入 Ac 型"圆点风格"而非 Aa1 型"线纹风格"，简要说明如下。

马家窑文化的环带纹与此前其他考古学文化中，作为局部单体图案的平行线纹相比，更突显了其整体性的装饰效果。对比核桃庄 M1：31 内彩与 M1：8 器表彩，如图 3.35 所示。假想 M1：8 的俯视图，其环带纹效果应与 M1：31 盆底的同心圆纹一致；假想 M1：31 作剖视图表现内彩，则亦与 M1：8 正视图中的平行线纹一致。因此，器表环带纹与内彩同心圆纹的装饰效果更为接近，故归入 Ac 型风格中。

### （二）各地区彩陶图案分析

1. 在天水至兰州附近这一陇西盆地内核心区域，马家窑文化第一至三期彩陶发

M1：31 盆底同心圆

M1：8 器表环带纹

图 3.35　器表环带纹与内彩同心圆纹对比示意

展序列较完整。

　　第一期彩陶遗存除大地湾、山王家、傅家门遗址出土者外，另有毛家坪 H38、师赵村与西山坪第四期出土，以及甘谷灰地儿、王家坪，天水樊家城、石沟坪①、王坪②、罗家沟等遗址采集所得部分标本。如图 3.36。

　　Ab1 型"底纹绞索"，如大地湾 H859：7，残见单股底纹绞索。

　　Ab4 型图案中弧边三角组成的"花瓣形"底纹、"花瓣形"底纹与圆形底纹的组合图案最为常见。

　　"花瓣形"底纹内多填绘"叶脉状"斜线，流行"两瓣式"构图，如大地湾 T812⑤：47、H859：5；"四瓣式"构图，如大地湾 F820：10、T810④：53。

　　与"花瓣形"底纹组合的圆形底纹中多填绘竖线，似"猫眼状"，如傅家门 T137③：31、T106④：56 等；或填绘弯钩，如傅家门 T128H2：24、T209H2：24，大

①　甘肃省文物考古研究所、中国国家博物馆、北京大学考古文博学院、陕西省考古研究院、西北大学文博学院：《西汉水上游考古调查报告》，北京：文物出版社，2007 年。
②　甘肃省文物考古研究所、中国国家博物馆、北京大学考古文博学院、陕西省考古研究院、西北大学文博学院：《西汉水上游考古调查报告》。

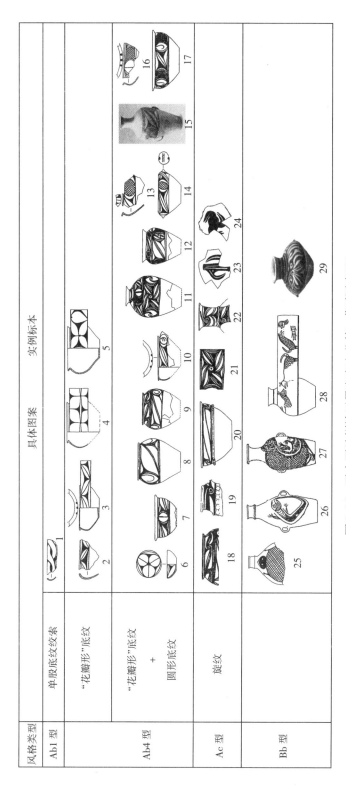

图 3.36　天水至兰州地区马家窑文化第一期彩陶概况

1–5、10、13、14、16、25、28. 大地湾 H859：47，H859：5，F820：10，T810④：7，T703②：95，H842：7，T210③：38，F820：15，H366 乙：29　6–9、11、12、15、17、18–21、23、24. 傅家门 T137③31，T106④：56，T128H2：24，T209H2：24、T128H2：36，T125H6：27，T102④：85，T209H2：24，T128H2：28，T209H2：7，T128H2：36，T103④：29，T103④：30　22. 师赵村 T114③：33　26、27. 武山县采集　29. 天水采集

地湾 H395：18 等；少量填绘"对旋"曲线者，如傅家门 T128H2：36、128H2：30；填绘网格者，如大地湾 H813：24、T703②：95，傅家门 T125H6：27；"花瓣形"底纹与圆形底纹间多见填绘网格的区间，如傅家门 T102④：85、大地湾 H842：7 等。

Ac 型图案主要以旋心为圆点的"旋纹"，与 Ab4 型"花瓣形"底纹与圆形底纹的组合图案再组合者较常见。

基本图案为垂直方向上的两股弧边三角、水平方向上的两股横"S"形曲线形成旋纹。旋转方向为逆时针者，如傅家门 T209H2：24，旋转方向为顺时针者，如傅家门 T209H2：7、T128H2：28。基本图案通过增加或减少旋臂的数量，产生变体，如傅家门 T128H2：36 为四股弧边三角与四股"S"形曲线；师赵村 T114③：33 为三股弧边三角与不同向曲线。另有其他形式的旋纹，如傅家门 T103④：29、T103④：30 等，应为器底图案，可纳入 Ac 型风格。

Bb 型图案多为两栖动物形象，如大地湾 F820：15 残见蛙纹，武山县境内采集两件长颈瓶均为蜥蜴形象[1]。个别为兽类形象，如大地湾 H366 乙：29 应为哺乳类动物形象。天水地区采集的一件矮颈双钮壶[2]，所饰图案似一对合拢翅膀的鸟纹形象。

第二期除大地湾、东乡林家遗址出土者外，另有师赵村、西山坪第五期遗存与西坡坬的个别标本，以及兰州雁儿湾、天水石沟坪[3]、临洮寺洼山[4]、临夏范家村[5]、永靖三坪[6]等地的采集标本。如图 3.37。

Ab1 型"多股底纹绞索"，如大地湾 T703②：94、T703②：46。

Ab1 型"垂弧纹"。如东乡林家 F9：8、F9：54 口沿外，"垂弧纹"间以"钩形"间隔，此类钵的内彩种类较多，且亦多见 Ab1 型风格的线条图案或 Ac 型风格的旋纹图案。如傅家门 T101③：26、师赵村 T244③：16，"垂弧纹"饰于口沿内，钵底为 Bb 型蛙纹，大圆形网格的蛙身形象与第一期所见相似，四肢带爪，则较第一期者更

---

① 甘肃省博物馆：《甘肃古文化遗存》，《考古学报》1960 年第 2 期；安志敏：《中国西部的新石器时代》，《考古学报》1987 年第 2 期。

② 甘肃省文物管理委员会：《渭河上游天水、甘谷两县考古调查简报》，《考古》1958 年第 5 期。

③ 安志敏：《中国西部的新石器时代》。

④ 夏鼐：《临洮寺洼山发掘记》，《田野考古报告》（第四册）。

⑤ 黄河水库考古工作队甘肃分队：《临夏范家村马家窑文化遗址试掘》，《考古》1961 年第 5 期。

⑥ 谢端琚：《马家窑文化诸类型及其相关的问题》，《考古与文物》1985 年第 1 期。

| 风格类型 | | 具体图案　实例标本 |
|---|---|---|
| Ab1 型 | 多股底纹绞索 | 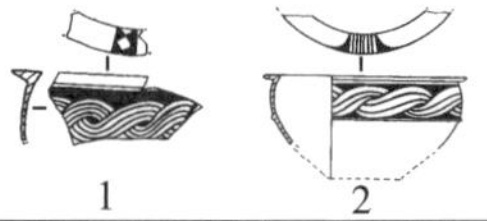 1　2 |
| | 垂弧纹 | 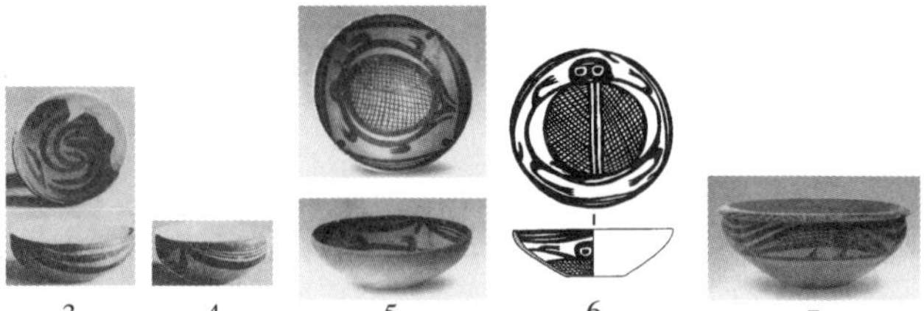 3　4　5　6　7 |
| Ab4 型 | "花瓣形"底纹<br>+<br>圆形底纹 |  8　9　10 |
| Ac 型 | 旋纹 | 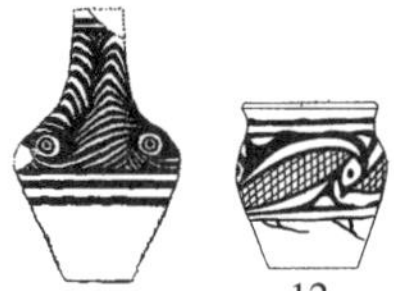 第一类 11　12 |
| | | 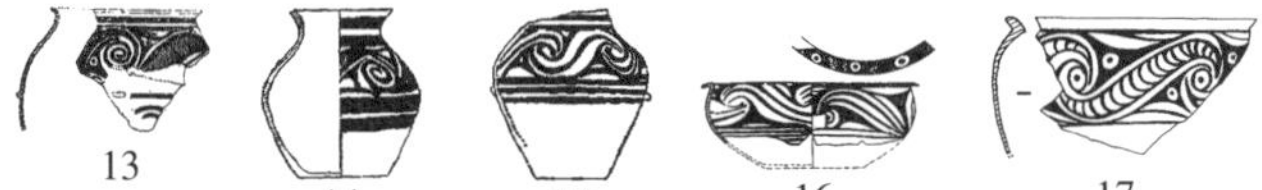 第二类 13　14　15　16　17 |
| | | 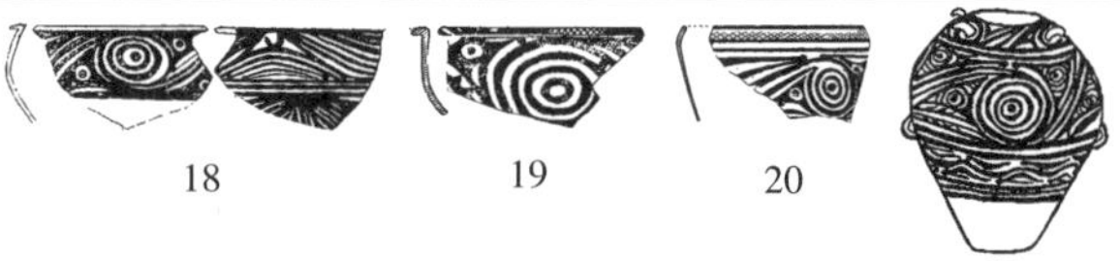 第三类 18　19　20　21 |
| Bb 型 | 抽象动物纹 | 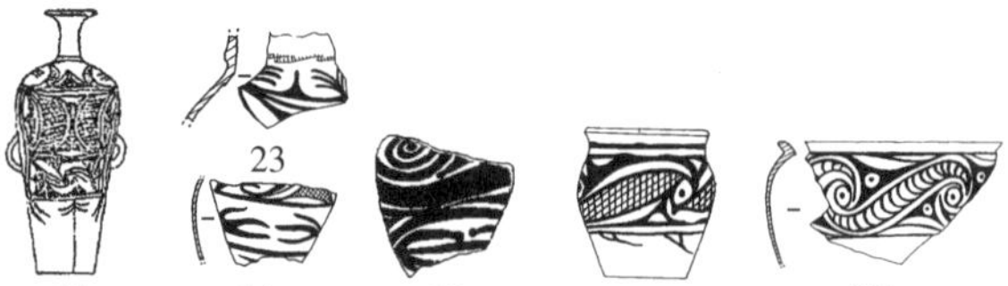 22　23　24　25　26　27 |

图 3.37　天水至兰州地区马家窑文化第二期彩陶概况

1、2、8、12、17、23、24. 大地湾 T703②：94、T703②：46、H374：28、F401：2、H846：3、T903⑤：3、T205①：4　3、4、11、13、14、15、18、25. 东乡林家 F9：8、F9：54、F19：11、F9：22、F24：6、F24：1、T46④、T24⑥　5、7. 傅家门 T101③：26、T128③：1　6. 师赵村 T244③：16　9、19. 范家村采集　10. 通渭县采集　16、20. 西坡坬 T13：3、T13③　21. 三坪采集　22. 石沟坪采集

为具象。如傅家门 T128③：1 图版，盆器表饰有倒置的"垂弧纹"。

Ab4 型弧边三角组成的"花瓣形"底纹与圆形底纹的组合图案，圆形底纹处填绘梭形网格，如大地湾 H374：28、范家村等地采集者。其中，大地湾 H374：28 的图案较具体，弧边三角中心嵌入圆点、环带纹装饰整个颈部、"花瓣形"底纹处填绘倒"爪"形图案。《中国彩陶图谱》114 号通渭县采集标本①，弧边三角间饰有带齿弧线。

Ac 型旋纹图案种类较多。第一类，如东乡林家 F19：11，为多股弧边三角形成的"旋纹"，线条更为密集。第二类，如东乡林家 F9：22、F24：1、F24：6，大地湾 F401：2、H846：3，西坡坬 T13：3 等，为尖端对旋的弧边三角，构成"绞索状"的图案框架，弧边三角中心嵌入圆点，弧边三角间多饰有横"S"形网格纹或"蛇腹纹"。

大地湾遗址中尖端相旋的弧边三角形成的无旋心旋纹，如 H842：25，虽被定为"H374 组"，但亦有与第一期标本共出者，如 H308 内所见，因此，其期属存在多种可能。与第二类旋纹相比，大地湾 H842：25 这类旋纹图案更简单，更接近第一期的总体风格。

Bb 型图案除钵底的网身蛙纹外，可能出现了两栖类动物的抽象图案。如大地湾 T903⑤：3、T205①：4，东乡林家 T24⑥，石沟坪采集长颈瓶图案中，均见呈合抱状的"爪"形，可能为蛙纹或蜥蜴纹的局部抽象。Ab4 型图案中的梭形网格、倒"爪"纹、带齿弧线，Ac 型第二类旋纹中的横"S"形网格纹等，可能也是这些两栖类动物局部分解图案的抽象。Ac 型第二类旋纹中的横"S"形"蛇腹纹"可能为某种节肢动物的抽象。

由于东乡林家 T24⑥中出现同心圆纹，表明了其他出现同心圆纹图案的彩陶标本，如东乡林家 T46④、西坡坬 T13③、范家村、永靖三坪等地采集者，也可能属于此期标本。此类图案与 Ac 型第二类旋纹相似，以同心圆纹置换了弧边三角之间的"尖端对旋"结构，可视作 Ac 型第三类旋纹。

第三期彩陶遗存除大地湾、傅家门、东乡林家遗址出土者外，另有师赵村与西山坪第五期，兰州王保保城、西坡坬等遗址出土，以及甘谷灰地儿、兰州雁儿湾、白道沟坪、华林坪②、曹家咀，临洮马家窑—瓦家坪等地采集者。如图 3.38。

① 张朋川：《中国彩陶图谱》。

② 甘肃省文物管理委员会：《兰州新石器时代的文化遗存》，《考古学报》1957 年第 1 期。

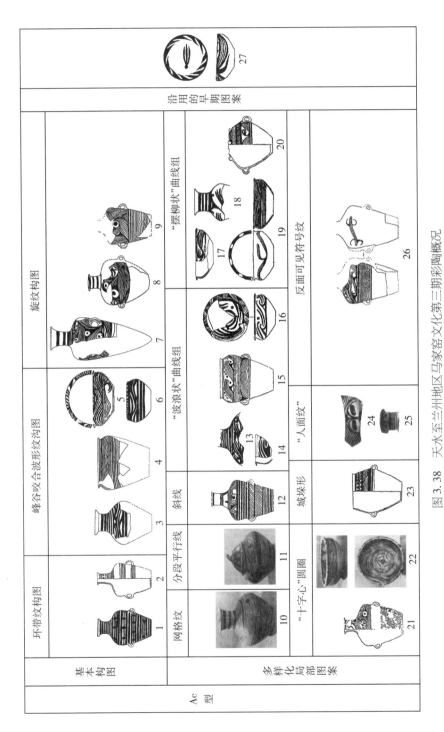

图3.38 天水至兰州地区马家窑文化第三期彩陶概况

1、3、4、6、7. 赵村采：08、T101①：39 2、5、9、12、15、19－21、23、24、26. 东乡林家 F16：4、T5③：8、F20：201、F21：5、F16：7、H9：1、F4：1、H27：7、H55：34、T42⑥：13、F16：5 8、10、11、22、27. 王保保城 M1：6、M1：5、M1：3、M1：1《文物》1976－3P29 13、14、17、18. 傅家门 T106③：59、T101③：28、T116②：19、T241②：2 16. 曹家咀采集 25. 华林坪采集

Ac 型风格为此期彩陶的主要风格。长颈平底瓶、长颈鼓腹壶、侈口鼓腹罐、折沿盆、钵等外彩及盆、钵内彩，多以密集的同心圆纹体现此期较为统一的风格。

基本构图有三种：如师赵村采：08、东乡林家 F16：4 等，器表仅见平行环带构成整体性的系列同心圆；如师赵村 T206③：14、T206③：4、T213③：103 器表，东乡林家 T5③：8 内壁，环带纹间加入了 Ab1 型峰谷咬合的波形纹；如师赵村 T101①：39、王保保城 M1：6、东乡林家 F20：201 等，环带纹间加入了 Ac 型由多股弧边三角与曲线形成的"旋纹"。

通过改变环带纹间局部图案的风格或种类，整体图案呈现多样化效果，举例说明如下。局部图案见 Aa1 型者，如王保保城 M1：5 的网格纹带、M1：3 的分段平行线纹，东乡林家 F21：5 的斜线纹；局部图案见 Ab1 型者，如傅家门 T106③：59、T101③：28，东乡林家 F16：7，曹家咀折沿盆等的"波浪状"曲线组，如傅家门 T241②：2、T116②：19，东乡林家 H27：7、H55：34 等的"摆柳状"曲线组；局部图案见 Ac 型者，如东乡林家 H9：1 肩部、王保保城 M1：1 内底的"十字心"圆圈纹；局部图案见 Aa3 型者，如东乡林家 F4：1 的"城垛形"纹；局部图案见 Bb 型者，如王保保城 M1：1 内壁、东乡林家 T42⑥：13 的"人面纹"以及华林坪采集瓶颈部绘塑结合的"人面纹"。

特殊者如东乡林家 F16：5，图案分正反面，正面为环带纹间加入 Ab1 型峰谷咬合的波形纹与"波浪状"线条组，反面为一单独图案，具有 Ba 型符号风格。

另外，第二期时的 Ab1 型"垂弧纹"钵沿用至此，如王保保城墓地出土者[1]。

2. 甘南地区马家窑文化第一、第三期彩陶遗存面貌典型，第二期遗存仅见少量标本。如图 3.39。

第一期遗存，如大李家坪 MH16 为典型单位。图案以 Ab4 型弧边三角构成的"花瓣形"底纹为主，如 MH16：1、MH16：3。另有武都县后村东坪[2]采集折沿盆，为"花瓣形"底纹与圆形底纹间隔。

第二期遗存，如大李家坪 AH2：20，图案中可能包含横"S"形"蛇腹纹"。岷

---

① 甘肃省博物馆、北京大学历史系考古专业：《从马家窑类型驳瓦西里耶夫的"中国文化西来说"》，25 页、29 页图一三。

② 赵雪野、司有为：《甘肃白龙江流域古文化遗址调查简报》，《考古与文物》1993 年第 4 期。

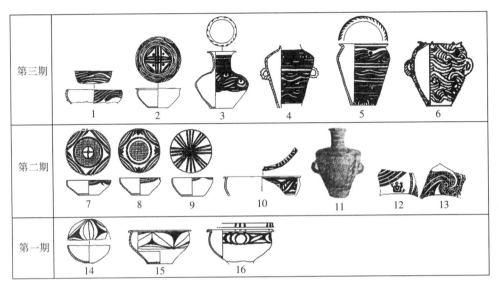

图 3.39　甘南地区马家窑文化彩陶概况

1–5、10、14、15. 大李家坪 MH4∶21、MH20∶17、MH21∶35、MH21∶47、MH21∶33、AH2∶20、
MH16∶1、MH16∶3　6、16. 后村东坪采集　7–9、12、13. 山那采集　11. 迭部县采集

县山那遗址采集彩陶钵，器表与内壁多见 Ab1 型"垂弧纹"，彩陶残片残见 Ac 型旋纹、Bb 型蛙纹。迭部县①采集长颈瓶，腹部图案为大幅网格纹与带齿弧线纹的组合。

　　第三期遗存，如大李家坪 MH4、MH20、MH21 等为典型单位。Ac 型风格的器物，多见环带纹间加入 Ab1 型峰谷咬合的波形纹者，如 MH4∶21、MH21∶47、MH21∶33 等，个别加入 Ac 型旋纹，如 MH21∶35，盆底为"十"字圆圈纹者，如 MH20∶17。特殊者如武都县后村东坪采集鸟喙状钮双耳罐，所饰 Ab1 型"实线绞索"为层叠堆垒的"祥云状"，与海生不浪文化同类图案相似。

　　3. 青海东部地区可见马家窑文化第一至三期的彩陶遗存，并以第三期遗存为主。如图 3.40。

　　第一期遗存主要见于民和阳洼坡、胡李家，化隆参果滩②，循化红土坡嘴子③等遗址。Ab1 型"垂弧纹"图案均为外彩，以圆点或双圆点为间隔，更接近庙底沟文化风格，如阳洼坡简报原图五∶17、胡李家 T1004②B∶3、红土坡嘴子采集者等；

① 李振翼：《甘肃迭部县新出土的彩陶壶》，《考古与文物》1982 年第 4 期。

② 青海省文物考古研究所：《青海化隆、循化两县考古调查简报》，《考古》1991 年第 4 期。

③ 青海省文物考古研究所：《青海化隆、循化两县考古调查简报》。

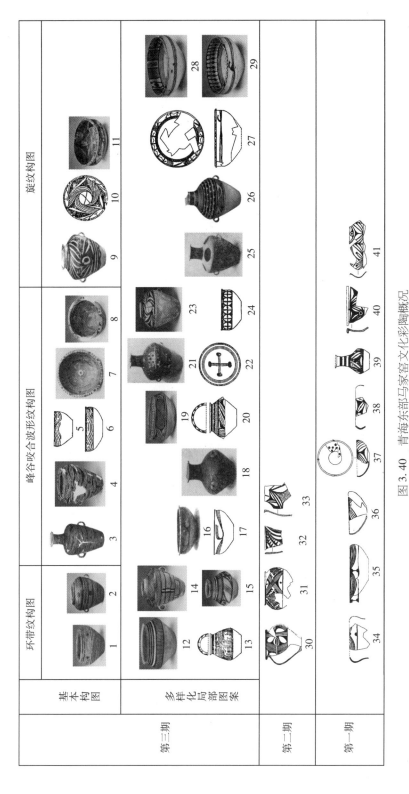

图3.40　青海东部马家窑文化彩陶概况

1-4、8、9、11、12、14、15、19、23、26、28、29. 崇日 M284：2、M180：1、M295：1、M324：1-3、M294：3、M159：11、M222：2、M155：3、M267：5、M192：3、M222：5、M180：2、M204：1、M192：2、M157：1、5、6、10、13、17、20、22. 脑庄 M1：8、M1：6、M1：5、M1：4、M1：5、M1：3、M1：6、7、16、18、21、25. 核桃庄 M1：31、M1：3、M1：8、M1：9、M1：19、24、27. 上孙家兼出土、30、31、34、37、38. 阳洼坡出土　32. 格尔玛采集　33. 王家沟门采集　35、40、41. 胡李家 T1004②B：3、H15：24、T1003②：3　36. 红土坡嘴子采集　39. 参果滩采集

Ab4 型弧边三角组成的"花瓣形"底纹，如阳洼坡简报原图五：10、原图五：12，参果滩采集者为"两瓣式"连续，如胡李家 H15：24、T1003②：3 当为其变体。

第二期遗存多为采集标本，如阳洼坡简报原图五：2，民和县王家沟门①、化隆格尔玛②等地所见。另外，阳洼坡简报原图五：4 与原图五：2 器形相似，应为同期遗存，所饰图案为 Ab4 型弧边三角组成的"多瓣式"底纹，其弧边三角间填绘密集的斜线组，可能亦与华北平原的秦王寨文化、大司空文化中同类风格的出现大致同时。

第三期遗存主要有民和核桃庄 M1，乐都脑庄 M1，大通上孙家寨 M384 以及同德宗日墓地部分墓葬③，与天水——兰州地区以 Ac 型为主的风格一致。

基本构图者：如宗日 M284：2、M180：1 等，器表仅见平行环带构成的同心圆；如宗日 M295：1、M324：1－3、脑庄 M1：8、M1：6 器表，核桃庄 M1：31、宗日 M294：3 内壁，环带纹间加入了 Ab1 型峰谷咬合的波形纹；如宗日 M159：11 器表，脑庄 M1：5、宗日 M222：2 内底，均呈"旋纹"。

局部图案见 Aa1 型者，如脑庄 M1：4、宗日 M155：3 为竖线纹，宗日 M192：3、M267：5 为分段平行线纹；局部图案见 Ab1 型者如核桃庄 M1：3、脑庄 M1：5 器表的"摆柳状"线条组；局部图案见 Ab4 型者，如核桃庄 M1：8、脑庄 M1：3 为弧边三角组成的"花瓣形"底纹与圆形底纹间隔，宗日 M222：5、M267：5 中圆形底纹变体为横"S"形边界的"椭圆形网格"；局部图案见 Ac 型者，如宗日 M180：2，核桃庄 M1：9，脑庄 M1：6，上孙家寨出土者的"十字心"圆圈纹，核桃庄 M1：19 肩部的大圆片纹；局部图案见 Aa3 型者，如宗日 M204：1 的"城垛形"纹；局部图案见 Bb 型者，如宗日 M157：1、上孙家寨出土者的"舞蹈人纹"，宗日 M192：2 的"二人抬物纹"。另外，类似"二人抬物纹"者，如《宗日彩陶"二人抬物"纹寓意新探》④一文引用的《青海彩陶收藏与鉴赏》中图版 7 彩陶罐器表图案，为"一人抬物"的形象。

---

① 青海省文物考古研究所：《青海省民和县古文化遗存调查》，《考古》1993 年第 3 期。

② 青海省文物考古研究所：《青海化隆、循化两县考古调查简报》。

③ 关于同德宗日墓地马家窑文化第三期墓葬的认定，将在本章第五节中涉及。

④ 刘铮：《宗日彩陶"二人抬物"纹寓意新探》，《草原文物》2013 年第 1 期。

4. 六盘山地目前可见马家窑文化彩陶标本较少。陇县原子头遗址 H46：3、H62：10 当为第一期遗存，T5⑥：3 当为第二期遗存；静宁县威戎镇采集长颈瓶①当为第二期遗存，图案分正反面，背面有 Ba 型符号纹。如图 3.41。

5. 宁夏南部的马家窑文化彩陶遗存，如凤岭公社采集②者，大概属于第二期，如页河子 H212：16、曹洼采：2 与采：1 属于第三期。如图 3.41。

马缨子梁与切刀把遗址所见彩陶遗存，装饰的 Ab1 型峰谷咬合的波形纹、垂弧纹、Ac 型同心圆纹等，为马家窑文化第三期风格。施彩器类如切刀把 QF2：13 上小下大的瓶口颈，马缨子梁 MH2：3、MH3①：1 小侈口或小卷沿盆等，则非马家窑文化典型器类，且残见的莲瓣形、“水滴形”、“工”字形点等图案，亦非马家窑文化典型图案。由此可见，宁夏南部存在一批以马缨子梁遗址为代表的，受马家窑文化影响的遗存。

6. 河西走廊马家窑文化遗存主要发现于东部武威地区。远至酒泉照壁滩的采集标本，地方因素更突出。如图 3.41。

属于第二期的遗存，有武威塔儿湾遗址 F102 内发表的两件彩陶盆、古浪馆藏0044③。F102 内盆形接近庙底沟文化的曲腹盆，F102：2 所饰图案为 Ab4 型弧边三角构成的“花瓣形”底纹与圆形底纹，圆形底纹中填绘同心圆纹，F102：1 所饰图案为Ab4 型尖端对旋的弧边三角，内底为同心圆纹。

古浪馆藏 0044 较特殊，图案分正反面，正面为弧边三角网格与带齿弧线组合，反面为一 Ba 型符号风格的单独图案。

属于第三期的遗存，有武威五坝山 M1 发表的四件彩陶器，古浪馆藏0016，天祝馆藏001、002、010④，酒泉照壁滩遗址采集 Ⅱ002 等。长颈双耳瓶与束颈鼓腹罐为马家窑文化典型器类，带鋬曲腹盆应为地方因素。五坝山 M1：4、天祝 002、天祝010 等，于同心圆环带间加入 Aa1 型竖线组、分段平行线、网格纹，Ab1 型峰谷咬合的波形纹，五坝山 M1：1 器表和 M1：3 内壁可见弧边三角构成的“花瓣形”底纹与圆形底纹的变体，均为马家窑文化风格。可见的 Bb 型图案，如天祝馆藏001 及照壁

① 甘肃省博物馆：《甘肃古文化遗存》，《考古学报》1960 年第 2 期。
② 宁夏回族自治区博物馆：《宁夏回族自治区文物考古工作的主要收获》，《文物》1978 年第 8 期。
③ 李水城、水涛、王辉：《河西走廊史前考古调查报告》，《考古学报》2010 年第 2 期。
④ 李水城、水涛、王辉：《河西走廊史前考古调查报告》。

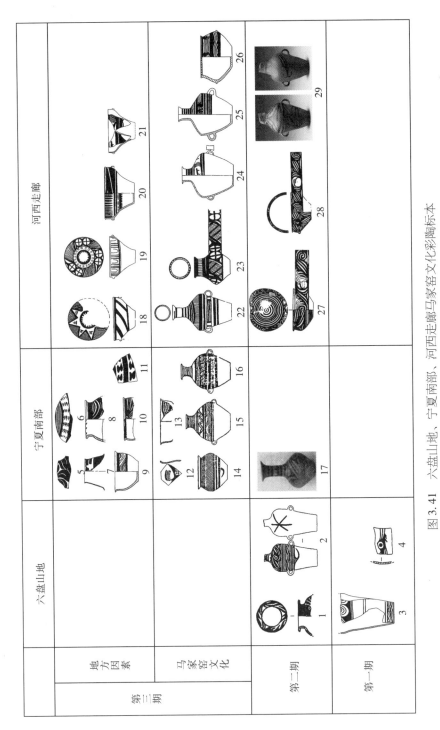

图3.41　六盘山地、宁夏南部、河西走廊马家窑文化彩陶标本

1、3、4. 原子头 T5⑥：3、H46：3、H62：10　2. 威成镇采集　5、6、8－11.马缨子梁 MH5：21、MH4：30、MH4①：21、MH2：3、MH3①：1
7. 切刀把 QF2：13　12、13、15、16.曹洼 T103①：1、采：6、采：2、采：1　14. 页河子 H212：16　17. 凤岭公社采集　18、19、22、23. 五坝山 M1：2、
M1：3、M1：4、M1：1　20、29. 古浪馆藏 0016、0044　21. 照壁滩 II002　24、25、26. 天祝馆藏 001、002、010　27、28. 塔儿湾 F102：1、F102：2

滩采集Ⅱ002 器表的"蚂蚱形"图案，当具有一定的地方因素。

### （三）辐射地区的相关彩陶遗存

川西北岷江上游地区松潘、茂县、汶川、理县等地，出土典型的马家窑文化彩陶遗存。如图 3.42。其中，茂县波西遗址 G1① 相对年代最早，饰有弧边三角的彩陶残片与退化重唇瓶口共存。已有学者指出其年代可早至庙底沟文化晚期②。参照关中盆地西部及以西地区尖底瓶重唇口的发展状况，退化重唇瓶口的出现已进入仰韶时代晚期，波西 G1 的相对年代可定为马家窑文化第一期，其文化性质与民和阳洼坡、胡李家遗址同期遗存接近。

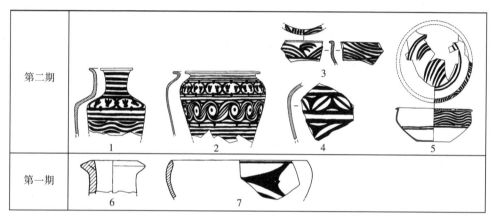

图 3.42　岷江上游地区的马家窑文化彩陶
1－5. 营盘山 H12：5、H8：1、H24：30、H8：4、H8：2　6、7. 波西 G1：5、G1：4

茂县营盘山遗址马家窑文化彩陶遗存，应属于第三期。图案以 Ac 型风格为主：H12：5 环带纹间加入 Ab1 型水波纹、Ac 型圆圈纹，圆圈纹内填绘 Ba 型"草"头形符号纹；H8：4 环带纹间加入 Ab4 型"花瓣形"底纹，当为第一期风格的遗留；H8：1 环带纹间除填绘 Ba 型"草"头符号的圆圈纹外，另有 Ac 型尖端对旋的弧边三角纹；H8：2 器表饰 Ab1 型水波纹；H24：30 残见 Ab1 型"摆柳状"曲线组。该遗址的彩陶残片，虽经鉴定属于直接由西北地区输出者③，但上述图案仍带

①　成都文物考古研究所、阿坝藏族羌族自治州文物保管所、茂县羌族博物馆：《四川茂县波西遗址 2002 年的试掘》，《成都考古发现》（2004 年），北京：科学出版社，2006 年。

②　陈剑：《川西彩陶的发现与初步研究》，《古代文明》（五），北京：文物出版社，2006 年。

③　崔剑锋：《四川茂县新石器遗址陶器的成分分析及来源初探》，《文物》2011 年第 2 期。

有一定的地方特色。

## 三　小结

### （一）Ac 型风格的发展规律探索

通过上文分析，Ac 型"圆点风格"不仅是马家窑文化中最为重要的局部图案风格，更是马家窑文化发展至第三期时，形成的彩陶器类整体图案风格。具体看来，Ac 型风格中的"旋纹"图案，贯穿马家窑文化始终，并在后续的半山 – 马厂文化中继续充当典型图案，如图 3.43。

马家窑文化第一期时，"旋纹"的产生，是源于庙底沟文化 Ab4 型"弧边三角风格"中，"花瓣形"底纹与圆形底纹的组合图案。此类图案根据不同的旋绕方式，形成两类"旋纹"。第一类：形成圆形底纹的一对弧边三角与两侧"花瓣形"底纹中的斜线，同方向旋绕，形成旋心，着重以圆点表现。第二类："花瓣形"底纹中无斜线参与旋绕，无旋心。

随着旋转幅度的加大，分别形成了第二期时的第一类与第二类"旋纹"。第一类"旋纹"中，原先的两股弧边三角与两股斜线，不再有明显的区分；第二类"旋纹"中，"花瓣形"底纹在两端同方向旋扭下变为横"S"形，形成与同时期"绞索纹"类似的图案效果，部分图案中可见旋心。而在第二类有旋心的"旋纹"基础上继续旋绕，则很有可能就是第三类"旋纹"中"同心圆纹"产生的缘由。

第二期的两类"旋纹"图案，都有与 Bb 型抽象图案结合的情况。试猜想这些抽象图案如果源于"蜥蜴"或"蚯蚓"等本身具有"S"形线条的动物形象，那么，第二期"旋纹"形成的背后，极有可能有象征意义的推动。因动物体势而加大旋转幅度，可能就是第二期时"旋纹"继续发展，逐渐远离初始形态的动力。

第三期时，两类"旋纹"仍作为局部图案继续使用，旋心均有明显增大，摆脱了与抽象图案的纠结，几何风格更为突出。第二期时形成的"同心圆纹"，成为此期彩陶器整体风格的主导，意味着第三期时，彩陶图案的发展动因出现变化，导致了艺术趣味的"同心圆"倾向。

### （二）马家窑文化彩陶发展进程

马家窑文化第一期时，不仅继承了庙底沟文化的典型图案，而且沿用了敛口钵、

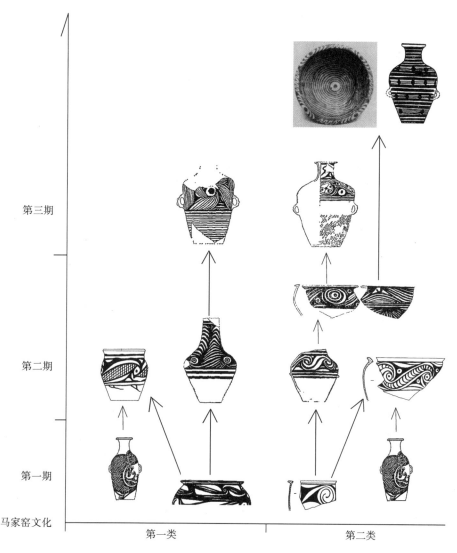

图 3.43 "旋纹"的演变

折沿曲腹盆这两种庙底沟文化的典型彩陶器类。并新增了束颈罐、侈口鼓腹罐、长颈平底瓶等适合大面积施彩的彩陶器类，促进了组合图案的发展。此时，庙底沟文化Ab4 型 "花瓣形" 底纹与圆形底纹的组合图案，与由此演化得来的 Ac 型 "旋纹"，是马家窑文化的两种主要图案。两者不仅单独用以装饰器表，并且衍生出多种组合形式。同时，蛙纹、蜥蜴纹等象生图案，多为生动具体的形象，单独用以装饰器表。

马家窑文化第二期时，彩陶钵多为直口或敞口，折沿盆腹部多见凸棱、沿面多向下倾斜，与庙底沟文化时的器形差距较大。束颈罐、侈口鼓腹罐、长颈平底瓶、长颈圆腹罐等器类更为流行。第一期时的 Ab4 型、Ac 型两种主要图案继续发展，Ab4 型图案的主要地位有所下降。除了 Ac 型"旋纹"在抽象动物纹的影响下发生演化外，Ab4 型"花瓣形"底纹与圆形底纹的组合图案中，也多见可能为抽象动物纹局部的"梭形网身"、倒"爪"、带齿弧线纹。倘若"旋纹"所受影响来自于"S"形身躯的蜥蜴类形象，那么 Ab4 型图案中的"梭形网身"，可能暗示着其所受影响来自于圆腹的蛙纹。

马家窑文化第三期时，彩陶器群与第二期时基本一致，长颈平底瓶、侈口双耳罐、鸟喙状钮双耳罐更为常见。随着保留庙底沟文化风格的 Ab4 型图案退居为众多局部图案之一，由其生成的 Ac 型图案反而主导了彩陶器群的整体图案风格，造就了马家窑文化别具一格的艺术风貌。此时，大量流行的器表密集平行环带纹、内壁密集同心圆纹，除了是图案风格上发展倾向之使然以外，也应当包括陶轮的使用对彩陶工艺的影响。

此外，在马家窑文化第一至三期的各个发展阶段中，同种图案广泛施用于钵、盆、罐、壶、瓶等基本器类上，没有明显与固定器类组配的现象。加之图案间频繁地相互组合，同种图案随某种器类的器形变化而逐渐量变的情况并不突出。因此，图案的演变与器形的演变不相适应，是马家窑文化彩陶贯穿始终的创作理念，也可能是其面貌得以逐渐繁复的活力之源。

# 第五节　宗日文化的彩陶遗存

## 一　考古学文化基础研究

### （一）关于文化内涵

宗日文化是以青海同德县宗日墓地①中，一群明显区别于马家窑文化与半山文化的随葬器物群为代表的遗存，所命名的考古学文化。根据调查②，目前在贵德县、兴

---

① 青海省文物管理处、海南州民族博物馆：《青海同德县宗日遗址发掘简报》，《考古》1998 年第 5 期；陈洪海、格桑本：《宗日遗址文物精粹及论述选集》，成都：四川科学技术出版社，1999 年。

② 陈洪海、格桑本、王国顺：《青海省海南州宗日文化遗址的调查》，《西部考古》（第二辑），西安：三秦出版社，2007 年。

海县、贵南县等地区，发现有同类遗存的分布。本文基于其大致未超出仰韶时代的地理范围，又与马家窑文化共生，暂将其纳入仰韶时代范畴进行讨论（如图3.1）。

### （二）文化分期

陈洪海等所著《试论宗日遗址的文化性质》[1] 一文，从类型学角度出发，根据随葬陶器的组合，区分出四组文化性质不同的器物：宗日文化、马家窑文化、半山文化、齐家文化。后三种文化的器物在墓葬内互不共出，而马家窑文化、半山文化分别与宗日文化器物共出。《试论》一文将宗日文化分出马家窑期和半山期，是基于马家窑文化与半山文化的合理序列关系。但是，文中将一群单独随葬宗日文化器物的墓葬，定为介于半山文化和齐家文化之间，有估计的成分，缺乏层位学与类型学的依据。

本文将宗日文化纳入仰韶时代晚期的讨论范畴，是由于宗日遗址处于马家窑文化的分布范围内，且其最早期遗存当与马家窑文化第三期遗存并行发展。基于对同种文化遗存完整性的考虑，本文一并讨论相对年代进入半山文化范畴的宗日文化遗存。

由于宗日遗址发掘简报与《宗日遗址文物精粹及论述选集》中，除个别墓例外，大多墓葬内随葬器物组合未发表完整，且不同文化的器物组合状况不详。但就发表材料中可见者而言，与马家窑文化彩陶共出的宗日文化器物，以及与半山文化彩陶共出的宗日文化器物，两者无论器形、彩陶图案种类及施彩方式均有所区别。其他未发表共存关系的宗日文化器物，除 M163、M245 内出土者可归入马家窑期外，其余均可归入半山期。

据此，本文将宗日墓地的宗日文化彩陶器分为两期：第一期与马家窑文化第三期年代相当，第二期进入半山文化年代范畴。

## 二　宗日文化彩陶综述

### （一）彩陶图案的风格类型

宗日文化彩陶属于黑、红单彩系，红彩色偏紫红，兼有个别黑红复彩。器表彩

---

① 陈洪海、格桑本、李国林：《试论宗日遗址的文化性质》，《考古》1998 年第 5 期。

为主，盆钵类流行内彩。施彩器类主要是壶、罐、盆、钵等。彩陶图案风格单一，以 Aa1 型"线纹风格"为主，少量 Ba 型"符号风格"、Bb 型"象形风格"图案，多用作局部图案。

### （二）彩陶图案分析

第一期多泥质彩陶器，壶罐类器物多为溜肩、圆鼓腹，最大径接近腹中部，外彩均由颈部最靠近口沿处及下腹部，甚至近底部。如图 3.44。

Aa1 型"线纹风格"图案多为密集折线纹与辐射状线条纹。

密集折线纹，如 M192：4、M267：15、M267：6、M222：4 等，器表彩中多见竖向线条连接器底者；辐射状线条纹尖端微折，如 M158：1、M159：3 的内外彩；单耳罐 M269：2 腹部两周线条，亦与辐射状线条纹效果一致。

Ba 型"符号风格"，如 M222：3 腹部最大径处一"∧"形倒"F"纹组合，下腹部一"X"形符号。

Bb 型"象形风格"，如 M159：3、M163：10 鋬手处，绘塑结合的"人面纹"。

综上，此期彩陶不仅与马家窑文化彩陶共存，且流行的密集器表彩、鋬手处"人面纹"、钵底"十"字纹等，均与马家窑文化第三期的同类图案相似。由此推知，宗日文化第一期彩陶，可能是在马家窑文化影响下产生的。

第二期夹砂彩陶器增多，壶罐类器折肩较多，下腹内曲，器体瘦长，施彩多由颈肩结合部开始，多局限于肩部，最大径以下部分基本不见刻意施彩者，部分夹砂彩陶器肩以下施绳纹。如图 3.44。

Aa1 型"线纹风格"图案，发展自第一期的密集折线纹与辐射状线条纹。

密集折线纹的折线道数减少，描绘不甚规整，Aa1 型折线渐变为 Ab1 型垂弧，如 M193：1、M70：2、M150：4 等；辐射状线条纹尖端转折明显，如 M88：2、M146：2；"变体鸟纹"为此期最为流行的图案之一，如 M68：5、M71：3、M85：3 等，辐射状线条纹的一端加粗至呈三角形状，似"鸟身"，尖端转折似"鸟喙"，底边伸出的线条似"鸟足"。这类"变体鸟纹"与辐射状线条结构相似，应由辐射状线条演变而得。

Ba 型"符号风格"种类较多，如 M68：5"变体鸟纹"中填绘不同点数的"◇"形符号，M23：4 内壁"Ⅱ"形符号、底部"光芒形"符号；M135：2 鼓腹处"锯齿

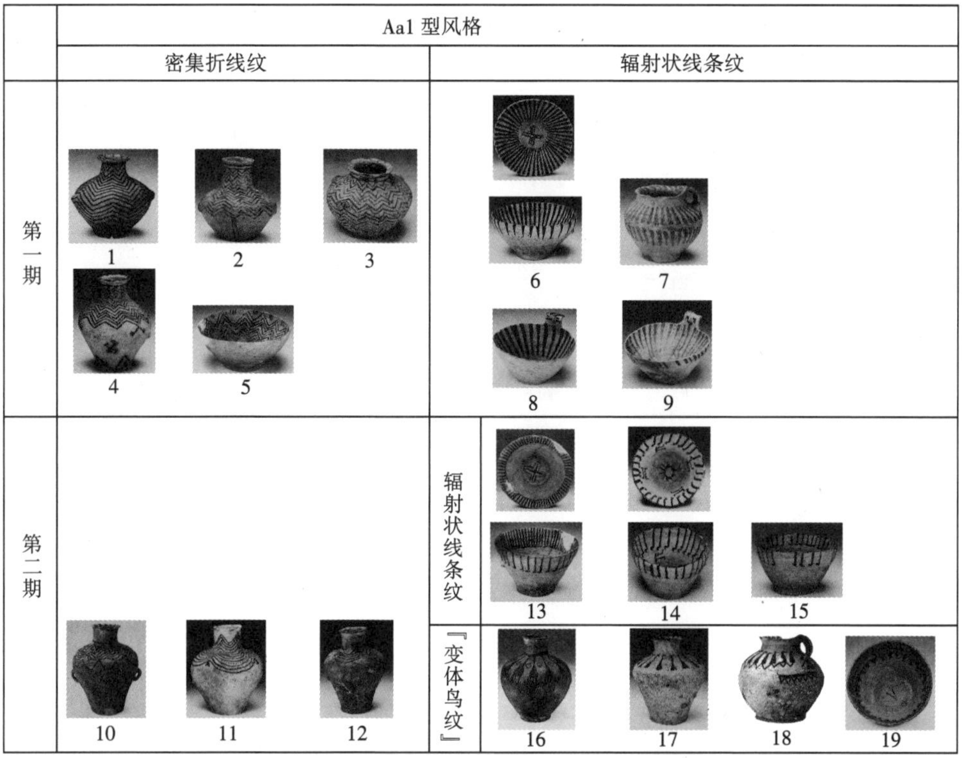

图 3.44　宗日文化第一、二期彩陶图案对比

1. M192：4　2. M267：15　3. M267：6　4. M222：3　5. M222：4　6. M158：1　7. M269：2　8. M163：10
9. M159：3　10. M193：1　11. M70：2　12. M150：4　13. M146：2　14. M23：4　15. M88：2　16. M68：5
17. M71：3　18. M135：2　19. M85：3

状"符号等。

　　此期彩陶继承并发展了第一期彩陶的风格类型与具体图案，没有受到共时的半山文化彩陶风格的明显影响。

# 第六节　其他彩陶遗存

## 一　义井文化、雪山一期文化的彩陶遗存

　　分布有义井文化遗存的晋中地区，以及分布有雪山一期文化遗存的燕山以南、

冀中以北地区①，所见重要的彩陶遗存，在前文中已有述及（参看图3.26、图3.30）。

其中，与大司空文化有关的"蝶须纹"、叠"人"字纹等图案，应为大司空文化北上或西进②的产物，而并非义井文化或雪山一期文化中原生。但在两者吸收大司空文化彩陶的同时，加以变化创新，形成具有大司空文化风格的其他图案，则大有可能。如雪山一期文化中的"吊环纹"，可能就是"蝶须纹"的变体。

同时，一批与庙子沟·海生不浪文化有关的Aa型风格图案，却有可能是义井文化或雪山一期文化中原生，进而影响庙子沟·海生不浪文化。主要图案种类包括反向斜线纹、对顶实彩三角与竖线组的组合、网格纹与菱格纹的组合。从风格类型、具体图案、施彩器形三方面看，义井文化与雪山一期文化中，这部分彩陶遗存可谓面貌一致，难分彼此。从目前可见的考古资料分析，至少无法从相对年代角度，判断两者之中哪种文化率先使用这批彩陶图案，进而判断是谁影响了对方。又由于义井文化与雪山一期文化隔太行山东西对峙，通过太行八陉中的"井陉"可直接沟通晋中与冀中，而通过"井陉"以北的"飞狐陉""蒲阴陉""军都陉"三条通道又可沟通燕山南麓与大同盆地，并北连塞外。因此，义井文化与雪山一期文化在交通往来、相互影响下，出现趋同的彩陶图案，也在情理之中。

此外，义井文化与雪山一期文化都有分别与塞外直接沟通的可能。在部分错缝三角网格纹由晋中北上进入河套的同时，反向斜线纹、对顶实彩三角与竖线组的组合、网格纹与菱格纹的组合可能一并影响了河套地区；同时，这批图案也有可能由燕山南麓直接北上，影响河套。至于这批义井文化或雪山一期文化中原生的Aa型风格彩陶如何溯源，则很有必要追究大司空文化的影响。首先，直接属于大司空文化的彩陶图案与其共存；第二，大司空文化沿华北平原向北可至桑干河流域，如阳原姜家梁③菱形网格纹折腹钵M8：1（图3.45），逆汾河北上可至忻州山区，如岢岚县窑子坡④叠"人"字纹红彩敛口钵H13：6（图3.46），显示出大司空文化因素的辐

① 韩建业：《论雪山一期文化》，《华夏考古》2003年第4期。
② 许永杰：《距今五千年前后文化迁徙现象初探》，《考古学报》2010年第2期。
③ 河北省文物研究所：《河北阳原县姜家梁新石器时代遗址的发掘》，《考古》2001年第2期。
④ 山西省考古研究所、忻州市文物管理处、岢岚县文管所：《山西岢岚县窑子坡遗址发掘》，《华夏考古》2011年第4期。

射范围更有扩大的可能，抑或是与义井文化或雪山一期文化有一定程度的融合；第三，大司空文化具有 Aa1 型网格纹图案以及与 Aa1 型斜线组极其相似的 Ab1 型细曲线组图案，对于这批彩陶图案的形成大有启发意义。

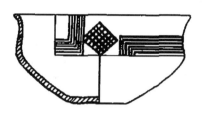

图 3.45　姜家梁 M8：1　　　　　　　　　图 3.46　窑子坡 H13：6

如果直接从仰韶时代早期的考古学文化中寻找源头，则非后冈一期文化莫属。且大司空文化彩陶本身，也包含了从后冈一期文化中继承的 Aa1 型风格传统。因此，义井文化或雪山一期文化 Aa 型风格彩陶的产生，无论是否通过大司空文化作为引导，都带有后冈一期文化传统复苏的意味。

## 二　泉护文化的彩陶遗存

分布有泉护文化的渭河盆地区，是仰韶时代晚期彩陶遗存最欠发达的地区。泉护文化中未见自成体系的彩陶传统，其分布地域内零星可见的彩陶标本应为周边考古学文化影响下的产物，如图 3.47。

### （一）关中盆地西部及以西地区

关中盆地西部以及泾河上游陇东地区所谓的"阳坬亚类"[1] 遗存，均属于泉护文化，其中所见彩陶显示出马家窑文化风格。以宝鸡福临堡[2]遗址为例，如平唇喇叭口无耳尖底瓶 H123：1、H31：1 等，双耳平底瓶 H136：2，与马家窑文化第二期大致相当。H123：1 肩部绳纹上所施白彩"旋纹"，H136：2 腹部残见带有"合抱状"爪的网身蛙纹，均为马家窑文化第二期的彩陶风格。

① 李红雄：《试论泾河上游地区新石器时代文化》，《考古与文物》1988 年第 3 期。
② 宝鸡市考古工作队、陕西省考古研究所宝鸡工作站：《宝鸡福临堡——新石器时代遗址发掘报告》，北京：文物出版社，1993 年。

| | |
|---|---|
| 与马家窑<br>文化有关 | 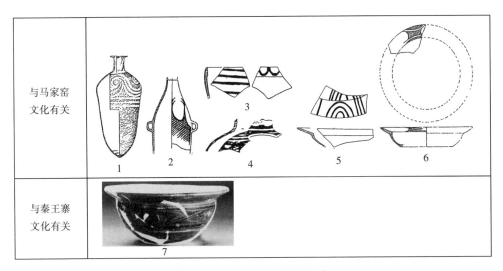 |
| 与秦王寨<br>文化有关 | |

图 3.47　泉护文化的彩陶标本

1、2. 福临堡 H123∶1、H136∶2　3. 韩家沟采集　4. 王家嘴 T3③∶14　5. 芦家采集　6. 新庄河采集
7. 新街出土

　　另外，自咸阳以西，眉县韩家沟①、岐山王家嘴②、岐山芦家③、凤翔新庄河④、宝鸡石嘴头⑤等遗址中，零星可见的仰韶时代晚期彩陶，如宽平沿盆沿面的简单红彩线条、钵内彩、宽平沿盆沿面或罐腹的细线纹黑彩、长颈器类周身的平行环带纹等，应与马家窑文化有关。

**（二）关中盆地东部地区**

　　临潼康桥义和村⑥、渭南北刘⑦等地所见宽平沿盆沿面的单彩线条，与关中盆地西部相似，线条图案更趋简化。

---

①　中国社会科学院考古研究所渭水考古调查发掘队：《渭水流域仰韶文化遗址调查》，《考古》1991 年第 11 期。

②　西安半坡博物馆：《陕西岐山王家嘴遗址的调查与试掘》，《史前研究》1984 年第 3 期。

③　中国社会科学院考古研究所渭水考古调查发掘队：《渭水流域仰韶文化遗址调查》。

④　赵丛苍、宋新潮：《陕西凤翔新石器时代遗址调查》，《史前研究》1986 年第 3－4 期。

⑤　陕西省考古研究院、西北大学文博学院：《宝鸡石嘴头遗址 1999 年发掘简报》，《考古与文物》2008 年第 2 期。

⑥　李仰松：《陕西临潼康桥义和村新石器时代遗址调查记》，《考古》1965 年第 9 期。

⑦　西安半坡博物馆、渭南市博物馆、陕西省考古研究所：《渭南北刘遗址第二、三次发掘简报》，《史前研究》1986 年第 1－2 期。

　　蓝田新街①遗址出土宽沿彩陶盆，腹部所饰黑彩"目"形纹，包含"对弧边三角""对合半圆"的元素，与秦王寨文化中所见相似。其绘彩区间为上下边界明确的行间，与豫西地区"三线交叉线纹"彩陶盆的绘彩区间相似。因此，新街的彩陶盆应受到了秦王寨文化的影响。

### （三）临汾盆地

　　临汾盆地区为泉护文化分布的东部边缘，所见彩陶遗存，尤以盆地南部翼城—侯马一线出土者为复杂，如图3.48。通过前文分析，盆地中部的襄汾陈郭村、小陈遗址中可见大司空文化的彩陶，襄汾杨威遗址中可见秦王寨文化的彩陶。因此，该地区的仰韶时代晚期遗存，当处于多种周边考古学文化的影响之下，而翼城—侯马地区多地出土的彩陶标本，当有相应的源头。

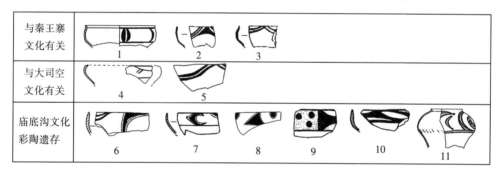

图3.48　临汾盆地的彩陶遗存

1、5-11. 乔山底 H14：17、H14：14、H8：90、F2：68、T3F1：13、H8：29、H14：5、H14：16
2、3. 南卫采集　4. 光村 XG：64

　　如侯马乔山底②H14：17的"对合半圆纹"、翼城南卫③采集标本的复线"人"字纹，当与秦王寨文化有关；如新绛光村④采集 XG：64"F"形符号纹、乔山底 H14：14叠"人"字纹，当与大司空文化有关。

　　然而，造成乔山底、光村、南卫等遗址中彩陶面貌复杂的原因，当为一批庙底

---

① 陕西省考古研究院：《陕西蓝田新街遗址发掘简报》，《考古与文物》2014年第4期。

② 山西省考古研究所侯马工作站：《山西侯马乔山底遗址1989年Ⅱ区发掘报告》，《文物季刊》1996年第2期。

③ 山西省考古研究所：《翼城四遗址调查报告》，《文物季刊》1992年第2期。

④ 山西省考古研究所，新绛县博物馆：《山西新绛光村新石器时代遗址调查》，《文物季刊》1996年第2期。

沟文化风格的彩陶与泉护文化器物群共出，如乔山底 H1、H8、H12、H14、T3F1、
南卫 H1 等单位内所见。其中，如乔山底 H8∶90、F2∶68、T3F1∶13 等钵类口沿残
片，黑彩弧边三角、圆点等图案饰有白彩边，与庙底沟文化中个别白彩勾边的标本
风格一致；其他残见图案如 "∵" 圆点组合纹、"花瓣形" 底纹、简化 "菊科图案"
等，均为庙底沟文化风格。因此，这批彩陶标本很有可能属于临汾盆地庙底沟文化
最晚期，而被扰入了泉护文化的遗迹单位内。

## 三　雕龙碑遗址仰韶时代晚期彩陶遗存

枣阳雕龙碑①遗址处于庙底沟文化分布的南部边缘，因此，本文将其第三期遗存
纳入仰韶时代晚期的范畴。

第三期彩陶遗存属于红、白、黑多彩系器表彩。彩陶标本多为残片，可辨器形
主要为罐类，较完整者有敛口鼓腹罐、束颈鼓腹罐和双肩耳罐各一件，如图 3.49。

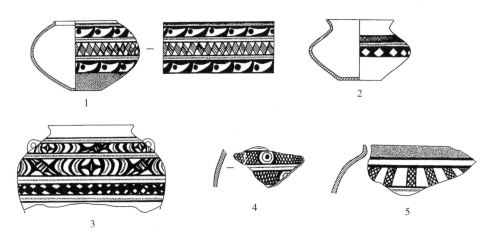

图 3.49　雕龙碑遗址仰韶时代晚期的彩陶标本
1. H5∶1　2. F18∶6　3. F17∶4　4. T2616③∶64　5. T2618③∶7

彩陶图案流行分行构图，且保留有大量庙底沟文化风格的局部图案。如 Ab2 型
"叠弧纹"，Ab3 型 "西阴纹"，Ab4 型 "对弧边三角纹" "铜钱纹" 等，单体通过分

---

①　中国社会科学院考古研究所：《枣阳雕龙碑》，北京：科学出版社，2006 年；湖北省襄樊市炎黄文化研
　　究会、北京画中画文化艺术交流中心编，王仁湘、王杰主编：《雕龙碑史前彩陶》。

行构图进行重组，呈现繁复的面貌。部分彩陶残片的残见图案，有口沿部的 Aa1 型网格纹条带、网格纹间隔带、嵌入网纹的 Ac 型"靶心纹"等，与秦王寨文化同类图案的表现形式基本一致。

在仰韶时代晚期的诸多考古学文化中，雕龙碑遗址与秦王寨文化的分布地域最为临近。其彩陶遗存体现出浓重的庙底沟文化遗风，亦与秦王寨文化第一期时的图案风格相似。因此，雕龙碑第三期彩陶，极有可能与秦王寨文化彩陶的生成具有相似的文化背景，或直接受到了秦王寨文化的影响。

# 第四章 总论

## ——彩陶视角下的考古学文化谱系

综合上文第二、三章各节下的小结部分，以彩陶为视角，反观考古学文化基础研究，所得认识基本围绕着与考古学文化谱系有关的问题。但由于研究对象局限于以彩陶为标识的遗存，这些认识的得出存在一定的局限性。其中，对于彩陶发展贯穿全程或与主体遗存关系明确的考古学文化而言，以彩陶为标识的文化谱系关系，基本相当于该考古学文化所涉及的谱系关系，如半坡文化、庙底沟文化、后冈一期文化、秦王寨文化、大司空文化、庙子沟·海生不浪文化、马家窑文化、宗日文化；而对于彩陶遗存并不丰富且与主体遗存关系不明的考古学文化而言，以彩陶为标识的文化谱系关系，仅能用以表示该考古学文化中，以彩陶为代表的遗存所涉及的谱系关系，如义井文化、雪山一期文化。

仰韶时代早期，最初的图案类彩陶见于豫西南、晋南地区，装饰简单的红彩波折纹。晋南所见者属于枣园文化，豫西南所见者出土于下王岗遗址仰韶时代第一期遗存中。

如前文所述，枣园文化的彩陶是半坡文化彩陶的直接源头，枣园文化与半坡文化之间具备谱系关系；下王岗仰韶第一期的彩陶与仰韶时代早期各考古学文化的彩陶面貌均有较大的差距，但下王岗仰韶第一期遗存，兼具枣园文化与后冈一期文化的特点，并与枣园文化、后冈一期文化第一期相对年代大致相当。比较继枣园文化之后的半坡文化与后冈一期文化二期以后的彩陶风格：前者彩陶器类众多且图案风格多样，包含的瓶壶类彩陶器与下王岗仰韶第一期遗存的两件彩陶标本风格接近，且亦有图案与之相似者；而后者除了包含一部分红彩以及流行 Aa1 型"线纹风格"的特点接近下王岗标本外，无论具体器类或具体图案，均与下王岗标本差别显著，且彩陶集中出土于豫北冀南，亦与豫西南相距甚远。因此，下王岗仰韶第一期的彩陶应与枣园文化的彩陶同为半坡文化彩陶的先导。虽然，尚不可证明下王岗仰韶第一期以彩陶为代表的这部分遗存属于枣园文化，但这批遗存极可能与下王岗遗址中，另一批以鼎为代表且传承有序的后冈一期文化遗存谱系有别。

此后，半坡文化于第一期时、后冈一期文化于第二期时，分别开始形成各自典型的彩陶面貌。

半坡文化一至三期的彩陶发展传承有序。其中，第一、二期的彩陶面貌单纯、特点突出，尤其第二期，堪称半坡文化彩陶艺术的高峰；第三期时，"史家类型"第一期，庙底沟文化早二、早一期的彩陶与之共存，半坡文化的疆域拓展至最大，彩陶艺术出现区域性差异；第四期时，伴随着庙底沟文化彩陶的彻底成熟，半坡文化内涵实为"史家类型"第二期所完全替代。追踪"史家类型"与庙底沟文化早二、早一期的彩陶分布范围，两者对于半坡文化的核心分布区形成"里应外合"之势，如图 4.1。半坡文化第三期时，随着庙底沟文化沿其外围的迅速蔓延，Aa 型风格与 Ab 型风格彩陶的融合，迫使半坡文化边缘各区的彩陶面貌不甚一致，与核心地区相比，差异则更为显著。加之"史家类型"于半坡文化内部的发展壮大，半坡文化的彩陶艺术在走向多元风格的同时，也走向了衰落。

后冈一期文化第二、三期的彩陶发展传承有序。虽无图案的直接源头可溯，但其中红彩的流行或受第一期时"红顶"装饰效果的启发，或与前仰韶时代的红彩传统有关。与仰韶时代早期同期的文化中，辽河流域红山文化的彩陶遗存与安徽蚌埠的双墩文化均流行 Aa1 型"线纹风格"的图案。两者分布地域虽未与后冈一期文化核心区域接壤，但在文化间隔地带亦不见有同期的考古学文化插足。若将三者的分布地域相连，则呈一面向东部沿海、背倚黄土高原的"半月形"地带。而 Aa1 型"线纹风格"的彩陶图案，可能恰为这一地带考古学文化间有所沟通的凭据。

典型的半坡文化于第四期时宣告终结。与此同时，后冈一期文化临近尾声。庙

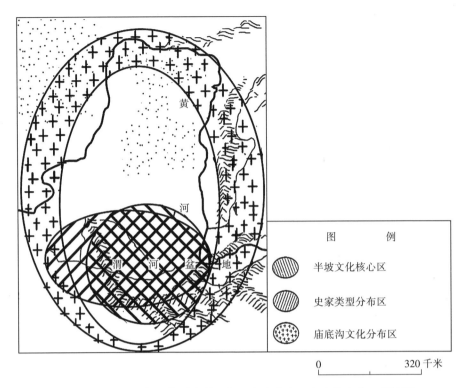

图4.1　半坡文化第三期时半坡文化、史家类型、庙底沟文化三者格局

底沟文化则结束了"逐半坡文化而居"的状态,挺进关中,扎根豫陕交界,迎来全盛时期,开启了整个仰韶时代早期后半阶段,Ab型彩陶一枝独秀的局面。

庙底沟文化第一期,以其典型彩陶为标识的分布范围东北边缘——华北平原太行山东麓和分布范围西南边缘——鄂北丘陵,正逐渐成形。第二期时,庙底沟文化的彩陶面貌于全境内高度统一。因此,位于其东南方向的辐射地区(如图2.115),大汶口文化、崧泽文化、大溪文化等其他考古学文化中,庙底沟文化彩陶的出现,也应发生于这一时期。然而,可能由于后冈一期文化对其核心地区的坚守,庙底沟文化自第一期时,即未得以沿华北平原南下进入豫北冀南,以至第二期形成的整个分布疆域,仍留有这一缺口。至第三期,庙底沟文化核心地区的彩陶明显衰落,而在分布区两端——东端郑洛地区与西端甘青东部地区,庙底沟文化的彩陶却保持着发展活力。

仰韶时代晚期的各考古学文化,大多形成了自成体系的彩陶遗存。其中,郑洛地区的秦王寨文化与甘青东部地区的马家窑文化,对庙底沟文化彩陶的传承,直接

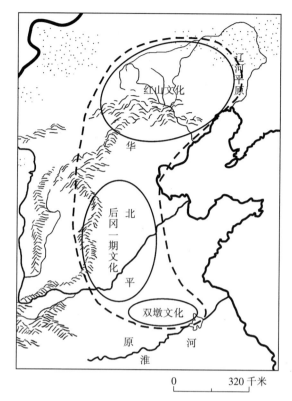

图 4.2　仰韶时代早期"线纹风格"的"半月形"分布地带

延续了庙底沟文化第三期的风格。两者的相对年代上限可与庙底沟文化接续。至于庙底沟文化的直接后裔——泉护文化，其零星可见的彩陶遗存，也主要受到了秦王寨文化与马家窑文化彩陶的影响。由此可见，庙底沟文化解体后，除泉护文化外，在其原先分布范围内的秦王寨文化和马家窑文化，均与之颇有渊源。另外，华北平原上后冈一期文化彩陶风格的复苏，在秦王寨文化与大司空文化彩陶的形成中有所体现。

从秦王寨文化各期彩陶的分布特点看，以黄河为界，黄河以南的秦王寨文化彩陶序列完整。第一期彩陶分布的最南端，可达"随枣走廊"地带的雕龙碑遗址。而黄河以北包括太行山西侧的秦王寨文化彩陶，则以第三、四期为主，亦有少量第二期标本。殷墟出土的"殷商时代的古董"虽为秦王寨文化第一期标本，但并非原生单位出土，不可视作存在原生的第一期遗存。因此，秦王寨文化的北上与西进，大约发生于第三期以后。至第四期时，零星的彩陶标本进入临汾盆地，为秦王寨文化沿汾河北上最远者。

随着秦王寨文化的北上，在洛丝潭、鲍家堂等遗址中，与大司空文化共存的秦王寨文化彩陶多为第三、四期者。由于大司空文化的彩陶面貌由早到晚并无明显区别，可以认为大司空文化的相对年代跨度较小，大致与秦王寨文化第三、四期相当。大司空文化的北上与西进，发生于偏晚期，约与秦王寨文化同时，但其西进以及沿汾河继续北上的程度，均较秦王寨文化更为深入。

冀中地区的雪山一期文化、晋中地区的义井文化，所含大司空文化的彩陶标本，与其北上、西进以及沿汾河继续北上有关。甚至，雪山一期文化与义井文化彩陶遗存的形成，均有受大司空文化影响的成分。因此，雪山一期文化与义井文化中，至少以彩陶为代表的遗存，相对年代应与大司空文化偏晚期相当。

马家窑文化第一期彩陶，即为习惯上被称作"石岭下类型"的彩陶遗存，对庙底沟文化彩陶传统的继承与发扬，可媲美秦王寨文化第一期。其中，尤以 Ab4 型风格的图案与庙底沟文化同类图案相似。第一至三期彩陶遗存的发展传承有序，证明了习惯上被称作"马家窑类型"的彩陶遗存，与庙底沟文化具有直接的谱系关系。马家窑文化第三期时，其分布范围拓展最广，在河西走廊、宁夏海原、青海同德等边缘地区，多见地方性特征明显的彩陶遗存与马家窑文化共存。如河西走廊的内彩曲腹盆、宁夏的马缨子梁类遗存、青海地区的宗日文化等，均有可能是在马家窑文化第三期时，受马家窑文化影响的产物。参照与泉护文化的共存情况，马家窑文化当与关中地区的泉护文化并列，而与普遍流行篮纹的庙底沟二期文化间尚有差距。因此，马家窑文化的下限当在仰韶时代晚期结束之前，继之而起的半山·马厂文化则由仰韶时代晚期之末直至龙山时代。由于半山·马厂文化的遗存主体，相当于庙底沟二期文化或更晚，则本文对于马家窑文化的流变不做讨论。

以彩陶图案风格的相似程度看：庙子沟·海生不浪文化与马家窑文化第二、三期均流行多种复合风格图案和大面积施彩、分行构图的绘彩方式，可以视作仰韶时代晚期西部地区的区域性时代风格；而庙子沟·海生不浪文化中流行的单股底纹效果的 Ab1 型"双钩绞索纹"，也是辽河流域红山文化的典型彩陶图案之一，可以视作仰韶时代晚期北部地区的区域性时代风格；庙子沟·海生不浪文化又受义井文化、雪山一期文化影响，流行 Aa 型"直线几何纹风格"的各类图案。因此，庙子沟·海生不浪文化以彩陶为代表的遗存，义井文化、雪山一期文化以彩陶为代表的遗存，马家窑文化第二、第三期，相对年代大致相当。

综上，在彩陶视角下，仰韶时代诸考古学文化的谱系关系，如图4.3①。仰韶时代早期，"枣园—半坡文化"与"后冈一期文化"是两个不同的文化系统；在半坡文化第三期与后冈一期文化第三期时兴起的庙底沟文化源头不详，但从发展状况看，与半坡文化、后冈一期文化有并列发展的阶段，因此，庙底沟文化生成后，仰韶时代早期出现了三个并列的文化系统；由于庙底沟文化的强大，半坡、后冈系统受到压制，在进入仰韶时代晚期之前，出现了庙底沟系统独大的局面；仰韶时代晚期，庙底沟文化解体后继之而起的是众多相互独立的考古学文化，其中，泉护文化是庙底沟文化的直接后裔，大司空文化、秦王寨文化、马家窑文化主要传承了庙底沟文化因素，而庙子沟·海生不浪文化、义井文化、雪山一期文化则应另有源头，但同时受到上述文化中庙底沟遗风的影响；宗日文化应由马家窑文化衍生而出，与庙底沟文化没有谱系关系。

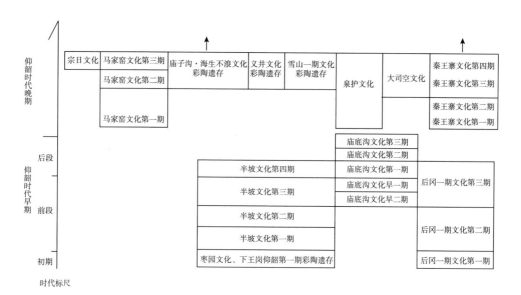

图4.3 仰韶时代诸考古学文化谱系关系示意图

---

① 图中方框宽度仅为示意，不代表各期遗存的绝对年代区间的跨度；图中箭头表示该考古学文化于更晚的时期有不含彩陶的遗存。

# 参考文献

## （一）论文

阿尔纳著，乐森璕译：《河南石器时代之着色陶器》，《中国古生物志丁种第一号第二册》，1925年。

安徽省文物考古研究所：《安徽肥西县古梗新石器时代遗址》，《考古》1985年第7期。

安特生著，袁复礼译：《奉天锦西沙锅屯的洞穴层》，《中国古生物志丁种第一号第一册》，1923年。

安特生著，乐森璕译：《甘肃考古记》，《地质专报甲种第五号》，农商部地质调查所印行，1925年。

安特生著，袁复礼译：《中华远古之文化》，《地质汇报第五号》，农商部地质调查所印行，1923年。

安志敏：《河南陕县灵宝考古调查记》，《科学通报》1954年第7期。

安志敏：《中国西部的新石器时代》，《考古学报》1987年第2期。

宝鸡市考古队：《宝鸡市纸坊头遗址试掘简报》，《文物》1989年第5期。

北京大学考古教研室华县报告编写组：《华县、渭南古代遗址调查与试掘》，《考古学报》1980年第3期。

北京大学考古实习队、固原县博物馆：《宁夏海原曹洼遗址发掘简报》，《考古》1990年第3期。

北京大学考古实习队、河南省南阳市文物研究所：《河南邓州八里岗遗址发掘简报》，《文物》1998年第9期。

北京大学考古实习队、宁夏固原博物馆：《宁夏隆德县页河子新石器时代遗址发掘简报》，《考古》1990年第4期。

北京大学考古文博学院、河北省文物局、邢台市文物管理处、临城县文化旅游局：《河北临城县补要村遗址北区发掘简报》，《考古》2011年第3期。

北京大学考古系、甘肃省文物考古研究所：《甘肃省葫芦河流域考古调查》，《考古》1992年第11期。

北京大学考古系、雁北地区文物工作站、偏关县博物馆：《山西大同及偏关县新石器时代遗址调查简报》，《考古》1994 年第 12 期。

北京大学考古学系、甘肃省文物考古研究所：《甘肃武都县大李家坪新石器时代遗址发掘报告》，《考古学集刊》（13），北京：中国社会科学出版社，2000 年。

北京大学考古学系、南阳地区文物研究所：《河南邓州八里岗遗址的调查与试掘》，《华夏考古》1994 年第 2 期。

北京大学考古学系、南阳地区文物研究所：《河南邓州市八里岗遗址 1992 年的发掘与收获》，《考古》1997 年第 12 期。

北京大学历史系洛阳考古实习队：《河南偃师伊河南岸考古调查试掘报告》，《考古》1964 年第 11 期。

曹桂岑：《郸城段寨遗址试掘》，《中原文物》1981 年第 3 期。

陈冰白：《略论"大司空类型"》，吉林大学考古系编：《青果集——吉林大学考古专业成立二十周年考古论文集》，北京：知识出版社，1993 年。

陈戈：《略论新疆的彩陶》，《新疆社会科学》1982 年第 2 期。

陈光：《试论后冈一期文化》，《苏秉琦与当代中国考古学》，北京：科学出版社，2001 年。

陈洪海、格桑本、李国林：《试论宗日遗址的文化性质》，《考古》1998 年第 5 期。

陈剑：《川西彩陶的发现与初步研究》，《古代文明》（五），北京：文物出版社，2006 年。

陈雍：《北首岭新石器时代遗存再检讨》，《华夏考古》1990 年第 3 期。

陈雍：《姜寨聚落再检讨》，《华夏考古》1996 年第 4 期。

成都市文物考古研究所、阿坝藏族羌族自治州文管所、茂县博物馆：《四川茂县营盘山遗址试掘报告》，《成都考古发现》（2000 年），北京：科学出版社，2002 年。

成都文物考古研究所、阿坝藏族羌族自治州文物保管所、茂县羌族博物馆：《四川茂县波西遗址 2002 年的试掘》，《成都考古发现》（2004 年），北京：科学出版社，2006 年。

崔剑锋：《四川茂县新石器遗址陶器的成分分析及来源初探》，《文物》2011 年第 2 期。

崔睿：《内蒙古清水河白泥窑子 L 点发掘简报》，《考古》1988 年第 2 期。

崔睿、斯琴：《内蒙古清水河白泥窑子 C、J 点发掘简报》，《考古》1988 年第 2 期。

崔璇：《白泥窑子考古纪要》，《内蒙古文物考古》1986 年第 4 期。

代尊德、邓秀林：《简讯——山西垣曲下马村发现新石器时代陶器》，《考古》1963 年第 5 期。

丁清贤：《鄂西北·豫西南仰韶文化的性质与分期》，《中原文物》1982 年第 4 期。

东亚考古学会：《貔子窝——南满洲碧流河畔的史前时代遗址》，《东方考古学丛刊》（第一册），1929 年。

方孝廉：《河南临汝中山寨新石器时代遗址》，《考古》1978 年第 2 期。

冯其庸、周红兴：《陕西长安县王曲地区新石器时代遗址调查》，《考古》1981 年第 1 期。

甘肃省博物馆/北京大学历史系考古专业连城考古发掘队：《从马家窑类型驳瓦西里耶夫的"中国文化

西来说"》,《文物》1976 年第 3 期。

甘肃省博物馆大地湾发掘小组:《甘肃秦安王家阴洼仰韶文化遗址的发掘》,《考古与文物》1984 年第 2 期。

甘肃省博物馆:《甘肃古文化遗存》,《考古学报》1960 年第 2 期。

甘肃省博物馆:《甘肃兰州西坡圳遗址发掘简报》,《考古》1960 年第 9 期。

甘肃省博物馆:《兰州曹家咀遗址的试掘》,《考古》1973 年第 3 期。

甘肃省博物馆文物工作队:《兰州马家窑和马厂类型墓葬清理简报》,《文物》1975 年第 6 期。

甘肃省文物工作队、北京大学考古系:《甘肃甘谷毛家坪遗址发掘报告》,《考古学报》1987 年第 3 期。

甘肃省文物工作队、临夏回族自治州文化局、东乡族自治县文化馆:《甘肃东乡林家遗址发掘报告》,《考古学集刊》(4),北京:中国社会科学出版社,1984 年。

甘肃省文物管理委员会:《甘肃临洮、临夏两县考古调查简报》,《考古》1958 年第 9 期。

甘肃省文物管理委员会:《兰州新石器时代的文化遗存》,《考古学报》1957 年第 1 期。

甘肃省文物管理委员会:《渭河上游天水、甘谷两县考古调查简报》,《考古》1958 年第 5 期。

甘肃省文物考古研究所:《甘肃礼县高寺头新石器时代遗址发掘报告》,《考古与文物》2012 年第 4 期。

甘肃省文物考古研究所:《秦安县几处新石器时代遗址调查简报》,《辽海文物学刊》1988 年第 2 期。

甘肃省文物考古研究所:《武威塔儿湾新石器时代遗址及五坝山墓葬发掘简报》,《考古与文物》2004 年第 3 期。

巩义市文管所:《巩义市坞罗河流域仰韶文化遗址调查》,《中原文物》1992 年第 4 期。

谷闻:《漫谈新石器时代彩陶图案花纹带装饰部位》,《文物》1977 年第 7 期。

国家文物局考古领队培训班:《郑州西山仰韶时代城址的发掘》,《文物》1999 年第 7 期。

《"国立"南京博物院依靠群众搜集到大批彩陶》,《文物参考资料》1950 年第 1－6 期。

海金乐:《晋中地区仰韶晚期文化遗存研究》,《山西省考古学会论文集》(二),太原:山西人民出版社,1994 年。

韩建业:《论雪山一期文化》,《华夏考古》2003 年第 4 期。

何星亮:《半坡鱼纹是图腾标志,还是女阴象征》,《中原文物》1996 年第 3 期。

河北省文管处:《正定南杨庄遗址试掘记》,《中原文物》1981 年第 1 期。

河北省文物复查队邢台分队:《河北邢台县考古调查简报》,《文物春秋》1995 年第 1 期。

河北省文物管理处:《磁县界段营发掘简报》,《考古》1974 年第 6 期。

河北省文物管理处:《磁县下潘汪遗址发掘报告》,《考古学报》1975 年第 1 期。

河北省文物管理处、邯郸地区文物保管所、邯郸市文物保管所:《河北武安洺河流域几处遗址的试掘》,《考古》1984 年第 1 期。

河北省文物研究所、邯郸地区文物管理所：《永年县邓底遗址发掘报告》,《河北省考古文集》（四）,北京：科学出版社,2011 年。

河北省文物研究所、邯郸地区文物管理所：《永年县石北口遗址发掘报告》,《河北省考古文集》（一）,北京：东方出版社,1998 年。

河北省文物研究所、邯郸市文物研究所、峰峰矿区文物保管所：《邯郸市峰峰电厂义西遗址发掘报告》,《文物春秋》2001 年第 1 期。

河北省文物研究所：《河北平山县考古调查简报》,《文物春秋》1990 年第 3 期。

河北省文物研究所：《河北容城县午方新石器时代遗址试掘》,《考古学集刊》（5）,北京：中国社会科学出版社,1987 年。

河北省文物研究所、河北文化学院：《武安赵窑遗址发掘报告》,《考古学报》1992 年第 3 期。

河北省文物研究所：《河北阳原县姜家梁新石器时代遗址的发掘》,《考古》2001 年第 2 期。

河北省文物研究所：《河北永年县洺关遗址试掘简报》,《文物春秋》1990 年第 4 期。

河南省博物馆：《河南禹县谷水河遗址发掘简报》,《考古》1979 年第 4 期。

河南省社科院河洛文化研究所、河南省巩义市文物保护管理所：《河南巩义市洛汭地带古代遗址调查》,《考古学集刊》（9）,北京：中国社会科学出版社,1995 年。

河南省文化局文物工作队：《河南渑池西河庵村新石器时代遗址发掘简报》,《考古》1965 年第 10 期。

河南省文化局文物工作队：《河南唐河茅草寺新石器时代遗址》,《考古》1965 年第 1 期。

河南省文物考古研究所：《长葛石固遗址发掘报告》,《华夏考古》1987 年第 1 期。

河南省文物考古研究所：《河南巩义市滩小关遗址发掘报告》,《华夏考古》2002 年第 4 期。

河南省文物考古研究所：《河南鹿邑县武庄遗址的发掘》,《考古》2002 年第 3 期。

河南省文物考古研究所：《河南三门峡市庙底沟遗址仰韶文化 H9 发掘简报》,《考古》2011 年第 12 期。

河南省文物考古研究所：《河南省登封矿区铁路登封伊川段古遗址调查发掘报告》,《华夏考古》1998 年第 2 期。

河南省文物考古研究所：《河南省登封矿区铁路登封伊川段古遗址调查发掘报告》,《华夏考古》1998 年第 2 期。

河南省文物考古研究所、河南省文物管理局南水北调文物保护办公室：《郑州市站马屯遗址仰韶文化遗存 2009－2010 年的发掘》,《考古》2011 年第 12 期。

河南省文物考古研究所：《洛阳市南陈遗址仰韶文化遗存的发掘》,《中原文物》2008 年第 2 期。

河南省文物考古研究所、南阳市文物考古研究所：《河南西峡老坟岗仰韶文化遗址发掘报告》,《考古学报》2012 年第 2 期。

河南省文物考古研究所、中国社会科学院考古研究所河南一队、三门峡市文物考古研究所、灵宝市文物保护管理所：《河南灵宝铸鼎塬及其周围考古调查报告》，《华夏考古》1999 年第 3 期。

河南省文物考古研究所、中国社会科学院考古研究所河南一队、三门峡市文物考古研究所、灵宝市文物保护管理所、荆山黄帝陵管理所：《河南灵宝市西坡遗址 2001 年春发掘简报》，《华夏考古》2002 年第 2 期。

河南省文物考古研究所、中国社会科学院考古研究所河南一队、三门峡市文物考古研究所、灵宝市文物保护管理所、荆山黄帝陵管理所：《河南灵宝西坡遗址 105 号仰韶文化房址》，《文物》2003 年第 8 期。

河南省文物研究所：《河南临汝北刘庄遗址发掘报告》，《华夏考古》1990 年第 2 期。

河南省文物研究所：《河南偃师灰嘴遗址发掘报告》，《华夏考古》1990 年第 1 期。

河南省文物研究所、渑池县文化馆：《渑池仰韶村 1980－1981 年发掘简报》，《史前研究》1985 年第 3 期。

河南省文物研究所：《郑州后庄王遗址的发掘》，《华夏考古》1988 年第 1 期。

河南省文物研究所：《郑州后庄王遗址的发掘》，《华夏考古》1988 年第 1 期。

侯马市博物馆：《山西侯马市古文化遗址调查报告》，《文物季刊》1992 年第 1 期。

滹沱河考古队：《河北滹沱河流域考古调查与试掘》，《考古》1993 年第 4 期。

湖北省博物馆、房县文化馆、武汉大学考古专业七六级：《房县羊鼻岭遗址调查简报》，《江汉考古》1982 年第 1 期。

湖北省荆州地区博物馆：《湖北京山油子岭新石器时代遗址的试掘》，《考古》1994 年第 10 期。

湖北省文物考古研究所、湖北省文物局南水北调办公室：《湖北郧县大寺遗址 2006 年发掘简报》，《考古》2008 年第 4 期。

华东文物工作队：《淮安县青莲岗新石器时代遗址调查报告》，《考古学报》1955 年第 1 期。

黄河水库考古队华县队：《陕西华县柳子镇第二次发掘的主要收获》，《考古》1959 年第 11 期。

黄河水库考古工作队甘肃分队：《临夏范家村马家窑文化遗址试掘》，《考古》1961 年第 5 期。

黄河水库考古工作队河南分队：《河南灵宝两处新石器时代遗址复查和试掘》，《考古》1960 年第 7 期。

黄河水库考古工作队河南分队：《山西平陆新石器时代遗址复查试掘简报》，《考古》1960 年第 8 期。

黄龙县文物管理所、陕西省考古研究所：《陕西黄龙县古遗址调查》，《考古与文物》1989 年第 1 期。

吉发习：《内蒙古托克托县新石器时代遗址调查》，《考古》1978 年第 6 期。

江苏省文物工作队：《江苏吴江梅堰新石器时代遗址》，《考古》1963 年第 6 期。

金维诺：《舞蹈纹盆与原始舞乐》，《文物》1978 年第 3 期。

晋中考古队：《山西太谷白燕遗址第一地点发掘简报》，《文物》1989 年第 3 期。

康宁武：《榆林市的仰韶时期遗存》，《考古与文物》2013 年第 4 期。

考古研究所陕西省调查发掘团通讯组:《1951 年春季陕西考古调查工作简报》,《科学通报》(第二卷第 9 期),1951 年。

老武:《关于西安半坡人面形彩陶花纹形象的商榷》,《考古》1956 年第 6 期。

李红雄:《试论泾河上游地区新石器时代文化》,《考古与文物》1988 年第 3 期。

李济著、李光谟译:《山西南部汾河流域考古调查》,《考古》1983 年第 8 期。

李水城、水涛、王辉:《河西走廊史前考古调查报告》,《考古学报》2010 年第 2 期。

李仰松:《柳湾出土人像彩陶壶新解》,《文物》1978 年第 4 期。

李仰松:《陕西临潼康桥义和村新石器时代遗址调查记》,《考古》1965 年第 9 期。

李振翼:《甘肃迭部县新出土的彩陶壶》,《考古与文物》1982 年第 4 期。

李宗山:《海岱地区史前彩陶与彩绘陶初论》,《考古学报》1996 年第 3 期。

梁思永:《山西西阴村史前遗址的新石器时代的陶器》(1930 年),《梁思永考古论文集》,北京:科学出版社,1959 年。

廖华:《再谈大河村新石器时代的彩陶艺术》,《中原文物》(特刊)1986 年。

廖永民:《大河村新石器时代的彩陶艺术》,《中原文物》1984 年第 4 期。

临汝县博物馆:《河南临汝中山寨遗址调查简报》,《考古》1986 年第 6 期。

临汝县文化馆:《临汝阎村新石器时代遗址调查》,《中原文物》1981 年第 1 期。

临潼县博物馆:《陕西庞崖马陵两遗址的出土文物》,《考古》1984 年第 1 期。

刘怀君、刘宝爱:《眉县杨家村发现仰韶文化遗址》,《考古与文物》1990 年第 5 期。

刘习祥、张新斌:《新乡地区新石器时代文化初探》,《考古与文物》1985 年第 6 期。

刘燿:《龙山文化与仰韶文化之分析》,《田野考古报告》(第二册),台北:商务印书馆,1947 年。

刘铮:《宗日彩陶"二人抬物"纹寓意新探》,《草原文物》2013 年第 1 期。

龙宗鑫:《简述古代陶瓷图案》,《文物》1959 年第 6 期。

吕智荣:《陕西靖边县安子梁、榆林县白兴庄等遗址调查简报》,《考古》1994 年第 2 期。

吕智荣:《无定河流域考古调查简报》,《史前研究辑刊》,西安:西安半坡博物馆,1988 年。

罗平:《河北邯郸百家村新石器时代遗址》,《考古》1965 年第 4 期。

洛阳市第二文物工作队、偃师县文物管理委员会:《洛阳市偃师县高崖遗址发掘报告》,《华夏考古》1996 年第 4 期。

洛阳市第二文物工作队、伊川县文化馆:《伊川土门、水寨新石器时代遗址调查简报》,《中原文物》1987 年第 3 期。

洛阳市文物工作队、新安县文物保护管理所:《河南新安县太涧遗址发掘简报》,《考古与文物》1998 年第 1 期。

马承源:《甘肃灰地儿及青岗岔新石器时代遗址的调查》,《考古》1961 年第 7 期。

马承源：《评〈彩陶〉一书》，《考古》1955 年第 6 期。

南京博物院：《江苏海安青墩遗址》，《考古学报》1983 年第 2 期。

内蒙古历史研究所：《内蒙古清水河县白泥窑子遗址复查》，《考古》1966 年第 3 期。

内蒙古历史研究所：《内蒙古中南部黄河沿岸新石器时代遗址调查》，《考古》1965 年第 10 期。

内蒙古社会科学院历史研究所、包头市文物管理处：《内蒙古包头市西园遗址 1985 年的发掘》，《考古学集刊》(8)，北京：中国社会科学出版社，1994 年。

内蒙古社会科学院蒙古史研究所、包头市文物管理所：《内蒙古包头市阿善遗址发掘简报》，《考古》1984 年第 2 期。

内蒙古社会科学院：《清水河县白泥窑遗址 E 点和 F 点调查简报》，《草原文物》2013 年第 2 期。

内蒙古文物考古研究所：《清水河县岔河口新石器时代遗址调查》，《内蒙古文物考古》2003 年第 2 期。

内蒙古文物考古研究所、商都县文物管理所：《内蒙古商都县两处新石器时代遗址的调查与试掘》，《北方文物》1995 年第 2 期。

内蒙古文物考古研究所、伊克昭盟文物工作站：《内蒙古准格尔煤田黑岱沟矿区文物普查述要》，《考古》1990 年第 1 期。

宁夏回族自治区博物馆：《宁夏回族自治区文物考古工作的主要收获》，《文物》1978 年第 8 期。

裴文中：《中国之彩陶文化》，《历史与考古》（第一号），1946 年。

乔梁：《汉水中游的后冈一期文化》，《庆祝张忠培先生八十岁论文集》，北京：科学出版社，2014 年。

秦岭、张铭惠：《安康花园柏树岭新石器时代遗址调查试掘记》，《考古与文物》1980 年第 2 期。

青海省考古队：《青海民和核桃庄马家窑类型第一号墓葬》，《文物》1979 年第 9 期。

青海省文物管理处、海南州民族博物馆：《青海同德县宗日遗址发掘简报》，《考古》1998 年第 5 期。

青海省文物管理处考古队：《青海大通县上孙家寨出土的舞蹈纹彩陶盆》，《文物》1978 年第 3 期。

青海省文物考古队：《青海乐都县脑庄发现马家窑类型墓》，《考古》1981 年第 6 期。

青海省文物考古队：《青海民和阳洼坡遗址试掘简报》，《考古》1992 年第 11 期。

青海省文物考古研究所：《青海化隆、循化两县考古调查简报》，《考古》1991 年第 4 期。

青海省文物考古研究所：《青海省民和县古文化遗存调查》，《考古》1993 年第 3 期。

庆阳地区博物馆：《甘肃宁县董庄新石器时代遗址试掘简报》，《史前研究》1987 年第 4 期。

庆阳地区博物馆、正宁县文化馆：《甘肃正宁县宫家川新石器时代遗址调查记》，《考古与文物》1988 年第 1 期。

山东省文物管理处：《山东胶东地区新石器时代遗址的调查》，《考古》1963 年第 7 期。

山西大学历史系考古专业、忻州地区文物管理处、五台县博物馆：《山西五台县阳白遗址发掘简报》，《考古》1997 年第 4 期。

山西省考古研究所、大同市博物馆：《山西大同马家小村新石器时代遗址》，《文物季刊》1992 年第 3 期。

山西省考古研究所侯马工作站：《山西侯马乔山底遗址 1989 年 Ⅱ 区发掘报告》，《文物季刊》1996 年第 2 期。

山西省考古研究所晋东南工作站：《长治小常乡小神遗址》，《考古学报》1996 年第 1 期。

山西省考古研究所晋东南工作站：《山西长治小神村遗址》，《考古》1988 年第 7 期。

山西省考古研究所晋东南工作站：《山西黎城古文化遗址调查报告》，《文物季刊》1998 年第 4 期。

山西省考古研究所：《山西汾阳县峪道河遗址调查》，《考古》1983 年第 11 期。

山西省考古研究所：《山西侯马褚村遗址试掘简报》，《文物季刊》1996 年第 2 期。

山西省考古研究所：《山西翼城北橄遗址发掘报告》，《文物季刊》1993 年第 4 期。

山西省考古研究所、襄汾县博物馆：《山西襄汾陈郭村新石器时代遗址与墓葬发掘简报》，《考古》1993 年第 2 期。

山西省考古研究所、忻州市文物管理处，岢岚县文管所：《山西岢岚县窑子坡遗址发掘》，《华夏考古》2011 年第 4 期。

山西省考古研究所、新绛县博物馆：《山西新绛光村新石器时代遗址调查》，《文物季刊》1996 年第 2 期。

山西省考古研究所：《翼城四遗址调查报告》，《文物季刊》1992 年第 2 期。

陕西考古所泾水队：《陕西邠县下孟村遗址发掘简报》，《考古》1960 年第 1 期。

陕西省考古研究所汉水考古队：《陕西西乡何家湾新石器时代遗址首次发掘》，《考古与文物》1981 年第 4 期。

陕西省考古研究所配合基建考古队：《陕西合阳吴家营仰韶文化遗址清理简报》，《考古与文物》1990 年第 6 期。

陕西省考古研究所：《陕西眉县白家遗址发掘简报》，《考古与文物》1996 年第 6 期。

陕西省考古研究所、西安市临潼区文化局：《陕西临潼零口北牛遗址发掘简报》，《考古与文物》2006 年第 3 期。

陕西省考古研究所、西北大学文博学院文博教研室：《陕西铜川吕家崖新石器时代遗址试掘简报》，《考古与文物》1993 年第 6 期。

陕西省考古研究院、白水县文物旅游局：《陕西白水县下河遗址仰韶文化房址发掘简报》，《考古》2011 年第 12 期。

陕西省考古研究院、白水县文物旅游局：《陕西省白水县南山峁遗址 F2 调查简报》，《考古与文物》2012 年第 5 期。

陕西省考古研究院：《陕西高陵县杨官寨新石器时代遗址》，《考古》2009 年第 7 期。

陕西省考古研究院：《陕西高陵杨官寨遗址发掘简报》，《考古与文物》2011 年第 6 期。

陕西省考古研究院：《陕西黄陵县黄帝陵扩建工程发掘简报》，《考古与文物》2011 年第 6 期。

陕西省考古研究院：《陕西蓝田新街遗址发掘简报》，《考古与文物》2014 年第 4 期。

陕西省考古研究院、渭南市文物保护考古研究院：《陕西华阴兴乐坊遗址发掘简报》，《考古与文物》2011 年第 6 期。

陕西省考古研究院、西北大学文博学院：《宝鸡石嘴头遗址 1999 年发掘简报》，《考古与文物》2008 年第 2 期。

陕西省考古研究院、咸阳市文物考古研究所：《陕西彬县水北遗址发掘报告》，《考古》2009 年第 3 期。

陕西省考古研究院、咸阳市文物考古研究所：《陕西乾县河里范遗址发掘简报》，《考古与文物》2010 年第 1 期。

陕西省社会科学院考古研究所泾水队：《陕西邠县下孟村仰韶文化遗址续掘简报》，《考古》1962 年第 6 期。

陕西省文物管理委员会：《陕西咸阳尹家村新石器时代遗址的发现》，《文物参考资料》1958 年第 4 期。

商洛地区考古调查组：《丹江上游考古调查简报》，《考古与文物》1981 年第 3 期。

尚友德：《铜川前峁新石器时代遗址调查简报》，《考古与文物》1983 年第 2 期。

石兴邦：《丰镐一带考古调查简报》，《考古》1955 年第 1 期。

石兴邦：《"关于西安半坡人面形彩陶花纹形象的商榷"读后》，《考古》1956 年第 6 期。

石兴邦：《有关马家窑文化的一些问题》，《考古》1962 年第 6 期。

宋建忠、薛新民：《北橄遗存分析——兼论庙底沟文化的渊源》，《考古与文物》2002 年第 5 期。

苏秉琦：《关于仰韶文化的若干问题》，《考古学报》1965 年第 1 期。

苏秉琦、殷玮璋：《关于考古学文化的区系类型问题》，《文物》1981 年第 5 期。

孙祖初：《半坡文化再研究》，《考古学报》1998 年第 4 期。

孙祖初：《秦王寨文化研究》，《华夏考古》1991 年第 3 期。

孙祖初：《中原地区新石器时代中期向晚期的过渡》，《华夏考古》1997 年第 4 期。

唐金裕：《汉中地区新石器时代遗址调查简报》，《考古与文物》1981 年第 1 期。

唐云明：《河北邢台柴庄遗址调查》，《考古》1964 年第 6 期。

陶荣：《甘肃崇信古文化遗址调查》，《考古》1995 年第 1 期。

田广金：《内蒙古伊金霍洛旗朱开沟遗址七区考古纪略》，《考古》1988 年第 6 期。

铜川市耀州窑博物馆：《陕西铜川吕家崖新石器时代遗址调查》，《考古学集刊》（2），北京：中国社会科学出版社，1982 年。

汪宇平：《内蒙古清水河县白泥窑子村的新石器时代遗址》，《文物》1961 年第 9 期。

汪宇平：《清水河县台子梁的仰韶文化遗址》，《文物》1961 年第 9 期。

王洪明：《山东省海阳县史前遗址调查》，《考古》1985 年第 12 期。

王仁湘：《关于史前中国一个认知体系的猜想》，《华夏考古》1999 年第 4 期。

王仁湘：《论我国新石器时代彩绘花瓣纹图案》，《考古与文物》1989 年第 1 期。

王仁湘：《庙底沟文化彩陶向南方两湖地区的传播》，《江汉考古》2009 年第 2 期。

王仁湘：《庙底沟文化彩陶向西南的传播》，《四川文物》2011 年第 1 期。

王仁湘：《庙底沟文化鱼纹彩陶论（上）》，《四川文物》2009 年第 2 期。

王仁湘：《庙底沟文化鱼纹彩陶论（下）》，《四川文物》2009 年第 3 期。

王仁湘：《庙底沟文化在江南的踪影》，《中国文物报》2007 年 10 月 25 日第 7 版。

王仁湘：《中国史前彩陶地纹辨识》，《中国史前考古论集》，北京：科学出版社，2003 年。

王世和、钱耀鹏：《渭北三原、长武等地考古调查》，《考古与文物》1996 年第 1 期。

王彦俊：《甘肃西和县宁家庄发现彩陶权杖头》，《考古》1995 年第 2 期。

王志敏：《山西平陆县西侯新石器时代遗址调查》，《考古》1990 年第 3 期。

卫迪誉、王宜涛：《陕西南洛河流域古文化遗址调查简报》，《考古与文物》1981 年第 3 期。

魏坚：《试论庙子沟文化》，《青果集——吉林大学考古专业成立二十周年考古论文集》，北京：知识
出版社，1993 年。

吴山：《试论我国黄河流域、长江流域和华南地区新石器时代的装饰图案》，《文物》1975 年第 5 期。

武志江：《河南渑池笃忠遗址 2006 年发掘简报》，《华夏考古》2010 年第 3 期。

西安半坡博物馆：《陕西岐山王家嘴遗址的调查与试掘》，《史前研究》1984 年第 3 期。

西安半坡博物馆：《铜川李家沟新石器时代遗址发掘报告》，《考古与文物》1984 年第 1 期。

西安半坡博物馆，渭南市博物馆，陕西省考古研究所：《渭南北刘遗址第二、三次发掘简报》，《史前
研究》1986 年第 1－2 期。

西安半坡博物馆、渭南县文管会、渭南地区文管会：《渭南北刘新石器时代早期遗址调查与试掘简
报》，《考古与文物》1982 年第 4 期。

西安半坡博物馆、渭南县文化馆：《陕西渭南史家新石器时代遗址》，《考古》1978 年第 1 期。

西安半坡博物馆、武功县文化馆：《陕西武功发现新石器时代遗址》，《考古》1975 年第 2 期。

西安半坡博物馆：《西安南殿村新石器时代遗址的调查》，《史前研究》1984 年第 1 期。

西安市文物保护考古研究院：《西安鱼化寨遗址发掘简报》，《考古与文物》2012 年第 5 期。

西园遗址发掘组：《内蒙古包头市西园新石器时代遗址发掘简报》，《考古》1990 年第 4 期。

夏鼐：《河南成皋广武区考古纪略》，《科学通报》（第二卷第 7 期），1951 年。

夏鼐：《河南渑池的史前遗址》，《科学通报》（第二卷第 9 期），1951 年。

夏鼐：《临洮寺洼山发掘记》，《田野考古报告》（第四册），台北：商务印书馆，1949 年。

夏鼐：《齐家期墓葬的新发现及其年代的改订》，《考古学报》1948 年第 3 期。

夏鼐、吴良才：《兰州附近的史前遗存》，《考古学报》1951 年第 5 期。

咸阳地区文管会、旬邑县文化馆：《陕西旬邑崔家河遗址调查记》，《考古与文物》1984 年第 4 期。

咸阳地区咸高文物普查队：《咸阳市、高陵县古遗址调查简报》，《考古与文物》1984 年第 1 期。

谢端琚：《论石岭下类型的文化性质》，《文物》1981 年第 4 期。

谢端琚：《马家窑文化诸类型及其相关的问题》，《考古与文物》1985 年第 1 期。

新乡地区文管会、武陟县博物馆：《河南武陟东石寺遗址调查简报》，《考古》1990 年第 3 期。

新乡地区文管会、新乡县文化馆：《河南新乡县洛丝潭遗址试掘简报》，《考古》1985 年第 2 期。

徐学书：《岷江上游新石器时代文化的初步研究》，《考古》1995 年第 5 期。

徐中舒：《再论小屯与仰韶》，《安阳发掘报告》（三），北平：京华印书局，1931 年。

许永杰：《距今五千年前后文化迁徙现象初探》，《考古学报》2010 年第 2 期。

许永杰：《永昌鸳鸯池墓地彩陶图案的分类研究》，《文物》1992 年第 11 期。

严文明：《半坡仰韶文化的分期与类型问题》（1965），《仰韶文化研究》，北京：文物出版社，
1989 年。

严文明：《从王湾看仰韶村》（1963），《仰韶文化研究》，北京：文物出版社，1989 年。

严文明：《甘肃彩陶的源流》，《文物》1978 年第 10 期。

严文明：《鹳鱼石斧图跋》，《文物》1981 年第 12 期。

严文明：《横阵墓地试析》，《仰韶文化研究》，北京：文物出版社，1989 年。

严文明：《龙山文化和龙山时代》，《文物》1981 年第 6 期。

严文明：《论半坡类型和庙底沟类型》，《考古与文物》1980 年第 1 期。

严文明：《论庙底沟仰韶文化的分期》，《考古学报》1965 年第 2 期。

严文明：《西阴村史前遗存分析》（1963），《仰韶文化研究》，北京：文物出版社，1989 年。

杨建芳：《略论仰韶文化和马家窑文化的分期》，《考古学报》1962 年第 1 期。

杨建芳：《庙底沟仰韶遗址彩陶纹饰的分析》，《考古》1961 年第 5 期。

杨益民：《甘肃岷县山那新石器时代遗址调查简报》，《考古与文物》1983 年第 5 期。

伊克昭盟文物工作站：《伊金霍洛旗架子圪旦遗址发掘简报》，《内蒙古文物考古》1994 年第 2 期。

尹达：《论中国新石器时代的分期问题》，《考古学报》1955 年第 1 期。

袁广阔：《洪山庙一号墓男性生殖器图像试析》，《文物》1995 年第 4 期。

袁广阔：《孟庄龙山文化遗存研究》，《考古》2000 年第 3 期。

袁广阔：《试析姜寨出土的一幅彩陶图案——兼谈半坡类型鱼纹消失的原因》，《中原文物》1995 年第
2 期。

原长办考古队河南分队：《淅川下集新石器时代遗址发掘报告》，《中原文物》1989 年第 1 期。

张德光：《临水和吉家庄遗址的调查》，《文物季刊》1989 年第 2 期。

张德光：《永济县金盛庄与石庄的新石器时代遗址》，《文物参考资料》1958 年第 5 期。

张宏彦：《从仰韶文化鱼纹的时空演变看庙底沟类彩陶的来源》，《考古与文物》2012 年第 5 期。

张怀银、杨海欣：《河南伊川发现两件彩陶缸》，《文物》1987 年第 4 期。

张家川县文化局、张家川县文化馆：《甘肃张家川县原始文化遗址调查》，《考古》1991 年第 12 期。

张家口考古队：《蔚县考古纪略》，《考古与文物》1982 年第 4 期。

张家口考古队：《一九七九年蔚县新石器时代考古的主要收获》，《考古》1981 年第 2 期。

张朋川：《甘肃出土的几件仰韶文化人像陶塑》，《文物》1979 年第 11 期。

张强禄：《白龙江流域新石器时代文化谱系的初步研究》，《考古》2005 年第 2 期。

张忠培、关强：《"河套地区"新石器时代遗存的研究》，《江汉考古》1990 年第 1 期。

张忠培、乔梁：《后冈一期文化研究》，《考古学报》1992 年第 3 期。

张忠培：《试论东庄村与西王村遗存的文化性质》，《考古》1979 年第 1 期。

张忠培、严文明：《三里桥仰韶遗存的文化性质与年代》，《考古》1964 年第 6 期。

张忠培：《仰韶时代——史前社会的繁荣与向文明时代的转变》，《故宫博物院院刊》1996 年第 1 期。

赵宾福：《半坡文化研究》，《华夏考古》1992 年第 2 期。

赵春青：《从鱼鸟相战到鱼鸟相融——仰韶文化鱼鸟彩陶图试析》，《中原文物》2000 年第 2 期。

赵春青：《山西芮城东庄村仰韶遗存再分析》，《考古》2000 年第 3 期。

赵丛苍、宋新潮：《陕西凤翔新石器时代遗址调查》，《史前研究》1986 年第 3－4 期。

赵康明：《临潼塬头、邓家庄遗址勘查记》，《考古与文物》1982 年第 1 期。

赵雪野、司为之：《甘肃白龙江流域古文化遗址调查简报》，《考古与文物》1993 年第 4 期。

赵印堂、杨建豪：《曲阳附近新发现的古文化遗址》，《考古》1955 年第 1 期。

郑振铎：《雁北文物勘察团报告序》，《文物参考资料》1951 年第 3 期。

郑州大学考古系、开封市文物工作队、尉氏县文物保管所：《河南尉氏县椅圈马遗址发掘简报》，《华夏考古》1997 年第 3 期。

郑州大学历史学院考古系、河南省文物管理局南水北调文物保护办公室：《河南淅川县沟湾遗址仰韶文化遗址发掘简报》，《考古》2010 年第 6 期。

郑州大学历史学院、洛阳市文物工作队：《洛阳新安高平寨遗址试掘简报》，《文物》2008 年第 8 期。

郑州市博物馆：《荥阳点军台遗址 1980 年发掘报告》，《中原文物》1982 年第 4 期。

郑州市文物工作队、巩义市文物保管所：《河南巩义市里沟遗址发掘简报》，《考古》1995 年第 6 期。

郑州市文物工作队：《河南登封县几处新石器时代遗址的调查》，《考古》1995 年第 6 期。

郑州市文物考古研究所、巩义市文物保护管理所：《河南巩义市里沟遗址 1994 年度发掘简报》，《华夏考古》2001 年第 4 期。

郑州市文物考古研究所、荥阳市文物保护研究所：《荥阳方靳寨新石器时代遗址发掘简报》，《中原文物》1997 年第 3 期。

中国国家博物馆田野考古研究中心、山西省考古研究所、运城市文物保护研究所：《山西夏县辕村遗址发掘简报》，《考古》2009 年第 11 期。

中国科学院考古研究所安阳发掘队：《安阳洹河流域几个遗址的试掘》，《考古》1965 年第 7 期。

中国科学院考古研究所安阳发掘队：《1971 年安阳后冈发掘简报》，《考古》1972 年第 3 期。

中国科学院考古研究所安阳发掘队：《1958－1959 年殷墟发掘简报》，《考古》1961 年第 2 期。

中国科学院考古研究所沣西发掘队：《陕西长安户县调查与试掘简报》，《考古》1962 年第 6 期。

中国科学院考古研究所湖北发掘队：《湖北黄冈螺蛳山遗址的探掘》，《考古》1962 年第 7 期。

中国科学院考古研究所洛阳发掘队：《河南渑池县考古调查》，《考古》1964 年第 9 期。

中国科学院考古研究所洛阳发掘队：《伊河下游几处新石器遗址的调查》，《考古》1964 年第 1 期。

中国科学院考古研究所山西工作队：《山西芮城东庄村和西王村遗址的发掘》，《考古学报》1973 年第 1 期。

中国社会科学院考古研究所安阳队：《安阳鲍家堂仰韶文化遗址》，《考古学报》1988 年第 2 期。

中国社会科学院考古研究所安阳队：《河南安阳洹河流域的考古调查》，《考古学集刊》（3），北京：中国社会科学出版社，1983 年。

中国社会科学院考古研究所安阳工作队：《安阳后冈新石器时代遗址的发掘》，《考古》1982 年第 6 期。

中国社会科学院考古研究所安阳工作队：《1972 年春安阳后冈发掘简报》，《考古》1972 年第 5 期。

中国社会科学院考古研究所二里头工作队：《偃师二里头遗址发现仰韶文化遗存》，《考古》1985 年第 3 期。

中国社会科学院考古研究所甘青工作队、青海省文物考古研究所：《青海民和县胡李家遗址的发掘》，《考古》2001 年第 1 期。

中国社会科学院考古研究所甘青工作队：《武山傅家门遗址的发掘与研究》，《考古学集刊》（16），北京：中国社会科学出版社，2006 年。

中国社会科学院考古研究所甘肃工作队：《甘肃天水地区考古调查纪要》，《考古》1983 年第 12 期。

中国社会科学院考古研究所河南第一工作队、河南省文物考古研究所、三门峡市文物工作队、灵宝市文物保护管理所：《河南灵宝市北阳平遗址调查》，《考古》1999 年第 12 期。

中国社会科学院考古研究所河南第一工作队、河南省文物考古研究所、三门峡市文物工作队、灵宝市文物保护管理所：《河南灵宝市北阳平遗址试掘简报》，《考古》2001 年第 7 期。

中国社会科学院考古研究所河南第一工作队：《2002－2003 年河南偃师灰嘴遗址的发掘》，《考古》

2010 年第 3 期。

中国社会科学院考古研究所河南二队、河南省周口地区文物管理委员会:《河南周口地区考古调查简报》,《考古学集刊》(4),北京:中国社会科学出版社,1984 年。

中国社会科学院考古研究所河南新砦队、河南省文物局南水北调文物保护办公室:《郑州市站马屯西遗址新石器时代遗存》,《考古》2012 年第 4 期。

中国社会科学院考古研究所河南一队:《河南临汝中山寨遗址试掘》,《考古》1986 年第 7 期。

中国社会科学院考古研究所河南一队:《河南汝州中山寨遗址》,《考古学报》1991 年第 1 期。

中国社会科学院考古研究所河南一队、河南省文物考古研究所、三门峡市文物考古研究所、灵宝市文物保护管理所、荆山黄帝陵管理所:《河南灵宝市西坡遗址试掘简报》,《考古》2001 年第 11 期。

中国社会科学院考古研究所河南一队、焦作市文物工作队:《河南焦作地区的考古调查》,《考古》1996 年第 11 期。

中国社会科学院考古研究所河南一队:《1984 年河南巩县考古调查与试掘》,《考古》1986 年第 3 期。

中国社会科学院考古研究所湖北工作队:《湖北枝江关庙山遗址第二次发掘》,《考古》1983 年第 1 期。

中国社会科学院考古研究所湖北工作队:《湖北枝江关庙山遗址第二次发掘》,《考古》1983 年第 1 期。

中国社会科学院考古研究所湖北工作队:《湖北枝江县关庙山新石器时代遗址发掘简报》,《考古》1981 年第 4 期。

中国社会科学院考古研究所内蒙古工作队:《内蒙古中南部古代遗址调查简报》,《考古学集刊》(12),北京:中国社会科学出版社,1999 年。

中国社会科学院考古研究所山东队、山东省滕县博物馆:《山东滕县北辛遗址发掘报告》,《考古学报》1984 年第 2 期。

中国社会科学院考古研究所山西队:《山西垣曲小赵新石器时代遗址的试掘》,《考古》1998 年第 4 期。

中国社会科学院考古研究所山西工作队:《晋南考古调查报告》,《考古学集刊》(6),北京:中国社会科学出版社,1989 年。

中国社会科学院考古研究所山西工作队:《山西垣曲小赵遗址 1996 年发掘报告》,《考古学报》2001 年第 2 期。

中国社会科学院考古研究所陕西工作队:《陕西华阴横阵遗址发掘报告》,《考古学集刊》(4),北京:中国社会科学出版社,1984 年。

中国社会科学院考古研究所陕西工作队:《陕西华阴南城子遗址的发掘》,《考古》1984 年第 6 期。

中国社会科学院考古研究所陕西工作队:《陕西华阴西关堡新石器时代遗址发掘》,《考古学集刊》

（6），北京：中国社会科学出版社，1989 年。

中国社会科学院考古研究所陕西六队：《陕西蓝田泄湖新石器时代遗址发掘简报》，《考古与文物》1989 年第 6 期。

中国社会科学院考古研究所陕西六队：《陕西蓝田泄湖遗址》，《考古学报》1991 年第 4 期。

中国社会科学院考古研究所渭水考古调查发掘队：《渭水流域仰韶文化遗址调查》，《考古》1991 年第 11 期。

中国社会科学院考古研究所、中国历史博物馆东下冯考古队、山西省文物工作委员会：《山西夏县东下冯龙山文化遗址》，《考古学报》1983 年第 1 期。

中国社会科学院考古研究所周原考古队：《2004 年秋季周原老堡子遗址发掘报告》，《考古学集刊》（17），北京：中国社会科学出版社，2010 年。

洲杰：《内蒙古中南部考古调查》，《考古》1962 年第 2 期。

朱雪菲：《试论西阴文化与半坡四期文化的交替》，中山大学硕士学位论文，2011 年。

朱雪菲、许永杰：《西阴文化的解体与仰韶晚期遗存的生成》，《考古与文物》2012 年第 6 期。

## （二）论著

半坡博物馆、陕西省考古研究所、临潼县博物馆：《姜寨——新石器时代遗址发掘报告》，北京：文物出版社，1988 年。

宝鸡市考古工作队、陕西省考古研究所宝鸡工作站：《宝鸡福临堡——新石器时代遗址发掘报告》，北京：文物出版社，1993 年。

宝鸡市考古工作队、陕西省考古研究所：《陇县原子头》，北京：文物出版社，2005 年。

北京大学考古文博学院：《洛阳王湾——田野考古发掘报告》，北京：北京大学出版社，2002 年。

北京大学考古学系：《华县泉护村》，北京：科学出版社，2003 年。

北京大学考古系：《考古学研究》（三），北京：科学出版社，1997 年。

北京大学历史系考古教研室：《元君庙仰韶墓地》，北京：文物出版社，1983 年。

北京市文物研究所：《镇江营与塔照——拒马河流域先秦考古文化的类型与谱系》，北京：中国大百科全书出版社，1999 年。

陈洪海、格桑本：《宗日遗址文物精粹及论述选集》，成都：四川科学技术出版社，1999 年。

陈克伦：《彩陶》，上海：上海人民美术出版社，1998 年。

陈星灿：《中国史前考古学史研究（1895～1949）》，北京：社会科学文献出版社，2007 年。

程金城：《远古神韵——中国彩陶艺术论纲》，上海：上海文化出版社，2001 年。

程金城：《中国彩陶艺术论》，兰州：甘肃人民美术出版社，2008 年。

程征、钱志强：《黄河彩陶》，台北：南天书局有限公司，1994 年。

冯时：《中国天文考古学》，北京：中国社会科学出版社，2007 年。

甘肃省博物馆：《甘肃彩陶》，北京：文物出版社，1979 年。

甘肃省文物考古研究所、中国国家博物馆、北京大学考古文博学院、陕西省考古研究院、西北大学文博学院：《西汉水上游考古调查报告》，北京：文物出版社，2007 年。

甘肃文物考古研究所：《秦安大地湾——新石器时代遗址发掘报告》，北京：文物出版社，2006 年。

国家文物局三峡考古队：《朝天嘴与中堡岛》，北京：文物出版社，2001 年。

国家文物局、山西省考古研究所、吉林大学考古学系：《晋中考古》，北京：文物出版社，1999 年。

河北省文物研究所：《正定南杨庄——新石器时代遗址发掘报告》，北京：科学出版社，2003 年。

河南省文物管理局、河南省文物考古研究所：《黄河小浪底水库考古报告》（一），郑州：中州古籍出版社，1999 年。

河南省文物局：《黄河小浪底水库考古报告》（二），郑州：中州古籍出版社，2006 年。

河南省文物考古研究所：《河南史前彩陶》，郑州：河南美术出版社，1996 年。

河南省文物考古研究所：《辉县孟庄》，郑州：中州古籍出版社，2003 年。

河南省文物考古研究所：《汝州洪山庙》，郑州：中州古籍出版社，1995 年。

河南省文物考古研究所：《三门峡南交口》，北京：科学出版社，2009 年。

河南省文物考古研究院：《华夏之花——庙底沟彩陶选粹》，上海：上海古籍出版社，2013 年。

河南省文物研究所、长江流域规划办公室考古队河南分队：《淅川下王岗》，北京：文物出版社，1989 年。

贺春旎：《远古之花——甘肃省博物馆彩陶精品》，北京：文物出版社，2013 年。

湖北省襄樊市炎黄文化研究会、北京画中画文化艺术交流中心编，王仁湘、王杰主编：《雕龙碑史前彩陶》，北京：文物出版社，2006 年。

湖南省文物考古研究所：《澧县城头山——新石器时代遗址发掘报告》，北京：文物出版社，2007 年。

户晓辉：《地母之歌——中国彩陶与岩画的生死母题》，上海：上海文化出版社，2001 年。

吉林大学边疆考古研究中心、山西省考古研究所、忻州地区文物管理处：《忻州游邀考古》，北京：科学出版社，2004 年。

吉林大学考古系：《青果集——吉林大学考古专业成立二十周年考古论文集》，北京：知识出版社，1993 年。

蒋书庆：《彩陶艺术简史》，上海：上海人民美术出版社，2007 年。

蒋书庆：《破译天书——远古彩陶花纹揭秘》，上海：上海文化出版社，2001 年。

李纪贤：《马家窑文化的彩陶艺术》，北京：人民美术出版社，1982 年。

李济：《李济文集》，上海：上海人民出版社，2006 年。

李水城：《半山与马厂彩陶研究》，北京：北京大学出版社，1998 年。

李学武：《中国原始彩陶》，南昌：江西美术出版社，2007 年。

林少雄：《人文晨曦——中国彩陶的文化读解》，上海：上海文化出版社，2001 年。

临夏回族自治州人民政府秘书处、临夏回族自治州文化出版局：《临夏彩陶》，兰州：甘肃人民美术出版社，2005 年。

刘溥：《青海彩陶纹饰》，西宁：青海人民出版社，1989 年。

陆思贤、李迪：《天文考古通论》，北京：紫禁城出版社，2000 年。

马承源：《仰韶文化的彩陶》，上海：上海人民出版社，1957 年。

南京博物院：《江苏彩陶》，北京：文物出版社，1978 年。

南京博物院：《南京博物院珍藏系列——彩陶》，上海：上海古籍出版社，1999 年。

内蒙古文物考古研究所/北京大学中国考古学研究中心"聚落演变与早期文明"课题组：《岱海考古（三）——仰韶文化遗址发掘报告集》，北京：科学出版社，2003 年。

内蒙古文物考古研究所：《庙子沟与大坝沟》，北京：中国大百科全书出版社，2003 年。

内蒙古文物考古研究所：《内蒙古文物考古文集》（第二辑），北京：中国大百科全书出版社，1997 年。

内蒙古文物考古研究所：《内蒙古文物考古文集》（第三辑），北京：科学出版社，2004 年。

内蒙古文物考古研究所：《内蒙古文物考古文集》（第一辑），北京：中国大百科全书出版社，1994 年。

内蒙古文物考古研究所/日本京都中国考古学研究会岱海地区考察队：《岱海考古（二）——中日岱海地区考察研究报告集》，北京：科学出版社，2001 年。

宁夏文物考古研究所、中国历史博物馆考古部、北京大学考古学系：《宁夏菜园——新石器时代遗址、墓葬发掘报告》，北京：科学出版社，2003 年。

裴文中：《裴文中史前考古学论文集》，北京：文物出版社，1987 年。

青海省文物考古队：《青海彩陶》，北京：文物出版社，1980 年。

任美锷：《中国自然地理纲要》（修订第三版），北京：商务印书馆，1999 年。

山东省文物管理处、济南市博物馆：《大汶口——新石器时代墓葬发掘报告》，北京：文物出版社，1974 年。

山西省考古研究所：《三晋考古》（第二辑），太原：山西人民出版社，1996 年。

山西省考古研究所：《三晋考古》（第三辑），太原：山西人民出版社，2006 年。

山西省考古研究所：《三晋考古》（第四辑），太原：山西人民出版社，2012 年。

山西省考古研究所：《翼城枣园》，北京：科学技术文献出版社，2004 年。

山西省考古研究所：《垣曲上亳》，北京：科学出版社，2010 年。

陕西省考古研究所：《临潼零口村》，西安：三秦出版社，2004 年。

陕西省考古研究所：《龙岗寺——新石器时代遗址发掘报告》，北京：文物出版社，1990 年。

陕西省考古研究所、陕西省安康水电站库区考古队：《陕南考古报告集》，西安：三秦出版社，1994年。

陕西省考古研究院、渭南市文物旅游局、华县文物旅游局：《华县泉护村：1997年考古发掘报告》，北京：文物出版社，2014年。

陕西省考古研究院、西北大学文化遗产与考古研究中心：《高陵东营——新石器时代遗址发掘报告》，北京：科学出版社，2010年。

苏秉琦主编《远古时代》，白寿彝总主编《中国通史》（第二卷），上海：上海人民出版社，1994年。

王克林：《〈山海经〉与仰韶文化》，太原：山西人民出版社，2011年。

王仁湘：《史前中国的艺术浪潮——庙底沟文化彩陶研究》，北京：文物出版社，2011年。

文化遗产研究与保护技术教育部重点实验室、西北大学文化遗产与考古学研究中心：《西部考古》（第二辑），西安：三秦出版社，2007年。

文化遗产研究与保护技术教育部重点实验室、西北大学文化遗产与考古学研究中心：《西部考古》（第三辑），西安：三秦出版社，2008年。

文化遗产研究与保护技术教育部重点实验室、西北大学文化遗产与考古学研究中心：《西部考古》（第四辑），西安：三秦出版社，2009年。

武汉大学历史系考古教研室、襄樊市博物馆、随州市博物馆：《西花园与庙台子》，湖北：武汉大学出版社，1993年。

西北大学文博学院：《扶风案板遗址发掘报告》，北京：科学出版社，2000年。

新疆文物考古研究所：《新疆彩陶》，北京：文物出版社，1998年。

许永杰：《黄土高原仰韶晚期遗存的谱系》，北京：科学出版社，2007年。

严文明：《山东史前文化论文集》，济南：齐鲁书社，1986年。

严文明：《仰韶文化研究》，北京：文物出版社，1989年。

余西云：《西阴文化：中国文明的滥觞》，北京：科学出版社，2006年。

张力华：《甘肃彩陶》，重庆：重庆出版社，2002年。

张朋川：《中国彩陶图谱》，北京：文物出版社，1990年。

赵国华：《生殖崇拜文化论》，北京：中国社会科学出版社，1990年。

郑州大学文博学院、开封市文物工作队：《豫东杞县发掘报告》，北京：科学出版社，2000年。

郑州市文物考古研究所：《郑州大河村》，北京：科学出版社，2001年。

中国科学院考古研究所：《沣西发掘报告——1955－1957年陕西长安县沣西乡考古发掘资料》，北京：文物出版社，1963年。

中国科学院考古研究所：《京山屈家岭》，北京：科学出版社，1965年。

中国科学院考古研究所：《庙底沟与三里桥》，北京：科学出版社，1959年。

中国科学院考古研究所，陕西省西安半坡博物馆：《西安半坡》，北京：文物出版社，1963年。

中国科学院考古研究所绘图室：《彩陶》，北京：朝花美术出版社，1955年。

中国历史博物馆考古部、山西省考古研究所、垣曲县博物馆：《垣曲古城东关》，北京：科学出版社，2001年。

中国社会科学院考古研究所：《宝鸡北首岭》，北京：文物出版社，1983年。

中国社会科学院考古研究所：《南邠州·碾子坡》，北京：世界图书出版公司，2007年。

中国社会科学院考古研究所：《青龙泉与大寺》，北京：科学出版社，1991年。

中国社会科学院考古研究所：《师赵村与西山坪》，北京：中国大百科全书出版社，1999年。

中国社会科学院考古研究所：《武功发掘报告——浒西庄与赵家来遗址》，北京：文物出版社，1988年。

中国社会科学院考古研究所：《枣阳雕龙碑》，北京：科学出版社，2006年。

# 后记
## 借"彩陶"之名，写心中"仰韶"

　　当听说我博士论文的选题方向定为"彩陶"的时候，家中不少长辈都希望我竣工后能给他们邮上一本，在他们看来，我的"彩陶"应该是一集加长版的《国宝档案》。的确，这听起来是一个很公众很科普的选题。当然，在上一个夏天到来前，翻阅过我论文定稿的亲戚朋友，最后都失望了。

　　我的导师许永杰先生，在我为这个选题准备材料之初，就提醒我要注意通过考古与艺术两个角度去写彩陶。很快，艺术的角度便使我裹足不前。尽管我曾经产生过去找一个制陶作坊实践两个月的想法，我所能写的也只能囿于工艺美术的范畴。即使包含色彩、线条、构图、造型等方方面面，说到底，都只是描述。在我看来，艺术是哲学，是人的思想和实践，"艺术的角度"要求我们去理解、去阐释，透物见人，去讲述关于史前人类精神世界的故事。这不仅要求丰富的想象力，更要有合理的求证来使人信服。我做不到，导师说他也做不到。于是，我们商量了一下，只能向我的能力妥协了。

　　搜集资料、做卡片大概花了两年时间。正式写作前，我基本上认识到了"彩陶"其实是个幌子，仰韶时代的考古学文化关系才是真正令我痴迷的部分。可能有人会认为，这些文化关系已被嚼透了，说烂了，让人提不起兴趣了。在我看来，却恰恰相反。仰韶时代的考古学文化遗存是业内很多前辈学问的起点，由于资料丰富、田野扎实，对于青年学生进行考古学研究方法的训练，是极为理想的材料。初入许门之时，我就捧起许老师的博士论文——《黄土高原仰韶晚期遗存的谱系》一通乱啃，当时还谈不上什么心得体会，就已深深地折服于老师驾驭材料的能力。可能是基于这种个人崇拜，在随后的学习生涯中，"仰韶时代"就是我心中"圣地"，令我心心念念地想要做一次尝试——按照自己的理解，构建"仰韶时代"的谱系框架。因此，我笔下的彩陶并非艺术品，而是考古学文化的一种特殊标识物，我写不来太多浮夸的鉴赏和浪漫的想象，唯有一堆干涩无味的说理论证。

从打草稿开始，我就卷起铺盖回了家。虽然回家容易令人变得慵懒，但我有能豁出一切配合我写作的父母。虽然不明白我写了什么，父亲和母亲在我写作期间给予了我无微不至的关怀和最大的包容。由于材料繁杂，我时常感觉力不从心，面对着屋子里一地的卡片，一憋就是好多天，也不让父母随意挪动卡片的位置。一家三口就在我卡片的空隙中起居好几个月。偶尔写得顺手起来，借着晚饭的空闲，学着许老师上课的语气，也来给父母说上一段考古学史，夸一夸学科的重要，聊一聊庙底沟的伟大。看着他俩兴致盎然的样子，我真的相信，这是我十年大学最快乐的时光。

本文的一大遗憾是没有写出漂亮的结语，这大约暴露出了我思想深度的匮乏。但是，我仍想在这后记的最后为自己申辩两句。我自以为最精彩的部分都写在了每一节内容的小结里，那是一个又一个关于"仰韶"的小个案。我庆幸自己找到了彩陶这一视角，竟然可以串联起我对"仰韶"的大部分理解。而另一大遗憾是我几经琢磨，仍无法将这本论文修改得更"可读"，至少以我目前之疏浅才学尚难以弥补。那些令我自我陶醉的小个案，在绝大多数人看来一定很乏味。如何将这些内容写得生动，令考古学的知识有更广泛的受众，还有待师长们的垂教指引。

朱雪菲

二〇一七年元月于金陵

考古新视野

青年学人系列

**2016 年**

彭明浩：《云冈石窟的营造工程》

于　薇：《圣物制造与中古中国佛教舍利供养》

刘　韬：《唐与回鹘时期龟兹石窟壁画研究》

朱雪菲：《仰韶时代彩陶的考古学研究》